NOUVELLE GRAMMAIRE
ALLEMANDE-PRATIQUE,

OU

MÉTHODE
FACILE ET AMUSANTE

POUR APPRENDRE L'ALLEMAND;

PAR

J. V. MEIDINGER, *Maître de langue.*

NOUVELLE ÉDITION

Revue, corrigée avec soin, et augmentée considérablement
par des Professeurs des deux Langues

A LIÉGE,

CHEZ FR. LEMARIÉ, IMPRIMEUR-LIBRAIRE,
PROCHE L'HÔTEL-DE-VILLE, N°. 81.

1810.

Les Exemplaires sont déposés à la Bibliothèque impériale, pour assurer les droits de l'Editeur d'après la Loi.

AVERTISSEMENT DE L'AUTEUR.

Toutes les Grammaires allemandes que je connois, ne sont pas tout-à-fait à la portée des Personnes qui désirent d'apprendre cette Langue. Pour y remédier, j'ai composé celle-ci, qui, j'ose m'en flatter, se distingue des autres par la précision de ses règles, par ses thêmes, par ses bons-mots et historiettes, etc.

L'approbation dont les étrangers ont daigné honorer les premières éditions, me fait espérer que cette nouvelle en sera reçue de même ; du moins j'ai fait tous mes efforts pour l'en rendre encore plus digne.

AVIS DES ÉDITEURS

SUR CETTE NOUVELLE ÉDITION.

C'est pour faciliter les progrès dans l'étude de la Langue Allemande, que nous nous sommes déterminés à publier cette nouvelle édition de la Grammaire de M. Meidinger : nous espérons que cet estimable Auteur ne nous saura pas mauvais gré d'avoir ajouté à son excellent Ouvrage bien des objets essentiels, que ceux qui étudient cette belle Langue désiroient y trouver. Par ce moyer cette Édition réunit tous les avantages qui se trouvent dans les Grammaires de Gottsched, de Junker, etc., et justifiera la préférence dont celle de M. Meidinger jouit. On trouvera les augmentations désignées par une * dans la Table des Matières; et nous avons aussi corrigé les fautes de françois qui se rencontrent fréquemment dans les éditions d'Allemagne, en nous appuyant de l'autorité du Dictionnaire de l'Académie, etc.

Modèle de l'Ecriture allemande

Lettres grandes ou Capitales:

A A B B C C D D O O E E F F
A B C D E F
G H H H I I J J K K L L M M
G H I K L M
N N O O P P Q Q R R S S
N O P Q R S
T T U U V V W W X X Y Y Z

Lettres petites ou simples:

a b c d e f g h i j k l m n o p
q r s t u v w x y z

a b c d e f g h i j k l m n o p
q r s t u v w x y z

Lettres doubles ou composées

ff fl fs ft ch ck ll pp ß tz

Radoucies
ä ö ü
ae oe ue

En cinq cens Buffbaken mit ein ftarker zu zugleigen, findt 18 Defand-
kauff; vorauss des Lingbringen den Longjafren in den Spillenstraben
nachlaffens, gebraufft faben.—Die Sofen sofonsten von den Kopfongs zu Luben
in Gregen, von einem Jagdmeister in einer, und von Madnun—
in Grüben zu Ludwig, zu Rugelfan, Dritten, Donge von Dorum, von zu Jüngung
vom Suden, zu Shoots zu modern, und zum Lingen zu sich ein, von um fassen.

DES LETTRES ET DE LEUR PRONONCIATION.

Les lettres allemandes sont au nombre de vingt-six, et se prononcent de la manière suivante :

Lettres Capitales.

𝔄 𝔅 ℭ 𝔇 𝔈 𝔉 𝔊 ℌ 𝔍 𝔎 𝔏
A B C D E F G H I K L

𝔐 𝔑 𝔒 𝔓 𝔔 ℜ 𝔖 𝔗 𝔘 𝔙
M N O P Q R S T U V

𝔚 𝔛 𝔜 ℨ
W X Y Z

𝔄	𝔅	ℭ	𝔇	𝔈	𝔉	𝔊	ℌ	𝔍	𝔎	𝔏	𝔐	𝔑	𝔒
A	B	C	D	E	F	G	H	I	K	L	M	N	O

𝔓	𝔔	ℜ	𝔖	𝔗	𝔘	𝔙	𝔚	𝔛	𝔜	ℨ
P	Q	R	S	T	U	V	W	X	Y	Z

Lettres ordinaires

a	b	c	d	e	f	g*	h	i	j	k	l	m	n	o	p	q
a	b	tsé	d	e	f	ghé	ha	i	ïod	k	l	m	n	o	p	kou

r	s	ß	t	u	v	w	x	y	z
r	s	s	t	ou	faou	v	x	ypsilone	tséde.

Lettres doubles ou composées.

ck	ch	sch	ff	ss	sz	st	tz
ck	ch	sch	ff	ss	sz	st	tz,

Lettres radoucies.

ä, prononcez : a-é.
ö, — — : o-é.
ü, — — : oué.

---

* La prononciation de cette lettre est une des plus difficiles, et il est impossible de l'exprimer comme il faut par des lettres françoises.

On divise les lettres en voyelles et en consonnes. Les voyelles sont :

a e i o u y.

Toutes les autres sont consonnes.

Il y a à remarquer qu'on prononce toutes les lettres en allemand.

Comme il est essentiel de connoître également les caractères dont les Allemands se servent en écrivant, j'en présente ici un modèle sur la planche ci-jointe.

RÈGLES GÉNÉRALES DE LA PRONONCIATION ALLEMANDE.

A et B

se prononcent comme en françois ; par exemple :

Der Affe, le singe.	Das Bad, le bain.
Der Adler, l'aigle.	Das Brod, le pain.

ä ; se prononce comme *ai* en françois :

Die Väter, les pères.	Die Städte, les villes.
Das Mädchen, la fille.	Die Hände, les mains.

ai, se prononce de manière que l'on entend en même tems l'a et l'i ; par exemple :

Der Kaiser, l'Empereur.	Mai, Mai.
Eine Waise, une orpheline.	Die Saite, la corde.

au, diffère aussi du françois ; car on entend en même temps l'a et l'u ; par ex.

Das Auge, l'œil.	Der Strauß, le bouquet.
Der Bauch, le ventre.	Bauen, bâtir.
Die Maus, la souris.	Blau, bleu.

C,

devant a, o, u, l, r, se prononce comme en françois ; mais devant e, i et y, il se prononce comme *tzé* ; par ex.

Die Canone, le canon.	Das Creuz, la croix.
Der Confekt, les confitures.	Der Centner, le quintal.
Cupido, Cupidon.	Die Citrone, le citron.
Das Clavier, le clavecin.	

* Selon l'orthographe moderne on met un K, au lieu du C, dans tous les mots où le C se prononce comme en françois ; par ex. Die Kanone, der Konfekt, ꝛc.

Ch se prononce comme en françois devant a, o, u et r ;

mais seulement quand il se trouve au commencement des mots ; par ex.

Der Character, le caractère.	Ein Christ, un Chrétien.
Das Chor, le chœur.	Christina, Christine.

Il est tout-à-fait impossible de décrire comment il le faut prononcer devant i, et dans les mots où il se trouve au milieu ou à la fin. On consultera donc un Allemand même touchant la manière dont on prononce les mots suivans :

China, la Chine.	Das Buch, le livre.
Die Furcht, la peur.	Die Frucht, le fruit.
Die Wache, la garde.	Das Dach, le toit.
Acht, huit.	Das Tuch, le drap.
Die Macht, le pouvoir.	Machen, faire.
Das Licht, la chandelle.	Lachen, rire.
Das Mädchen, die Tochter, la fille.	Suchen, chercher.
	Kochen, cuire, etc.

chs se prononce comme *kse*; par ex. der Ochs, le bœuf; sechs, six, lisez : *Okse, sekse.*

sch se prononce comme ch dans le mot *chercher*; par ex.

Die Schande, la honte.	Der Schwanz, la queue.
Der Schade, le dommage.	Die Muschel, la moule.
Der Schatz, le trésor.	Der Mensch, l'homme.

ck se prononce comme un double f (ff); par ex. Hacken, hacher, etc.

* La plupart des auteurs modernes mettent ff entre deux voyelles, au lieu de ck, et à la fin des mots, ils n'en mettent qu'un ; c'est pourquoi il ne sera plus question de ck dans cette grammaire-ci.

D et E

ont le même son qu'en françois.

Les diphtongues ei et eu diffèrent du françois ; ils se prononcent de manière que l'on entend en même temps l'e et l'i, l'e et l'u ; par ex.

Die Reise, le voyage.	Das Feuer, le feu.
Das Fleisch, la viande.	Theuer, cher.

e, devant n ou m, se prononce comme les e dans le mot *ennemi*; par ex.

Das Ende, la fin.	Empfangen, recevoir.
Leben, vivre.	Empfinden, sentir.

F

se prononce comme en françois.

G

devant *a*, *o*, *u*, et devant les consonnes, se prononce comme le g françois :

Die Gabe, le don.	Die Gunst, la faveur.
Das Gold, l'or.	Die Gnade, la grâce.

Mais on ne l'adoucit point en allemand lorsqu'il se trouve devant *e* et *i* :

Das Geld, l'argent.	Der Gipfel, le sommet.

Prononcez : *Gueld, Guipfel.*

Le g au commencement des IIme. participes des verbes, et aussi quand au milieu et à la fin d'un mot il est précédé ou suivi d'une voyelle, il se prononce à-peu-près comme ch, et il est tout-à-fait impossible de le décrire : il faut que ce soit la voix qui fasse sentir la véritable prononciation des mots suivans :

Geschlafen, dormi.	Das Auge, l'œil.
Geschlagen, battu.	Sagen, dire.
Geliebt, aimé.	Fragen, demander.
Geendiget, fini, etc.	Legen, mettre.
Der Gegner, l'adversaire.	Der Vogel, l'oiseau.
Der Segen, la bénédiction.	Der König, le Roi.
Der Segel, la voile.	Der Zweig, le rameau.
Die Magd, la servante.	Der Zeug, l'étoffe.
Der Morgen, le matin.	Die Zeitung, la gazette, etc.
Die Sorgen, les soins.	

H

est toujours aspiré, comme dans les mots françois *honte, hache,* etc. ; par ex.

Die Hand, la main.	Heute, aujourd'hui.
Holland, la Hollande.	Hier, ici.
Der Hof, la Cour.	Der Floh, la puce.
Der Himmel, le Ciel.	Das Stroh, la paille.

J

voyelle, ne diffère guères du françois ; mais l'j consonne se prononce comme *y* dans *ayez, voyez,* etc. ; par ex.

Jagen, chasser.	Jedermann, tout le monde.
Jung, jeune.	Jezzo, à présent.

ie se prononce communément comme un i long :

Die Liebe, l'amour.
Der Dieb, le larron.

Das Fieber, la fièvre.
Die Biene, l'abeille.

i devant n ou m, se prononce comme i dans le mot *imiter* ; par exemple :

Indessen, cependant.
Immer, toujours.

K

se prononce plus fortement qu'en françois, et il le faut bien distinguer du g :

Der Knabe, le garçon.
Der Kuchen, le gâteau.

Der Flecken, le bourg.
Der Stok, le bâton.

L, M, N, O et P,

comme en françois, excepté m et n après l'e, comme je l'ai déjà dit, p. 7.

ö se prononce comme œ : Der Mörder, le meurtrier.

Q

se met toujours avec u, et alors ces deux lettres se prononcent comme *Kw* ; par ex. Die Quaal, le tourment. Die Quelle, la source. *Kwal, Kwellé*.

R

ne diffère point du françois.

S

non plus, excepté quand cette lettre se trouve au commencement d'un mot devant p ou t, on la prononce alors comme ch ; par ex.

Der Sprung, le saut.
Der Streit, la dispute.

Mais au milieu et à la fin d'un mot, on la prononce comme en françois ; par ex.

Husten, tousser.
Er ist, il est.

Excepté cependant le cas, où dans un mot composé de plusieurs, il s'en trouve un au milieu qui commence par st ou sp ; car alors on prononce sch ; p. ex. Aufstehen, se lever, qui vient du verbe stehen, et versprechen, promettre, qui est composé du verbe sprechen, parler.

ß est un double s (ss), et se prononce plus fortement qu'un simple ; p. ex. Daß, que. Ich muß, il me faut, etc.

T

ne diffère point du françois.

U

se prononce comme *ou*; par exemple :

Unſer, notre. | Die Stunde, l'heure.
Die Wunde, la blessure. | Der Hund, le chien.

ü se prononce comme l'u françois ; p. ex. überall, partout.

V

a le son de l'*f* françois; par exemple :

Der Vater, le père. | Der Vogel, l'oiseau.
Der Vetter, le cousin. | Die Violine, le violon.

W

se prononce comme *v*; par exemple :

Der Wald, la forêt. | Die Welt, le monde.
Der Weg, le chemin. | Der Wein, le vin.

X

comme en françois.

Y

n'est qu'un double i, et se prononce de même que le simple ; par ex.

Ein Ey, un œuf. | Seyn, être.

Z

comme *tsé* :

Zeigen, montrer. | Zittern, trembler.
Der Zorn, la colère. | Der Bliz, l'éclair.

Remarque.

Pour bien lire et prononcer l'allemand, il ne suffit pas d'exprimer le son de chaque lettre et syllabe ; on doit de même observer exactement la longueur et la brièveté des syllabes, et savoir mettre l'accent. Qu'on remarque cette règle générale : Les syllabes accessoires qui se trouvent au commencement ou à la fin d'un mot, n'ont jamais l'accent ; par conséquent il ne faut appuyer que sur les syllabes radicales. La syllabe radicale du mot gebet, donnez, p. exemple, est geb, de gében, donner ; celle du mot Gebet, prière, au contraire est bet, de béten, prier Dieu. Il faut donc appuyer sur la première syllabe de gébet, donnez, et sur la dernière de Ge=bét, prière, etc. (Voyez les Dialogues pour s'exercer à prononcer, qui se trouvent vers la fin du volume.)

De l'Orthographe et des Marques de distinction.

Il faut écrire chaque syllabe avec les lettres qui s'entendent distinctement dans la bonne prononciation.

Toutes les lettres radicales des primitifs doivent se conserver dans tous les dérivatifs.

Il faut distinguer par les lettres, autant qu'il est possible, les mots de différente signification qui ne se dérivent point les uns des autres ; car c'est par l'orthographe qu'on les distingue le mieux. Par exemple :

Die Aehre, l'épi. Die Ehre, l'honneur.
Die Saite, la corde. Die Seide, la soie. Die Seite, la page, le côté.
Die Magd, la servante. Die Macht, le pouvoir, la puissance.
Das Rad, la roue. Der Rath, le conseil, sénat.
Der Thon, l'argile. Der Ton, le ton, le son.
Der Kreis, le cercle. Der Greis, le vieillard.
Der Thau, la rosée. Das Tau, le cordage.
Der Main, le Mein. Mein, mon.
Die Kiste, la caisse. Die Küste, la côte (de la mer).
Die Waare, la marchandise. Wahr, vrai. Ich war, j'étois.
Der Mann, l'homme, le mari. Man, on, l'on.
Der Widder, le belier. Wider, contre. Wieder, derechef, de nouveau.
Die Gans, l'oie. Ganz, tout, entier, etc.

Quand il s'agit de séparer un mot au bout d'une ligne, il ne faut jamais séparer ce qui se prononce d'une seule ouverture de bouche, parce que ce n'est qu'une syllabe.

Les dérivatifs doivent s'écrire avec les mêmes lettres que leurs primitifs. Par exemple, il faut écrire häuslich, économe, avec un ä, parce qu'il vient de Haus, *maison*; göttlich, divin, avec un ö, parce qu'il vient de Gott, *Dieu*; grosmüthig, généreux, avec un ü, parce qu'il vient de grosmuth, *générosité* : car dans les dérivatifs, l'a se change souvent en ä, l'o en ö et l'u en ü ; parce que cela sert à la distinction du singulier et du pluriel, du primitif et du dérivatif.

On met en allemand des lettres capitales :
1. Au commencement de chaque discours.
2. Après chaque point, ou au commencement d'une période.

3. A la tête de chaque substantif.
4. Au commencement de chaque vers dans la poésie.

Les marques de distinction sont :

1. Das Komma, *la virgule* (,) dont on se sert quand le discours est encore imparfait, et qu'il demande une distinction.
2. Der Punkt, *le point* (.) dont on se sert quand le sens est entièrement fini.
3. Das Kolon, *les deux points* (:) dont on se sert quand le discours est à demi fini, et que l'on y ajoute encore quelque chose, comme en donnant des raisons, ou en rapportant des exemples dans les comparaisons, ou en rapportant les paroles d'autrui, etc.
4. Das Semikolon, *la virgule et le point* (;) dont on se sert quand la première moitié d'une période a besoin d'une distinction.
5. Das Fragzeichen, *le point d'interrogation* (?) dont on se sert au bout des périodes interrogatives.
6. Das Ausrufungszeichen, *le signe qui marque l'admiration ou quelque exclamation* (!).
7. Die Parenthese, *la parenthèse* ( ) pour marquer quelque intercalation.
8. Das Abtheilungszeichen, *le signe de division dans les mots à la fin des lignes* (=).

Les neuf parties du discours sont :

1. L'article,
2. le nom,
3. le pronom,
4. le verbe,
5. le participe,
6. l'adverbe,
7. la préposition,
8. la conjonction, et
9. l'interjection.

Les cinq premières de ces parties sont flexibles; c'est-à-dire, elles peuvent changer de terminaison; mais les quatre autres ne le peuvent point. Le changement de terminaison que subissent l'article, le nom, le pronom et le participe, s'appelle déclinaison. Dans les verbes, ce changement s'appelle conjugaison. Les terminaisons, dont les quatre premières sortes de mots sont susceptibles, se rapportent au genre, nombre et cas. Le genre est un rapport des mots à l'un ou à l'autre sexe. En allemand, il y a trois genres : le masculin, le féminin et le neutre. Le nombre marque l'unité ou la pluralité d'une chose. Le singulier indique l'unité, comme, le frère, la sœur; le pluriel indique la pluralité, comme, les frères, les sœurs. Les cas expriment les divers rapports des choses entr'elles : ils se forment par le secours des articles, qui se joignent aux noms qu'on décline. Il y a six cas : le Nominatif, le Génitif, le Datif, l'Accusatif, le Vocatif et l'Ablatif.

1. L'article est un mot flexible, qui sert à indiquer le genre, le nombre et le cas du nom qui le suit; par ex. *le* maître *de la* maison vient *de la* chasse, et va *au* logis. *Le*, *de la*, *au*, sont des articles, etc.

L'*article* est de deux espèces, le *défini* et l'*indéfini*. L'un et l'autre servent à marquer la différence des trois genres, dont les noms substantifs allemands sont susceptibles. L'article défini est ber, le, pour le genre masculin; bie, la, pour le genre féminin; bas, le ou la, pour le genre neutre. L'article indéfini est ein, un, pour les masculins; eine, une, pour les féminins; ein, un ou une, pour les neutres.

2. Le nom est un mot qui sert à nommer les choses. Les choses sont des substances, comme : la terre, les arbres, etc., ou des qualités, comme : rouge, blanc, bon, mauvais, etc. On entend par substance tout ce qui subsiste par soi-même, et par qualité tout ce qui se trouve dans les substances, sans avoir une existence particulière. Le nom qui désigne une substance, s'appelle substantif; celui qui désigne la qualité d'une substance, s'appelle adjectif; par ex. l'habit *rouge*, le vin *blanc*, le tapis *vert*, etc. *Rouge*, *blanc*, *vert*, désignent ici la qualité des substances *habit*, *vin*, *tapis*. Les substantifs sont ou propres, ou appellatifs. Le substantif propre désigne un individu, ou une chose unique, comme : Rome, Paris, Vienne, Rousseau, Corneille, Louis, Lisette, etc. Le substantif appellatif convient à plusieurs choses, comme : la maison, le jardin, l'homme, l'animal, etc.

3. Le pronom tient ordinairement la place d'un nom qu'il représente, pour en éviter la répétition; par ex. *Je* connois *mon* ami, et *il me* connoît aussi. *Je*, *mon*, *il*, *me*, sont des pronoms mis à la place des noms, etc. La fille a écrit une lettre, qu'*elle* ne veut pas lire *à son* frère, parce

qu'elle est trop mal écrite. Le pronom *elle* est mis à la place du nom de *fille*; *à son*, c'en est encore un, mis à la place du nom du frère de la fille, pour ne pas répéter les noms, ce qui sonneroit fort mal; par ex. la fille a écrit une lettre, et la fille ne veut pas lire la lettre au frère de la fille, parce que la lettre est trop mal écrite.

Il y a six sortes de pronoms; savoir : Pronoms personnels, pronoms possessifs, pronoms relatifs, pronoms démonstratifs, pronoms interrogatifs, et pronoms impropres.

4. Le verbe est un mot qui désigne une existence, ou une action, ou une passion; par ex. je *suis* content de ce que vous *m'écrivez* que vous *êtes* aimé. Conjuguer un verbe, c'est le réciter avec toutes les différentes modifications dont il est susceptible, qui consistent en nombre, personnes, temps et modes.

5. Le participe est une partie du verbe, et participe aussi à la nature et qualité des noms adjectifs; par ex. je *dis* que la*dite* femme n'a pas *dit* la vérité. *Dis*, c'est le verbe; *dit* et *dite* sont des participes dérivés du verbe *dire*.

6. L'abverbe est ainsi appelé, parce qu'il se joint au verbe, etc., pour en modifier la signification, et il est indéclinable, comme : vous croyez *sérieusement* que vous êtes *tendrement* aimé, et je vous dis *franchement* que vous vous trompez *fort*.

7. La préposition est un mot que l'on met devant les noms et les pronoms, et qui sert à déterminer toutes sortes de circonstances qui les accompagnent, comme : *dans*, *avec*, *devant*, *proche*, *vis-à-vis*, *à côté*, *vers*, etc.; par ex. il étoit *dans* le jardin *avec* sa sœur. — Il passa *devant* la maison. — Il loge *proche* du château, *vis-à-vis* de l'église, *à côté* de l'hôtellerie, où il arriva *vers* le soir, etc.

8. La conjonction sert à lier les diverses parties du discours, comme : *et*, *ou*, *que*, *afin que*, *mais*, *aussi*, *aussitôt que*, etc.; par. ex. *quand* on lui demandoit s'il avoit faim *ou* soif, il répondoit *aussi-tôt* : j'ai faim *et* soif *aussi*.

9. L'interjection sert à exprimer les divers mouvemens de l'âme, comme la surprise, la joie, l'admiration, la douleur, etc.; comme: *parbleu! ah! hélas! oh!* etc.; par ex. *Ah!* est-ce vous, mon ami, que je retrouve enfin? — Vous m'abandonnez! *Hélas!* que deviendrai-je sans vous? etc.

DE LA DÉCLINAISON DES SUBSTANTIFS.

La plupart des Grammairiens Allemands adoptent cinq déclinaisons ; mais moi, je les ai réduites à quatre, et je pense avoir établi d'une manière assez juste les nuances qui caractérisent ces déclinaisons, pour m'en tenir à ce nombre.

Règles générales, concernant la Déclinaison des Substantifs.

1. Le Vocatif est toujours semblable au nominatif, ainsi que l'Accusatif des noms féminins et neutres.

2. Le Datif et l'Ablatif sont semblables. Pour former le dernier de ces cas, on met devant le premier la préposition von, ꝛc. Ils prennent toujours au pluriel une n finale, si le Nominatif n'en a pas.

3. Les noms terminés en e, retranchent cette lettre dans les cas qui changent de terminaison. Par ex. der Schnee, la neige; des Schnees, de la neige; der Löwe, le lion; des Löwen, du lion : die Taube, le pigeon ; die Tauben, les pigeons.

4. Les noms terminés au nominatif par une seule consonne précédée d'une voyelle, doublent cette consonne dans la terminaison des autres cas. Par ex. der Blik, le regard ; des Blikkes, du regard : das Nez, le filet ; des Nezzes, du filet : die Königin, la Reine; die Königinnen, les Reines : die Nus, la noix ; die Nüsse, les noix.

5. Les noms composés de deux ou de plusieurs autres, suivent la déclinaison du dernier. Par ex. der Hausvater, le père de famille ; gen. des Hausvaters, du père de famille, etc.

6. Le génitif du singulier est bien à remarquer, pour connoître la déclinaison.

Les noms substantifs masculins et neutres qui sont terminés par el, er et en, prennent au génitif singulier la lettre s ; les autres cas du singulier sont semblables au nominatif. On ajoute au datif et à l'ablatif pluriel un n, à ceux qui n'en ont point au singulier ; et aux substantifs féminins, on ajoute un n dans tous les cas du pluriel, quand ils n'en ont point au singulier (voyez la Ière. déclinaison).

Les noms substantifs masculins et neutres qui ne sont pas terminés par el, er et en, et qui ont au génitif un s, prennent au datif et à l'ablatif singulier un e, de même que dans tous les cas du pluriel, excepté au datif et à l'ablatif, où ils prennent la syllabe en. A ceux qui se terminent en e, on ajoute seulement un n (voyez la IIe. déclinaison).

Les noms qui se terminent au génitif singulier en en, et qui n'ont point cette syllabe au nominatif, se terminent aussi en en dans tous les cas du singulier et du pluriel (voyez la IIIe. déclinaison).

Il y a des noms substantifs qui prennent au génitif singulier s (au datif et à l'ablatif un e), et auxquels on ajoute au pluriel la syllabe er (au datif et à l'ablatif ern). Ils sont presque tous du genre neutre, et sont mis en ordre alphabétique (voyez la IVe. déclinaison).

Tous les substantifs féminins restent invariables au singulier. Pour former tous les cas du pluriel, on ajoute au singulier un n à ceux qui se terminent en e, et en à la plupart qui ne se terminent pas en n (voy. la IIIe. déclinaison).

Moyennant ces règles générales, on pourroit réduire les quatre déclinaisons à une seule, accompagnée de quelques remarques. Cependant, comme ces règles pourroient paroître un peu trop abstraites, j'ai jugé à propos de mettre ici les quatre déclinaisons suivantes :

Première déclinaison.

Les substantifs de cette déclinaison se terminent en el, er et en; les deux premiers prennent au datif et à l'ablatif du pluriel un n; et aux substantifs féminins on ajoute encore un n dans tous les cas du pluriel, excepté Mutter, mère; Tochter, fille.

Masculin.

Singulier.	Pluriel.
Nom. der Spiegel, le miroir.	die Spiegel, les miroirs.
Gén. des Spiegels, du miroir.	der Spiegel, des miroirs.
Dat. dem Spiegel, au miroir.	den Spiegeln, aux miroirs.
Acc. den Spiegel, le miroir.	die Spiegel, les miroirs.
Vocatif. Spiegel, miroir.	Spiegel, miroirs.
Abl. von dem Spiegel, du miroir.	von den Spiegeln, des miroirs.

Féminin.

Singulier.	Pluriel.
Nom. die Feder, la plume.	die Federn, les plumes.
Gén. der Feder, de la plume.	der Federn, des plumes.
Dat. der Feder, à la plume.	den Federn, aux plumes.
Acc. die Feder, la plume.	die Federn, les plumes.
Vocatif. Feder, plume.	Federn, plumes.
Abl. von der Feder, de la plume.	von den Federn, des plumes.

Neutre.

Neutre.

Nom. das Mädchen, la fille.	die Mädchen, les filles.
Gén. des Mädchens, de la fille.	der Mädchen, des filles.
Dat. dem Mädchen, à la fille.	den Mädchen, aux filles.
Acc. das Mädchen, la fille.	die Mädchen, les filles.
Vocatif. Mädchen, fille.	Mädchen, filles.
Abl. von dem Mädchen, de la fille.	von den Mädchen, des filles.

Qu'on décline de la même manière, sans changer a, o, u, en ä, ö, ü :

Der Engel, l'ange.	Die Schwester, la sœur.
Der Himmel, le ciel.	Die Kammer, la chambre.
Der Stiefel, la botte.	Der Degen, l'épée.
Der Esel, l'âne.	Der Braten, le rôti.
Der Teufel, le diable.	Der Schlitten, le traîneau.
Die Gabel, la fourchette.	Der Balken, la poutre.
Die Schachtel, la boîte.	Das Messer, le couteau.
Die Amsel, le merle.	Das Fenster, la fenêtre.
Die Wachtel, la caille.	Das Gewitter, l'orage.
Die Jungfer, la fille, la demoiselle.	Das Laster, le vice.

* Les mots qui se terminent en *iel* et *ier*, comme das Spiel, le jeu; der Officier, l'officier, se déclinent d'après la IIe. déclinaison, et Bauer, paysan, d'après la IIIe.

Les suivans changent au pluriel leur voyelle a, o, u, en ä, ö, ü :

Der Acker, le champ.	Der Mangel, le défaut.
Der Apfel, la pomme.	Der Mantel, le manteau.
Der Boden, le fond.	Die Mutter, la mère.
Der Bogen, l'arc.	Der Nabel, le nombril.
Der Bruder, le frère.	Der Nagel, le clou.
Der Faden, le fil.	Der Ofen, le fourneau.
Der Graben, le fossé.	Der Schaden, le dommage.
Der Garten, le jardin.	Der Schnabel, le bec.
Der Hammel, le mouton.	Der Schwager, le beau-frère.
Der Hammer, le marteau.	Die Tochter, la fille.
Der Klaffer, le jaseur.	Der Vater, le père.
Der Laden, la boutique.	Der Vogel, l'oiseau.
Der Magen, l'estomac.	Der Wagen, le chariot.

Il n'y a qu'un seul mot neutre qui subisse ce changement : das Kloster, le couvent ; die Klöster, les couvens.

De l'Usage des Cas.

Le nominatif se met régulièrement devant son verbe, et il est employé pour répondre à la question qui, ou qu'est-ce qui? par exemple : Der Bruder schreibt, le frère écrit. — Qui écrit? — Réponse : Der Bruder, le frère. — Das Feuer brennt, le feu brûle. — Qu'est-ce qui brûle? — R. Das Feuer, le feu.

Le génitif qui marque la *procréation* ou la *possession*, se met après un autre substantif, pour répondre à la question de qui? par ex. Der Bruder des Fürsten, le frère du Prince. — De qui est-il le frère? — R. Des Fürsten, du Prince.

* On peut mettre le génitif devant le substantif dont il est régi; mais alors celui-ci perd son article; par ex. Des Fürsten Bruder, du Prince le frère, etc. Pour répondre à la question quand, ou combien de fois? on peut mettre les mots Morgen, Abend, Monat, Jahr, comme aussi les noms des jours de la semaine, au génitif; par ex. Quand vient-il chez vous? — R. Des Morgens und des Abends, le matin et le soir. — Combien de fois vous écrit-il par mois (par an)? — R. Er schreibt mir drei, oder viermal des Monats (des Jahrs), il m'écrit trois ou quatre fois par mois (par an). — Die Post kömmt wöchentlich zweimal an, la poste arrive deux fois par semaine. — Quand? — R. Des Sonntags und Mittwochs, Dimanche et Mercredi.

Le datif est employé pour répondre à la question à qui ou à quoi? par ex. Ich habe es dem Vater gegeben, je l'ai donné au père. — A qui l'avez-vous donné? — R. Dem Vater, au père. — Woran denket ihr? à quoi pensez-vous? — R. Ich denke an das, was ihr mir gestern gesagt habet, je pense à ce que vous me dîtes hier.

Les prépositions an, auf, in, hinter, neben, bei, vor, unter, ꝛc., régissent le datif à la question où? lorsqu'elles sont accompagnées d'un verbe qui marque ou un repos, ou un mouvement dans l'intérieur d'un lieu; par exemple : An dem Fenster stehen, être à la fenêtre. Auf dem Berge spazieren gehen, se promener sur la montagne. In der Stadt wohnen, demeurer à la ville. Hinter dem Hause stehen, être derrière la maison. Neben dem (bei dem) Ofen sitzen, être assis à côté (auprès) du fourneau. Vor dem Könige stehen, être devant le Roi. Unter dem Volke herumlaufen, rôder parmi le peuple, etc.

L'accusatif, qui marque l'objet direct d'une action, se met après les verbes actifs, pour répondre à la question : Qu'est-ce que? qui est-ce que? par exemple : Ich habe den Brief geschrieben, j'ai écrit la lettre. — Qu'est-ce que vous avez écrit? — R. Den Brief, la lettre. — Er verfolget den Feind, il poursuit l'ennemi. — Qui est-ce qu'il poursuit. — R. Den Feind, l'ennemi.

Les prépositions an, à; auf, sur; über, par-dessus; in, dans; hinter, derrière; neben, à côté; unter, parmi, sous; vor, devant; zwischen, entre, etc., gouvernent l'accusatif à la question où? vers où (wohin?) lorsqu'elles marquent un mouvement d'un endroit vers l'autre, ou une direction vers quelque lieu; par ex. An das Fenster gehen, aller à la fenêtre. Auf den Berg reiten, monter la montagne à cheval. Ueber das Wasser fahren, passer la rivière (l'eau). In die Stadt schiffen, envoyer à la ville. Er stellte sich hinter den Fürsten, il se mit derrière le Prince. Er trat neben den Fürsten, il se mit à côté du Prince. Unter das Volk werfen, jeter parmi le peuple. Vor den Altar treten, se mettre devant l'autel. Der Donner schlug zwischen den Palast und die Kirche, la foudre tomba entre le palais et l'église, etc.

Le vocatif sert pour appeler ou invoquer; par exemple : Bruder! komme her, frère! venez ici. O mein Gott! ô mon Dieu! etc.

L'ablatif ou le datif avec la préposition von, marque l'objet dont on parle, et il est employé à la question : De qui? de quoi? etc., par ex. Ich habe es von dem Hofmeister bekommen, je l'ai reçu du gouverneur. — De qui l'avez-vous reçu? — R. von dem Hofmeister, du gouverneur. — Man redet von dem Kriege, on parle de la guerre. — De quoi parle-t-on? — R. von dem Kriege, de la guerre.

L'ablatif est exprimé par aus dem (masculin et neutre), aus der (féminin), quand on parle d'un endroit dont on sort; par exemple : Ich gehe aus dem Garten, je sors du jardin. Sie ist so eben aus der Kirche gekommen, elle vient de sortir de l'église, etc.

Thêmes sur la première Déclinaison.

1.

Le père du maître. — Le propriétaire du jardin. — Le frère du jardinier. — Le miroir de la sœur. — La chambre de la fille. — L'épée du gouverneur.

Le maître, der Lehrer.	Le miroir, der Spiegel.
Le propriétaire, der Eigenthümer.	La sœur, die Schwester.
	La chambre, das Zimmer.
Le jardin, der Garten.	La fille, das Mädchen.
Le frère, der Bruder.	L'épée, der Degen.
Le jardinier, der Gärtner.	Le gouverneur, der Hofmeister.

2.

Donnez cet argent au boulanger, et dites au boucher, au tailleur et au cordonnier, que je ne suis pas à la maison: mais quand le chasseur viendra, vous lui direz que je suis dans ma chambre.

Donnez, gebet.	Mais, allein, aber.
Cet argent, dieses Geld.	Quand, wann.
Le boulanger, der Bäcker.	Le chasseur, der Jäger.
Et dites, und saget.	Viendra, kommt.
Le boucher, der Fleischer, Metzger.	Vous lui direz, so saget ihm.
	Que, daß.
Le tailleur, der Schneider.	Je suis, ich bin.
Le cordonnier, der Schuster.	Dans ma, in meinem.
Que je ne suis pas à la maison, daß ich nicht zu Hause wäre.	La chambre, das Zimmer.

3.

J'ai vu aujourd'hui le frère de l'Empereur de Maroc, qui est plus noir que le diable; cependant il aime les filles blanches plus que la grand'mère de son maître.

J'ai vu aujourd'hui, ich habe heute — gesehen *.	L'Empereur de Maroc, der Kaiser von Marokko.

---

* On met en allemand le second participe après les substantifs, etc., par exemple: Ich habe, heute den Bruder, ꝛc., gesehen.

Qui, welcher.	Une fille blanche, ein weisses Mädchen.
Est, ist.	
Plus noir, schwärzer.	Plus, mehr.
Que, als.	La grand'mère, die Grosmutter.
Le diable, der Teufel.	
Cependant il aime, indessen liebt er doch.	De son maître, seines Herrn.

4.

Donnez cette montre au maître d'hôtel, et cette bourse au chasseur; cela fait, vous direz à la sœur du gouverneur, de m'apporter les boîtes que je lui donnai hier à garder. Il y a quelque chose pour vous, mon ami.

Donnez, gebt, ou gebet.	La boîte, die Schachtel.
Cette montre, diese Uhr.	Que je lui donnai hier à garder, die (ou welche) ich ihr gestern aufzuheben gab.
Le maître d'hôtel, der Haushofmeister.	
Cela fait, wann dies geschehen.	Il y a quelque chose pour vous, es ist etwas für euch darin.
Vous direz, so saget.	
De m'apporter, sie sollte mir — bringen.	Mon ami, mein Freund.

5.

Apportez-moi le canif et les plumes, et dites à l'écrivain que je n'aime pas les flatteurs, et que je hais les menteurs autant que les trompeurs.

Apportez-moi, bringet mir.	Le flatteur, der Schmeichler.
Le canif, das Federmesser.	Que je hais, daß ich — haßte.
La plume, die Feder.	Le menteur, der Lügner.
L'écrivain, der Schreiber.	Autant que, so sehr als.
Que je n'aime pas, daß ich — nicht liebte.	Le trompeur, (le fourbe), der Betrüger.

6.

D'où venez-vous? — Nous venons de la salle-d'armes. — Et où allez-vous? — Nous allons au jardin de notre frère. — De qui parlez-vous? — Nous parlons du berger, qui a maltraité le frère du gouverneur.

D'où venez-vous? wo kommet ihr her?	Nous allons, wir gehen.
	Au jardin, in den Garten.
Nous venons, wir kommen.	De notre, unsers.
De la salle-d'armes, aus dem Fechtboden.	De qui parlez-vous? von wem redet ihr?
Où allez-vous? wo gehet ihr hin?	Nous parlons, wir reden.

Du berger, von dem Schäfer. | Le gouverneur, der Hof=
Qui a maltraité, welcher — miß= | meister.
handelt hat.

7.

Les ramoneurs de cheminée et les perruquiers. — Les meûniers et les charbonniers. — Les juges et les criminels. — Les confesseurs et les pécheurs. — Les prodigues et les mesquins. — Les médecins et les fossoyeurs. — Les anges et les diables. — Les flatteurs et les trompeurs. — Les filles et la constance.

Le ramoneur de cheminée, der Schornsteinfeger.
Le perruquier, der Perrücken= macher.
Le meûnier, der Müller.
Le charbonnier, der Kohlen= brenner.
Le juge, der Richter.
Le criminel, der Verbrecher.
Le confesseur, der Beicht= vater.

Le pécheur, der Sünder.
Le prodigue, der Verschwen= der.
Le mesquin, der Knauser.
Les médecins, die Aerzte.
Le fossoyeur, der Todtengrä= ber.
L'ange, der Engel.
Le diable, der Teufel.
La constance, die Bestän= digkeit.

8.

Apportez-moi les assiettes, les cuillers et les plats, de même que les couteaux et les fourchettes; puis montrez les échantillons au tailleur, et envoyez les bottes au cordonnier. Cela fait, vous donnerez à boire au cocher; car les cochers ont toujours soif.

L'assiette, der Teller.
La cuiller, der Löffel.
Le plat, die Schüssel.
De même que, wie auch.
Le couteau, das Messer.
La fourchette, die Gabel.
Puis, hernach.
Montrez, zeiget.
L'échantillon, das Muster.
Envoyez, schicket.

La botte, der Stiefel.
Le cordonnier, der Schuster.
Cela fait, wann das geschehen ist.
Vous donnerez, so gebt.
A boire, zu trinken.
Le cocher, der Kutscher.
Car, denn.
Ont toujours soif, haben im= mer Durst.

9.

Le cordonnier apporte à présent les bottes des frères, le tailleur les manteaux des cochers, et le chasseur les oiseaux qu'il a pris. — Les frères ressemblent quelquefois aux soeurs, et les sœurs aux frères. Les sœurs aiment ordinairement les frères, et les frères les sœurs et les chevaux.

Apporte, bringt.	Ressemblent, gleichen.
A présent, jezt.	Quelquefois, manchmal.
Le manteau, der Mantel.	Aiment, lieben.
L'oiseau, der Vogel.	Ordinairement, gewöhnlich.
Qu'il a pris, die er gefangen hat.	Les chevaux, die Pferde.

10.

Les écoliers paresseux n'apprennent pas beaucoup, et les mauvais maîtres ennuient souvent les meilleurs écoliers. — Qui est maintenant l'amant de la sœur du gouverneur? — C'est le frère du peintre aveugle, qui a épousé l'autre jour la nièce du maître de danse estropié.

Un écolier paresseux, ein fauler Schüler.	L'amant, der Liebhaber.
N'apprennent pas beaucoup, lernen nicht viel.	C'est, es ist.
	Le peintre aveugle, der blinde Mahler : au génitif on dit : des blinden, ꝛc.
Un mauvais maître, ein schlechter Lehrer.	Qui a épousé l'autre jour, der neulich geheirathet hat.
Ennuient souvent, machen oft verdrießlich.	La nièce, die Nichte.
Les meilleurs, die besten.	Le maître de danse estropié, der lahme Tanzmeister : au génitif on dit : des lahmen, ꝛc.
Qui est maintenant? wer ist anjezzo?	

Deuxième Déclinaison.

Les substantifs de cette déclinaison prennent au pluriel un e, et au datif et à l'ablatif la syllabe en : le génitif du singulier, masculin et neutre, se termine en s, et le datif et l'ablatif en e. En voici un exemple :

Masculin.

Singulier.	Pluriel.
Nom. der Kanal, le canal.	die Kanäle, les canaux.
Gen. des Kanals, du canal.	der Kanäle, des canaux.
Dat. dem Kanale, au canal.	den Kanälen, aux canaux.
Acc. den Kanal, le canal.	die Kanäle, les canaux.
Voc. Kanal, canal.	Kanäle, canaux.
Abl. von dem Kanale, du canal.	von den Kanälen, des canaux.

C'est ainsi que se déclinent les substantifs masculins, etc., qui se terminent en al, all, ang, ig, ug, iel, ier, k, m et pf ; par exemple :

Der Aal *, l'anguille.	Der Admiral *, l'Amiral.

Der General *, le Général.
Der Stok, le bâton. (Excepté:
Der Flek, la tache. Der Katholik, le Catholique. Der Kosak, le Cosaque. Der Kalmuk, le Calmouc. Der Heiduk, le heiduque. Der Polak, le Polonois, etc., qui se déclinent d'après la troisième déclinaison. V. p. 28).
Der Arm *, le bras.
Der Baum, l'arbre.
Der Damm, la digue.
Der Krug, la cruche.
Der Zeug, l'étoffe.
Der Zug, le trait.
Der Federkiel, le tuyau de plume.
Der Stiel, le manche.
Der Grenadier, le grenadier.
Der Officier, l'Officier.
Der Blik, le regard.
Der Bok, le bouc.
Der Rok, l'habit, la jupe.
Der Sak, le sac.
Der Schrank, l'armoire.
Der Ast, la branche.
Der Bach, le ruisseau.
Der Band, la reliure, le volume.
Der Bart, la barbe.
Der Bauch, le ventre.
Der Brand, le tison.
Der Brief, la lettre.
Der Dieb, le larron.
Der Dunst, la vapeur.
Der Feind, l'ennemi.
Der Fisch, le poisson.
Der Floh, la puce.
Der Flor, le crêpe.
Der Flus, la rivière.
Der Freund *, l'ami.
Der Frosch, la grenouille.
Der Fuchs, le renard.
Der Fus, le pied.

Der Gemahl *, l'époux.
Der Gebrauch, l'usage.
Der Grus, le salut.
Der Kardinal, le cardinal.
Der Fall, la chute.
Der Stall, l'écurie.
Der Wall, le rempart.
Der Gesang, le cantique, le chant.
Der Vorhang, le rideau.
Der Honig, le miel.
Der König, le Roi.
Der Kamm, le peigne.
Der Regenschirm, le parapluie.
Der Stamm, le tronc.
Der Thurm, la tour.
Der Traum, le songe.
Der Wurm, le ver.
Der Zaum, la bride. (Excepté: Der Halm, le brin, v. p. 28).
Der Knopf, le bouton.
Der Kopf, la tête.
Der Strumpf, le bas.
Der Topf, le pot.
Der Pfad *, le sentier.
Der Pfahl, le pieu.
Der Plaz, la place.
Der Postknecht *, le postillon.
Der Punkt *, le point.
Der Rand *, le bord.
Der Rath, le conseil.
Der Ring, la bague.
Der Saal, la salle.
Der Salat *, la salade.
Der Sand *, le sable.
Der Sarg, le cercueil.
Der Schaz, le trésor.
Der Schild, l'enseigne, le bouclier.
Der Schlaf, le sommeil.
Der Schlag, le coup.
Der Schlund, le gouffre.
Der Schmaus, le banquet.
Der Schuh *, le soulier.

Der Schwan, le cigne.	Der Habicht *, l'autour.
Der Schus, le coup de fusil ou de canon.	Der Hahn, le coq.
	Der Hals, le cou.
Der Schwanz, la queue.	Der Herzog *, le Duc.
Der Sieg, la victoire.	Der Hieb, le coup.
Der Sohn, le fils.	Der Hof, la cour.
Der Sprung, le saut.	Der Hund, le chien.
Der Spion *, l'espion.	Der Hut, le chapeau.
Der Staar *, l'étourneau.	Der Knecht, le valet.
Der Stand, l'état.	Der Koch, le cuisinier.
Der Stern, l'étoile.	Der Korb, la corbeille.
Der Stein, la pierre.	Der Kranich *, la grue.
Der Stoff *, l'étoffe.	Der Krieg, la guerre.
Der Storch, la cicogne.	Der Kus, le baiser.
Der Straus *, l'autruche.	Der Lauf, la course.
Der Strauch, l'arbrisseau.	Der Markt, le marché.
Der Stuhl, la chaise.	Der Monat *, le mois.
Der Tag *, le jour.	Der Pabst, le Pape.
Der Tisch, la table.	Der Palast, le palais.
Der Ton, le ton.	Der Trog, l'auge.
Der Zahn, la dent.	Der Wein, le vin.
Der Zaun, la haie.	Der Wind, le vent.
Der Zoll, le péage, etc.	Der Wolf, le loup.

Ces mots changent au pluriel, a, o, u, en ä, ö, ü, excepté ceux que j'ai marqués d'une (*); aa se change en un seul ä, comme der Saal, la salle : die Säle, les salles. Dans les mots dissyllabes et trissyllabes, ce n'est que la dernière voyelle qui se radoucit; p. ex. der Vorhang, le rideau : die Vorhänge, les rideaux. Der Kardinal, le Cardinal; die Kardinäle, les Cardinaux.

Neutre.

Singulier.	Pluriel.
Nom. das Spiel, le jeu.	die Spiele, les jeux.
Gen. des Spiels, du jeu.	der Spiele, des jeux.
Dat. dem Spiele, au jeu.	den Spielen, aux jeux.
Acc. das Spiel, le jeu.	die Spiele, les jeux.
Voc. Spiel, jeu.	Spiele, jeux.
Abl. von dem Spiele, du jeu.	von den Spielen, des jeux.

C'est ainsi que se déclinent les mots suivans, qui ne radoucissent point les voyelles au pluriel :

Das Band, le lien.	Das Brod, le pain.
Das Bein, la jambe.	Das Ding, la chose.
Das Bier, la bière.	Das Element, l'élément.

Das Fell, la peau.
Das Geschwür, l'apostume.
Das Getränk, la boisson.
Das Gehirn, le cerveau.
Das Haar, le poil, le cheveu.
Das Heer, l'armée.
Das Kameel, le chameau.
Das Kreuz, la croix.
Das Loos, le lot.
Das Maas, la mesure.
Das Meer, la mer.
Das Metall, le métal.
Das Papier, le papier.
Das Pferd, le cheval.
Das Pfund, la livre.
Das Rohr, la canne.
Das Salz, le sel.
Das Schaaf, la brebis.
Das Schiff, le vaisseau, le bateau.
Das Schwein, le cochon.
Das Seil, la corde.
Das Thier, la bête, l'animal.
Das Thor, la porte.
Das Werk, l'ouvrage.
Das Wort, la parole.
Das Ziel, le but.

Les substantifs féminins de cette déclinaison restent invariables dans tous les cas du singulier (ainsi que tous les mots du genre féminin), et changent les voyelles a, o, u, en ä, ö, ü; exemple :

Féminin.

	Singulier.	Pluriel.
Nom.	die Stadt, la ville.	die Städte, les villes.
Gen.	der Stadt, de la ville.	der Städte, des villes.
Dat.	der Stadt, à la ville.	den Städten, aux villes.
Acc.	die Stadt, la ville.	die Städte, les villes.
Voc.	Stadt, ville.	Städte, villes.
Ab.	von der Stadt, de la ville.	von den Städten, des villes.

De cette manière se déclinent :

Die Bank, le banc.
Die Braut, la future épouse.
Die Brust, la poitrine.
Die Faust, le poing.
Die Frucht, le fruit.
Die Gans, l'oie.
Die Hand, la main.
Die Haut, la peau.
Die Kraft, la force.
Die Kuh, la vache.
Die Kunst, l'art.
Die Laus, le pou.
Die Luft, l'air.
Die Macht, la puissance.
Die Magd, la servante.
Die Maus, la souris.
Die Nacht, la nuit.
Die Naht, la couture.
Die Nuss, la noix.
Die Sau, la truie.
Die Schnur, le cordon.
Die Wand, la muraille.
Die Wurst, le boudin.
Die Zunft, le corps de métier, etc., etc.

Thêmes sur la seconde Déclinaison.

11.

L'ami, qui m'a montré les lettres qu'il a reçues du Duc, a dit au Roi, qu'il connoissoit le vaurien qui vouloit tuer le Cardinal. Le Roi lui ayant demandé le nom de ce scélérat, il lui dit que c'étoit un des cuisiniers du Cardinal.

L'ami, der Freund.	Le vaurien, der Taugenichts.
Qui m'a montré, welcher (der) mir gezeigt hat.	Qui vouloit tuer, welcher — tödten (umbringen) wollte.
La lettre, der Brief.	Le Roi lui ayant demandé le nom de ce scélérat, da ihn
Qu'il a reçues, die (welche) er — bekommen hat.	der König nach dem Namen dieses Bösewichts gefragt
Le Duc, der Herzog.	hatte.
A dit, hat — gesagt.	
Le Roi, der König.	Il lui dit, so sagte er ihm.
Qu'il connoissoit, daß er — kennte.	Que c'étoit un, es wäre einer.
	Le cuisinier, der Koch.

12.

Les amis du Cardinal disoient au Roi, que le cuisinier n'avoit jamais eu l'intention d'empoisonner le Cardinal; mais que c'étoit la femme de chambre du Duc qui avoit ce mauvais dessein.

Disoient, sagten.	La femme de chambre, die Kammerjungfer.
N'avoit jamais eu l'intention, nie Willens gewesen wäre.	Qui avoit ce mauvais dessein, die dieses böse Vor=
D'empoisonner, zu vergiften.	haben hätte.
Mais que c'étoit, sondern es wäre.	

13.

Les ennemis ont fait prisonniers deux Généraux sans esprit, cinquante Officiers sans cœur, deux cents grenadiers sans souliers, cent mousquetaires sans chapeaux, trente cavaliers sans chevaux, cinq espions sans tête; et ont ruiné les palais du Duc, les portes et les tours de la ville. La Cour en est fort affligée.

L'ennemi, der Feind.	Le cœur, das Herz.
Ont fait prisonniers, haben gefangen genommen.	Deux cents, zwei hundert.
	Un grenadier, ein Grenadier.
Deux, zwei.	Le soulier, der Schuh.
Le Général, der General.	Un mousquetaire, ein Mus=
Sans esprit, ohne Verstand.	fetier.
Cinquante, fünfzig.	Le chapeau, der Hut.
Un Officier, ein Officier.	Trente, dreißig.

Un cavalier, ein Reuter.	Le palais, der Palast.
Le cheval, das Pferd.	La porte, das Thor.
Cinq, fünf.	La tour, der Thurm.
Un espion, ein Spion.	La ville, die Stadt.
La tête, der Kopf.	La Cour, der Hof.
Et ont ruiné, und haben verheeret.	En est fort affligée, ist sehr betrübt darüber.

14.

Les postillons aiment ordinairement mieux le vin que les chevaux, et les larrons aiment mieux l'argent que la vie. Les valets aiment ordinairement les chiens et la bière, et les servantes les valets.

Aiment, lieben.	L'argent, das Geld.
Ordinairement, gewöhnlich.	La vie, das Leben.
Le vin, der Wein.	Le valet, der Knecht.
Mieux, mehr.	La bière, das Bier.
Que, als.	La servante, die Magd.
Le larron, der Dieb.	

15.

Les vaches, les brebis, les cochons et les oies, sont des animaux fort utiles; mais les souris et les puces sont inutiles aux hommes, et les servantes pourroient bien s'en passer; cependant ces petits animaux les rendent bien alertes.

La vache, die Kuh.	Inutiles, unnütz.
La brebis, das Schaaf.	L'homme, der Mensch.
Le cochon, das Schwein.	La servante, die Magd.
L'oie, die Gans.	Pourroient bien s'en passer, könnten sie wohl entbehren.
Sont des, sind.	Cependant, indessen ou jedoch.
L'animal fort utile, das sehr nützliche Thier.	Ces petits, diese kleinen.
Mais, allein.	Rendent, machen.
La souris, die Maus.	Bien alertes, sehr munter.
La puce, der Floh.	

Troisième Déclinaison.

Les substantifs de cette déclinaison ne radoucissent point leurs voyelles, prennent au pluriel la syllabe en, et finissent de même par en au génitif, au datif, à l'accusatif et à l'ablatif du singulier. Exemple:

Masculin.

Singulier.	Pluriel.
Nom. der Graf, le Comte.	die Grafen, les Comtes.
Gen. des Grafen, du Comte.	der Grafen, des Comtes.

Dat. dem Grafen, au Comte.	den Grafen, aux Comtes.
Acc. den Grafen, le Comte.	die Grafen, les Comtes.
Voc. Graf, Comte.	Grafen, Comtes.
Abl. von dem Grafen, du Comte.	von den Grafen, des Comtes.

Plusieurs substantifs de cette déclinaison se terminent en ant, at, e, dent, et ist ; par exemple :

Der Komödiant, le comédien.	Der Deutsche, l'Allemand.
Der Kommunikant, le communiant.	Der Jude, le Juif.
	Der Knabe, le garçon.
Der Advokat, l'avocat.	Der Student, l'étudiant.
Der Dukat, le ducat.	Der Präsident, le président.
Der Kandidat, le candidat.	Der Christ, le Chrétien.
Der Soldat, le soldat.	Der Pietist, le piétiste. (Excepté der Geist, l'esprit, voy. pag. 34.
Der Affe, le singe.	
Der Buchstabe, la lettre (de l'alphabet).	

De même se déclinent aussi les suivans :

Der Barbar *, le barbare.	Der Mensch, l'homme.
Der Bauer *, le paysan.	Der Mohr, le Maure.
Der Eremit, l'hermite.	Der Monarch, le Monarque.
Der Fasan, le faisan.	Der Nachbar *, le voisin.
Der Fels, le rocher.	Der Narr, le fou.
Der Fleck, la tache.	Der Patriot, le patriote.
Der Fürst, le Prince.	Der Pfau, le paon.
Der Halm, le tuyau de paille, le brin.	Der Philosoph, le philosophe.
	Der Poet, le poëte.
Der Held, le héros.	Der Polak, le Polonois.
Der Heiduk, le heiduque.	Der Prinz, le Prince.
Der Herr, le maître.	Der Prophet, le Prophète.
Der Husar, le hussard.	Der Pult, le pupitre.
Der Kalmuk, le Calmouc.	Der Theolog, le théologien.
Der Katholik, le Catholique.	Der Unterthan, le sujet.
Der Komet, la comète.	Der Vorfahr, le prédécesseur.
Der Kosak, le Cosaque.	
Der Leopard, le léopard.	Die Vorfahren, les ancêtres, etc.
Der Matros, le matelot.	

* A Barbar, Bauer et Nachbar, on ajoute seulement un n dans tous les cas où les autres mots de cette déclinaison ont en.

** Le singulier de Doktor, docteur, et de Rektor, recteur, etc., se décline d'après la Ire. Déclinaison, et leur pluriel d'après la troisième.

C'est d'après cette déclinaison que se déclinent aussi les substantifs féminins qui ne sont pas compris dans les autres déclinaisons. Ils restent invariables dans tous les cas du singulier et du pluriel, et se terminent presque tous en e, eit, in, lei, rei, uhr, ur, ung, et quelques-uns en ät. Aux premiers, on ajoute seulement au pluriel un n, parce qu'ils ont déjà un e au singulier. Les voyelles a, o, u, qui ne sont pas radoucies au singulier, ne se radoucissent point au pluriel; par exemple :

Féminin.

Singulier.	Pluriel.
N. die Schnalle, la boucle.	die Schnallen, les boucles.
G. der Schnalle, de la boucle.	der Schnallen, des boucles.
D. der Schnalle, à la boucle.	den Schnallen, aux boucles.
A. die Schnalle, la boucle.	die Schnallen, les boucles.
V. Schnalle, boucle.	Schnallen, boucles.
A. von der Schnalle, de la boucle.	von den Schnallen, des boucles.

Qu'on décline de la même manière :

Die Kirche, l'église.	Die Krankheit, la maladie.
Die Schule, l'école.	Die Gelegenheit, l'occasion.
Die Geige, le violon.	Die Begebenheit, l'aventure.
Die Küche, la cuisine.	Die Grobheit, la brutalité.
Die Wiege, le berceau.	Die Narrheit, la folie.
Die Tasche, la poche.	Die Thorheit, la sottise.
Die Wage, la balance.	Die Zeit, le temps.
Die Klage, la plainte.	Die Fürstin *, la Princesse.
Die Lüge, le mensonge.	Die Gräfin, la Comtesse.
Die Wunde, la blessure, la plaie.	Die Einsiedelei, l'hermitage.
Die Stunde, l'heure.	Die Schmeichelei, la flatterie.
Die Fliege, la mouche.	Die Betrügerei, la tromperie.
Die Straße, la rue.	Die Uhr, l'horloge, la montre.
Die Taube, le pigeon.	Die Zeitung, la gazette.
Die Krone, la couronne.	Die Rechnung, le compte.
Die Pflanze, la plante.	Die Kur, la cure.
Die Feige, la figue.	Die Spur, la trace, le vestige.
Die Kutsche, le carrosse.	Die Universität, l'université, etc.

* Les noms terminés en in, redoublent au pluriel la dernière consonne; par exemple : Die Schäferin, la bergère; die Schäferinnen, les bergères.

Il y a quelques substantifs neutres qui appartiennent à

cette déclinaison, dont le singulier se décline tout-à-fait d'après la seconde ; en voici un exemple :

Neutre.

Singulier.	Pluriel.
N. das Ohr, l'oreille.	die Ohren, les oreilles.
G. des Ohres, de l'oreille.	der Ohren, des oreilles.
D. dem Ohre, à l'oreille.	den Ohren, aux oreilles.
A. das Ohr, l'oreille.	die Ohren, les oreilles.
V. Ohr, oreille.	Ohren, oreilles.
A. von dem Ohre, de l'oreille.	von den Ohren, des oreilles.

De la même manière se déclinent :

Das Auge, l'œil.	Das Hemd, la chemise.
Das Bett, le lit.	Das Pistol, le pistolet.

Das Herz, le cœur, et der Schmerz, la douleur, prennent au génitif la syllabe ens, au datif et à l'ablatif en, et l'accusatif et le vocatif restent comme le nominatif.

Thémes sur la troisième Déclinaison.

16.

Les Juifs trompent quelquefois les Chrétiens, et les Chrétiens, les Juifs. — Le domestique du Prince vendit hier au Juif les chemises et la montre qu'il avoit reçues du Comte. Le domestique voulut tromper le Juif ; mais le Juif trompa le domestique.

Le Juif, der Jude.	La chemise, das Hemd.
Trompent, betrügen.	La montre, die Uhr.
Quelquefois, manchmal.	Qu'il avoit reçues, die er —
Le Chrétien, der Christ.	bekommen hatte.
Le domestique, der Bediente.	Voulut tromper, wollte —
Le Prince, der Fürst.	betrügen.
Vendit, verkaufte.	Mais, allein.
Hier, gestern.	Trompa, betrog.

17.

Les Allemands aiment les François, et les François ne haïssent point les Allemands. — Parmi les soldats du Prince, il y a bien des fous, disoit l'autre jour le maître à la sentinelle, qui lui dit : Monsieur, on en trouve dans tous les états. — Les fous disent souvent la vérité.

L'Allemand, der Deutsche.	Parmi, unter.
Le François, der Franzose.	Le soldat, der Soldat.
Ne haïssent point, hassen nicht.	Il y a bien des, giebt es viele.
	Le fou, der Narr.

Disoit, sagte.
L'autre jour, neulich.
A la sentinelle, zur Schild=
wache.
Qui lui dit, welche zu ihm
sagte.
Monsieur, mein Herr.

On en trouve, man findet
deren.
Dans tous les états, in allen
Ständen.
Disent, sagen.
Souvent, oft.
La vérité, die Wahrheit.

18.

Les François aiment à apprendre l'allemand, et les Allemands le françois. Les Saxons parlent bien allemand; mais les Suabes ne le prononcent pas trop bien; cependant ils ne laissent pas d'être de fort bonnes gens. — Les Chrétiens célèbrent le Dimanche, les Juifs le samedi, les Turcs le vendredi, et les Maures le jour de leur naissance.

Aiment à apprendre l'allemand, lernen gerne deutsch.
Le françois, französisch.
Un Saxon, ein Sachse.
Parlent bien, sprechen (reden) gut.
Mais, allein, aber.
Un Suabe, ein Schwabe.
Ne le prononcent pas trop bien, sprechen es nicht allzu gut aus.
Cependant ils ne laissent pas d'être de fort bonnes gens,

demohngeachtet sind es sehr gute Leute.
Un Chrétien, ein Christ.
Célèbrent, feiern.
Le Dimanche, der Sonntag.
Un Juif, ein Jude.
Le Samedi, der Sonnabend, ou Samstag.
Un Turc, ein Türke.
Le vendredi, der Freitag.
Un Maure, ein Mohr.
Le jour de leur naissance, ihren Geburtstag.

19.

Les singes aiment à contrefaire les actions des hommes, et les fous les actions des singes. Les mouches ressemblent aux écornifleurs, elles goûtent de tous les mets sans qu'on les y invite. — Les Maures représentent le diable blanc, parce qu'ils sont noirs comme lui; et les blancs le représentent noir, parce qu'ils sont blancs. Que doit penser le diable de tous ces pauvres diables? —

Le singe, der Affe.
Aiment à contrefaire, machen gerne — nach.
L'action, die Handlung.
La mouche, die Fliege.
Ressemblent, gleichen.
Un écornifleur, ein Schma=
rutzer.

Elles goûtent de tous les mets, sie versuchen alle Gerichte.
Sans qu'on les y invite, ohne daß man sie dazu einladet.
Représentent — blanc, stellen — weiß vor.
Parce qu'ils sont noirs, weil sie schwarz sind.

Comme

Comme lui, wie er.
Le blanc, der Weiße.
Le représentent noir, stellen ihn schwarz vor.

Que doit penser, was muß — denken.
De tous ces pauvres, von allen diesen armen, ꝛc.

Quatrième Déclinaison.

Les noms de cette déclinaison prennent au pluriel la syllabe er, et sont presque tous du genre neutre. Il y en a fort peu du genre masculin. Ils changent tous au pluriel, dans les syllabes finales, les voyelles a, aa, o, u, en ä, ö, ü; par exemple:

Neutre.

Singulier.	Pluriel.
N. das Band, le ruban.	die Bänder, les rubans.
G. des Bandes, du ruban.	der Bänder, des rubans.
D. dem Bande, au ruban.	den Bändern, aux rubans.
A. das Band, le ruban.	die Bänder, les rubans.
V. Band, ruban.	Bänder, rubans.
A. von dem Bande, du ruban.	von den Bändern, des rubans.

On voit par cet exemple que cette déclinaison ne diffère en rien au singulier de la deuxième, et au pluriel de la première déclinaison.

C'est ainsi que se déclinent les substantifs neutres qui se terminent en band, ch et en thum; par exemple:

Das Achselband, l'épaulette.
Das Strumpfband, la jarretière.
Das Buch, le livre.
Das Dach, le toit.
Das Fach, la tablette.
Das Gemach, l'appartement.
Das Loch, le trou.

Das Schnupftuch, le mouchoir.
Das Tuch, le drap.
Das Alterthum, l'antiquité.
Das Bisthum, l'évêché.
Das Fürstenthum, la principauté, etc.

Et les suivans :

Das Aas, la charogne.
das Amt, l'emploi, la charge.
das Bad, le bain.
das Bild, l'image.
das Blatt, la feuille.
das Brett, la planche.
das Denkmal, le monument.
das Dorf, le village.
das Ey, l'œuf.

Das Faß, le tonneau.
das Feld, le champ.
das Floß, le radeau.
das Gebet, la prière.
das Geld, l'argent.
das Gemüth, l'esprit, le cœur.
Das Geschlecht, la génération.

(34)

Das Gesicht, le visage.
das Gespenst, le spectre.
das Gewand, l'habit.
das Gewölbe, la voûte.
das Glas, le verre.
das Glied, le membre.
das Grab, le tombeau.
das Gras, l'herbe.
das Gut, le bien.
das Handwerk, le métier.
das Haupt, la tête, le chef.
das Haus, la maison.
das Holz, le bois.
das Horn, la corne.
das Huhn, la poule.
das Kabinet, le cabinet.
das Kalb, le veau.
das Kamisol, la camisole.
das Kind, l'enfant.
das Kleid, l'habit.
das Korn, le grain.
das Kraut, l'herbe.

Das Lamm, l'agneau.
das Land, le pays.
das Licht, la chandelle.
das Lied, la chanson.
das Maal, la marque.
das Maul, la gueule.
das Nest, le nid.
das Parlament, le parlement.
das Pfand, le gage.
das Rad, la roue.
das Regiment, le régiment.
das Reis, la branche.
das Schlos, le château (la serrure, la platine).
das Schwerdt, le glaive.
das Spital, l'hôpital.
das Thal, la vallée.
das Volk, le peuple.
das Weib, la femme.
das Wort, le mot.
das Zelt, la tente, etc.

Le peu de masculins de cette déclinaison sont :

Der Gott, le Dieu.
der Irrthum, l'erreur.
der Reichthum, la richesse.
der Bösewicht, le scélérat.
der Geist, l'esprit.

Der Leib, le corps.
der Ort, le lieu.
der Wald, la forêt.
der Mann*, l'homme, etc.

* Les noms composés qui se terminent en — mann, ont au pluriel — leute, auquel on ajoute au datif et à l'ablatif un n; par exemple :

Singulier.	Pluriel.
N. der Kaufmann, le marchand.	die Kaufleute, les marchands.
G. des Kaufmannes, du marchand.	der Kaufleute, des marchands.
D. dem Kaufmanne, au marchand.	den Kaufleuten, aux marchands.
A. den Kaufmann, le marchand.	die Kaufleute, les marchands.
V. Kaufmann, marchand.	Kaufleute, marchands.
A. von dem Kaufmanne, du marchand.	von den Kaufleuten, des marchands.

De la même manière se déclinent :

Der Hauptmann, le Capitaine.
der Edelmann, le Gentilhomme.
der Schiffmann, le batelier.

Der Zimmermann, le charpentier.
der Fuhrmann, le voiturier.
der Amtmann, le bailli, etc.

Thêmes sur la quatrième Déclinaison.

20.

Les livres que j'ai achetés sont très-bons.... pour en faire des papillotes. — J'ai vu aujourd'hui le grand village, où il y a quatre châteaux et trois cents maisons. Les châteaux sont superbes, et les maisons fort belles. Les hommes, les femmes et les enfans de ce village sont tous bien habillés, et leurs habits sont fort propres.

Le livre, das Buch.
Que j'ai achetés, die ich gekauft habe.
Sont très-bons, sind sehr gut.
Pour en faire des papillotes, um Papilloten davon zu machen.
J'ai vu aujourd'hui, ich habe heute — gesehen.
Le grand, das grose.

Où il y a, worin sich — befinden.
Quatre, vier.
Trois cents, drei hundert.
Superbes, prächtig.
Fort belles, sehr schön.
De ce, dieses.
Tous bien habillés, alle gut gekleidet.
Leurs, ihre.
Propres, sauber, reinlich.

21.

Mes chers frères. Je vous envoie par mes deux enfans les livres, les mouchoirs et les rubans que vous avez demandés. Les rubans plairont assurément aux femmes du village, et les livres aux hommes. Les chandelles que vous m'avez envoyées, ne sont pas bonnes; j'en ai fait présent à une pauvre femme.

Mes chers, lieben.
Je vous envoie, ich schiffe euch.
Par mes deux, durch meine zwei.
Que vous avez demandés, die ihr begehrt habt.
Plairont assurément, werden gewis — gefallen.

Que vous m'avez envoyées, die ihr mir geschift habt.
Ne sont pas bonnes, sind nicht gut.
J'en ai fait présent, ich habe sie — geschenkt.
A une pauvre, einer armen.

22.

Les enfans aiment les images, les femmes les beaux habits, et les hommes de notre village aiment fort les verres remplis de vin. — Dans tous les pays où j'ai été, j'ai trouvé que les hommes se plaignent assez souvent des femmes, et les femmes des hommes; mais que les hommes sont pour l'ordinaire la dupe des femmes.

L'image, das Bild.	Dans tous les, in allen.
La femme, das Weib.	Le pays, das Land.
Un bel habit, ein schönes Kleid.	Où j'ai été, wo ich gewesen bin.
	J'ai trouvé, habe ich gefunden.
L'homme, der Mann.	Se plaignent assez souvent des, sich sehr oft über die — beklagen.
De notre, unsers.	
Le village, das Dorf.	
Fort, sehr.	Sont pour l'ordinaire la dupe, gewöhnlich — hintergangen werden.
Un verre rempli de vin, ein mit Wein gefülltes Glas.	

23.

Il y a dans les villages voisins quelques régimens de soldats, et les campagnes sont pleines de troupes. Plusieurs Capitaines de ces troupes ont fort maltraité les hommes de ces villages, et principalement les voituriers et les bateliers; mais ils n'ont fait aucun mal aux femmes.

Il y a, es liegen.	Les troupes, die Kriegsvölker.
Dans, in.	Plusieurs, verschiedene.
Le village voisin, das benachbarte Dorf.	De ces, dieser.
	Ont fort maltraité, haben sehr misshandelt.
Quelques, einige.	
Le régiment, das Regiment.	Principalement, besonders.
La Campagne, das Feld.	Ils n'ont fait aucun mal, sie haben — nichts zu Leid gethan.
Sont pleines de, sind voll.	

24.

Les œufs, les veaux et les poules, sont actuellement fort chers, à cause des troupes qui se trouvent dans notre pays. — Les enfans des soldats ont de fort mauvais habits. On voit beaucoup de ces pauvres diables cherchant dans les forêts des herbes, qu'ils mangent toutes crues.

L'œuf, das Ey.	L'enfant, das Kind.
Le veau, das Kalb.	Le soldat, der Soldat.
La poule, das Huhn.	Ont de fort mauvais, haben sehr schlechte.
Sont actuellement, sind gegenwärtig.	
	L'habit, das Kleid.
Fort chers, sehr theuer.	On voit beaucoup, man siehet viele.
A cause, wegen.	
Qui se trouvent dans notre, welche sich in unserm — befinden.	De ces pauvres, von diesen armen.
	Dans les, in den.

La forêt, der Wald.
Cherchant—des, die —suchen.
L'herbe, das Kraut.

Qu'ils mangent toutes crues, welche sie ganz roh essen.

25.

Les soldats ont fait prisonniers quatre cents hommes qu'ils croyoient voleurs, et ont ruiné les châteaux, vidé les tonneaux, et cassé tous les verres en chantant des chansons à boire. Puis ils prirent leurs mouchoirs, et se battirent les uns les autres: et s'ils n'ont pas cessé, ils se battent encore.

Ont fait prisonniers quatre cents hommes qu'ils croyoient voleurs, haben vier hundert Mann zu Gefangenen gemacht, welche sie für Diebe hielten.
Ruiné, zerstört.
Le château, das Schloß.
Vidé, ausgeleert.
Le tonneau, das Faß.
Cassé tous les, alle — zerschlagen.
En chantant des, indem sie — sungen.

Une chanson à boire, ein Trinklied.
Puis ils prirent, hierauf nahmen sie.
Leurs, ihre.
Le mouchoir, das Schnupftuch.
Et se battirent les uns les autres, und schlugen sich damit einander herum.
Et s'ils n'ont pas cessé, und wenn sie nicht aufgehöret haben.
Ils se battent encore, so schlagen sie sich noch.

26.

Les charges se vendent bien cher en quelques pays. — Les grands pays ne sont pas toujours les meilleurs. J'en ai vu, dont les richesses consistoient en grandes forêts, en bains minéraux, en campagnes fertiles, et les peuples de ces pays se trouvoient plus heureux que ceux qui n'ont d'autres richesses que l'or et l'argent.

La charge, das Amt.
Se vendent bien cher en quelques, werden in einigen — sehr theuer verkauft.
Le pays, das Land.
Les grands, die grosen.
Les meilleurs, die besten.
J'en ai vu, ich habe derselben gesehen.
Dont les, deren.
La richesse, der Reichthum.
Consistoient en grandes, in grosen — bestunden.
La forêt, der Wald.

Le bain minéral, das mineralische Bad.
La campagne fertile, das fruchtbare Feld.
Le peuple, das Volk.
De ces, dieser.
Se trouvoient, befanden sich.
Plus heureux, glüklicher.
Que ceux, als diejenigen.
Qui n'ont d'autres, welche keine andern — haben.
Que l'or et l'argent, als Gold und Silber.

C 3

Remarques sur les terminaisons du Nominatif pluriel en général.

I.

La première déclinaison comprend les noms subtantifs qui, au pluriel, ne diffèrent point de leur singulier dans la terminaison. Seulement aux substantifs féminins qui ne se terminent pas en en, on ajoute encore un n, comme je l'ai déjà dit.

La seconde comprend ceux qui, au pluriel, ajoutent un e à la terminaison du singulier.

La troisième comprend les noms substantifs qui, au pluriel, ajoutent la syllabe en ; et s'ils se terminent en e, un simple n.

La quatrième comprend ceux qui, au pluriel, ajoutent la syllabe er.

II.

En plat-Allemand, ou dans la langue basse-Saxonne, le nominatif pluriel prend un s : un Hanovrien, par exemple, dira très-bien dans son dialecte : die Flegels, die Mädchens, ꝛc., de der Flegel, le rustre; das Mädchen, la fille, etc., mais c'est une faute dans le haut-Allemand.

III.

Le nominatif pluriel d'un même mot, diffère quelquefois selon la différente signification du mot. En voici quelques exemples : Der Band, la reliure, le volume d'un livre; die Bände, les volumes; das Band, le lien; die Banden, les liens, les entraves; das Band, le ruban, die Bänder, les rubans. Das Boot, l'esquif, die Böte, les esquifs. Der Bote, le messager; die Boten, les messagers. Das Ding, la chose, die Dinge, les choses; das Ding (par mépris, ou en grondant), la petite fille; die Dinger, les petites drôlesses. Das Land, le pays; die Lande, les pays d'un même Etat : Die Länder, les pays en général; par exemple : die Nordländer, les pays septentrionaux. Der Mensch, l'homme; die Menschen, les hommes : das Mensch (par mépris), la femme; die Menscher, les débauchées. Der Strauß, l'autruche; die Straußen, les autruches. Der Strauß, le bouquet; die Sträuße, les bouquets. Der Thor, l'insensé; die Thoren, les insensés : das Thor, la porte cochère; die Thore, les portes cochères. Das Wort, la parole; die Worte, les paroles : das Wort, le mot; die Wörter, les mots, etc.

Thêmes sur les quatre Déclinaisons.

27.

Les plus grands ennemis des hommes sont les hommes. Ils se trompent mutuellement, ils se persécutent, et ils se massacrent les uns les autres. — Les poissons se font la guerre dans l'eau, les oiseaux dans l'air, et les hommes sur la terre et sur la mer. — Les hommes mangent les bêtes, et les vers rongent les hommes.

Les plus grands, die gröſten.
L'ennemi, der Feind, 2 (*).
L'homme, der Mensch, 3.
Sont, sind.
Ils se trompent mutuellement, sie betrügen sich einander.
Ils se persécutent, sie verfolgen sich.
Et ils se massacrent les uns les autres, und morden sich einander.
Le poisson, der Fisch, 2.

Se font la guerre, führen Krieg, 2.
Dans, in, avec le datif.
L'eau, das Wasser, 1.
L'oiseau, der Vogel, 1. ö.
L'air, die Luft, 2. ü.
Sur, auf, avec le datif.
La terre, die Erde, 3.
La mer, das Meer, 2.
Mangent, essen.
La bête, das Thier, 2.
Le ver, der Wurm, 2. ü.
Rongent, verzehren, zernagen.

(*) Les chiffres 1. 2. 3. 4. indiquent la déclinaison; et ä, ö, ü, marquent qu'il faut radoucir la voyelle au pluriel.

28.

Robert ayant fait naufrage, eut le bonheur de se sauver à terre. Il fut fort étonné de se voir dans une grande île, où il y avoit beaucoup de bêtes féroces, comme des tigres, des léopards, des serpens, etc. Mais il y trouva peu d'hommes; et parmi ces hommes il n'y avoit ni tailleurs, ni cordonniers, ni perruquiers, ni marchands de modes. Les habitans n'en ont que faire : ils vont tout nus, et se croient le peuple le plus heureux de la terre. Il y vit entr'autres raretés une petite fille fort piquante, dont les yeux pétilloient d'amour. Il faut que cette petite fille soit déjà bien amoureuse, dit-il en lui-même ; car les yeux sont le miroir de l'âme.

Robert ayant fait naufrage, da Robert Schifbruch gelitten.
Eut, hatte er.
Le bonheur, das Glük, 2.
De se sauver à terre, sich auf's Land zu retten.

Il fut fort étonné, er wunderte sich sehr.
De se voir dans une grande île, als er sah, daß er auf einer groſen Insel war.
Où il y avoit beaucoup de bêtes féroces, wo sich

viele wilde Thiere befanden.
Comme des, als.
Le tigre, der Tyger, 1.
Le léopard, der Leopard, 3.
Le serpent, die Schlange, 3.
Mais il y trouva peu d', allein er fand wenig — da.
L'homme, der Mensch, 3.
Parmi ces, unter diesen.
Il n'y avoit ni-ni, waren weder — noch.
Le tailleur, der Schneider, 1.
Le cordonnier, der Schuster, 1.
Le perruquier, der Perückenmacher, 1.
Le marchand de modes, der Modehändler, 1.
L'habitant, der Einwohner, 1.
N'en ont que faire, brauchen keine.
Ils vont tout nus, sie gehen ganz nackend.

Et se croient le peuple le plus heureux, und halten sich für das glücklichste Volk.
La terre, die Erde, 3.
Il y vit entr'autres, er sah da unter andern.
La rareté, die Seltenheit, 3.
Une petite fille fort piquante, ein kleines sehr reizendes Mädchen, 1.
Dont les yeux, deren Augen.
Pétilloient d'amour, Liebe strahlten (von Liebe funkelten).
Il faut que cette petite fille soit déjà bien amoureuse, dieses kleine Mädchen muß schon sehr verliebt seyn.
Dit-il en lui-même, sagte er bei sich selbst.
Car, denn.
Sont, sind.
Le miroir, der Spiegel, 1.
L'âme, die Seele, 3.

29.

Monsieur Friand avoit autrefois de grands biens, de superbes maisons et beaucoup d'argent. Il faisoit tous les jours bonne chère, et il étoit souvent indisposé. Maintenant qu'il est pauvre, il fait le messager, mange des pommes de terre, ne boit que de l'eau, et se porte mieux, à ce qu'il dit, que les Princes de son pays.

Monsieur, der Herr.
Avoit autrefois, hatte ehedessen.
De grands, große.
Le bien, das Gut, 4. ü.
De superbes, prächtige.
La maison, das Haus, 4. ä.
Beaucoup d'argent, viel Geld, 4.
Il faisoit bonne chère, er lebte — herrlich.
Tous les, alle.
Le jour, der Tag, 2.
Il étoit souvent, er war oft.
Indisposé, unpaß.

Maintenant, jetzo.
Qu'il est pauvre, da er arm ist.
Il fait, macht er.
Le messager, der Bote, 3.
Mange, ißt.
Des pommes de terre, Kartoffeln, 3.
Ne boit que de l'eau, trinkt nichts als Wasser.
Se porte mieux, befindet sich besser.
A ce qu'il dit, wie er sagt.
Le Prince, der Fürst, 3.
De son, seines.

30.

Après que le frère de la servante eut dérobé la montre du gouverneur, il se réfugia dans la cheminée, où la fumée l'incommoda fort. Il monta sur le toit; mais à peine y fut-il, qu'il glissa, et tomba sur un pauvre Juif qui passoit par la rue. Le voleur prit aussi-tôt la fuite, et gagna heureusement la porte de la ville, où un archer l'attendoit à bras ouverts. Comme celui-ci alloit se saisir de lui, il lui donna un si bon soufflet, que sa perruque sauta en l'air. Ce qui l'obligea d'abandonner le voleur, pour courir après sa perruque, que le vent emportoit. Tout cela fit beaucoup de plaisir tant aux petits qu'aux grands enfans.

Après que, nachdem.
Le frère, der Bruder, 1. ü.
La servante, die Magd, 2. ä.
Eut dérobé, gestohlen hatte.
La montre, die Taschenuhr, 3.
Il se réfugia, flüchtete er sich.
La cheminée, der Schornstein, 2.
Où la fumée l'incommoda fort, worin ihm der Rauch sehr beschwerlich fiel.
Il monta, er stieg.
Le toit, das Dach, 4. ä.
Mais, allein.
A peine y fut-il, kaum war er darauf.
Qu'il glissa, so glitschte er.
Et tomba, und fiel — herunter.
Sur un pauvre — auf einen armen.
Qui passoit par la rue, der durch die Strase gieng.
Le voleur, der Dieb, 2.
Prit aussi-tôt, nahm sogleich.
La fuite, die Flucht, 3.
Gagna, erreichte.
Heureusement, glüflich.
La porte, das Thor, 2.

La ville, die Stadt, 2. ä.
Où un archer l'attendoit à bras ouverts, wo ihn ein Häscher mit offenen Armen erwartete.
Comme celui-ci alloit se saisir de lui, als sich dieser seiner bemächtigen wollte.
Il lui donna, gab er ihm.
Un si bon soufflet, eine so derbe Ohrfeige, 3.
Sa perruque, seine Perüke, 3.
Sauta, flog.
Ce qui l'obligea d'abandonner, dieses nöthigte ihn — gehen zu lassen.
Pour courir après sa, um seiner — nachzulaufen.
Que, welche.
Le vent, der Wind, 2.
Emportoit, fortwehte.
Tout cela fit, all dieses machte.
Beaucoup de plaisir, viel Vergnügen.
Tant, sowohl.
Que, als auch.
Un enfant, ein Kind, 4.

31.

Le larron échappa heureusement aux mains de l'archer, et se réfugia dans la forêt, où il rencontra quelques voleurs, qui lui prirent la montre, et le jetèrent dans une fosse. Quand les voleurs furent partis, il sortit de la fosse où ils l'avoient jeté malgré lui, et se mit au soleil pour se sécher. A peine se fut-il mis sur l'herbe, qu'il s'endormit. Il vit en songe une jolie sorcière, qui se disoit fée, et qui sembloit avoir pitié de lui; elle le toucha de sa baguette, et le changea en grenouille. Il se réveilla en sursaut, et dit ce qu'on trouvera dans le thême suivant.

Le larron, der Dieb, 2.
Echappa, entgieng.
La main, die Hand, 2. ä.
Où il rencontra, worin er — antraf.
Quelques, einige.
Le voleur, der Räuber, 1.
Qui lui prirent, welche ihm — nahmen.
Et le jetèrent dans une fosse, und ihn in eine Grube warfen.
Quand, da.
Furent partis, fort waren.
Il sortit, machte er sich.
Où ils l'avoient jeté malgré lui, worin sie ihn wider seinen Willen geworfen hatten.
Se mit au soleil, legte sich in die Sonne, 3.
Pour se sécher, um sich zu trofnen.
Se fut-il mis, hatte er sich — gelegt.
L'herbe, das Gras, 4. ä.

Qu'il s'endormit, so schlief er ein.
Il vit en songe, er sah im Traum, 2. ä.
Une jolie sorcière, eine artige Hexe, 3.
Qui se disoit fée, die sich für eine Fee ausgab.
Qui sembloit avoir pitié de lui, welche Mitleiden mit ihm zu haben schien.
Elle le toucha de sa baguette, sie berührte ihn mit ihrer Zauberruthe, 3.
Et le changea en grenouille, und verwandelte ihn in einen Frosch, 2. ö.
Il se réveilla en sursaut, et erwachte indem er zusammen fuhr.
Dit, sagte.
Ce qu'on trouvera dans le thême suivant, was man in der folgenden Aufgabe finden wird.

32.

» Maudits soient les songes, les sorcières et les voleurs. « Mais non ; car toute la vie n'est qu'un songe, presque » toutes les femmes sont un peu sorcières, et la plupart » des hommes sont voleurs ; et moi j'en suis aussi un. Je suis » du sentiment de feu ma grand'mère, qui avoit coutume « de dire : Les hommes et les femmes sont les meilleures et » les plus méchantes gens qu'il y ait au monde ». Lorsqu'il eut dit cela, il se rendormit. — A minuit, il fut réveillé par le hurlement des loups : il se leva tout courageusement, et trembla de tous ses membres. Les loups s'approchèrent, mais ils ne le mangèrent pas; ce qui lui fit grand plaisir. Maintenant il est au service du Prince, qui lui dit l'autre jour : Si l'Abbé Grosventre vient, vous lui direz que je ne suis pas à la maison. Bon, dit-il; mais que lui dirai-je, s'il ne vient pas ? —

Maudits soient, verwünscht seyn.
Mais non, doch nein.
Car, dann.
Toute la vie, das ganze Leben, 1.
N'est qu'un, ist nur ein.
Presque, beinah.
Toutes les femmes, alle Frauenzimmer, 1.
Sont un peu sorcières, können ein wenig hexen.
La plupart des hommes, die meisten Mannspersonen, 3.
Et moi j'en suis aussi un, und ich bin auch einer.
Je suis du sentiment de feu ma grand'mère, ich bin der Meinung meiner seligen Grosmutter, 1. ü.
Qui avoit coutume de dire, welche zu sagen pflegte.
Les meilleures et les plus méchantes gens, die besten und die schlimmsten Leute.
Qu'il y ait au monde, auf der Welt, 3.
Lorsqu'il eut dit cela, als er das gesagt hatte.
Il se rendormit, schlief er wieder ein.
A minuit, um Mitternacht.

Il fut réveillé, wurde er aufgeweckt.
Par le hurlement, durch das Geheul.
Le loup, der Wolf, 2. ö.
Il se leva tout courageusement, er stund ganz unerschrocken auf.
Et trembla de tous ses, und zitterte an allen.
Le membre, das Glied, 4.
S'approchèrent, nahten sich.
Mais ils ne le mangèrent pas, allein sie frassen ihn nicht.
Ce qui lui fit grand plaisir, welches ihm lieb war.
Maintenant, jezzo.
Il est au service, ist er in Diensten.
Qui lui dit l'autre jour, welcher neulich zu ihm sagte.
Si l'Abbé vient, wenn der Abt kömmt.
Vous lui direz, so saget ihm.
Que je ne suis pas à la maison, ich wäre nicht zu Hause.
Bon, gut.
Que lui dirai-je, was soll ich zu ihm sagen.
S'il ne vient pas, wann er nicht kömmt.

Déclinaison des Noms propres.

Nom. Rom, Rome.
Génit. Roms, de Rome.
Datif. zu, in, ou nach Rom, à Rome.
Acc. Rom, Rome.
Voc. Rom, Rome.
Abl. von Rom, de Rome.

C'est ainsi que se déclinent tous les noms des villes, bourgs et villages ; et de la manière suivante se déclinent les noms propres des dieux, des Anges, des hommes et des diables :

Masculin.   *Féminin.*

N. Jupiter, Jupiter. | Minerba, Minerve.
G. Jupiters, de Jupiter. | Minerbens, de Minerve.
D. Jupitern, à Jupiter. | Minerben, à Minerve.
A. Jupitern, Jupiter. | Minerben, Minerve.
V. Jupiter, Jupiter. | Minerba, Minerve.
A. bon Jupitern, de Jupiter. | bon Minerben, de Minerve.

* Les noms du genre masculin, qui ne se terminent pas en r, ɔc., prennent au datif, à l'accusatif et à l'ablatif la syllabe en, comme Minerba, ɔc.

Thêmes sur cette Déclinaison.

33.

Jacques vient de Paris, et va à Mayence. Philippe vient de Mayence, et va à Paris. Martin a été à Lisbonne, à Pétersbourg et à Constantinople. Il a eu partout des coups de bâton, entr'autres des étudians de Strasbourg (*) et des Juifs de Metz.

Jacques, Jakob. | A été, ist gewesen.
Vient, kommt. | Lisbonne, Lisabon.
Va, geht. Après les verbes | Pétersbourg, Petersburg.
  gehen, aller, et reisen, par- | Constantinople, Konstanti-
  tir, on met toujours nach ; | nopel.
  et zu ou in se met après les | Il a eu partout des coups de
  autres verbes sans distinc- | bâton, er hat überall Schlä-
  tion. | ge bekommen.
Mayence, Mainz. | Entr'autres, unter andern.
Martin, Martin.

34.

Jean, donnez à Fréderic, à Charles et à Marie les pommes que vous avez reçues de Henri. — Les livres de Charles ne plaisent pas à Caroline, et les rubans de Caroline ne plaisent pas à Charles.

Jean, Johann. | Donnez, gebt.

(*) Le génitif des noms des villes, etc., est ordinairement exprimé en allemand par un adjectif dérivatif qui se termine en er ; par ex. Die Strasburger Studenten, les étudians de Strasbourg, etc.

Fréderic, Friedrich.
Charles, Karl.
Marie, Maria.
La pomme, der Apfel, 1. ä.
Que vous avez reçues, die ihr
— bekommen habt.

Henri, Heinrich.
Le livre, das Buch, 4. ü.
Ne plaisent pas, gefallen
nicht.
Caroline, Karolina.
Le ruban, das Band, 4. ä.

35.

Saturne étoit le dieu du temps, et Cybèle la déesse de la terre. Jupiter, fils de Saturne et de Cybèle, étoit le dieu du ciel, Neptune le dieu de la mer, Pluton le dieu de l'enfer, et Vulcain celui du feu. Mercure étoit le messager des dieux, et le dieu de l'éloquence, des marchands et des voleurs. Apollon étoit le dieu des beaux-arts, Mars le dieu de la guerre, et Bacchus celui du vin. La déesse de l'air, des royaumes et de la parure s'appeloit Junon. Diane étoit la déesse de la chasse, Cérès la déesse de l'agriculture, Flore la déesse des fleurs, Vénus la déesse de l'amour, et Minerve celle de la sagesse, des arts et des sciences.

Saturne, Saturn.
Étoit, war.
Le Dieu, der Gott, 4. ö.
Le temps, die Zeit, 3.
La déesse, die Göttin, 3.
Fils, Sohn, 2. ö.
Le ciel, der Himmel, 1.
Neptune, Neptun.
Pluton, Pluto.
L'enfer, die Hölle, 3.
Vulcain, Vulkan.
Celui, der Gott, derjenige.
Le feu, das Feuer, 1.
Mercure, Merkur.
Le messager, der Bote, 3.
L'éloquence, die Beredsam-
keit, 3.
Apollon, Apollo.
Les beaux-arts, die schönen
Künste, 2.
Mars, Mars.

La guerre, der Krieg, 2.
Bacchus, Bacchus.
Le vin, der Wein, 2.
L'air, die Luft, 2.
Le royaume, das Königreich, 2.
La parure, der Putz, 2.
S'appeloit, hieß.
Junon, Juno.
Diane, Diana.
La chasse, die Jagd, 3.
Cérès, Ceres.
L'agriculture, der Feldbau, 2.
Flore, Flora.
La Fleur, die Blume, 3.
Vénus, Venus.
L'amour, die Liebe, 3.
Celle, die Göttin, diejenige.
La sagesse, die Weisheit, 3.
L'art, die Kunst, 2. ü.
Les sciences, die Wissen-
schaften, 3.

Déclinaison de l'Article d'unité.

Masculin. *Féminin.*

N. ein Mann, un homme. | eine Frau, une femme.

G. eines Mannes, d'un homme.	einer Frau, d'une femme.
D. einem Manne, à un homme.	einer Frau, à une femme.
A. einen Mann, un homme.	eine Frau, une femme.
A. bon einem Manne, d'un homme.	von einer Frau, d'une femme.

Neutre.

Nom. ein Kind, un enfant.
Gén. eines Kindes, d'un enfant.
Dat. einem Kinde, à un enfant.
Acc. ein Kind, un enfant.
Abl. von einem Kinde, d'un enfant.

Thêmes sur cet Article.

36.

Un philosophe étoit un jour dans un vaisseau durant une tempête avec un grand nombre de méchantes gens, qui invoquoient les dieux. Taisez-vous, dit-il à (zu) un de ces méchans hommes, afin que les dieux ne s'aperçoivent pas que vous êtes ici.

Un philosophe, ein Philosoph, 3. Weltweiser, 1.	De méchantes gens, böser Leute.
Etoit, war.	Qui invoquoient, welche — anriefen.
Un jour, eines Tags.	
Dans, in, avec le datif.	Taisez-vous, schweigt stille.
Le vaisseau, das Schiff, 2.	Dit-il, sagte er.
Durant, während, avec le génitif.	De ces méchans hommes, von diesen bösen Menschen.
La tempête, der Sturm, 2. ü.	Afin que, damit.
Avec, mit, a le datif en allemand.	Ne s'aperçoivent pas, nicht gewahr werden.
Le grand nombre, die grose Anzahl, 3.	Que vous êtes ici, daß ihr hier seyd.

37.

Un riche marchand donna l'autre jour à un pauvre Juif une pièce d'or, ce qui lui causa une grande joie. Un peu d'or est un grand bien pour un pauvre.

Comme on refusoit un jour un bénéfice à un abbé, à cause qu'il étoit trop jeune : c'est un défaut, dit-il, dont je me corrige tous les jours.

Riche marchand, reicher Kaufmann, 4. (V. p. 34).	Donna, gab.
	L'autre jour, neulich.

Un pauvre Juif, ein armer Jude, 3.
La pièce d'or, das Goldstük, 2.
Ce qui lui causa, worüber er — hatte.
La grande joie, die grose Freude, 3.
Peu d'or, wenig Gold.
Est, ist.
Le grand bien, das grose Gut, 4. u.
Pour, für.
Le pauvre, der Arme, 3.
Comme on refusoit, da man — abschlug.
Le bénéfice, die Pfründe, 3.
L'abbé, der Abt, 2. â.
A cause qu'il étoit trop jeune, weil er zu jung wäre.
C'est, das ist.
Le défaut, der Fehler, 1.
Dont je me corrige tous les jours, den ich alle Tage verbessere.

38.

Une certaine femme confia l'autre jour à un de mes amis le secret d'un Comte, qui est fort embarrassé à cause du mariage d'une de ses filles. Un Gentilhomme du voisinage la demanda en mariage. Mais c'est un pauvre diable qui n'a pas le sou.

Il y avoit un jour un fort honnête homme, qui avoit aussi une très-bonne femme. Ils n'avoient qu'un fils unique, qui n'avoit qu'un défaut ; savoir : il n'étoit bon à rien.

La certaine femme, die gewisse Frau, 3.
Confia, vertraute.
De mes amis, meiner Freunde.
Le secret, das Geheimnis, 2.
Le Comte, der Graf, 3.
Qui est, welcher — ist.
Fort embarrassé, in einer grosen Verlegenheit.
A cause, wegen.
Le mariage, die Heirath, 3.
De ses filles, seiner Töchter.
Le Gentilhomme, der Edelmann, 4. (v. p 34).
Du voisinage, aus der Nachbarschaft.
La demanda en mariage, begehrte sie zur Ehe.
C'est, es ist.
Qui n'a pas le sou, welcher keinen Heller hat.
Il y avoit un jour, es war einmal.
Fort honnête homme, sehr rechtschaffener Mann.
Qui avoit, welcher hatte.
Très-bonne femme, sehr gute Frau.
Ils n'avoient que, sie hatten nur.
Fils unique, einzigen Sohn.
Qui n'avoit que, welcher nur — hatte.
Le défaut, der Fehler, 1.
Savoir, nehmlich.
Il n'étoit bon à rien, er taugte zu nichts.

* En allemand il n'y a point d'article partitif comme en françois ; p. ex. Donnez-moi du vin, — de la bière, etc., il faut dire : Gebet mir Wein — Bier, ꝛc. (V. après la Syntaxe les observations sur l'article.) Voici comme on le décline :

Masculin.	*Féminin.*
N. Wein, du vin.	Seide, de la soie.
G. Weins, de vin.	Seide, de soie.
D. Wein, à du vin.	Seide, à de la soie.
A. Wein, du vin.	Seide, de la soie.
A. von Wein, du vin.	von Seide, de soie.

Les noms du genre neutre se déclinent comme le masculin, et le pluriel de tous les genres se décline de la manière suivante :

Nom. Leute, des gens.
Gén. Leute, de gens.
Dat. Leuten, à des gens.
Acc. Leute, des gens.
Abl. von Leuten, de gens.

Thêmes sur quelques Substantifs allemands sans article.

39.

Donnez-moi du papier, des plumes et de l'encre ; je vais écrire des lettres, afin qu'on m'envoie de l'argent. Apportez-moi aussi du sable, de la cire d'espagne et de la lumière. Et quand j'aurai écrit, vous m'apporterez du jambon, de la salade, de la bière, des pipes et du tabac.

Le papier, das Papier, 2.	La cire d'Espagne, das Siegellak, 2.
La plume, die Feder, 1.	La lumière, das Licht, 4.
L'encre, die Dinte, 3.	Et quand j'aurai écrit, und wann ich werde geschrieben haben.
Je vais écrire, ich will — schreiben.	
La lettre, der Brief, 2.	
Afin qu'on m'envoie, damit man mir — schiffe.	Vous m'apporterez, so bringet mir.
Apportez-moi aussi, bringet mir auch.	Le jambon, der Schinken, 1.
	La salade, der Salat, 2.
Le sable, der Streusand, 2.	La pipe, die Pfeife, 3.
	Le tabac, der Tabak, 2.

40.

C'est trop de salade et trop peu de jambon pour une personne. Avez-vous apporté de la bière ? — Non, Monsieur, l'hôte l'hôte ne m'en a pas voulu donner ; parce que je n'avois point d'argent. Voilà une cruche d'eau. J'ai déjà bu aujourd'hui assez d'eau. Hier vous avez aussi bu six bouteilles de vin, qui ne sont pas encore payées.

C'est, das ist.
Trop, zu viel.
Trop peu, zu wenig.
Pour, für.
La personne, die Person, 3.
Avez-vous apporté, habt ihr — gebracht.
L'hôte, der Wirth, 2.
Ne m'en a pas voulu donner, wollte mir keins geben.
Parce que je n'avois point, weil ich kein — hatte.
L'argent, das Geld, 4.

Voilà, da ist.
La cruche, der Krug, 2. ü.
L'eau, das Wasser, 1.
J'ai déjà bu aujourd'hui assez, ich habe heute schon genug — getrunken.
Hier, gestern.
Vous avez aussi, haben Sie auch.
Six bouteilles, sechs Flaschen.
Qui ne sont pas encore payées, die noch nicht bezahlt sind.

Du genre des Substantifs.

Il n'est guère possible d'établir des règles fixes sur le genre des substantifs allemands ; ce n'est que par l'usage, et le secours des dictionnaires, qu'on en acquiert la connoissance ; cependant, pour en faciliter l'étude aux commençans, j'ai cru qu'il n'étoit pas hors de propos de donner ici des tables des substantifs qui sont d'un usage très-fréquent dans la lecture et dans la conversation, et dont le genre n'est pas le même dans les deux langues. J'y ai ajouté des règles générales, que l'on peut suivre avec sûreté.

Première Règle.

Les noms des Dieux, des Esprits, des Hommes et des Bêtes mâles, sont du genre masculin. Exemples :

Noms de Dieux : der donnernde Jupiter, Jupiter tonnant ; der hinkende Vulkan, Vulcain boiteux.

Noms d'Esprits : der Engel, l'Ange ; der Teufel, le diable.

Noms d'Hommes : der Vater, le père ; der Mahler, le peintre ; der Knabe, le garçon.

Noms de Bêtes mâles : der Hund, le chien ; der Kater, le chat ; der Hengst, le cheval entier ; der Tauber, le pigeon mâle.

Les substantifs allemands terminés en en, comme der Balken, la poutre, etc., sont généralement du genre

D

masculin, excepté ceux qui se terminent en chen, v. p. 63, et les suivans :

Das Allmosen, l'aumône.
Das Becken, le bassin.
Das Eisen, le fer.
Das Füllen, le poulain.

Das Küssen, le coussin.
Das Wapen, les armoiries.
Das Wesen, l'être, l'essence, etc.

Seconde Règle.

Les noms des Déesses, des Femmes et des Bêtes femelles, des Rivières et des Arbres sont du genre féminin. Exemples :

Noms de Déesses : die grosäugige Juno, Junon aux grands yeux ; die weise Minerva, la sage Minerve.

Noms de Femmes : die Wäscherin, la blanchisseuse ; die Magd, la servante ; die Mutter, la mère ; die Tochter, la fille. Excepté : das Frauenzimmer, la dame et les dames ; das Mensch, qui signifie 1°. l'amante (terme vulgaire), 2°. fille du commun, 3°. femme (par mépris), vilaine femme ; das Weib, la femme, la femelle.

Noms de Bêtes femelles : die Stute, la jument ; die Hündin, die Pázze, la chienne ; die Täubin, pigeon femelle, la colombe.

Remarques.

1. Plusieurs espèces d'animaux sont désignées par des noms, qui, quoiqu'au genre masculin, féminin ou neutre, conviennent à l'un et à l'autre sexe ; comme, der Adler, l'aigle mâle ou femelle ; die Ratte, le rat, mâle ou femelle ; das Kalb, le veau mâle ou femelle.

2. Le même mot qui désigne le sexe, convient souvent à toute l'espèce ; comme, der Hund, le chien mâle, et le chien en général ; die Kazze, la chatte, et le chat en général.

3. Lorsque le nom de l'espèce n'est pas propre à désigner le sexe, on distingue celui-ci par les mots Männchen, mâle, et Weibchen, ou Sie, femelle, dont les deux premiers sont les diminutifs de Mann, homme, et Weib, femme.

Noms de Rivières : die Weser, le Véser ; die Donau, le Danube.

Excepté : der Rhein, le Rhin ; der Main, le Mein ; der Necker, le Necker ; der Nil, le Nil, et quelques autres.

Noms d'Arbres : die Eiche, le chêne ; die Buche, le hêtre.

Excepté : der Hollunder, le sureau ; der Buchs, le buis ; der Wachholder, le genièvre, et quelques autres.

Obs. 1. Les noms terminés en niß, comme die Horniß, le frélon, etc., sont du genre féminin, excepté :

Das Aegerniß, 2. le scandale.	Das Gleichniß, 2. la comparaison.
Das Begräbniß, 2. l'enterrement.	Das Zeugniß, 2. le témoignage.
Das Bekenntniß, 2. l'aveu.	
Das Bildniß, 2. l'image.	Das Verhältniß, 2. le rapport, etc.
Das Bündniß, 2. l'alliance.	

et tous ceux de cette terminaison qui commencent par les syllabes ge ou ver ; excepté die Verdamniß, la damnation.

Obs. 2. Ceux qui se terminent comme les suivans, sont en général du genre féminin :

Die Zufriedenheit, 3. le contentement.	Die Beute, 3. le butin.
	Die Elbe, 3. l'Elbe.
Die Heimlichkeit, 3. le secret.	Die Fichte, 3. le pin.
Die Erbschaft, 3. l'héritage.	Die Katze, 3. le chat.
Die Zukunft, 3. l'avenir.	
Die Meinung, 3. l'avis.	Die Schnecke, 3. le limaçon.
Die Sklaberei, 3. l'esclavage.	Die Taube, 3. le pigeon.

Il faut excepter de cette règle les noms suivans terminés en e :

Der Affe, 3. le singe.	Der Löwe, 3. le lion.
Der Drache, 3. le dragon.	Der Name, 3. le nom.
Der Falke, 3. le faucon.	Der Ochse, 3. le bœuf.
Der Finke, 3. le pinson.	Der Rabe, 3. le corbeau.
Der Friede, 3. la paix.	Der Saame, 3. la semence.
Der Gedanke, 3. la pensée.	Der Wille, 3. la volonté.
Der Glaube, 3. la foi.	Der Buchstabe, 3. la lettre.
Der Hase, 3. le lièvre.	Der Götze, 3. l'idole, etc.

et tous ceux qui, par leur nature, sont masculins dans toutes les langues, comme der Knabe, le garçon ; der Bote, le messager, etc.

Obs. 3. Il y a quelques substantifs composés de der Muth, le courage, qui prennent le genre féminin ; les voici :

Die Anmuth, 3. la grâce, l'agrément.	Die Grossmuth, 3. la générosité.
Die Demuth, 3. l'humilité.	Die Kleinmuth, 3. la pusillanimité.

D 2

Die Langmuth, 3. la longanimité.	Die Schwermuth, 3. la mélancolie.
Die Sanftmuth, 3. la douceur, la bonté.	Die Wehmuth, 3. la douleur, la tristesse.

Troisième Règle.

Les noms des Lettres de l'Alphabet, des Villes, Châteaux ou Villages et des Pays, ceux des Métaux; ainsi que tous les diminutifs, tous les infinitifs pris substantivement, et toutes les phrases prises substantivement, sont du genre neutre. Exemples :

Noms des Lettres : das A, l'a; das B, le b.

Noms propres de Villes, Châteaux ou Villages : das alte Rom, l'ancienne Rome; das prächtige Versailles, le magnifique Versailles.

Nota. Nos poëtes modernes emploient quelquefois, dans leurs poëmes épiques, les noms des Villes comme féminins, en disant, par exemple : die hohe Jerusalem, l'auguste ou la sublime Jérusalem. On sent bien qu'il seroit absurde de personnifier ainsi ces noms dans le langage ordinaire.

Noms de Pays : das gelehrte Europa, l'Europe savante; das gesittete Frankreich, la France civilisée; das volkreiche Deutschland, l'Allemagne peuplée; das kalte Norwegen, la Norvège froide; das Hennegau, pays d'Hainaut.

Excepté :

1°. Tous ceux qui sont terminés en *ei* ou *schaft*, et la plupart de ceux dont la terminaison est *au*, les uns et les autres sont du genre féminin; comme die Lombardei, la Lombardie; die Grafschaft, le Comté; die Wetterau, la Vettéravie.

2°. Ceux-ci qui sont aussi du genre féminin : die Schweiz, la Suisse; die Krimm, la Crimée; die Pfalz, le Palatinat; die Mark, la Marche; die Eifel, l'Eifel; die Lausiz, la Lusace.

3°. Der Hundsruk, province de ce nom dans le Palatinat.

Noms de Métaux : das Gold, l'or; das Silber, l'argent. Excepté :

Der Stahl, l'acier; der Tombak, le tombac; der Zink, la marcasite; der Zinnober, le cinabre.

Diminutifs ; das Weibchen, la petite femme, la femelle;

das Männchen, le petit homme, le mâle: das Hündchen, le joli petit chien, das Büchelchen, le joli petit livre.

Infinitifs pris substantivement: das Lachen, le rire, das Schreiben und Lesen, l'action d'écrire et de lire, l'écriture et la lecture, das Studiren, l'action d'étudier, l'étude.

Phrases prises substantivement: das Ich weis nicht was, le Je-ne-sais-quoi, ein Da hast du ist besser als ein du sollst haben, un Tiens vaut mieux qu'un Tu-auras.

Quatrième Règle.

Les noms composés sont du genre du dernier mot dont ils sont composés;

Comme: der Eichwald, *la forêt de chênes*, de die Eiche, le chêne, et der Wald, la forêt; das Krankenhaus, *l'infirmerie*, de der Kranke, le malade, et das Haus, la maison; der Wasserfall, *la chute d'eau*, de das Wasser, l'eau, et der Fall, la chute.

Remarques.

1. Les noms de Villes composés, quoique le dernier mot soit du genre masculin ou féminin, sont du genre neutre, conformément à la troisième règle. Par exemple: Frankfurt est composé de der Frank, le Franc, et die Furt, le gué, et signifie le passage des Francs; Hanau, anciennement Hainau, est composé de der Hain, la forêt, et die Aue, la prairie, et s'explique par prairie auprès de la forêt. Cependant on dit, au genre neutre, das reiche Frankfurt, la riche ville de Francfort, das artige Hanau, la jolie ville de Hanau. Il y a pourtant quelques noms de Villes qui suivent la règle des noms composés; comme, die Ronneburg, Bourg de ce nom dans la Vettéravie; mais le nombre en est très-petit, et ils sont toujours précédés de l'article, au lieu que les autres se mettent toujours sans l'article, à moins qu'ils ne soient accompagnés d'un adjectif.

2. Cette Règle suppose que le nom en question est composé de deux ou plusieurs substantifs. Quant à ceux dont la première partie qui entre dans leur composition, est un adjectif, un verbe, un adverbe, etc., ils sont ordinairement aussi du genre du substantif qui est à la fin; comme: der Edelmann, *le Gentilhomme*, de edel, noble, et der Mann, l'homme; der Wankelmuth, *l'inconstance*, de wanken, vaciller, et der Muth, le cœur, l'esprit; die Wiederkunft, *le retour*, de wieder, de nouveau, re-, et die Kunft, la venue;

die Aussicht, *la vue, la perspective*, de aus, hors, dehors, et die Sicht, la vue; das Gegentheil, *le contraire*, de gegen, contre, et das Theil, la part, etc. Cependant il y a ici plusieurs exceptions à faire, puisqu'il arrive souvent que deux noms de cette espèce, quoiqu'ayant le même substantif pour partie finale, sont d'un genre différent, comme on le voit dans ces exemples : die Aussicht, *la vue*, das Angesicht, *le visage*, der Hochmuth, *l'orgueil*, die Grosmuth, *la grandeur d'âme, la générosité*; der Vorbericht, *l'avant-propos*, die Nachricht, *l'avertissement, la nouvelle*, etc.

Cinquième Règle.

Les noms que les Allemands ont adoptés d'une langue étrangère, surtout ceux qui nous viennent du Grec et du Latin, sont ordinairement du même genre que dans leur langue ;

Comme : der Komet, la comète, der Termin, le terme, le délai.

Excepté : 1°. der Körper, le corps, der Tempel, le temple, et quelques autres.

Excepté 2. les suivans qui viennent du françois, et qui en allemand ne sont pas du même genre : der Trupp, la troupe, die Fronte, le front d'un corps de troupes ; die Flanke, le flanc, die Canone, la pièce de canon; der Marsch, la marche ; die Order, l'ordre, le commandement ; die Citrone, le citron, etc. Das Puder, la poudre à poudrer, das Defile, le défilé; das Regiment, le régiment, et plusieurs autres qui, étant masculins en françois, sont en allemand du genre neutre.

Observation. Les noms terminés en thum, comme das Christenthum, le Christianisme, et ceux qui commencent par la syllabe ge, comme das Gedächtnis, la mémoire, etc., sont du genre neutre, à l'exception des suivans :

Masculin.

Der Beweisthum, 4. ü. la preuve.	Der Genus, 2. la jouissance.
Der Irrthum, 4. ü. l'erreur.	Der Geruch, 2. ü. l'odeur.
Der Reichthum, 4. ü. la richesse.	Der Gesang, 2. ä. le chant.
Der Gebrauch, 2. ä. l'usage.	Der Geschmak, 2. le goût.
Der Gehalt, 2. la pension.	Der Gestank, 2. la puanteur.
Der Gehorsam, 2. l'obéissance.	Der Gewinn, ou Gewinnst, 2. le gain.

Féminin.

Die Gebühr, 3. le devoir, le droit.
Die Geburt, 3. la naissance.
Die Geduld, 2. la patience.
Die Gefahr, 3. le danger.
Die Geschwulst, 2. l'enflure.
Die Gestalt, 3. la forme.
Die Gewalt, 3. le pouvoir.

I. TABLE

Des Substantifs allemands du genre Masculin, qui en françois sont du genre Féminin.

Der Aal, 2. l'anguille.
Adel, 1. la noblesse.
Aermel, 1. la manche.
Anker, 1. l'ancre.
Apfel, 1. ä. la pomme.
Ast, 2. ä. la branche.
Athem, 1. l'haleine.
Aufruhr, 2. ü. la révolte.
Aussaz, 2. ä. la lèpre.
Balg, 2. ä. la peau de petites bêtes.
Ballen, 1. la balle.
Band, 2. ä. la reliure.
Bart, 2. ä. la barbe.
Begriff, 2. l'idée.
Berg, 2. la montagne.
Besuch, 2. la visite.
Betrug, 2. la fraude.
Beutel, 1. la bourse.
Beweis, 2. la preuve.
Biß, 2. la morsure.
Blutigel, 1. la sang-sue.
Brei, 2. la bouillie.
Brief, 2. la lettre.
Bruch, 2. ü. la rupture.
Bund, 2. l'alliance.
Damm, 2. ä. la digue.
Dampf, 2. ä. la vapeur.
Dorn, 3. l'épine.
Dref, 2. la crotte, la boue.
Der Druk, 2. l'impression.
Duft, 2. ü.) l'exhalai-
Dunst, 2. ü.) son.
Durst, 2. la soif.
Ernst, 2. la sévérité.
Eiter, 1. la sanie.
Fall, 2. ä. la chute.
Fang, 2. ä. la capture.
Fleis, 2. la diligence.
Fittig, 2.) l'aile.
Flügel, 1.)
Floh, 2. ö. la puce.
Fluch, 2. ü. la malédiction.
Flus, 2. ü. la rivière.
Frosch, 2. ö. la grenouille.
Frost, 2. ö. la gelée.
Fund, 2. la trouvaille.
Gang, 2. ä. la démarche.
Gehorsam, 2. l'obéissance.
Geiz, 2. l'avarice.
Genus, 2. la jouissance.
Geruch, 2. ü. l'odeur.
Gestank, 2. la puanteur.
Gözze, 3. l'idole.
Grind, 2. la teigne, la gale.
Groll, 2. la rancune.
Gürtel, 1. la ceinture.
Hafer, 1. l'avoine.
Hagel, 1. la grêle.

D 4

Der Hang, 2. l'inclination.
Harn, 2. l'urine.
Haß, 2. la haine.
Hauch, 2. la respiration.
Hänfling, 2. la linotte.
Henkel, 1. l'anse.
Herbst, 2. l'automne.
Hof, 2. ö. la cour.
Hohn, 2. la moquerie.
Huf, 2. la corne de cheval.
Hügel, 1. la colline.
Hunger, 1. la faim.
Irrthum, 4. ü. l'erreur.
Jammer, 1. la misère.
Kalk, 2. la chaux.
Kefig, 2. la cage.
Kegel, 1. la quille.
Keller, 1. la cave.
Kerker, 1. la prison.
Kessel, 1. la chaudière.
Knöchel, 1. la cheville du pied.
Komet, 3. la comète.
Kopf, 2. ö. la tête.
Korb, 2. ö. la corbeille.
Koth, 2. la boue.
Kram, 2. ä. la boutique.
Krampf, 2. ä. la crampe.
Kranich, 2. la grue.
Kranz, 2. ä. la guirlande.
Krebs, 2. l'écrevisse.
Kreisel, 1. la toupie.
Krieg, 2. la guerre.
Krug, 2. ü. la cruche.
Kummer, 1. l'affliction.
Kürbis, 2. la citrouille.
Laden, 1. ä. la boutique.
Lattich, 2. la laitue.
Lauf, 2. ä. la course.
Leim, 2. la colle.
Lohn, 2. la récompense.
Löffel, 1. la cuiller.
Mangel, 1. ä. la disette.
Marder, 1. la martre.

Der Marsch, 2. ä. la marche.
Mond, 2. la lune.
Mund, 2. la bouche.
Napf, 2. ä. la jatte.
Neid, 2. l'envie.
Parchent, 1. la futaine.
Pelz, 2. la pelisse.
Pfeil, 2. la flèche.
Pflug, 2. ü. la charrue.
Pöbel, 1. la populace.
Puz, 2. la parure.
Qualm, 2. la vapeur.
Rahm, 2. la crème.
Rand, 4. ä. la marge.
Raub, 2. la proie.
Rauch, 2. la fumée.
Rausch, 2. ä. l'ivresse.
Reichthum, 4. ü. la richesse.
Reif, 2. la gelée blanche.
Reim, 2. la rime.
Ring, 2. la bague.
Riß ou Rız, 2. la fente.
Ritt, 2. la course à cheval.
Rok, 2. ö. la robe (l'habit).
Rost, 2. la rouille.
Roz, 2. la morve.
Ruf, 2. la renommée.
Ruhm, 2. la gloire.
Ruß, 2. la suie.
Saal, 2. ä. la salle.
Sak, 2. ä. la poche.
Salat, 2. la salade.
Sattel, 1. ä. la selle.
Saz, 2. ä. la mise.
Schaum, 2. l'écume (la mousse).
Schein, 2.) la lueur.
Schimmer, 1.)
Schenkel, 1. la cuisse.
Scherz, 2. la plaisanterie (la raillerie).
Schimpf, 2. l'injure.
Schlaf, 2. ä. la tempe (le sommeil).

Der Schlam, 2. la bourbe.
Schluß, 2. ü. la conclusion.
Schlüssel, 1. la clef.
Schmerz, 3. la douleur.
Schnee, 2. la neige.
Schnitt, 2. (la coupure.
(la tranche.
Schrank, 2. ä. l'armoire.
Schuz, 2. la protection.
Schwadem, 1. la vapeur.
Schwamm, 2. ä. l'éponge.
Schwanz, 2. ä. la queue.
Schweif, 2. la queue traînante.
Schweiß, 2. la sueur.
Senf, 2. la moutarde.
Sieg, 2. la victoire.
Siz, 2. la séance (le siége).
Spargel, 1. l'asperge.
Spas, 2. ä. la plaisanterie.
Speer, 2. la lance.
Speichel, 1. la salive.
Spott, 2. la risée.
Spruch, 2. ü. la sentence.
Stall, 2. ä. l'écurie.
Stamm, 2. ä. la souche.
Staub, 2. la poussière.
Stein, 2. la pierre.
Stengel, 1. la tige.
Stern, 2. l'étoile.
Stich, 2. la piqûre.
Stiefel, 1. la botte.
Stiel, 2. la queue d'un fruit, etc.
Stoff, 2. l'étoffe.
Stolz, 2. la fierté.
Storch, 2. ö. la cigogne.
Stos, 2. ö. la gourmade.
Strang, 2. ä. la corde.
Straus, 2. l'autruche.
Strom, 2. ö. la rivière.
Stuhl, 2. ü. la chaise.
Sturm, 2. ü. la tempête.
Sturz, 2. ü. la culbute.

Der Takt, 2. la mesure, terme de musique.
Tanz, 2. ä. la danse.
Thau, 2. la rosée.
Teig, 2. la pâte.
Teller, 1. l'assiette.
Theil, 2. la partie.
Thon, 2. l'argile.
Thurm, 2. ü. la tour.
Tiegel, 1. la poêle.
Tisch, 2. la table.
Tod, 2. la mort.
Trog, 2. ö. l'auge.
Troz, 2. la bravade.
Umschlag, 2. ä. l'enveloppe.
Ursprung, 2. l'origine.
Verlust, 2. la perte.
Vorschlag, 2. ä. la proposition.
Wahn, 2. l'opinion.
Wald, 4. ä. la forêt.
Wandel, 1. la conduite.
Wiedehopf, 2. ö. la huppe.
Wust, 2. l'ordure.
Zahn, 2. ä. la dent.
Zank, 2. la querelle.
Zaum, 2. ä.) la bride.
Zügel, 1.)
Zeug, 2. l'étoffe.
Ziegel, 1. la tuile.
Zimmet, 1. la canelle.
Zins, 2. la rente.
Zobel, 1. la zibeline.
Zopf, 2. ö. la touffe, la tresse.
Zorn, 2. la colère.
Zuber, 1. ü.) la cuve.
) la tine.
Zunder, 1. la mèche, l'amadou.
Zwang, 2. la contrainte.
Zweig, 2. la branche.
Zwist, 2. la discorde, etc.

II. TABLE

Des Substantifs allemands du genre Féminin, qui sont Masculins en François.

Die Amsel, 1. le merle.
Anstalt, 3. l'apprêt.
Arbeit, 3. le travail.
Bank, 2. ä. le banc.
Brücke, 3. le pont.
Brustwehr, 3. le parapet.
Burg, 2. le château (fort).
Butter, 1. le beurre.
Deichsel, 1. le timon.
Distel, 1. le chardon.
Donau, le Danube.
Eichel, 1. le gland.
Fahrt, 3. le trajet.
Fakkel, 1. le flambeau.
Faust, 2. ä. le poing.
Feuersbrunst, 2. ü. l'incendie.
Frist, 3. le délai.
Fluth, 3. le torrent (flux).
Frucht, 2. ü. le fruit.
Gefahr, 3. le danger.
Geige, 3. Violin, le violon.
Geissel, 1. le fouet (l'ôtage).
Gems, 3. le daim.
Gewalt, 3. le pouvoir.
Glut, 3. le brâsier.
Gruft, 2. ü. le tombeau.
Gurgel, 1. le gosier.
Halfter, 1. le licou.
Hechel, 1. le serran.
Heirath, 3. le mariage.
Hummel, 1. le bourdon.
Kelter, 1. le pressoir.
Klammer, 1. le crampon.
Kluft, 2. ü. l'abîme.
Kugel, 1. le globe, le boulet (la balle).
Kunst, 2. ü. l'art.
Last, 3. le fardeau.
Laus, 2. ä. le pou.

Die Leber, 1. le foie.
Luft, 2. ü. l'air.
Lust, 2. ü. le plaisir.
Macht, 2. ä. le pouvoir.
Marter, 1. le tourment.
Mauer, 1. le mur.
Milch, 1. le lait.
Mühle, 3. le moulin.
Nachtigall, 3. le rossignol.
Noth, 2. ö. le besoin.
Nummer, 1. le numéro.
Ober, l'Oder.
Oper, 1. l'opéra.
Otter, 1.) l'aspic.
Natter, 1.)
Pein, 3.) le tourment.
Quaal, 3.)
Pflicht, 3. le devoir.
Predigt, 3. le sermon (prêche).
Ruhe, 3. le repos.
Schmach, 3. l'outrage.
Schüssel, 1. le plat.
Sonne, 3. le soleil.
Spindel, 1. le fuseau.
Staffel, 1. le degré.
Stirn, 3. le front.
Stoppel, 1. le chaume.
Tiber, le Tibre.
Trauer, 1. le deuil.
Trommel, 1. le tambour.
Wahl, 3. le choix.
Welt, 3. le monde.
Weser, le Véser.
Windel, 1. le maillot.
Wurst, 2. ü. le boudin.
Zahl, 3. le nombre.
Zeit, 3. le temps.
Zwiebel, 1. l'ognon, etc.

III. TABLE

Des Substantifs Neutres qui n'ont d'autre règle que l'usage.

Das Auge, 3. l'œil.
Band, 2. le lien.
Beil, 2. la hache.
Bein, 2. la jambe.
Bett, 3. le lit.
Bier, 2. la bière.
Blut, 2. le sang.
Boot, 2. la chaloupe.
Bund, 2. le paquet.
Echo, 1. l'écho.
Eis, 2. la glace.
Element, 2. l'élément.
Elend, 2. la misère.
Ende, 3. la fin.
Erbe, 2. la succession.
Erz, 2. l'airain.
Fell, 2. la peau.
Fenster, 1. la fenêtre.
Ferkel, 1. le cochon de lait.
Fest, 2. la fête.
Fett, 2. la graisse.
Feuer, 1. le feu.
Fieber, 1. la fièvre.
Fleisch, 2. la viande.
Fuder, 1. la charretée.
Futter, 1. la nourriture des bêtes (la doublure).
Garn, 2. le fil (filet).
Gedicht, 2. le poëme.
Gift, 2. le poison.
Gitter, 1. la grille.
Gleis, 2. l'ornière.
Glük, 2. le bonheur.
Haar, 3. le cheveu (poil).
Harz, 2. la résine.
Heer, 2. l'armée.
Heft, 2. le cahier.

Das Heil, 2. le salut.
Hemd, 3. la chemise.
Herz, 3. le cœur.
Heu, 2. le foin.
Jahr, 2. l'an (l'année).
Joch, 2. le joug.
Kameel, 3. le chameau.
Kinn, 2. le menton.
Kleinod, 3. le joyau.
Knie, 2. la genou.
Kreuz, 2. la croix.
Küssen, 1. le coussin.
Lager, 1. le camp.
Laster, 1. le vice.
Laub, 2. le feuillage.
Leder, 1. le cuir.
Linial, 2. la règle.
Lob, 2. la louange.
Loos, 2. le lot.
Loth, 2. la demi-once.
Luder, 1. la charogne.
Mahl, 2. le repas.
Mark, 2. la moelle.
Maas, 2. la mesure.
Mehl, 2. la farine.
Meer, 2. la mer.
Messer, 1. le couteau.
Mittel, 1. le moyen.
Moos, 2. la mousse.
Muster, 1. le modèle.
Nez, 2. le filet.
Obst, 2. les fruits d'arbres.
Oel, 2. l'huile.
Ohr, 3. l'oreille.
Opfer, 1. le sacrifice.
Papier, 2. le papier.
Pech, 2. la poix.

Das Petschaft, 3. le cachet. | Das Silber, 1. l'argent.
Pistol, 3. le pistolet. | Spiel, 2. le jeu.
Pferd, 2. le cheval. | Stroh, 2. la paille.
Pflaster, 1. l'emplâtre, it. le pavé. | Theil, 2. la part, la portion.
Pfund, 2. la livre. | Thier, 2. l'animal (la bête).
Polster, 1. le matelat. | Thor, 2. la porte.
Pulver, 1. la poudre. | Treffen, 1. la bataille.
Räthsel, 1. l'énigme. | Ufer, 1. le rivage.
Recht, 2. le droit. | Ungeheuer, 1. le monstre.
Reich, 2. l'empire. | Ungeziefer, 1. l'insecte.
Reh, 2. le chevreuil. | Unschlitt, 2. le suif.
Ried, 2. le jonc. | Vieh, 2. la bête, le bétail.
Rohr, 2. la canne. | Wachs, 2. la cire.
Ruder, 1. la rame. | Wasser, 1. l'eau.
Salz, 2. le sel. | Werk, 2. l'ouvrage.
Schaf, 2. la brebis. | Wetter, 1. le temps.
Schiff, 2. le vaisseau, le bateau. | Wild, 2. le gibier.
 | Wunder, 1. la merveille.
Schwein, 2. le cochon. | Zeichen, 1. le signe, le signal, le prodige.
Seil, 2. la corde. |
Siegel, 1. le cachet. | Ziel, 2. le but, le terme.
Segel, 1. la voile. | Zimmer, 1. l'appartement (la chambre).
Sieb, 2. le tamis. | Zinn, 2. l'étain.

Voyez aussi la liste des noms neutres indiqués à la suite de la quatrième Déclinaison, page 33.

REMARQUES.

Plusieurs Substantifs ont une signification différente, selon la différence du genre. Les voici :

1. *Substantifs de deux genres, sous une différente signification.*

Der Aal, l'anguille ; die Ahle, 3. l'alène.
die Armuth, 3. la pauvreté; das Armuth, 1. les pauvres.
der Asch, 2. à. le pot à fleurs; die Asche, 3. les cendres.
der Band, la reliure, le volume; das Band, le ruban.
der Bauer, le paysan; das Bauer, 1. la cage.
der Bote, le messager; das Boot, la chaloupe.
die Borte, 3. le galon; das Bord, 2. le bord d'un vaisseau.
die Buche, 3. le hêtre; das Buch, le livre.

Der Bund, l'alliance; das Bund, la botte.
die Ente, 3. le canard; das Ende, la fin.
die Esse, 3. la cheminée; das Essen, 1. le manger.
der Fall, la chute; die Falle, 3. le piége.
die Feier, 1. la célébration; das Feuer, le feu.
die Gelte, 3. la cuvette; das Geld, l'argent.
die Gift ou Mitgift, 2. la dot; das Gift, le poison.
der Herd, 2. le foyer; die Heerde, 3. le troupeau.
der Heide, 3. le païen; die Heide, 3. la bruyère.
der Hut, le chapeau; die Hut, 3. la garde.
der Kohl, 2. le chou; die Kohle, 3. le charbon.
der Lachen, 1. ou die Lache, 3. les eaux dormantes; das Lachen,
  1. le rire.
die Laube, 3. le cabinet de verdure, la feuillée; das Laub,
  la feuille, le feuillage.
der Laut, 2. le son; die Laute, 3. le luth.
die Lehne, 3. l'appui; das Lehn, 1. le fief.
der Lein, 2. le lin; die Leine, 3. la corde.
der Leist ou Leisten, 1. la forme de soulier; die Leiste, 3.
  la lisière, le listeau.
die Maas, la Meuse; das Maas, la mesure.
der Marder, la martre; die Marter, le martyre, le supplice,
  le tourment.
der Messer, 1. le mesureur; das Messer, le couteau.
die Muse, 3. la muse;) das Mus, 2. la bouillie, la mar-
die Muße, 3. le loisir;) melade.
der Rath, 2. le conseil, le conseiller; das Rad, la roue.
der Raub, le butin; die Raupe, 3. la chenille.
der Reis, 2. le riz; das Reis, 4. le rejeton, la branche.
der Ries, 3. le géant; das Ries, 2. la rame de papier.
der See, 3. le lac; die See, 3. la mer.
der Staat, 3. l'état, la figure ou le train qu'on fait; die
  Statt, 2. a. ou Stätte, 3. le lieu, la place; die Stadt,
  la ville.
der Stift, 2. la pointe, goupille; das Stift, 2. l'évêché,
  le couvent, la fondation.
der Thau, la rosée; das Tau, 2. le cable.
der Theil, la partie, le volume; das Theil, la part, la
  portion.
der Thor, 3. l'insensé; das Thor, la porte cochère.
die Thüre, 3. la porte; das Thier, l'animal.
der Wagen, le chariot; die Wage, la balance.
der Weise, 3. le sage; die Weise, 3. la manière, l'air de
  musique.

Der Wind, le vent; die Winde, 3. le cric.
Der Zank, la querelle; die Zange, 3. la tenaille.
Die Zitter, 1. la guitarre; das Zittern, 1. le tremblement.

2. *Substantifs qui n'ont point de pluriel.*

Die Asche, la cendre.
der Bast, 1. l'écorce d'arbre.
der Bund, l'alliance.
die Burg, le bourg.
der Eigensinn, 2. le caprice.
die Furage, 3. les fourrages.
das Gras, 4. l'herbe.
das Heu, le foin.
die Hoffnung, 3. l'espérance.
der Hopfen, 1. le houblon.
der Klee, 2. le trèfle.
der Kram, la boutique, la mercerie.
das Laub, 2. la feuille.
der Leim, 2. la colle-forte.
die List, 3. la ruse.
das Mehl, la farine.
das Moos, la mousse.
der Mund, la bouche.

Das Obst, les fruits d'arbres.
die Pein, le tourment.
der Raub, la rapine.
der Sand, 2. le sable.
die Schmach, l'injure.
der Schrei, 2. le cri.
der Spott, la moquerie.
die Stärke, 3. la force.
der Strand, 2. le rivage.
der Streit, 2. le combat.
das Stroh, la paille.
der Tod, la mort.
der Trug ou Betrug, la fraude.
der Verdruß, 2. le chagrin.
der Verlust, la perte.
das Vieh, la bête.
der Vorrath, 2. les provisions.
der Wahn, l'opinion.
der Zank, la querelle, etc.

3. *Substantifs qui n'ont point de singulier.*

Die Aeltern, le père et la mère.
die Ahnen, les ancêtres, les quartiers de noblesse.
die Alpen, les Alpes, les montagnes.
die Blattern ou Pocken, la petite vérole. Die Blatter ou Pocke, au singulier, signifie bouton.
die Einkünfte, 2. le revenu, la rente.
die Graupen, le gruau, l'orge (mondé).
die Hefen, la lie.
die Hosen, la culotte.
die Kaldaunen ou Sulzen, les tripes.

Die Kosten, la dépense, les frais.
die Läufte, 2. les conjonctures.
die Leute, les gens.
die Nachkommen, la postérité.
die Nudeln, les vermicelles, pâte d'Italie.
die Ostern, Pâque.
die Pfingsten, Pentecôte.
die Pyrenäen, les Pyrénées.
die Rötheln, la rougeole.
die Schloßen, la grêle.
die Schranken, les bornes.
die Trebern, les gousses.
die Weihnachten, Noël, etc.

De la forme des Noms substantifs.

Par rapport à la forme, les noms substantifs sont primitifs ou dérivatifs. Les primitifs sont racines eux-mêmes, comme : der Mann, l'homme ; das Kind, l'enfant ; der Tisch, la table, etc. Les dérivatifs viennent d'un autre mot comme de leur racine ; ils sont ou simples, comme : der Brand, l'embrâsement, de brennen, brûler, etc., ou composés, comme : die Sprachlehre, la grammaire, de die Sprache, la langue, et die Lehre, l'instruction, etc.

Pour former un diminutif, on ajoute à un substantif quelconque la terminaison chen, en adoucissant en même temps les voyelles a, o, u. Exemples : die Feder, la plume ; das Federchen, la petite plume. Der Mann, l'homme ; das Männchen, le petit homme. Der Kopf, la tête ; das Köpfchen, la petite tête. Die Jungfer, la demoiselle ; das Jungferchen, la petite demoiselle, etc.

L'e final d'un substantif dont on veut former un diminutif, est supprimé, comme : das Glöckchen, la petite cloche, de die Glocke, la cloche.

Si le primitif est terminé par ch, on ajoute la terminaison elchen pour le diminutif, comme : das Buch, le livre ; das Büchelchen, le petit livre. Dans le discours familier, on ajoute aussi cette même terminaison à des primitifs qui ne finissent pas par ch ; on dit, par exemple : das Säckelchen, au lieu de Säckchen, le petit sac, de der Sack, le sac, etc.

Pour former un substantif féminin de son masculin, on ajoute à celui-ci la terminaison in (*a*) ; et si c'est un nom appellatif (*b*), ou bien un nom propre de nation (*c*), on en radoucit en même temps les voyelles a, o, u ; ce qui ne se fait jamais dans le nom propre d'une personne (*d*). Exemples :

(*a*) Der Kaiser, l'empereur ; die Kaiserin, l'Impératrice. Der König, le Roi ; die Königin, la Reine. Der Schäfer, le berger ; die Schäferin, la bergère. Der Schneider, le tailleur ; die Schneiderin, la femme de tailleur, etc.

(*b*) Der Wolf, le loup ; die Wölfin, la louve. Der Fuchs, le renard ; die Füchsin, la renarde.

(*c*) Der Franzos, le François ; die Französin, la Françoise. Der Sachs, le Saxon ; die Sächsin, la Saxonne. Der Jud, le Juif ; die Jüdin, la Juive, etc.

(*d*) Herr Wolf, M. Wolf ; Frau ou Jungfer Wolfin, Mde. ou Mlle. Wolf, etc.

Nota. Les mots les plus usités, où le changement de voyelle n'a pas lieu, sont : der Mahler, le peintre ; die Mahlerin, la femme d'un peintre. Der Herzog, le Duc ; die Herzogin, la Duchesse. Der Schuster, le cordonnier ; die Schusterin, la cordonnière. Der Ruß, le Russe ; die Russin, femme de Russie. Der Mohr, le Maure ; die Mohrin, la Mauresse. Der Schott, l'Ecossois ; die Schottin, l'Ecossoise. Auxquels il faut ajouter les noms de dignité, qui viennent du latin, comme : der Canzler, le chancelier ; die Canzlerin, le chancelière, etc.

Remarquez que les noms qui marquent les deux sexes, et ceux dont le sexe est désigné par un nom particulier, ne peuvent pas devenir dérivatifs féminins Tels sont, par exemple : der Fisch, le poisson ; der Mensch, l'homme, l'espèce humaine ; der Vogel, l'oiseau, das Pferd, le cheval, der Hengst, l'étalon, die Stute, la jument, etc.

Les dérivatifs qui sont composés de deux ou plusieurs substantifs, sont en grand nombre. La façon de les composer est de mettre le nom qui exprime la chose en général et qui est au nominatif, le dernier, et celui qui en détermine l'espèce et qui est au génitif, le premier ; par exemple : Kalbskopf, tête de veau. Kriegsmann, homme de guerre, etc. Ainsi un même mot a une signification différente, si les noms qui entrent dans la composition, sont placés différemment. Par ex. Der Strasenräuber, le voleur de grand chemin. Die Räuberstrase, la rue des voleurs, etc.

Les exemples qui suivent font voir combien loin cette composition peut aller quelquefois :

Die Stelle, la place.
Die Lieutenantsstelle, la place de lieutenant.
Die Feldmarschalllieutenantsstelle, la place de Lieutenant-Feldmaréchal.
Die Reichsgeneralfeldmarschalllieutenantsstelle, la place de Lieutenant-Feldmaréchal général de l'Empire, etc.

Remarques.

1. Les substantifs qui originairement sont adjectifs ou participes, se déclinent comme les adjectifs. Exemple :

Nom. { der Oberste, le colonel ; ein Oberster, un colonel.
{ der Gelehrte, le savant ; ein Gelehrter, un savant.

Gén. { des ou eines Obersten, du ou d'un colonel.
{ des ou eines Gelehrten, du ou d'un savant, etc.

2. Les adjectifs pris substantivement, qui, par rapport à la déclinaison, sont de la nature des adjectifs, cessent de l'être lorsqu'on en veut former un substantif féminin. Car de ein Oberſter, un colonel, on ne dit pas eine Oberſte, mais eine Oberſtin, une femme de colonel.

3. Lorsqu'on met de suite plusieurs noms qui désignent une seule femme, la terminaison in ne s'ajoute qu'au dernier, comme: die Rath Wolfin, la conseillère Wolf, non pas die Räthin Wolfin. Cependant si le dernier nom étoit précédé de von, on ajouteroit cette terminaison au premier, comme : die geheime Räthin von Lerſner, la conseillère privée de Lersner.

Des Noms adjectifs.

Les noms adjectifs allemands, tels qu'ils se trouvent dans les dictionnaires, ne marquent point la différence des genres; par exemple, les mots klein, petit ; groſs, grand ; gut, bon, etc., ne représentent l'idée du petit, du grand, du bon, etc., qu'en général et sans aucun rapport au genre. Ils ne diffèrent alors en rien des adverbes, et ils sont pour la plupart adjectifs et adverbes à la fois. On appelle cela l'état adverbial ou invariable des adjectifs, en opposition de leur état variable.

Les adjectifs se mettent adverbialement et sont invariables, toutes les fois qu'ils ne sont ni accompagnés immédiatement d'un substantif, ni précédés d'un article; par exemple : Der Mann iſt gut, l'homme est bon. Die Frau iſt gut, la femme est bonne. Das Kind iſt gut, l'enfant est bon. Die Männer ſind gut, les hommes sont bons. Die Weiber ſind gut, les femmes sont bonnes, etc.

Excepté le degré superlatif des adjectifs, qui s'accorde toujours avec le substantif auquel il se rapporte, en genre et en nombre, comme : Mein älteſter Sohn iſt der kleinſte, und meine jüngſte Tochter iſt die gröſte, mon fils aîné est le plus petit, et ma fille cadette est la plus grande. Die neueſten Bücher ſind zuweilen die ſchlechtſten, les livres les plus nouveaux sont quelquefois les plus mauvais, etc.

Les adjectifs sont variables, et doivent s'accorder avec leur substantif en genre, en nombre et en cas, toutes les fois qu'ils sont suivis immédiatement d'un substantif exprimé ou sous-entendu, ou précédés d'un article, comme : Ein guter Mann, un bon homme. Eine gute Frau, une bonne femme. Ein gutes Kind, un bon enfant. Die guten Männer, les bons hommes. Die guten Weiber, les bonnes femmes. Ein Kluger (en sous-entendant Mann) denket viel und redet wenig, un (homme) prudent pense beaucoup et parle peu. Man theilet die Menschen in reiche und arme, in gelehrte und ungelehrte, in alte und junge (en sous-entendant partout Menschen), on divise les hommes en riches et pauvres, en savans et non-savans, en âgés et jeunes, etc.

Dans les adjectifs de deux ou de plusieurs syllabes, terminés en el et er, l'e de ces terminaisons peut se supprimer lorsqu'ils deviennent déclinables ; par exemple : de edel, noble, on peut dire ebler, eble, ebles, au lieu de edeler, edele, edeles; de tapfer, brave, on peut dire tapfrer, tapfre, tapfres, au lieu de tapferer, tapfere, tapferes. Cette suppression se fait même quelquefois dans des adjectifs qui ne sont pas terminés en el ou er ; par exemple : de heilig, saint, on peut dire heilger, heilge, heilges, au lieu de heiliger, etc.

Les adjectifs variables sont tantôt accompagnés d'un article, tantôt mis sans article; différence qui entre beaucoup dans leur déclinaison.

Déclinaison des Adjectifs avec les Articles.

Remarquez que le nominatif singulier d'un adjectif accompagné de l'article indéfini ein, eine, ein, prend la terminaison er pour le masculin, e pour le féminin, et es pour le neutre ; mais avec l'article défini der, die, das, le nominatif singulier prend la voyelle e pour les trois genres. Les autres cas du singulier prennent la terminaison en pour les trois genres, à l'exception de l'accusatif des féminins et des neutres, qui est semblable à son nominatif. Tous les cas du pluriel prennent la terminaison en. Exemples :

Singulier.

Masculin.

N. ein guter Vater, un bon père.
G. eines guten Vaters, d'un bon père.
D. einem guten Vater, à un bon père.
A. einen guten Vater, un bon père.
A. von einem guten Vater, d'un bon père.

Féminin.

N. eine gute Mutter, une bonne mère.
G. einer guten Mutter, d'une bonne mère.
D. einer guten Mutter, à une bonne mère.
A. eine gute Mutter, une bonne mère.
A. von einer guten Mutter, d'une bonne mère.

Neutre.

N. ein gutes Kind, un bon enfant.
G. eines guten Kindes, d'un bon enfant.
D. einem guten Kinde, à un bon enfant.
A. ein gutes Kind, un bon enfant.
A. von einem guten Kinde, d'un bon enfant.

Avec l'article défini.

Masculin.

N. der gute Vater, le bon père.
G. des guten Vaters, du bon père.
D. dem guten Vater, au bon père.
A. den guten Vater, le bon père.
A. von dem guten Vater, du bon père.

Féminin.

N. die gute Mutter, la bonne mère.
G. der guten Mutter, de la bonne mère.
D. der guten Mutter, à la bonne mère.
A. die gute Mutter, la bonne mère.
A. von der guten Mutter, de la bonne mère.

Neutre.

N. das gute Kind, le bon enfant.
G. des guten Kindes, du bon enfant.
D. dem guten Kinde, au bon enfant.
A. das gute Kind, le bon enfant.
A. von dem guten Kinde, du bon enfant.

Pluriel.

Pour tous les trois genres.

N. die guten Väter, Mütter, Kinder, les bons, etc.
G. der guten Väter, Mütter, Kinder, des bons, etc.
D. den guten Vätern, Müttern, Kindern, aux bons, etc.
A. die guten Väter, Mütter, Kinder, les bons, etc.
A. von den guten Vätern, Müttern, Kindern, des bons, etc.

Si, au lieu d'un article, il y a un pronom possessif ou personnel devant l'adjectif, celui-ci se décline au singulier comme s'il étoit accompagné de l'article ein, eine, ein, et au pluriel comme avec l'article die; exemple : mein guter Freund, mon bon ami. Gén. meines guten Freundes, etc. Nom. plur. meine guten Freunde, mes bons amis. Gén. meiner guten Freunde, de mes bons amis, etc.

Mais si l'adjectif est précédé d'un pronom démonstratif,

relatif ou interrogatif, il se décline comme s'il étoit accompagné de l'article der, die, das, ꝛc.

Les adjectifs allemands se mettent sans article, entr'autres :

1. Lorsqu'en françois on met l'article partitif *du*, *de la*, ou l'article indéfini *de*, *à de* ; exemples : Das ist guter Wein, c'est de bon vin ; ein Glas guten Weins, un verre de bon vin, etc.

2. En particulier au pluriel, lorsqu'on se serviroit en allemand au singulier de l'article indéfini ein, eine, ein ; par exemple, ein guter Freund, un bon ami ; au pluriel gute Freunde, de bons amis. Ein Gelehrter, un savant ; au pluriel Gelehrte, des savans, etc.

Déclinaison des Adjectifs sans article.

Singulier.
Masculin.

N. guter Wein, de bon vin.
G. guten Weins, de bon vin.
D. gutem Weine, à de bon vin.
A. guten Wein, de bon vin.
A. von gutem Weine, de bon vin.

Féminin.

N. gute Suppe, de bonne soupe.
G. guter Suppe, de bonne soupe.
D. guter Suppe, à de bonne soupe.
A. gute Suppe, de bonne soupe.
A. von guter Suppe, de bonne soupe.

Neutre.

N. gutes Wasser, de bonne eau.
G. guten Wassers, de bonne eau.
D. gutem Wasser, à de bonne eau.
A. gutes Wasser, de bonne eau.
A. von gutem Wasser, de bonne eau.

Pluriel.

N. gute Weine, Suppen, ꝛc. de bons, etc.
G. guter Weine, Suppen, ꝛc. de bons, etc.
D. guten Weinen, Suppen, ꝛc. à de bons, etc.
A. gute Weine, Suppen, ꝛc. de bons, etc.
A. von guten Weinen, Suppen, ꝛc. de bons, etc.

Nota. La terminaison es du genre neutre, peut se supprimer au nominatif et à l'accusatif; on peut dire gut Bier, au lieu de gutes Bier; mais la suppression de toute autre terminaison seroit vicieuse, et ce seroit une des fautes les plus choquantes que de dire, par exemple: ein gut Mann, au lieu de ein guter Mann, un bon homme.

Les adjectifs allemands se mettent toujours devant leurs substantifs, comme: Der rothe Wein, le vin rouge; der blinde Mann, l'homme aveugle; der erfahrne Doktor, le médecin expert; eine schwangere Frau, une femme grosse, etc.

On dit à la vérité, par exemple: Eine Jungfer jung an Jahren, schön von Gestalt, 2c., en mettant l'adjectif jung, jeune; schön, belle, etc., après le substantif; mais il y a une ellipse dans ces manières de parler, et il faut sous-entendre le verbe ist, est, avec un pronom relatif, eine Jungfer (die) jung an Jahren, schön von Gestalt (ist), une fille (qui est) jeune quant à l'âge, belle quant à la figure, etc., de sorte que ces adjectifs se rapportent directement au verbe sous-entendu, et non pas au substantif qui les précède.

Remarque.

Plusieurs adjectifs sont indéclinables. Ce sont 1°. tous ceux que l'on forme d'un nom de pays ou de lieu, moyennant la terminaison er, comme: Pariser, de Paris, Parisien ou Parisienne. Exemples:

N. { ein pariser Hut, un chapeau de Paris.
{ eine pariser Tracht, une mode de Paris.
{ ein pariser Band, un ruban de Paris.

G. { eines pariser Hutes, d'un chapeau de Paris.
{ einer pariser Tracht, d'une mode de Paris.
{ eines pariser Bandes, d'un ruban de Paris, etc.

enfin, c'est pariser dans tous les genres, nombres et cas, sans aucune variation.

2°. Les nombres distributifs terminés en lei, comme einerlei, d'une sorte.

3°. Les suivans qui ne s'emploient que comme prépositions séparables, ou comme attributs :

Angſt, peiné ; es iſt mir angſt ou ich bin angſt, j'ai peur, je suis inquiet ; es wird mir angſt, la peur ou l'inquiétude me prend ; einem angſt machen, faire peur à quelqu'un.

Anheiſchig, obligé ; ſich anheiſchig machen, s'obliger, s'engager.

Ausfindig, imaginé, trouvé ; etwas ausfindig machen, imaginer ou trouver quelque chose.

Eingedenk, qui se souvient ; eines eingedenk ſeyn, se souvenir de quelqu'un.

Eins, d'accord ; eins ſeyn, être d'accord ; eins werden, s'accorder, tomber d'accord, convenir.

Feind, ennemi ; einem feind ſeyn, haïr quelqu'un, le détester.

Gehalten, tenu, obligé ; gehalten ſeyn, être obligé ; wohlbehalten, en bonne santé.

Gramm ou gram, ennemi ; einem gramm ſeyn, haïr quelqu'un.

Habhaft, qui a, qui tient ; eines Dinges habhaft ſeyn, avoir, tenir ou posséder une chose ; eines Dinges habhaft werden, acquérir une chose.

Kund, connu ; kund machen, publier ; kund werden, se publier ; kund ſey Jedermann, à savoir à tout le monde.

Leid, fâcheux, douloureux ; es iſt mir leid, ou es thut mir leid, daß, ꝛc., je suis fâché de ce que, etc.

Noth, nécessaire ; es thut mir Geld noth, j'ai besoin d'argent ; eins iſt noth, une chose est nécessaire.

Nuz, utile ; wozu iſt es nuz? à quoi bon? das iſt zu nichts nuz, cela n'est bon à rien.

Quitt, quitte ; quitt ſeyn, être quitte ; einen quitt ſprechen, déclarer ou tenir quelqu'un quitte.

Unpas, incommodé, malade ; unpas ſeyn, être incommodé, unpas werden, tomber malade.

Uneins, qui n'est pas d'accord ; uneins ſeyn, être brouillé, être d'un avis différent ; uneins werden, se brouiller, se désunir.

Wohlgemuth, de bon courage, de bonne humeur ; Ich war wohlgemuth, j'avois bon courage.

Thêmes sur quelques Adjectifs.

41.

Monsieur Dolcé a une belle femme, une belle maison et un très-beau jardin : il a aussi de fort belles sœurs, de très-bon vin et assez de flatteurs. Mon frère dit l'autre jour à la sœur cadette de ce beau Monsieur, en lui présentant un joli bouquet de fleurs : Les belles filles ressemblent aux belles fleurs, et les belles fleurs aux belles filles ; les unes et les autres se fanent avec le temps. Les beaux Messieurs aussi, répliqua-t-elle.

A, hat.
Belle, schön.
La femme, die Frau, 3.
La maison, das Haus, 4. ä.
Très-beau, sehr schön.
Le jardin, der Garten, 1. ä.
Il a aussi, er hat auch.
Fort, sehr.
Assez, genug.
Le flatteur, der Schmeichler, 1.
Mon frère, mein Bruder.
Dit l'autre jour, sagte neulich.
La sœur cadette, die jüngste Schwester, 1.
De ce, dieses.
En lui présentant, indem er ihr überreichte.
Joli, artig, hübsch.
Un bouquet de fleurs, ein Blumenstrauß, 2. ä.
La fille, das Mädchen, 1.
Ressemblent, gleichen.
La fleur, die Blume, 3.
Les unes et les autres, beide.
Se fanent, verwelken.
Avec le temps, mit der Zeit.
Répliqua-t-elle, erwiederte sie.

42.

Les riches habitans des grandes villes, sont moins heureux que les pauvres paysans ne le croient. Il y a de pauvres gens qui sont, à certains égards, plus heureux que les riches. J'ai vu de petits villages en Suisse, où règne encore l'âge d'or.

Riche, reich.
Un habitant, ein Einwohner, 1.
Grand, groß.
La ville, die Stadt, 2. ä.
Sont moins heureux, sind nicht so glücklich.
Que, als.
Pauvre, arm.
Le paysan, der Bauer, 3.
Ne le croient, es glauben.
Il y a, es giebt.
Les gens, die Leute.
Qui sont à certains égards plus heureux, welche, in gewissem Betracht, glücklicher sind.
J'ai vu, ich habe — gesehen.
Le village, das Dorf, 4. ö.
En Suisse, in der Schweiz.
Où règne encore, worin noch — herrscht.
L'âge d'or, das goldne Zeitalter.

43.

Francfort est une belle ville, où il y a de grandes maisons, de belles églises, de jolis jardins et des gens très-riches; mais il y a aussi bien des pauvres, comme partout ailleurs.

Francfort, Franffurt.
Est, iſt.
Où il y a, worin ſich befin=den.
L'église, die Kirche, 3.

Le jardin, der Garten, 1. ä.
Mais il y a aussi bien, etc., allein es giebt auch da viele, ꝛc.
Comme partout ailleurs, wie überall.

44.

Jean, je vous ai dit de m'apporter de bonnes prunes, de grosses noix et de belles pommes; mais vous ne l'avez pas fait. — Il n'y en avoit pas de meilleures, Monsieur. — Avez-vous été chez le cuisinier françois et chez le médecin anglois? — Oui, Monsieur; mais ni l'un ni l'autre n'étoient au logis; ils sont allés au bal à la maison rouge. Voilà les deux musiciennes italiennes, qui viendront vous voir. Ne vous y fiez pas, Monsieur; ce sont des femmes trompeuses, qui aiment à débaucher les jeunes Messieurs. Elles ont déjà ruiné un trésorier royal, un peintre aveugle, et votre pauvre Jean.

Jean, Johann.
Je vous ai dit, ich habe euch geſagt.
De m'apporter, ihr ſolltet mir — bringen.
La prune, die Zwetſche, 3.
Une grosse noix, eine groſe Nus, 2. ü.
La pomme, der Apfel, 1. ä.
Mais vous ne l'avez pas fait, allein ihr habt es nicht gethan.
Il n'y en avoit pas de meilleures, es waren keine beſſern da.
Avez-vous été, ſeyd ihr — geweſen.
Chez, bei, avec le datif.
Le cuisinier, der Koch, 2. ö.
François, franzöſiſch.
Le médecin, der Arzt, 2. ä.
Anglois, engliſch.

Oui, Monsieur, ja, mein Herr.
Mais ni l'un ni l'autre n'étoient au logis, allein beide waren nicht zu Hauſe.
Ils sont allés au bal, ſie ſind auf den Ball — gegangen.
A la maison, in das Haus.
Rouge, roth.
Voilà, da gehen.
Deux, zwei.
Une musicienne, eine Sängerin, 3.
Italien, italieniſch.
Qui viendront vous voir, die Sie beſuchen werden.
Ne vous y fiez pas, trauen Sie ihnen nicht.
Ce sont, es ſind.
Les femmes, die Frauenzimmer, 1.

Trompeuse, betrügerisch.
Qui aiment à débaucher, welche gerne — verführen.
Jeune, jung.
Elles ont déjà ruiné, sie haben schon zu Grunde gerichtet.

Un trésorier, ein Schazmeister, 1.
Royal, königlich.
Un peintre, ein Mahler, 1.
Aveugle, blind.
Votre, Ihren.

45.

Il y a bien des fous au monde, des grands et des petits, des riches et des pauvres, des savans et non-savans; mais les plus grands fous sont ceux qui ne veulent pas supporter les autres. Je connois entr'autres un certain fou, qui ne croit pas l'être, et qui porte ordinairement un habit brun, une veste rouge, des culottes vertes, et une perruque noire à très-longue queue. Il aime passionnément les perruques; je crois qu'il en a plus de trente. Il ne veut pas se marier; quand on lui en parle, il dit: Je m'en garderai bien, car je sais par expérience que les femmes ne sont constantes ni dans l'amour, ni dans la haine: elles ne sont constantes que dans l'inconstance.

Il y a bien, es giebt viele.
Le fou, der Narr, 3.
Au monde, auf der Welt.
Savant, gelehrt.
Non-savant, ungelehrt.
Les plus grands, die größten.
Sont ceux, sind diejenigen.
Qui ne veulent pas supporter les autres, welche die andern nicht ertragen wollen.
Je connois, ich kenne.
Entr'autres, unter andern.
Certain, gewiß.
Qui ne croit pas l'être, der es nicht zu seyn glaubt.
Qui porte ordinairement, welcher gewöhnlich trägt.
L'habit, das Kleid, 4.
Brun, braun.
La veste, die Weste, 3.
Rouge, roth.
Les culottes, die Hosen.
Vert, grün.
La perruque, die Perrüffe, 3.
Noir, schwarz.

A très-longue queue, mit einem sehr langen Schwanz.
Il aime, er liebt.
Passionnément, leidenschaftlich, sehr.
Je crois qu'il en a plus de trente, ich glaube er hat deren mehr als dreißig.
Il ne veut pas se marier, er will sich nicht verheirathen.
Quand on lui en parle, wann man mit ihm davon spricht.
Il dit, so sagt er.
Je m'en garderai bien, ich werde mich wohl davor hüten.
Car je sais, denn ich weis.
Par expérience, aus Erfahrung.
Ne sont constantes ni-ni, weder — noch beständig sind.
L'amour, die Liebe, 3.
La haine, der Haß, 2.
Elles ne sont que, sie sind nur —
L'inconstance, die Unbeständigkeit, 3.

Des Degrés de comparaison.

Ils se forment en ajoutant au positif pour le comparatif la syllabe er, et pour le superlatif la terminaison efte, en changeant en même temps les voyelles a, o, u, en å, ö, ü. Ex.

Positif.	Comparatif.	Superlatif.
Gros, grand,	gröſer, plus grand,	der gröſte, le plus grand.
Klug, prudent,	klüger, plus prudent,	der klügeſte, le plus prudent.
Klein, petit,	kleiner, plus petit,	der kleineſte, le plus petit.
Heiter, serein,	heiterer, plus serein,	der heitereſte, le plus serein.
Sicher, sûr,	ſicherer, plus sûr,	der ſichereſte, le plus sûr.
Schwarz, noir,	ſchwärzer, plus noir,	der ſchwärzeſte, le plus noir.
Stark, fort,	ſtärker, plus fort,	der ſtärkeſte, le plus fort.
Lang, long,	länger, plus long,	der längſte, le plus long.
Schwach, foible,	ſchwächer, plus foible,	der ſchwächſte, le plus foible.
From, pieux,	frömmer, plus pieux,	der frömmſte, le plus pieux.
Dumm, stupide,	dümmer, plus stupide,	der dümmſte, le plus stupide.
Geſund, sain,	geſünder, plus sain.	der geſündſte, le plus sain.

Nota 1. L'e de la terminaison eſte du superlatif, peut être supprimé toutes les fois que la prononciation le permet : on peut dire, par exemple : der ſtärkſte, der klügſte, der kleinſte, au lieu de der ſtärkeſte, der klügeſte, der kleineſte. Il se supprime presque toujours, quand il est précédé de la lettre r ; on dit : der heiterſte, der ſicherſte, au lieu de der heitereſte, der ſichereſte. C'est en abrégeant qu'on écrit der gröſte, le plus grand.

Nota 2. Remarquez cependant que les voyelles a, o, u, ne se radoucissent point dans les mots suivans :

Blaß, pâle.	Los, malicieux.	Schlau, fin, rusé.
Bunt, bigarré.	Morſch, pourri.	Starr ou Straff, roide.
Gerad, droit.	Plump, lourd.	

Grau, gris.	Roh, cru.	Stumm, muet.
Hohl, creux.	Rund, rond.	Toll, enragé.
Kahl, chauve.	Sanft, doux.	Zahm, apprivoisé.
Knapp, juste.	Schlank, dégagé.	Zart, tendre.
Lahm, boiteux.	Schlaff ou Schlapp, détendu.	Tapfer, brave.
Lau, tiède.		

et tous les autres terminés par er, ainsi que tous ceux qui sont adjectifs dérivatifs, comme : Tugendsam, vertueux; tugendsamer, plus vertueux, etc., qui vient de Tugend, vertu; ou composé de ge, comme : Gewohnt, accoutumé ; gewohnter, ic., excepté gesund, sain. Enfin, remarquez que tous les adjectifs de plusieurs syllabes ne se radoucissent point.

Quelques adjectifs ont des degrés de comparaison irréguliers, tels que :

Posit.	*Comparat.*	*Superlat.*
Bald, bientôt,	eher, plutôt,	am ehesten, le plutôt.
Gern, volontiers,	lieber, plus volontiers,	am liebsten, le plus volontiers.
Gut, bon,	besser, meilleur,	der beste, le meilleur.
Viel, beaucoup,	mehr, plus,	am meisten, le plus.
Hoch, haut,	höher, plus haut,	der höchste, le plus haut.
Nah, proche,	näher, plus proche,	der nächste, le plus proche.

* L'adverbe gut, bien, a au comparatif besser, mieux, et au superlatif am besten, le (au) mieux.

Voici comment on les arrange avec l'article :

Der reiche, le riche,	der reichere, le plus riche.	der reichste Fürst, le plus riche Prince.
Die gnädige, la gracieuse,	die gnädigere, la plus gracieuse,	die gnädigste Fürstin, la plus gracieuse princesse.
Das glückliche, l'heureux,	das glücklichere, le plus heureux,	das glücklichste Volk, le plus heureux peuple.

Pour exprimer un haut degré de la qualité d'une chose, on met devant le positif un adverbe intensif, tel que sehr, hoch, höchst, très ; besonders, ungemein, particulièrement; trefflich, excellemment, etc. Exemples :

Sehr ou hochgelehrt, très-savant.
Höchst gerecht, très-juste, tout-à-fait juste.
Besonders schön, singulièrement beau.

Ungemein tapfer, d'une bravoure peu commune.
Trefflich süß, merveilleusement doux.
Außerordentlich geizig, extraordinairement avare.
Unendlich gut, infiniment bon.
Aeusserst heiß, extrêmement chaud.
Abscheulich boshaft, horriblement malicieux.
Fürchterlich ou schreklich dunkel, terriblement obscur.
Grausam schmerzhaft, cruellement douloureux.
Schmerzlich betrübt, douloureusement affligé, etc.

Qu'on remarque aussi les expressions suivantes :

Schneeweiß, blanc comme la neige..
Pechschwarz, noir comme la poix.
Kohlschwarz, noir comme du charbon.
Blutroth, rouge comme du sang.
Blutjung, très-jeune.
Feuerroth, rouge comme du feu.
Fingernakt, nu comme le doigt.
Fasennakt, nu à n'avoir pas un seul fil sur le corps.
Todtblaß, pâle comme la mort.
Grundgelehrt, savant à fond.
Steinhart, dur comme pierre.
Steinalt, très-vieux.
Himmelhoch, aussi élevé que le Ciel.
Bettelarm, pauvre à mendier.
Honigsüß, doux comme du miel.
Essigsauer, aigre comme du vinaigre.
Gallenbitter, amer comme fiel.
Wunderschön, beau à merveille.
Eiskalt, froid comme de la glace.
Stokblind, aveugle à être obligé de tâter avec un bâton.
Stokfinster, tout-à-fait obscur.
Stokdumm, tout-à-fait stupide.
Horndumm, stupide comme une bête à cornes.
Erzdumm, stupidissime.
Rasendtoll, fou à enchaîner.
Weltbekannt, connu de tout l'univers.
Baumstark, fort comme un arbre, etc.

Pour exprimer l'infinité d'une qualité, on met le mot all devant le positif, comme : allmächtig, tout-puissant ; allgegenwärtig, présent partout ; allweis, sage sans bornes ; allgütig, bon ou clément sans bornes, etc.

Pour égaliser deux choses, on met devant le positif un

de ces adverbes ſo, eben ſo, gerade ſo, juſt ſo, faſt ſo, beinah ſo, kaum ſo, ꝛc. Exemples :

Dieſe Jungfer iſt ſo gros als ihr Bruder, cette Demoiselle est aussi grande que son frère.

Die Tochter iſt eben ſo ſchön als die Mutter, la fille est aussi belle que la mère.

Er iſt gerade ſo alt, ou juſt ſo alt, als ich bin, il est précisément de mon âge.

Wir waren faſt ſo müd als ihr, nous étions presque aussi fatigués que vous.

Die Feinde waren beinah ſo ſtark als wir, les ennemis étoient presque aussi forts que nous.

Pour mettre une chose au-dessous de l'autre, on met devant le positif un de ces adverbes nicht ſo, lange nicht ſo, bei weitem nicht ſo, nicht halb ſo, ꝛc. Exemples :

Der Sohn iſt nicht ſo gelehrt als der Vater, le fils n'est pas si savant que le père.

Er iſt lange nicht (ou bei weitem nicht) ſo reich als man ſaget, il n'est pas, à beaucoup près, aussi riche qu'on le dit.

Mein Haus iſt nicht halb ſo gros als eures, ma maison n'est pas moitié si grande que la vôtre.

Pour modifier la comparaison, on met devant le comparatif un de ces mots : etwas, um etwas, ein wenig, um ein weniges, un peu; um ein geringes, um ein kleines, ein klein wenig, un tant soit peu; noch, encore; viel, um ein groſes, beaucoup; ein gut Theil, um ein gutes Theil, une bonne partie; merklich, um ein merkliches, remarquablement; anſehnlich, beträchtlich, considérablement; unendlich, infiniment, etc. Exemples :

Dieſes Tuch iſt etwas (um etwas, ꝛc.) beſſer, als jenes, ce drap est un peu meilleur que celui-là.

Ihr Hut iſt ein klein wenig feiner als der meinige, votre chapeau est un peu plus fin que le mien.

Das Gold iſt noch ſchwerer als das Blei, l'or est encore plus pesant que le plomb.

Magdeburg iſt viel feſter als Weſer, Magdebourg est beaucoup plus fort que Wesel.

Paris ist ein gut Theil gröser als Wien, Paris est beaucoup plus grand que Vienne.

Italien ist um ein merkliches wärmer als Frankreich, l'Italie est considérablement plus chaude que la France.

Deutschland ist unendlich volkreicher, als Rußland, l'Allemagne est infiniment plus peuplée que la Russie.

Après le superlatif, on met la préposition unter, entre, ou von, de, pour désigner les choses que l'on compare, comme: der kühnste unter den Soldaten, ou von den Soldaten, le plus hardi des soldats. Dans le style poétique, le superlatif est souvent suivi d'un génitif, comme: du, o schönster meiner Tage, toi, le plus beau de mes jours.

Le mot aller, mis devant un superlatif, en augmente la signification, comme: der allerbeste, le meilleur de tous; ein allerliebstes Kind, un enfant tout-à-fait aimable; der allerabscheulichste Bösewicht, le scélérat le plus abominable.

Thêmes sur les Degrés de Comparaison.

46.

Nanquin dans la Chine passe pour la plus grande ville du monde: on dit qu'elle a douze lieues d'étendue. — Berlin est plus grand que Hambourg, Paris plus grand que Berlin, et Constantinople est la plus grande ville de l'Europe. La France est plus peuplée que la Russie, l'Allemagne est plus peuplée que la France, et l'île de Malte est un des pays les plus peuplés de la terre.

Nanquin, Nanlin.	Que, als.
Dans la Chine, in China.	Constantinople, Konstantinopel.
Passe, wird — gehalten.	
Pour, für.	L'Europe, Europa.
La ville, die Stadt, 2. ä.	La France, Frankreich.
Du monde, auf der Welt.	Peuplé, volkreich, bevölkert.
On dit qu'elle a, man sagt sie hätte.	La Russie, Rußland.
	L'Allemagne, Deutschland.
Douze lieues d'étendue, zwölf Meilen im Umfange.	L'île de Malte, die Insel Maltha.
Berlin, Berlin.	Le pays, das Land, 4. ä.
Hambourg, Hamburg.	La terre, die Erde, 3.

47.

L'éléphant est le plus grand de tous les quadrupèdes; il y

en a qui ont dix-huit pieds de hauteur. L'autruche est le plus grand de tous les oiseaux: sa hauteur égale presque celle d'un homme monté à cheval. L'oiseau-mouche est le plus petit et un des plus beaux oiseaux qu'on connoisse. La baleine est le plus grand poisson de mer; il y en a qui ont plus de cent pieds de longueur.

L'éléphant, der Elephant, 3.
Est, ist.
De tous les, von allen.
Le quadrupède, das vierfüſſige Thier, 2.
Il y en a, es giebt deren.
Qui ont dix-huit pieds de hauteur, die achtzehen Schuh hoch sind.
L'autruche, der Strauß, 3.
L'oiseau, der Vogel, 1. ö.
Sa hauteur égale presque celle d'un homme monté à cheval, er ist fast so hoch als ein Mann zu Pferd.
L'oiseau-mouche, der Fliegenvogel, 1. ö.
Beau, schön.
Qu'on connoisse, die man kennet.
La baleine, der Wallfisch, 2.
Un poisson de mer, ein Seefisch, 2.
Qui ont plus de cent pieds de longueur, die über hundert Schuh lang sind.

48.

Notre servante est stupide, plus stupide que notre valet, qui est le plus stupide de tous les valets que je connoisse. Son père étoit le plus gros paysan, et sa mère la plus maigre paysanne que j'aie vus de ma vie. Il venoit souvent à la ville, plus souvent que sa femme; mais maintenant il ne vient plus, parce qu'il est mort. Il disoit peu de momens avant sa mort: Le ventre est le plus grand de tous nos ennemis.

Notre, unsere, fém. unser, masc.
Stupide, dumm.
De tous les valets, von allen Knechten.
Que je connoisse, die ich kenne.
Son, sein.
Etoit, war.
Gros, dik.
Le paysan, der Bauer, 3.
Maigre, mager.
La paysanne, die Bäuerin, 3.
Que j'aie vus de ma vie, die ich in meinem Leben gesehen habe.
Il venoit, er kam.
Souvent, oft.
A la ville, in die Stadt.
Sa femme, seine Frau.
Mais maintenant il ne vient plus, allein jezt kömmt er nicht mehr.
Parce qu'il est mort, weil er todt ist.
Il disoit, er sagte.
Peu, wenig.

Le moment, der Augenblik, 2. | Le ventre, der Bauch, 2. ä.
Avant sa mort, vor seinem Tode. | De tous nos, von allen unsern.
| L'ennemi, der Feind, 2.

49.

Mes raisins sont bons ; mais les vôtres sont encore meilleurs, et ceux que nous avons ici sont les meilleurs de tous les raisins, parce que c'est Mademoiselle votre sœur qui nous les a donnés. C'est la plus belle et la meilleure fille du monde. — La femme de mon cordonnier se croit belle, plus belle que sa sœur, qui seroit la plus belle femme de la ville, si elle avoit une autre tête.

Mes raisins, meine Trauben. | La fille, das Mädchen, 1.
Sont, sind. | Le monde, die Welt, 3.
Bon, gut. | La femme, die Frau, 3.
Les vôtres, die eurigen. | De mon, meines.
Ceux, diejenigen. | Le cordonnier, der Schuster, 1.
Que nous avons ici, welche wir hier haben. | Se croit, glaubt sie wäre.
| Sa, ihre.
Parce que c'est Mademoiselle votre sœur qui nous les a donnés, weil eure Jungfer Schwester sie uns gegeben hat. | Qui seroit, welche — seyn würde.
| Si elle avoit une autre tête, wenn sie einen andern Kopf hätte.

LES NOMS DE NOMBRE.

Les Nombres sont des noms qui expriment ou la quantité ou le rang des choses. Ils sont ou Adjectifs ou Substantifs, ou Adverbes, et se divisent en Cardinaux, en Ordinaux, en Proportionnels, en Collectifs, en Distributifs et en Indéfinis.

Des Nombres Cardinaux.

Les Cardinaux sont des adjectifs qui marquent la quantité des choses, et répondent à la question wie viel? combien y en a-t-il? Les voici:

1. eins, un. | 6. sechs, six.
2. zwei, deux. | 7. sieben, sept.
3. drei, trois. | 8. acht, huit.
4. vier, quatre. | 9. neun, neuf.
5. fünf, cinq. | 10. zehn, dix.

11. eilf (prononc. elf), onze.
12. zwölf, douze (*).
13. dreizehn, treize.
14. vierzehn, quatorze.
15. funfzehn, quinze.
16. sechzehn, seize.
17. siebenzehn, dix-sept.
18. achtzehn, dix-huit.
19. neunzehn, dix-neuf.
20. zwanzig, vingt.
21. ein und zwanzig, vingt et un.
22. zwei und zwanzig, vingt-deux.
23. drei und zwanzig, vingt-trois.
24. vier und zwanzig, vingt-quatre.
25. fünf und zwanzig, vingt-cinq.
26. sechs und zwanzig, vingt-six.
27. sieben und zwanzig, vingt-sept.
28. acht und zwanzig, vingt-huit.
29. neun und zwanzig, vingt-neuf.
30. dreißig, trente.
40. vierzig, quarante.
50. funfzig, cinquante.
60. sechzig, soixante.
70. siebenzig, soixante-dix.
80. achtzig, quatre-vingt.
90. neunzig, quatre-vingt-dix.
100. hundert, cent.
101. hundert und eins, cent et un, etc.
200. zwei hundert, deux cents.
300. drei hundert, trois cents.
400. vier hundert, quatre cents.
1000. tausend, mille, mil.

1779 tausend sieben hundert neun und siebenzig, mil sept cent soixante-dix-neuf.

10,000. zehn tausend, dix mille.

100,000. hundert tausend, cent mille.

654,723 sechs hundert vier und funfzig tausend sieben hundert drei und zwanzig, six cent cinquante-quatre mille sept cent vingt-trois.

1,000,000 tausendmal tausend, ou zehn hundert tausend, ou eine Million, mille fois mille, ou dix cent mille, ou un million.

1000,000,000,000 tausendmal tausendmal tausend, ou tausendmal tausend Millionen, ou eine Billion, mille fois mille fois mille, ou mille fois mille millions, ou un billion.

Remarques.

1. Ein, eine, ein est conjonctif; c'est-à-dire, qu'il se met avec le nom de la chose que l'on compte, comme : ein Mann, un homme; ein Buch, un livre. Einer, eine, eines, au contraire, est absolu; c'est-à-dire, qu'il se met lorsqu'on

---

(*) Ce nombre s'emploie toujours pour signifier *midi ou minuit*, en parlant de l'heure qui sonne.

n'ajoute pas le nom de la chose comptée, comme : einer, en sous-entendant Mann, un (un homme) ; eines ou eins, en sous-entendant Buch, un (livre). Voyez l'Article des Pronoms indéfinis.

Lorsque l'on compte en général, et sans sous-entendre un objet déterminé, on met toujours le neutre eins, comme : eins und zwei macht drei, un et deux font trois.

Eines ou eins, signifie souvent une chose, comme : eins ist noch zu merken, il y a encore une chose à remarquer ; ich will Ihnen eins sagen, je vais vous dire une chose.

En parlant de l'heure qui sonne, on dit : ein Uhr, une heure, et non eine. V. les Observ. sur les Noms de Nombre.

Un seul se rend par ein einziger, eine einzige, ein einziges, ou par nur ein ou einer, nur eine, nur ein ou eines, ou bien par einer allein, eine allein, eines allein.

Au lieu de einzig, on peut aussi dire einig ; l'un et l'autre sont adjectifs. Nur et allein sont des adverbes, et signifient : seulement ; le premier précède ordinairement le nom de nombre, l'autre le suit toujours.

Remarquez que ein, eine, ein, soit nom de nombre, soit pronom, n'a point de pluriel ; et qu'au lieu de die einen und die andern, les uns et les autres, il faut dire beide, ou bien diese und jene.

2. Les uns disent zween, zwo, zwei, selon la différence des genres, comme : zween Männer, deux hommes ; zwo Frauen, deux femmes ; zwei Kinder, deux enfans.

D'autres, au contraire, mettent zwei, pour les trois genres, comme zwei Männer, zwei Frauen, ꝛc. Mais qu'on suive l'un ou l'autre usage, le nombre ordinal qui en vient, est zweit, et non zweent, ni zwot ; il faut dire, par exemple : der zweite Mann, le second homme ; die zweite Frau, la seconde femme, et non der zweente Mann, die zwote Frau.

En parlant des choses qui sont deux à deux, ou qui ne sont que deux, on met l'adjectif beid, comme : meine beiden Augen, mes deux yeux ; die beiden Brüder, les deux frères. Beides, au singulier et au genre neutre, signifie l'une et l'autre chose, comme : zu streng und zu gelind, beides ist ein Fehler, trop sévère et trop doux, l'un et l'autre est un défaut. Voyez l'Article des Pronoms indéfinis.

Ce nombre, zween, zwo, zwei se décline comme on va voir.

I. Sans l'Article et sans Pronom.

	masc.	fém.	neutre.	
N.	zweene,	zwo,	zwei,	deux.
G.	zweener,	zwoer,	zweier,	de deux.
D.	zweenen,	zwoen,	zweien,	à deux.
A.	zweene,	zwo,	zwei,	deux.
A.	von zweenen,	von zwoen,	von zweien,	de deux.

II. Avec l'Article ou avec un Pronom.

	masc.	fém.	neut.	
N.	die zween ou zweene,	die zwo,	die zwei,	les deux.
G.	der zween,	der zwo,	der zwei,	des deux.
D.	den zweenen,	den zwoen,	den zweien,	aux deux.
A.	die zween ou zweene,	die zwo,	die zwei,	les deux.
A.	von den zweenen,	von den zwoen,	von den zweien,	des deux.

Tous les autres nombres cardinaux sont indéclinables, lorsqu'ils sont précédés de l'article ou d'un pronom, comme:

N. die drei, vier, fünf, les trois, quatre, cinq.
G. der drei, vier, fünf, des trois, quatre, cinq.
D. den drei, vier, fünf, aux trois, quatre, cinq, etc.

Quelquefois cependant on en trouve le datif avec la terminaison en.

Lorsqu'ils sont mis sans l'article et sans pronom, il faut voir s'ils sont accompagnés d'un substantif ou non. Dans le premier cas, ils sont encore indéclinables, comme:

N. vier Männer, quatre hommes.
G. vier Männer, de quatre hommes, etc.

Excepté: drei, qui prend au génitif er, au datif en, comme: dreier Männer, de trois hommes; dreien Männern, à trois hommes.

Dans le second cas, ils se déclinent tous comme les adjectifs mis sans l'article et sans pronom; par exemple:

N. dreie, viere, fünfe, trois, quatre, cinq.
G. dreier, vierer, fünfer, de trois, de quatre, etc.
D. dreien, vieren, fünfen, à trois, à quatre, etc.

3. On ne décline que la dernière partie d'un nombre composé, comme: mit ein und dreißigen, avec trente et un, non pas mit einem und dreißigen.

Nota. En conversation la plupart des Allemands emploient les nombres cardinaux comme indéclinables, excepté ein, un

Des Nombres Ordinaux.

Les Nombres ordinaux sont des adjectifs qui marquent l'ordre ou le rang des choses, et répondent à cette question der wievielſte iſt er? le quantième est-il?

On les forme des cardinaux, en ajoutant la lettre t depuis eins jusqu'à neunzehn, et les lettres ſt depuis zwanzig, jusqu'à l'infini. Ainsi du nombre cardinal zwei, deux, vient l'ordinal zweit, deuxième, second; de zwanzig, vingt, vient zwanzigſt, vingtième.

Nota. On dit erſt, premier, au lieu de einſt, dritt, troisième, au lieu de dreit, et acht, huitième, au lieu de achtt.

Les Nombres ordinaux formés ainsi, sont des adjectifs de forme adverbiale, qui se déclinent comme les adjectifs.

Voici les Nombres ordinaux de suite, avec l'article.

Der erſte, le premier.
Der andere, (le second.
Der zweite, (
Der dritte, le troisième.
Der vierte, le quatrième.
Der fünfte, le cinquième.
Der ſechſte, le sixième.
Der ſiebente, le septième.
Der achte, le huitième.
Der neunte, le neuvième.
Der zehnte, le dixième.
Der eilfte, l'onzième.
Der zwölfte, le douzième.
Der dreizehnte, le treizième.
Der vierzehnte, le quatorzième.
Der funfzehnte, le quinzième.
Der ſechzehnte, le seizième.
Der ſiebenzehnte, le dix-septième.
Der achtzehnte, le dix-huitième.
Der neunzehnte, le dix-neuvième.
Der zwanzigſte, le vingtième.
der ein und zwanzigſte, le vingt-unième.
der zwei und zwanzigſte, le vingt-deuxième, etc.
der dreißigſte, le trentième.
der vierzigſte, le quarantième.
der funfzigſte, le cinquantième.
der ſechzigſte, le soixantième.
der ſiebenzigſte, le soixante-dixième.
der achtzigſte, le quatre-vingtième.
der neunzigſte, le quatre-vingt-dixième.
der hundertſte, le centième.
der zwei hundertſte, le deux-centième, etc.
der tauſendſte, le millième.
der tauſend ſieben hundert acht und ſiebenzigſte, le mille sept cent soixante-dix-huitième.
der hundert tauſendſte, le cent millième.

Der tauſendmal tauſendſte, ou der millionſte, le mille fois millième, ou le millionième, etc.
der letzte, le dernier.

Remarques.

1. Lorsque ces nombres sont composés, on n'en change que la dernière partie pour les décliner, comme der zwei und zwanzigste, le vingt-deuxième, non pas der zweite und zwanzigste.

2. Au lieu de der zweite, le deuxième, on dit der andere, pour désigner l'autre de deux; comme : ich habe zween Brüder, der eine ist Officier, der andere ist *Abbé*, j'ai deux frères, l'un est Officier, l'autre est Abbé. Plusieurs Allemands mettent indifféremment ander ou zweit, pour dire second ou deuxième.

3. L'adjectif halb, demi, ajouté à un nombre ordinal, signifie autant de choses moins la moitié de la dernière; comme anderthalb, deux, moins la moitié du second, c'est-à-dire, un et demi; dritthalb, trois moins la moitié du troisième, ou deux et demi, vierthalb, trois et demi, etc.

Puisque anderthalb ne désigne pas plusieurs, mais seulement un et demi, on doit le mettre, aussi-bien que le nom de la chose, au singulier et non au pluriel; il faut dire, par exemple : anderthalber Dukat, un ducat et demi; anderthalbe Stunde, une heure et demie de temps ou de chemin, anderthalbes Maas, un pot et demi, et non anderthalbe Dukaten, anderthalbe Stunden, anderthalbe Maasse.

Ce même adjectif mis devant un nombre cardinal, marque la demi-heure qui sonne, comme : es ist halb zwei, il est une heure et demie; halb drei, deux heures et demie; halb vier, trois heures et demie, etc.

4. Quoique les Nombres ordinaux soient de véritables adjectifs, ils ne sont pas susceptibles des degrés de comparaison, parce que leur signification exclut toute gradation; on ne peut pas être plus ou moins quatrième, plus ou moins sixième, etc. Cependant il se forme de erst, premier, lezt, dernier, qui, à proprement parler, sont des superlatifs (l'un se mettant par abréviation pour eherst, de ehe, avant, eher, plus avant, plutôt; l'autre venant de lat ou let, tard, qui n'est plus d'usage.); il se forme, dis-je, de ces deux mots les comparatifs erster et lezter, dont on se sert pour marquer l'ordre ou le rang de deux choses seulement; comme : ich habe zwei Bücher, ein französisches und ein deutsches, das erstere hab ich schon gelesen, und das leztere werde ich morgen

lesen, j'ai deux livres, un allemand et un françois; j'ai déjà lu le premier, et demain je lirai le dernier. Es giebt zweierlei Thiere, vernünftige und unvernünftige; die erstern heissen Menschen, die letztern Vieh, il y a deux sortes d'animaux, raisonnables et irraisonnables, les premiers s'appellent hommes, les derniers bêtes.

5. Les nombres ordinaux désignent ordinairement le dernier de tant d'objets; par exemple : der hundertste Thaler, le centième écu, c'est le dernier de cent écus. Cependant nous les employons quelquefois aussi pour marquer indistinctement un de tel ou tel nombre, ou dans le sens de un sur tant, comme : der zehnte (der hundertste, der tausendste) weis es nicht, sur dix (sur cent, sur mille), il n'y en a pas un qui le sache.

Des Nombres Proportionnels.

Les Nombres proportionnels sont de deux sortes; les uns sont des adjectifs qui signifient qu'une chose est simple, double, triple, etc. Ils se forment en ajoutant aux cardinaux la terminaison fach ou fältig, comme :

Einfach ou einfältig, simple.
Zweifach ou zweifältig, double. On dit aussi doppelt.
Dreifach ou dreifältig, triple.
Vierfach ou vierfältig, quadruple, etc.

Les autres sont des adverbes qui marquent combien de fois on prend tel ou tel nombre, et se forment des cardinaux en ajoutant mal, fois, comme :

Einmal, une fois, un jour, un coup.
Zweimal, deux fois. Zwier, pour Zweimal, a vieilli.
Dreimal, trois fois. Viermal, quatre fois, etc.

Pour en faire des adjectifs, on change mal en malig, comme :

Einmalig, qui arrive une fois.
Zweimalig, qui arrive deux fois, etc.

Par exemple : ein dreimaliger Angriff, une attaque à trois reprises; der viermalige Einbruch des Feindes, l'irruption de l'ennemi faite à quatre différentes reprises.

Nota. Ce même mot mal, ajouté à un nombre ordinal, marque la quantième fois, comme :

Das erstemal, la première fois.
Das zweitemal, la seconde fois, etc.

Comme mal est un véritable substantif, il se décline avec le nombre ordinal auquel il est joint, on peut même les séparer et en faire deux mots, comme :

N. das erstemal ou erste Mal, la première fois.
G. des erstenmales ou ersten Males, de la première fois.
D. dem erstenmale ou ersten Male, à la première fois, etc.

On peut aussi dire :

Zum erstenmale, pour la première fois.
Zum zweitenmale, pour la seconde fois, etc.

Remarquez en même temps ces expressions :

Jenesmal, cette fois-là, ce jour-là.
Diesesmal, cette fois-ci.
Vielmal, mehrmal ou oftmal, plusieurs fois, souvent.
Ein einzigesmal, une seule fois.
Keinmal, aucune fois.
Kein einzigesmal, pas une seule fois.

En ajoutant aux Nombres ordinaux la terminaison malig, on aura des adjectifs dont la signification se fait connoître par les exemples que voici :

Erstmalig, qui arrive ou qui existe pour la première fois.
Zweitmalig, qui arrive ou existe pour la seconde fois.
Drittmalig, qui arrive ou existe pour la troisième fois,

comme : ihr erstmaliger Besuch, votre première visite; c'est-à-dire, quand vous m'êtes venu voir la première fois; meine zweitmalige Reise nach London, le deuxième voyage que j'ai fait à Londres; der drittmalige Einbruch des Feindes, l'invasion de l'ennemi faite pour la troisième fois.

Des Nombres collectifs.

Dans la langue allemande, les Nombres collectifs sont des substantifs qui expriment un nombre, comme :

Das Paar, la paire, le couple, deux.
Das Zehnd on Dechend, la dixaine, dix.
Das Dutzend, la douzaine, douze.
Das Mandel, la quinzaine, quinze.
Der Schilling, la trentaine, trente.
Das Schok, la soixantaine, soixante.
Das alte Schok, la vingtaine, vingt.
Das Hundert, le cent, das Tausend, le millier.
Die Million, Billion, Trillion, etc., le million, billion, trillion, etc.

Remarquez en même temps ceux-ci :

Das Ganze, l'entier, le tout.
Das Halbe ou die Hälfte, la moitié, le demi.
Das Drittheil ou Drittel, le tiers.
Das Viertheil ou Viertel, le quart.
Das Fünftheil ou Fünftel, le cinquième.
Das Sechstheil ou Sechstel, le sixième, etc.

Ajoutons les noms des chiffres :

Die Nulle, le zéro, 0.
Die Eins ou der Einser, le un, 1.
Die Zwei ou der Zweiter, le deux, 2.
Die Drei ou der Dritter, le trois, 3.
Die Vier ou der Vierter, le quatre, 4.
Die Fünf ou der Fünfter, le cinq, 5.
Die Sechs ou der Sechster, le six, 6.
Die Sieben ou der Siebenter, le sept, 7.
Die Acht ou der Achter, le huit, 8.
Die Neun ou der Neunter, le neuf, 9.
* Der Zehner, le dix (dans les cartes à jouer, ou en parlant du chiffre romain X).

Pour marquer la valeur des chiffres dans la progression décimale, on dit : Die Einheit ou der Einer, l'unité. Der Zehner, la dixaine. Der Hunderter, la centaine. Der Tausender, le mille.

Des Nombres distributifs.

Les Nombres distributifs servent à distinguer les choses en plusieurs classes. Ils sont de plusieurs sortes, comme :

Erstens, zum ersten ou für das erste, premièrement.
Zweitens, zum zweiten ou für das zweite, secondement.
Drittens, zum dritten ou für das dritte, troisièmement, etc.
Einerlei, d'une sorte : la même chose.
Zweierlei, de deux sortes : différent.
Dreierlei, de trois sortes.
Keinerlei, d'aucune sorte.
Mancherlei, de différente sorte.
Vielerlei, de plusieurs sortes.
Allerlei, de toute sorte, etc. *Ce sont là des adjectifs indéclinables.*
Eins und eins, ou je eins und eins, un à un.
Zwei und zwei, ou je zwei und zwei, deux à deux. On dit aussi : Paar und Paar.

Drei und drei, ou je drei und drei, trois à trois, etc.
Zu zweien, deux ensemble.
Zu dreien, trois ensemble.
Zu Hunderten, par centaines.
Zu Tausenden, par milliers, etc.
Selbzweit, ou selbander, moi deuxième, toi deuxième, lui deuxième, etc.
Selbdritt, moi troisième.
Selbviert, moi quatrième, etc.
Zwei Mann hoch, deux hommes de front.
Drei Mann hoch, trois hommes de front.
Vier Mann hoch, quatre hommes de front, etc.
Paarweise, par paires.
Duzzendweise, par douzaines.
Hundertweise, par centaines.
Millionweise, par millions, etc.

Des Nombres indéfinis.

On appelle ainsi quelques adjectifs qui désignent une quantité indéterminée, et qui sont : wenig, peu de; viel, beaucoup de, et mehr, plus de, plusieurs. Pour les décliner, on s'en tiendra aux observations suivantes :

1. Lorsque ces mots sont accompagnés de l'article ou d'un pronom, et d'un substantif, ils suivent les règles des autres adjectifs; par ex. : *Nom.* der wenige Fleis, le peu d'application; die wenige Mühe, le peu de peine; das wenige Geld, le peu d'argent. *Gén.* des wenigen Fleisses, du peu d'application, etc.

Nota. Pour décliner mehr, qui est le comparatif de viel, on en fait d'abord un nouveau comparatif en ajoutant la syllabe er, de cette manière, mehrer; ensuite on y ajoute les terminaisons convenables, comme : *Nom.* der mehrere Theil, la plus grande partie, la plupart. *Gén.* des mehreren ou mehrern Theiles, de la plus grande partie, etc.

2. Lorsqu'ils sont sans l'article et sans substantifs, mais de manière qu'ils se rapportent à un substantif sous-entendu, ils se déclinent comme les adjectifs mis sans l'article; par ex. : viele sagen daß, 2c., plusieurs (personnes) disent que, etc.; wenige wissen daß, 2c., peu (de personnes) savent que, etc.

Nota. Au singulier, ces mots ne se mettent seuls qu'au genre neutre, comme : weniges ou ein weniges, un peu, une petite portion; vieles ou ein vieles, une grande portion, beaucoup de choses ; mehrers ou ein mehrers, davantage, une plus grande portion.

3. Lorsqu'ils sont sans l'article, mais avec un substantif, les uns les emploient adjectivement, et les autres adverbialement, comme : N. viel ou vieles Geld, beaucoup d'argent, etc. N. pl. viel ou viele Menschen, plusieurs hommes, etc.

Thêmes sur quelques Nombres.

50.

Deux fois deux font quatre. Deux fois trois font six. Deux fois quatre font huit. Deux fois cinq font dix. Deux fois six font douze. Deux fois sept font quatorze. Deux fois huit font seize. Deux fois neuf font dix-huit. Deux fois dix font vingt, etc.

Fois, mal. | Font, ist.

51.

J'ai acheté aujourd'hui trois maisons (*) trente mille florins, deux jardins (*) dix-sept mille écus, et huit chevaux (*) deux cent trente-huit florins. Je n'aurois pas été capable d'acheter tout cela, si je n'avois pas gagné le gros lot de cent mille florins.

J'ai acheté aujourd'hui, ich habe heute gekauft.	Le jardin, der Garten, 1. â.
La maison, das Haus, 4. â.	Un écu, ein Thaler, 1.
(*) Quand la somme se trouve après les verbes kaufen, acheter, bezahlen, payer, etc., il faut mettre für ou um; p. ex. Ich habe ein Haus gekauft für 10,000 Thaler, j'ai acheté une maison 10,000 écus, etc.	Un cheval, ein Pferd, 2.
	Je n'aurois pas été capable, ich würde nicht im Stande gewesen seyn.
	D'acheter tout cela, all dies zu kaufen.
	Si je n'avois pas gagné, wenn ich nicht — gewonnen hätte.
Un florin, ein Gulden, 1.	Le gros lot, das grose Loos.

52.

Un homme de cent livres, a pour l'ordinaire quatre livres de cerveau : il n'y a aucun animal qui en ait autant. Un bœuf de huit à (bis) neuf quintaux, n'en a qu'une livre. — On compte dans le corps humain deux cent quarante-neuf os, savoir : quatorze dans le cerveau, quarante-six dans les autres parties de la tête et dans le cou; soixante-sept dans le tronc, soixante-deux dans les bras et les mains, et soixante dans les jambes et les pieds. Les ossemens du corps humain font la troisième partie de tout son poids. — Un homme fait, a vingt à vingt-cinq livres de sang, qui passe dans une heure dix-huit à vingt fois par le cœur.

Un homme, ein Mensch, 3.	La tête, der Kopf, 2. ö.
La livre, das Pfund.	Le cou, der Hals, 2. ä.
A pour l'ordinaire, hat gewöhnlich.	Le tronc, der Rumpf, 2.
	Le bras, der Arm, 2.
Le cerveau, das Gehirn, 2.	La main, die Hand, 2. ä.
Il n'y a aucun animal qui en ait autant, kein Thier hat dessen so viel.	La jambe, das Bein, 2.
	Le pied, der Fus, 2. ü.
	Les ossemens, die Gebeine.
Le bœuf, der Ochs, 3.	Font, betragen.
Le quintal, der Centner, 1.	De tout son poids, seiner ganzen Schwere.
N'en a que, hat nur.	
On compte, man zählet.	Un homme fait, ein ausgewachsener Mensch.
Dans le corps humain, in dem menschlichen Körper.	
	Le sang, das Blut, 2.
Un os, ein Knochen, 1.	Qui passe dans une heure — fois par le cœur, das in einer Stunde — mal durch das Herz strömet.
Savoir, nemlich.	
Dans les autres parties, in den andern Theilen.	

53.

Les astronomes prétendent, que le soleil est un million de fois plus gros que (als) la terre; et qu'un boulet de canon qui iroit de la terre au soleil, et qui conserveroit toujours sa première vitesse, emploiroit vingt-cinq ans pour y arriver. Ainsi ce boulet, qui parcourt cent toises en une seconde, feroit en une heure cent quatre-vingt lieues, et par conséquent, pour arriver de la terre au soleil, il feroit trente-neuf millions quatre cent vingt mille lieues; ce qui est la distance de la terre au soleil.

Un astronome, ein Sternkundiger, 1.	Et qui conserveroit toujours sa première vitesse, und beständig ihre erste Geschwindigkeit beibehielte.
Prétendent, behaupten.	
Que, daß.	
Le soleil, die Sonne, 3.	Emploiroit, würde—brauchen.
Est — de fois plus gros, — mal gröser wäre.	L'an, das Jahr, 2.
	Pour y arriver, bis sie dahin käme.
Un boulet de canon, eine Kanonenkugel, 1.	
	Ainsi, also.
Qui iroit de la terre au soleil, die von der Erde nach der Sonne abgienge.	Ce boulet, diese Kugel, 1.
	Qui parcourt — toises en une seconde, welche — Klafter

in einer Sekunde durchläuft. Feroit — lieues, würde — Meilen zurücklegen. Par conséquent, demnach, oder folglich. Pour arriver, um — zu kommen.	Il feroit — lieues, würde sie — Meilen zurücklegen. Ce qui est la distance de la terre au soleil, welches die Entfernung der Erde von der Sonne ist.

54.

Le soleil parcourt les douze signes du zodiaque en trois cent soixante-cinq jours, six heures moins onze minutes; c'est ce qui fait une année commune. Pour absorber ces six heures, on ajoute tous les quatre ans un jour à l'année, qui a alors trois cent soixante-six jours, et s'appelle année bissextile. Cette addition se fait au mois de Février. Cependant comme les onze minutes qui manquent, feroient trois jours au bout de quatre cents ans, on retranche trois bissextiles dans l'intervalle de trois siècles; ce qui se fait en n'ajoutant point de bissexte à la première année de trois siècles consécutifs.

Parcourt, durchläuft. Les signes du zodiaque, die Zeichen des Thierkreises. En, in. Le jour, der Tag, 2. L'heure, die Stunde, 3. Moins, weniger. La minute, die Minute, 3. C'est ce qui fait une année commune, welches ein gemeines Jahr ausmacht. Pour absorber, um — einzuschalten. Ces, diese. On ajoute, füget man. Tous les, alle. A l'année, zu dem Jahre. Qui a alors, welches alsdenn — hat. Et s'appelle année bissextile, und Schaltjahr heißt. Cette addition, diese Hinzufügung, oder dieser Zusaz. Se fait au mois de Février,	geschiehet im Monat-Februar. Cependant comme les — minutes qui manquent, da indessen die — fehlenden Minuten. Feroient — au bout d'un an, nach Verlauf eines Jahrs — ausmachen würden. On retranche, so übergeht man, oder so entzieht man. Une bissextile, ein Schaltjahr, 2. Dans l'intervalle de, während. Un siècle, ein Jahrhundert, 2. Ce qui se fait, welches geschiehet. En n'ajoutant point de bissexte à la première année de. — siècles consécutifs, indem man zum ersten Jahre — auf einander folgender Jahrhunderte, keinen Schalttag hinzufüget.

55.

L'Amérique fut découverte par Christophe Colomb, l'an 1492. La poudre à canon fut inventée à Cologne par un moine, nommé Barthold Schwarz, l'an 1382. L'art de l'imprimerie fut inventé à Mayence par Jean Guttenberg, l'an 1440. Pierre Hellé, à Nuremberg, inventa les montres, l'an 1500, et Messieurs Montgolfier inventèrent les ballons aërostatiques, l'an 1783.

L'Amérique, Amerika.	Nommé, Namens.
Fut découverte, wurde entdeckt.	L'art de l'imprimerie, die Buchdruckerkunst.
Par, von.	Mayence, Mainz.
Christophe Colomb, Christoph Colombo.	Jean, Johann.
	Pierre, Peter.
L'an, im Jahr.	Nuremberg, Nürnberg.
La poudre à canon, das Schiespulver, 1.	Inventa, erfand.
	La montre, die Taschenuhr, 3.
Fut inventée, wurde — erfunden.	Messieurs, die Herren.
	Inventèrent, erfanden.
Cologne, Köln.	Un ballon aërostatique, ein
Un Moine, ein Mönch, 2.	Luftballon, 1.

56.

Frédéric, savez-vous votre leçon de géographie? Oui, Monsieur. — Comment s'appellent les cinq parties du monde? — L'Europe, l'Asie, l'Afrique, l'Amérique et la Polynésie. — Dans quelle partie vivons-nous? — En Europe. — En combien d'Etats divise-t-on l'Europe? — En seize. — Quels sont ces seize Etats? — Ce sont les Iles Britanniques, le Danemarck et la Norvège, la Suède, la Russie, la France, l'Allemagne, la Hongrie, la Pologne, la Prusse, le nouveau royaume de Gallicie et de Lodomérie, la Suisse, les Pays-Bas, le Portugal, l'Espagne, l'Italie, et la Turquie Européenne.

Frédéric, Fritze, Friedrich.	L'Europe, Europa.
Savez-vous votre leçon de géographie? kann Er seine geographische Lektion?	L'Asie, Asien.
	L'Afrique, Afrika.
	L'Amérique, Amerika.
Oui, Monsieur. ja mein Herr.	La Polynésie, Polynesien, od. der fünfte Welttheil.
Comment s'appellent, wie heissen.	
	Dans quelle, in welchem.
Une partie, ein Theil, 2.	Vivons-nous? leben wir?
Le monde, die Welt, 3.	En, in.

Combien d'Etats, wie biel Staaten.	La Pologne, Pohlen.
Divise-t-on l'Europe? wird Europa eingetheilt?	La Prusse, Preussen.
Quels sont? welches sind?	Le nouveau royaume de Gallicie et de Lodométie, das neue Königreich Gallizien und Lodomirien.
Les Iles Britanniques, die Britanischen Inseln.	
Le Danemarc, Dännemark.	La Suisse, die Schweiz.
La Norvège, Norwegen.	Les Pays-Bas, die Niederlande.
La Suède, Schweden.	Le Portugal, Portugal.
La Russie, Russland.	L'Espagne, Spanien.
La France, Frankreich.	L'italie, Italien.
L'Allemagne, Deutschland.	La Turquie Européenne, die Europäische Türkei.
La Hongrie, Ungarn.	

57.

Combien de lieues d'Allemagne la terre a-t-elle en circuit? — Cinq mille quatre cents (*). — Combien en a-t-elle en diamètre? — Mille sept cent cinq. — Combien d'hommes vivent au monde? — Environ mille millions. — Combien y en a-t-il en Europe? — A-peu-près cent trente millions. — Et en France? — Vingt-quatre millions. — Et en Allemagne? — Près de trente millions. — Combien de villes compte-t-on en Allemagne? — Deux mille trois cents. — Et combien de bourgs et de villages? — A-peu-près quatre-vingt mille.

Combien de lieues d'Allemagne la terre a-t-elle en circuit? wie viel deutsche Meilen hat die Erde im Umkreis?	Environ, ohngefehr.
	Y en a-t-il, sind derselben.
	En, in.
	A-peu-près, beinahe, ohngefehr.
En a-t-elle, hat sie.	Près de, bei.
En diamètre, im Durchschnitt?	La ville, die Stadt, 2. ä.
Un homme, ein Mensch, 3.	Compte-t-on, zählet man.
Vivent au monde, leben auf der Welt.	Un bourg, ein Flecken, 1.
	Un village, ein Dorf, 4. ö.

58.

Paris est la capitale de la France, et une des plus grandes villes de l'Europe. Elle a, avec ses douze faubourgs, cinq lieues d'étendue. On y compte près d'un million d'habitans, mille rues, cinquante mille maisons, quatre cents églises, vingt-six hôpitaux, vingt ponts, et quatre mille réverbères. Il s'y consomme par an, entr'autres, soixante-dix-sept mille

---

(*) Cinq lieues de France, font trois lieues d'Allemagne.

bœufs, cent vingt mille veaux, cinq cent quarante mille moutons, et trente-deux mille cochons.

Paris, Paris.	Le pont, die Brücke, 3.
Est la capitale, ist die Hauptstadt.	Un réverbère, ein Reverber, Scheinwerfer, 1.
Elle a, sie hat.	Il s'y consomme par an, es wird da jährlich consumiret, ou verzehret.
Avec ses — faubourgs, mit ihren — Vorstädten.	
D'étendue, im Umfange.	Entr'autres, unter andern.
On y compte, man zählet alda.	Un bœuf, ein Ochs, 3.
D'habitans, Einwohner, 1.	Un veau, ein Kalb, 4. â.
La rue, die Straße, Gasse, 3.	Un mouton, ein Schöps, 3. Hammel, 1. â.
La maison, das Haus, 4. â.	
L'église, die Kirche, 3.	Un cochon, ein Schwein, 2.
L'hôpital, das Spital, 4. â.	

DES PRONOMS.

Les Pronoms sont de petits mots qu'on met à la place des substantifs, pour en éviter la répétition ennuyeuse.

Ils sont de six sortes :

1. Pronoms personnels,
2. = = = possessifs,
3. = = = démonstratifs,
4. = = = interrogatifs,
5. = = = relatifs et
6. = = = indéfinis ou impropres.

Déclinaison des Pronoms personnels.

Singulier.

I. Personne.	II. Personne.
N. ich, moi, je.	du, toi, tu.
G. meiner, de moi.	deiner, de toi.
D. mir, à moi, me.	dir, à toi, te.
A. mich, moi, me.	dich, toi, te.
A. von mir, de moi.	von dir, de toi.

III. Personne.

Masculin.	Féminin.	Neutre.
N. er, lui, il.	sie, elle.	es, lui, il.
G. seiner, de lui.	ihrer, d'elle.	seiner, de lui.
D. ihm, à lui, lui.	ihr, à elle, lui.	ihm, à lui, lui.
A. ihn, lui, le.	sie, elle, la.	es, lui, le.
A. von ihm, de lui.	von ihr, d'elle.	von ihm, de lui.

I. Personne.	Pluriel.	II. Personne.
N. wir, nous.		ihr, vous.
G. unser, de nous.		euer, de vous.
D. uns, à nous, nous.		euch, à vous, vous.
A. uns, nous.		euch, vous.
A. von uns, de nous.		von euch, de vous.

III. Personne.

N. sie, eux, ils, elles.
G. ihrer, d'eux, d'elles.
D. ihnen, à eux, à elles, leur.
A. sie, eux, elles, les.
A. von ihnen, d'eux, d'elles.

Le pronom réciproque seiner, ihrer, de soi, n'a point de nominatif, et se décline de la manière suivante :

Singulier.	Pluriel.
N. ———	
G. seiner, ihrer, de soi.	ihrer, de soi.
D. sich, se, à soi.	sich, se, à soi.
A. sich, se, soi.	sich, se, soi.
A. von sich, de soi.	von sich, de soi.

Remarques. Quelquefois on attribue à celui dont on parle, une action qui retombe sur lui-même. Alors il faut mettre nécessairement au datif et à l'accusatif Sich, à soi, soi, se, qu'on appelle pronom réfléchi, au lieu de Ihm, Ihr, etc., comme : dieser Mensch liebt nur sich, cet homme n'aime que soi. Les François permettent souvent de substituer au pronom réfléchi le pronom ordinaire de la troisième personne qu'on appelle direct ; ils disent, par exemple : La cavalerie laissa un vide entr'elle (pour entre soi) et l'aile droite; mais ce seroit une faute en allemand.

On ajoute souvent à tous ces pronoms le mot selbst ; par exemple : ich selbst, moi-même ; du selbst, toi-même ; er selbst, lui-même, etc.

En joignant le mot selbst à un verbe, on ne met point deux fois les pronoms personnels ; par exemple : er hat es selbst gesagt, il l'a dit lui-même, etc.

On ne met point de pronom personnel de la troisième personne dans les phrases interrogatives, quand il y a un autre nominatif; par exemple : Schreibt der Bruder ? le frère écrit-il ? Ist seine Frau schön ? sa femme est-elle belle ?

En parlant à une seule personne, on peut se servir, 1°., de la seconde personne du singulier ; 2°. de la seconde personne

personne du pluriel; 3°. de la troisième personne du singulier; 4°. de la troisième personne du pluriel.

1°. On se sert de la seconde personne du singulier du, tu, quand on parle à Dieu, aux grands seigneurs, dans la poésie, à ses enfans, à ses frères et sœurs, à un ami intime, et aux gens de la plus basse condition, comme : Gott, auf dich allein hoffe ich, du wirst mich erretten, Dieu, c'est en toi seul que j'espère, tu me délivreras. Mein lieber Sohn, ich mache dir mit diesen Zeilen bekannt, daß ɩc., mon cher fils, je vous avertis (je t'avertis) par ces lignes que, etc. Höre, Jud, was giebst du mir für diese gelbne Borte? écoute, Juif, que me donnes-tu pour ce galon d'or?

2°. On se sert de la seconde personne du pluriel ihr, vous, quand on parle à son domestique, ou à tel autre qu'on ne veut ni tutoyer, ni lui faire politesse, par exemple en parlant à un paysan : Guter Freund, könnt ihr mir nicht sagen, wo, ɩc., mon ami, ne sauriez-vous me dire où, etc.

3°. On se sert de la troisième personne du singulier er, il, au féminin sie, elle, si l'on veut faire quelque politesse à quelqu'un ou à quelqu'une, par exemple en parlant au domestique d'un autre, à une jolie fille, quoique de basse condition, artisans, etc., comme : Sey er so gut, und sage er seinem Herrn ɩc., ayez (qu'il ait) la bonté de dire à votre (à son) maître, etc. Jungfer, dienet sie nicht bei der Frau Wolfin? Mademoiselle, n'êtes-vous pas (n'est-elle pas) en service chez Madame Wolf?

4°. On se sert enfin de la troisième personne du pluriel Sie, eux, elles, envers les personnes pour lesquelles on a des égards, et auxquelles on veut faire politesse, comme : Mein Herr (meine Herren, Madam) sie werden mir eine grose Ehre erzeigen, Monsieur (Messieurs, Madame), vous me ferez (ils, elles me feront) beaucoup d'honneur. Sie sind ein grosmütiger Freund, vous êtes (ils sont) un ami généreux. — Johann, wo habt ihr meinen Hut hingelegt? Jean, où avez-vous mis mon chapeau? — Sie haben ihn ja selbst auf das Bett gelegt, vous l'avez mis vous-même sur le lit.

Il y a encore à remarquer que le datif et l'accusatif mir, mich, me; dir, te; wir, nous, etc., se met après le verbe; par exemple : Er sagte mir, il me disoit. Sie kennet mich, elle me connoît. Kennet ihr mich? me connoissez-vous? Sehet ihr sie? la voyez-vous? — Ja, ich sehe sie, oui, je la vois. Liebet ihr uns? nous aimez-vous? — Gewis, ich lieben wir euch, assurément nous vous aimons, etc.

G

Les mots es, ihn, le; sie, la; pluriel sie, les, se mettent devant le datif des pronoms personnels; par exemple : Er gab es mir, il me le donna. Ich sage es euch ein für allemal, je vous le dis une fois pour toutes. Ich leihe ihn (le bâton, etc.) euch, je vous le prête. Ich will sie (la plume, etc.) euch schneiten, je vous la taillerai, etc.

Thémes sur les Pronoms personnels.

59.

Connoissez-vous Mademoiselle Dolcé? — Oui, Monsieur, je la connois. — Elle m'a promis de venir me voir aujourd'hui; mais je ne crois pas qu'elle viendra. L'avez-vous vue aujourd'hui? — Oui, Monsieur, j'ai eu la joie inexprimable de la voir; mais elle ne me voyoit pas, ce qui me faisoit beaucoup de peine. — Je lui dirai à l'occasion que vous avez dit cela. — Je vous prie, ne le lui dites pas. Elle sait que je l'aime; mais elle ne sait pas que je l'adore.

Comment se porte Monsieur votre frère? — Il se porte assez bien depuis quelques jours. — Faites-lui mes complimens, s'il vous plaît. — Je vous remercie de sa part, je n'y manquerai pas.

Connoissez, kennen (kennet).
Mademoiselle, die Jungfer, 1.
Connois, kenne.
A promis, hat — versprochen.
Devenir — voir, — zu besuchen.
Ne crois pas, glaube nicht.
Viendra, kommen wird.
Avez-vous vue aujourd'hui? haben Sie — heute gesehen?
J'ai eu la joie inexprimable de — voir, ich habe das unbeschreibliche Vergnügen gehabt — zu sehen.
Ne voyoit pas, sah nicht.
Ce qui me faisoit beaucoup de peine, welches mir sehr leid war.
Je — dirai, ich will — sagen.
A l'occasion, bei Gelegenheit.
Avez dit cela, das gesagt haben (habt).
Prie, bitte.
Ne le dites pas, sagen Sie (saget) es nicht.
Sait, weiß.
Aime, liebe.
Ne sait pas, weiß nicht.
Adore, anbete.
Comment se porte? wie befindet sich?
Monsieur votre frère, Ihr Herr Bruder.
Il se porte assez bien depuis quelques jours, er befindet sich seit einigen Tagen ziemlich wohl.
Faites, machen Sie (machet).
Mes complimens, meine Empfehlung.
S'il vous plaît, gefälligst, ou wenn's beliebt.
Je remercie, ich danke.
De sa part, seinetwegen.
Je n'y manquerai pas, ich werde nicht ermangeln, ou ich werde es ausrichten.

60.

Monsieur Rosetti m'écrivit l'autre jour, que Mesdémoiselles ses sœurs viendroient ici dans peu de temps, et me pria de vous le dire. Ainsi vous pourrez les voir et leur donner les livres que (*) vous avez achetés : elles se flattent que vous leur en ferez présent. Leur frère m'a assuré qu'elles vous aiment et estiment sans vous connoître personnellement.

Ecrivit, schrieb.
Mesdemoiselles ses sœurs, seine Jungfer Schwestern.
Viendroient ici dans peu de temps, in kurzem hieher kamen.
Pria, bat.
De le dire, es zu sagen.
Ainsi vous pourrez, Sie können (ihr könnet) also.
Voir, sehen.
Donner, geben.
Le livre, das Buch, 4. ü.
(*) Que, welche.

Avez, haben (habet).
Achetés, gekauft.
Flattent, schmeicheln.
Que, daß.
En ferez présent, ein Geschenk damit machen werden (werdet).
Leur frère, ihr Bruder.
A assuré, hat — versichert.
Aiment, lieben.
Estiment, hochschätzen.
Sans, ohne.
Connoître personnellement, persönlich zu kennen.

61.

Maître Henri, avez-vous porté les bottes à Monsieur Gourdon? — Oui, Monsieur, je les lui portai hier au soir. Que dit-il? — Il ne dit autre chose, sinon qu'il avoit bonne envie de me souffleter pour ne les avoir pas apportées plutôt; mais je lui dis: Monsieur si vous me donnez un soufflet, vous en aurez quatre de moi : payez-moi ce que vous me devez, et si vous ne le faites pas à l'instant, je vous ferai arrêter. Quand il entendit cela, il mit la main à l'épée; et moi je pris la fuite. En descendant l'escalier, je perdis mon chapeau et ma perruque. Il pensera à moi, et moi je penserai à lui.

Maître Henri, Meister Heinrich.
Avez, hat (habt).
Porté, gebracht.
La botte, der Stiefel, 1.
A Monsieur, dem Herrn.
Je les — portai hier au soir, ich brachte sie — gestern Abend.
Que dit, was sagte.

Il ne dit autre chose, sinon qu'il avoit bonne envie de me souffleter, er sagte nichts als daß er grose Lust hätte mir Ohrfeigen zu geben.
Pour ne — avoir pas apportées plutôt, weil ich — nicht eher gebracht hatte.
Mais, allein.

Si, wenn.
Donnez, geben (gebet).
Le soufflet, die Ohrfeige, 3.
En aurez, bekommen (bekommet) — deren.
Payez, bezahlen Sie (bezahlet).
Ce que, das was.
Devez, schuldig sind (seyd).
Ne le faites pas à l'instant, es nicht augenblicklich thun (thut).
Ferai arrêter, werde — in Verhaft nehmen lassen.

Quand, da, als.
Entendit cela, das hörte.
Il mit la main à l'épée, griff er nach dem Degen.
Pris la fuite, nahm die Flucht.
En descendant l'escalier, da ich die Treppe hinunter gieng.
Je perdis, verlohr ich.
Mon chapeau, meinen Hut.
Ma perruque, meine Perrücke.
Il pensera à, er wird an — denken.
Penserai, werde denken.

Les Pronoms possessifs conjonctifs

sont toujours suivis d'un substantif; par exemple:

Singulier.

Masculin.	Féminin.	Neutre.
N. mein Bruder, mon frère.	meine Schwester, ma sœur.	mein Kind, mon enfant.
G. meines Bruders, de mon frère.	meiner Schwester, de ma sœur.	meines Kindes, de mon enfant.
D. meinem Bruder, à mon frère.	meiner Schwester, à ma sœur.	meinem Kinde, à mon enfant.
A. meinen Bruder, mon frère.	meine Schwester, ma sœur.	mein Kind, mon enfant.
A. von meinem Bruder, de mon frère.	von meiner Schwester, de ma sœur.	v. meinem Kinde, de mon enfant.

Pluriel.

N. meine Brüder, mes frères.	Schwestern, sœurs.	Kinder, enfans.
G. meiner Brüder, de mes frères.	Schwestern, sœurs.	Kinder, enfans.
D. meinen Brüdern, à mes frères.	Schwestern, sœurs.	Kindern, enfans.
A. meine Brüder, mes frères.	Schwestern, sœurs.	Kinder, enfans.
A. von meinen Brüdern, de mes frères.	Schwestern, sœurs.	Kindern, enfans.

De la même manière se déclinent aussi :

Singulier.

Masculin.	Féminin.	Neutre.
Dein, ton.	deine, ta.	dein, ton.
sein, son.	seine, sa.	sein, son.
ihr, son.	ihre, sa.	ihr, son.
unser, notre.	unsere, notre.	unser, notre.
euer, votre.	euere, votre.	euer, votre.
ihr, leur.	ihre, leur.	ihr, leur.

Pluriel.
Pour les trois genres.

Deine, tes.
Seine, ses.
Ihre, ses.
Unsere, nos.
Euere, vos.
Ihre, leurs.

Remarques.

On peut supprimer de unser et euer l'e de la dernière syllabe, lorsqu'on y ajoute quelqu'autre terminaison, comme : Unsres, unsrem, eures, eurem, pour unseres, unserem, eueres, euerem ; ou bien on peut supprimer l'e des syllabes es, em, ıc., que l'on y ajoute, en disant : Unsers, unserm, euers, euerm.

Pour dire : Mon propre, ton propre, etc., on ajoute à ces possessifs l'adjectif eigen ou selbst eigen ; et pour dire : Mon seul ou mon unique, on y ajoute les adjectifs einig ou einzig, comme : Mein eigener ou mein selbst eigener Vater, mon propre père ; mein einiger ou mein einziger Sohn, mon fils unique.

Ihr, son, se met quand la personne, à laquelle ce pronom se rapporte, est un féminin ; ainsi quand on dit en françois : Cette femme aime son mari, on dit en allemand : Diese Frau liebet ihren Mann ; de sorte qu'il paroît à un étranger qu'on dit : cette femme aime leur mari ; c'est que le pronom se rapporte à la personne qui aime, et non pas à celle qui est aimée. De même on dit : Sie hat es ihrem Bruder gegeben, elle l'a donné à son frère ; parce que c'est elle qui l'a donné, etc.

Il s'ensuit qu'en parlant, par exemple du Roi, il faut dire : Seine Majestät der König, sa Majesté le Roi ; et en parlant de la Reine : Ihre Majestät die Königin, sa Majesté la Reine.

Ihr, leur, se rapporte à plusieurs dans tous les genres;
par exemple : Die Nonnen haben ihr Kloster bauen laſſen, les
religieuses ont fait bâtir leur couvent. Die Erben haben ihr
Haus verkauft, les héritiers ont vendu leur maison, etc.

Les Allemands mettent en plusieurs occasions les pronoms
possessifs, où les François se servent des pronoms person‑
nels, comme : Dieſer Garten iſt mein, dein, ſein, ihr, ce
jardin est à moi, à toi, à lui, à elle, etc.

A la troisième personne du pluriel, on met comme en
françois le datif du pronom personnel; par exemple : Dieſes
Buch iſt ihnen, ce livre est à eux, à elles. Iſt dieſes Buch
ihnen? ce livre est-il à eux (à vous)? etc.

On peut mettre les possessifs ſein, ihr, par-tout où les
François se servent de la particule *en*, au lieu du possessif,
comme : Das Schwalbacher Waſſer iſt gut, und ſeine Wirkung
iſt bekannt, l'eau de Schwalbach est bonne, et l'on en con‑
noît les effets. Die Stadt Hanau iſt regelmäſſig gebauet, und
ihre Lage iſt ſchön, la ville de Hanau est bâtie régulièrement,
et la situation en est belle, etc.

Le possessif françois est rendu souvent par un pronom
personnel, comme : Kommet ihm und mir zu Hülfe, venez à son
secours et au mien. Die Reihe war an mir, c'étoit mon tour.
In Anſehung ſeiner, à son égard. Nehmet mir das Maas, prenez
ma mesure. Er iſt ein guter Freund von mir, il est mon ami (on
peut aussi dire : Er iſt mein guter Freund). Haben ſie keine
Nachricht von ihm? n'avez-vous point de ses nouvelles? etc.

Tous les pronoms possessifs conjonctifs se mettent en
allemand devant les mots suivans :
    Herr, Monsieur.
    Herren, Messieurs.
    Frau, Madame.
    Frauen, Mesdames.
    Jungfer, Mademoiselle.
    Jungfern, Mesdemoiselles.

Exemples :

Mein Herr Schwager, Monsieur mon beau-frère.
Meine Herren Vetter, Messieurs mes cousins.
Euere Frau Liebſte, Madame votre épouse.
Seine Jungfer Schweſter, Mademoiselle sa sœur.
Ihre Jungfer * Baaſen, Mesdemoiselles leurs cousines, etc.

  * Les mots Jungfer et Frau, conservent la forme du sin‑
gulier quand ils sont suivis d'un autre substantif pluriel.

Herr, Frau, ıc., se déclinent aussi souvent avec l'article défini, (der, die, qui se met devant ces mots comme les pronoms; par exemple: Der Herr Graf, Monsieur le Comte; die Frau Gräfin, Madame la Comtesse, etc.

Thêmes sur les Pronoms possessifs conionctifs.

62.

Mon père et ma mère sont à la maison; mais mes frères et mes sœurs sont dans votre jardin. Vos cousins et vos cousines sont allés à leur maison de campagne.

Sont à la maison, sind zu Hause.	La cousine, die Baase, 3.
	Allés, gegangen.
Le jardin, der Garten, 1. ä.	La maison de campagne, das
Le cousin, der Vetter, 1.	Landhaus, 4. ä.

63.

Monsieur Rumor a dépensé tout son bien. Hier il voulut congédier ses domestiques; mais il ne put payer leurs gages. Ses créanciers ont vendu ses chevaux, son carrosse, sa maison et ses jardins, et ne lui ont laissé que ses habits et ses chiens, qu'il aime plus que ses amis. Il pria l'autre jour un de ses amis de lui prêter de l'argent; celui-ci lui répondit: J'exuse votre demande, excusez mon refus. Votre maître a raconté tout cela à ma tante, et l'a priée d'en garder le secret. Ma tante l'a raconté à son oncle, son oncle à sa servante, sa servante à ma sœur, et celle-ci à son amant; et c'est lui qui me l'a raconté. Je vous prie, ne le dites à personne qu'à votre femme.

A dépensé, hat — durchgebracht.	Le chien, der Hund, 2.
	Qu'il aime plus, die er mehr liebt.
Le bien, das Vermögen, 1.	
Hier il voulut congédier, gestern wollte er — verabschieden.	L'ami, der Freund, 2.
	Il pria, er bat.
Le domestique, der Bediente, 3.	L'autre jour, neulich.
Il ne put payer, er konnte nicht bezahlen.	De lui prêter, ihm zu leihen.
	L'argent, das Geld, 4.
Les gages, der Lohn, 2.	Celui-ci, dieser.
Le créancier, der Gläubiger, 1.	Répondit, antwortete.
Ont vendu, haben — verkauft.	J'excuse, ich entschuldige.
Le cheval, das Pferd, 2.	La demande, das Begehren, 2. die Bitte, 3.
Le carrosse, die Kutsche, 3.	
Et ne lui ont laissé que, und haben ihm nichts gelassen als.	Excusez, entschuldiget.
	Le refus, die abschlägige Antwort.
L'habit, das Kleid, 4.	

Le maître, der Herr, 3. | Celle-ci, diese.
A raconté tout cela, hat all dieses erzählt. | L'amant, der Liebhaber, 1.
La tante, die Muhme, 3. | C'est lui qui me l'a raconté, der hat es mir erzählt.
D'en garder le secret, es geheim zu halten. | Je prie, ich bitte.
L'oncle, der Oheim, 2. | Ne le dites à personne, sagt es niemanden.
La servante, die Magd, 2. ä. |

64.

Les amis de mes amis sont mes amis. Soyez le bien venu ; vous êtes mon ami, parce que vous êtes l'ami de mon ami. — Monsieur, vous m'honorez de votre amitié sans me connoître. — Mon ami m'a écrit entr'autres dans sa lettre, de mettre tout en usage pour me procurer votre amitié. — Mais cela ne va pas si vite, Monsieur, je suis Anglois.

Soyez le bien venu, seyn Sie willkommen. | Dans, in, avec le datif.
 | La lettre, der Brief, 2.
Vous êtes, Sie sind. | De mettre tout en usage, alles anzuwenden.
Parce que, weil. |
Monsieur, mein Herr. | Pour — procurer, um — zu verschaffen.
Vous m'honorez de, Sie beehren mich mit, avec le datif. | L'amitié, die Freundschaft, 3.
Sans me connoître, ohne mich zu kennen. | Mais cela ne va pas si vite, das geht aber nicht so geschwind.
M'a écrit entr'autres, hat mir unter andern — geschrieben. | Je suis Anglois, ich bin ein Engländer.

65.

Jean, avez-vous donné le livre à ma sœur ? — Non, Monsieur, je l'ai donné à Monsieur votre frère. — Pourquoi l'avez-vous donc donné à mon frère et non pas à ma sœur ? — Parce que Mademoiselle votre sœur n'étoit pas à la maison. — Avez-vous été chez le Juif d'Amsterdam ? — Oui, Monsieur; il m'a rendu vos lettres de change sans les accepter. — Et n'en a-t-il pas dit la raison ? — Il n'a dit mot, car il est muet.

Avez-vous donné le livre, habt ihr das Buch — gegeben. | Avez-vous été, seyd ihr — gewesen.
Je l'ai donné, ich habe es — gegeben. | Chez, bei, avec le datif.
 | Le Juif d'Amsterdam, der Amsterdamer Jude, 3.
Pourquoi, warum. |
Donc, denn. | Il m'a rendu, er hat mir — wieder gegeben.
Non pas, nicht. |
N'étoit pas à la maison, nicht zu Hause war. | La lettre de change, der Wechsel, 1.

Sans les accepter, und hat sie nicht acceptiret.	Il n'a dit mot, er hat kein Wort gesagt.
N'en a-t-il pas dit la raison? hat er nicht die Ursache gesagt?	Car, denn.
	Muet, stumm.

Des Pronoms possessifs absolus.

Les Possessifs absolus sont ceux que l'on emploie lorsque l'on n'ajoute pas le nom de la chose possédée. Ils sont de deux sortes : les uns ne diffèrent en rien des possessifs conjonctifs, si ce n'est qu'ils prennent au nominatif singulier les terminaisons er pour le masculin, es pour le neutre. Les voici :

Meiner, meine, meines, le mien, la mienne.
Deiner, deine, deines, le tien, la tienne.

Seiner, seine, seines } le sien, la sienne.
Ihrer, ihre, ihres

Unserer, unsere, unseres, le nôtre.
Euerer, euere, eueres, le vôtre.
Ihrer, ihre, ihres, le leur.

Ils se déclinent de la même manière que les possessifs conjonctifs, comme : Singulier, *nom.* meiner, le mien; *gén.* meines, du mien; *dat.* meinem, au mien; *accus.* meinen, le mien, etc. Pluriel, *nom.* meine, les miens, etc.

Les autres se forment des possessifs conjonctifs, en ajoutant la terminaison ig, comme : meinig de mein; deinig de dein; seinig de sein, etc. Ceux-ci sont des adjectifs qui, précédés de l'article, se déclinent comme tout autre adjectif. En voici les nominatifs :

Der meinige, die meinige, das meinige, le mien, la mienne.
Der deinige, die deinige, das deinige, le tien, la tienne.

Der seinige, die seinige, das seinige } le sien, la sienne.
Der ihrige, die ihrige, das ihrige

Der unserige, die unserige, das unserige, le nôtre, la nôtre.
Der euerige, die euerige, das euerige, le vôtre, la vôtre.
Der ihrige, die ihrige, das ihrige, le leur, la leur.

Nota. 1. Au lieu de der meinige, der deinige, etc., on dit aussi der meine, die meine, das meine, le mien, la mienne; der deine, die deine, das deine, le tien, la tienne, et ainsi des autres.

2. Das meinige ou das meine, das deinige ou das deine, ec., signifie souvent : mon bien *ou* ma part, ton bien *ou* ta part,

etc. ; de même que : die Meinigen, die Deinigen, ꝛc., au plur. peut s'employer dans le sens de : les personnes qui m'appartiennent, qui t'appartiennent, etc.

Thêmes sur les Pronoms possessifs absolus.

66.

Votre sœur danse mieux que la mienne ; mais la mienne parle mieux allemand que la vôtre, et la sœur de notre gouverneur chante mieux que la vôtre et que la mienne. — Vos frères et les miens sont allés à la campagne ; mais vos sœurs et les miennes sont allées à l'église. — Monsieur votre père aime fort à parler de ses enfans, et le mien aime à parler des siens. Parlant l'autre jour de leurs bons enfans, un chat, je crois que c'étoit le nôtre, déroba le poulet rôti que (*) la servante avoit mis sur la table.

Danse mieux, tanzet besser.
Parle, redet.
Allemand, deutsch.
Chante, singet.
Allés, gegangen.
A la campagne, auf das Land.
A l'église, in die Kirche.
Aime fort à parler, redet sehr gerne.

Parlant l'autre jour, da sie neulich — redeten.
Un chat, je crois que c'étoit — déroba, stahl eine Kazze, ich glaube es war.
Le poulet rôti, das geb atene Hühnchen.
(*) Que, welches.
Avoit mis sur la table, auf den Tisch gestellt hatte.

67.

Le drap de votre habit est plus fin que celui du mien ; mais mon habit est mieux fait que le vôtre. Votre veste est mieux brodée que la mienne ; mais la mienne est pourtant plus belle que la vôtre. — Votre fils ressemble fort à votre grand-père et au mien, et ma fille ressemble beaucoup à votre mère et à la mienne ; mais mon fils ne ressemble à personne ; c'est un original comme son père.

Le drap, das Tuch, 4. ü.
De votre, an euerem.
Fin, fein.
Que celui du mien, als das an dem meinigen.
Mieux fait, besser gemacht.
La veste, die Weste, 3.
Brodée, gestift.

Ressemble fort, ou beaucoup, gleichet sehr.
Le grand-père, der Grosvater, 1. ä.
Ne ressemble à personne, gleicht niemanden.
C'est, es ist.
L'original, das Original, 2.

Les Pronoms démonstratifs,

dont on se sert pour montrer les personnes et les choses, sont ou conjonctifs, ou absolus; les premiers sont: Dieſer, ce; bieſe, cette; bieſes, ce, cet, ou cette. Ils se déclinent de la manière suivante:

Singulier.

Masculin.	Féminin.	Neutre.
N. bieſer Knabe, ce garçon.	bieſe Magd, cette servante.	bieſes Kind, cet enfant.
G. bieſes Knaben, de ce garçon.	bieſer Magd, de cette servante.	bieſes Kindes, de cet enfant.
D. bieſem Knaben, à ce garçon.	bieſer Magd, à cette servante.	bieſem Kinde, à cet enfant.
A. bieſen Knaben, ce garçon.	bieſe Magd, cette servante.	bieſes Kind, cet enfant.
A. bon bieſem Knaben, de ce garçon.	bon bieſer Magd, de cette servante.	bon bieſem Kinde, de cet enfant.

Pluriel.

N. bieſe Knaben, ces garçons.	Mägde, servantes.	Kinder, enfans.
G. bieſer Knaben, de ces garçons.	Mägde, servantes.	Kinder, enfans.
D. bieſen Knaben, à ces garçons.	Mägden, servantes.	Kindern, enfans.
A. bieſe Knaben, ces garçons.	Mägde, servantes.	Kinder, enfans.
A. bon bieſen Knaben, de ces garçons.	Mägden, servantes.	Kindern, enfans.

Thêmes sur les Pronoms démonstratifs conjonctifs.

68.

Ce médecin parle à cette femme de cet enfant malade. Il lui disoit que cet enfant avoit la fièvre; mais la sœur de cette femme disoit à ce médecin, que cet enfant n'avoit pas la fièvre, mais qu'il avoit bu trop de vin. Le fils de ce médecin est le mari de la sœur de cette femme. — Connoissez-vous ces Messieurs-là? — Je ne les connois pas, car je n'en vois point.

Le médecin, ber Arzt, 2. å.	Un enfant malade, ein kranfes Kind, 4.
Parle à, ſpricht mit, avec le datif.	Disoit, ſagte.
La femme, bie Frau, 3.	Avoit la fièvre, das Fieber hätte.

N'avoit pas, nicht — hätte.
Mais qu'il avoit bu trop de vin, ſondern daß es zu viel Wein getrunken hätte.
Le mari, der Mann, Ehemann, 4. ä.

Connoiſſez-vous — là, kennen Sie — da.
Je ne les connois pas, ich kenne ſie nicht.
Car je n'en vois point, denn ich ſehe keine.

69.

Cette fille est fort aimable, disoit ce Monsieur à (zu) cette Dame. Vous trouvez cette paysanne aimable, disoit cette Dame. Madame, répliqua-t-il, je souhaiterois être aussi riche que cette paysanne; car toutes ces métairies, toutes ces prairies, tous ces troupeaux que vous voyez paître dans ce vallon, lui appartiennent.

La fille, das Mädchen, 1.
Fort aimable, ſehr liebenswürdig.
La Dame, die Dame, 3.
Vous trouvez, Sie finden.
La paysanne, die Bäuerin, 3.
Madame, Madam.
Répliqua-t-il, verſezte er.
Je souhaiterois être aussi riche, ich wünſchte ich wäre ſo reich.

Toutes, alle.
Une métairie, ein Meierhof, 2. ö.
Une prairie, eine Wieſe, 3.
Un troupeau, eine Heerde, 3.
Que vous voyez paître, die Sie weiden ſehen.
Dans, in, avec le datif.
Le vallon, das Thal, 4. ä.
Lui appartiennent, gehören ihr.

70.

Ce pauvre paysan est toujours content, mais ce riche avare ne l'est presque jamais. Lequel de ces deux est le plus heureux? — Ce François plaît fort à cette Demoiselle, parce qu'il parle bien allemand. Cette Demoiselle est la fille de ce riche avare dont je vous ai déjà parlé dans ce théme-ci.

Un pauvre paysan, ein armer Bauer, 3.
Est toujours content, iſt immer zufrieden.
Un riche avare, ein reicher Geizhals, 2. ä.
Ne l'est presque jamais, iſt es faſt niemals.
Lequel, welcher.
Deux, beiden.
Heureux, glüklich.

Un François, ein Franzoſe, 3.
Plaît fort, gefällt ſehr.
La demoiselle, die Jungfer, 1.
Parce qu'il parle bien allemand, weil er gut deutſch ſpricht.
La fille, die Tochter, 1. ö.
Dont je vous ai déjà parlé, wovon ich Ihnen ſchon geſagt habe.
Ce théme-ci, dieſe Aufgabe, 3.

Pronoms démonstratifs absolus.
Singulier.

Masculin.	Féminin.
N. derjenige, celui.	diejenige, celle.
G. desjenigen, de celui.	derjenigen, de celle.
D. demjenigen, à celui.	derjenigen, à celle.
A. denjenigen, celui.	diejenige, celle.
A. von demjenigen, de celui.	von derjenigen, de celle.

Neutre.

N. das, dasjenige, ce, cela, celui, etc.
G. dessen, de ce, de cela.
D. dem, à ce, à cela.
A. das, ce, cela.
A. von dem, de ce, de cela.

Pluriel.
Pour les trois genres.

N. diejenigen, ceux, celles.
G. derjenigen, de ceux, de celles.
D. denjenigen, à ceux, à celles.
A. diejenigen, ceux, celles.
A. von denjenigen, de ceux, de celles.

Celui-ci, celui-là, se rend en allemand simplement par dieser, derselbe ou derjenige; on peut cependant aussi dire: dieser hier, dieser da.

On prépose à ces pronoms le mot eben, pour exprimer le mot *même*, comme: eben derselbe ou dasselbe, le même, ou celui-là même; eben dieselbe, la même ou celle-là même.

Thêmes sur les Pronoms démonstratifs absolus.

71.

Heureux est celui qui est content de son sort, et celui-là est malheureux qui ne l'est pas! — Cet homme aime fort les chiens et tous ceux qui les aiment aussi. Il ne mariera sa fille qu'à celui qui a aussi cette folie : il se moque de ceux qui ne sont pas de son goût. Tous ceux qui ont cette folie, ont celle de cet homme-ci. Cet autre passe sa vie dans son colombier, et regarde en pitié celui qui trouve du plaisir dans son jardin. Celui-là est bien sage, qui supporte ceux qui ne le sont pas.

Heureux, glücklich.	der mit seinem Schicksal zu=
Qui est content de son sort,	frieden ist.

Malheureux, unglüklich.
Qui ne l'est pas, der es nicht ist.
Aime fort, liebt sehr.
Le chien, der Hund, 2.
Tous, alle.
Qui les aiment aussi, die sie auch lieben.
Il ne mariera sa fille, er wird seine Tochter keinem andern geben.
Qui a aussi, der auch — hat.
La folie, die Narrheit, 3.
Il se moque, er spottet.
Qui ne sont pas de son goût, die seinen Geschmak nicht haben.
Ont, haben.
Cet autre, dieser andere.
Passe, bringt — zu.
La vie, das Leben, 1.
Le colombier, der Taubenschlag, 2. à.
Regarde, betrachtet.
En pitié, mit Mitleiden.
Qui trouve du plaisir, welcher — Vergnügen findet.
Bien sage, sehr klug.
Supporte, erträgt.
Qui ne le sont pas, die es nicht sind.

72.

Connoissez-vous ces Messieurs-là ? — De quels Messieurs parlez-vous donc ? — Je parle de ceux qui dansent là-bas. — Oui, j'en connois quelques-uns ; celui qui est vêtu de rouge, est un de ceux qui ont envie de vous battre, et celui vêtu de bleu l'a dit à tous ceux qui l'entourent. — Mais qui est donc ce camard ? — C'est un camard... dont j'ignore le nom. — Votre cousin aime fort cette fille-là. — Laquelle ? — Celle au grand nez. — Vous badinez. — Taisez-vous, il y a quelqu'un à côté de nous. — Qui est donc celui-là ? — C'est un de ceux qui veulent tuer tous ceux qui se moquent de celles aux grands nez, parce qu'il en a un.

De quels, von welchen.
Qui dansent là-bas, die da unten tanzen.
J'en connois quelques-uns, ich kenne einige davon.
Qui est vêtu de rouge, welcher roth gekleidet ist.
Qui ont envie de vous battre, die Lust haben euch zu schlagen.
Bleu, blau.
L'a dit à tous, hat es allen — gesagt.
Qui l'entourent, die um ihn stehen.
Un camard, eine Stumpfnase, 3.
C'est, das ist, es ist.
Dont j'ignore le nom, dessen Namen ich nicht weis.
Laquelle, welche.
Au grand nez, mit der grosen Nase.
Vous badinez, ihr scherzet.
Taisez-vous, schweigt stille.
Il y a quelqu'un à côté de nous, es steht jemand neben uns.
Qui veulent tuer, welche — umbringen wollen.
Aux grands nez, die grose Nasen haben.
Parce qu'il en a un, weil er eine hat.

73.

Quand je pense à ce que vous avez dit, et à tout ce que ce Juif m'a dit, je ne sais que dire de tout cela. Ce Juif disoit entr'autres : Les femmes ne savent taire que ce qu'elles ne savent pas. Pourquoi croyez-vous cela, lui demandai-je? C'est que les femmes sont... femmes, me répondit-il. Cela me passe, répliquai-je.

Quand, wann.	Ne savent pas, nicht wissen.
Je pense à, ich denke an, ꝛc.	Pourquoi, warum.
Que vous avez dit, was ihr gesagt habet.	Croyez-vous, glaubet ihr.
A tout, an all.	Lui demandai-je, fragte ich ihn.
A dit, gesagt hat.	C'est que, weil.
Je ne sais que dire, so weiß ich nicht was ich — sagen soll.	Me répondit-il, antwortete er mir.
Les femmes, die Frauenzimmer, Weibsleute.	Me passe, ist mir zu hoch, unbegreiflich.
Ne savent taire que, können nur — verschweigen.	Répliquai-je, erwiederte ich.

Les Pronoms interrogatifs,

sont : Wer? qui? Was? quoi? que?

Welcher? welche? welches? quel? ou lequel? quelle? ou laquelle?

Was für ein? was für eine? was für ein? quel? lequel? quelle? laquelle? Pluriel : Was für? quels? quelles?

Les premiers se déclinent de la manière suivante :

Singulier.

Masculin et Féminin.	Neutre.
N. wer? qui?	was? quoi? que?
G. wessen? de qui?	wessen? de quoi?
D. wem? à qui?	woran? wozu? worauf? à quoi?
A. wen? qui?	was? quoi? que?
A. von wem? de qui?	von was? wovon? de quoi?

Les autres se déclinent de cette manière :

Masculin.	Féminin.
N. welcher? quel? lequel? qui?	welche? quelle? laquelle? qui?
G. welches? wessen? de quel? duquel? de qui?	welcher? de quelle? de laquelle? de qui?
D. welchem? à quel? auquel? à qui?	welcher? à quelle? à laquelle? à qui?

A. welchen? quel? lequel? qui? | welche? quelle? laquelle? qui?
A. von welchem? de quel? duquel? de qui? | von welcher? de quelle? de laquelle? de qui?

Neutre.

N. welches? quel? lequel? qui?
G. welches? wessen? de quel? duquel? de qui?
D. welchem? à quel? auquel? à qui?
A. welches? quel? lequel? qui?
A. von welchem? de quel? duquel? de qui?

Pluriel, pour les trois genres.

N. welche? quels? lesquels? quelles? lesquelles? qui?
G. welcher? de quels? desquels? de quelles? desquelles? de qui?
D. welchen? à quels? auxquels? à quelles? auxquelles? à qui?
A. welche? quels? lesquels? quelles? lesquelles? qui?
A. von welchen? de quels? desquels? de quelles? desquelles? de qui?

Wer? qui? est pour demander des personnes, tant au singulier qu'au pluriel, comme: Wer ist da? qui est là? Wer sind diese Fremden? qui sont ces étrangers, etc.

Was? quoi? que? est pour demander des choses; par exemple: Was ist das? qu'est-ce que c'est? Von was redet ihr? de quoi parlez-vous?

Was für ein? was für eine? ꝛc., se décline comme l'article ein, eine. Lorsque le substantif qui le suit n'est en usage qu'au singulier, on dit simplement Was für; par exemple: Was für Gold ist das? quel or est cela? On dit de même au pluriel, parce que l'article ein, ꝛc., n'en a point; par exemple: Was für Männer, Weiber und Kinder? quels hommes, quelles femmes et quels enfans? etc.

Les Allemands mettent quelquefois le pronom interrogatif was für ein? où les François ne mettent que l'article le, la, suivi du pronom relatif que, qui, comme: Ich weis was für einen Antheil ihr an meinem Glücke nehmet, je sais la part que vous prenez à mon bonheur, etc.

On dit: Wie groß? de quelle grandeur? Wie hoch? de quelle hauteur? Wie klein? de quelle petitesse? Wie tief? de quelle profondeur? etc., ce qui veut dire littéralement: combien grand? combien haut? combien petit? combien profond? etc.

* Remar-

* Remarquez ces manières de parler : Was ist größer? qu'y a-t-il de plus grand? Was ist grausamer? qu'y a-t-il de plus cruel? Was ist gottloser? qu'y a-t-il de plus méchant? etc. Sie zanken sich, wer zuerst gehen soll, ils se disputent à qui ira le premier. Wir wollen sehen, wer von uns (ou welcher von uns) am besten schießen kann, voyons à qui tirera le mieux, etc.

Thémes sur les Pronoms interrogatifs.

74.

Qui est toujours sage? et qui ne fait pas de folies? Qui a toujours raison, et qui n'a jamais tort? Eh bien, qu'en dites-vous?... Vous ne me répondez pas. A quoi pensez-vous donc? — Dites-moi un peu, à qui est ce livre? — A Monsieur votre frère. — Qui vous l'a donné? — lui-même. — De quoi traite-t-il? — De la langue allemande.

Toujours, immer.	Pensez-vous donc, denken Sie denn.
Ne fait pas de folies, begeht keine Thorheiten.	Un peu, einmal.
Raison, recht.	Vous l'a donné, hat es Ihnen gegeben.
N'a jamais tort, hat niemals unrecht.	Lui-même, er selbst.
Eh bien, wohlan.	Traite-t-il, handelt es?
En dites-vous, sagen Sie dazu.	La langue allemande, die deutsche Sprache.
Vous ne me répondez pas, Sie antworten mir nicht.	

75.

Quel garçon a acheté ces livres? et à quelle fille les a-t-il vendus? — Ce petit garçon-ci les a achetés; mais je ne sais pas chez quel libraire, et il en a fait présent à cette fille-là. — Et elle les a pris? — Quelle fille refuse un présent? — Quels livres sont-ce donc? — Ce sont des comédies tragiques, et des tragédies comiques.

Le garçon, der Knabe, 3.	Il en a fait présent, hat er sie verehret.
A acheté, hat — gekauft.	
La fille, das Mädchen, 1.	Les a pris, hat sie auch genommen.
Les a-t-il vendus, hat er sie verkauft.	
Les a, hat sie.	Refuse un présent, schlägt ein Geschenk aus.
Mais je ne sais pas, allein ich weiß nicht.	Sont-ce donc, sind es denn.
Chez, bei, avec le datif.	Une comédie tragique, ein trauriges Lustspiel, 2.
Le libraire, der Buchhändler, 1.	Une tragédie comique, ein lustiges Trauerspiel, 2.

H

76.

Laquelle de ces femmes est votre mère? et lequel de ces étudians est votre frère? A quelle fille avez-vous donné une bague? et de laquelle en avez-vous reçu une? Lequel de ces Messieurs est votre rival? et... — Doucement, Monsieur, pourquoi me demandez-vous tout cela? Quelle est votre intention? et à quelle demande voulez-vous donc que je réponde? quel homme raisonnable fait mille questions à la fois, comme vous faites?

Les femmes, die Weiber.	La demande, la question, die Frage, 3.
L'étudiant, der Student, 3.	Voulez-vous, wollen Sie.
La bague, der Ring, 2.	Que je vous réponde, daß ich Ihnen antworten soll.
En avez-vous reçu une, haben Sie einen bekommen.	Un homme raisonnable, ein vernünftiger Mensch, 3.
Le rival, der Nebenbuhler, 1.	Fait, thut.
Doucement, sachte.	A la fois, auf einmal.
Pourquoi me demandez-vous, warum fragen Sie mich.	Comme vous faites, wie Sie thun.
L'intention, die Absicht, 3.	

77.

Lesquels de ces petits garçons ont été méchans? — Ceux-ci; mais ils ne le sont plus. — Lesquelles de ces filles sont désobéissantes? — Celles qui rient. — Elles rient toutes; desquelles parlez-vous donc?

Ont été méchans, sind unartig gewesen.	Désobéissantes, ungehorsam.
Ils ne le sont plus, sie sind es nicht mehr.	Rient, lachen.
	Toutes, alle.

Les Pronoms relatifs

servent à rapporter ce dont on a parlé auparavant. On compte aussi parmi ces pronoms : welcher, welche, welches, wer, so, lequel, laquelle, qui ; et der, die, das, qui a alors la même signification; par exemple : Der Mann, welcher ou der mir es gesagt hat, l'homme qui me l'a dit. Die Frau welche ou die mir es gegeben hat, la femme qui me l'a donné. Das Mädchen welches ou das immer lacht, la fille qui rit toujours.

Der, die, das, se déclinent de la manière suivante :

Masculin, féminin et neutre.

Singulier.

N. der, die, das, so, qui, lequel, laquelle, etc.

G. beſſen, beren, ꝛc. de qui, dont, etc.
D. dem, der, dem, à qui, auquel, etc.
A. den, die, das, ſo, que.
A. von dem, von der, von dem, wovon, de qui, dont, etc.

Pluriel pour les trois genres.

N. die,   = = = qui, les quels, les quelles, etc.
G. deren,   = = = de qui, dont, etc.
D. denen,   = = = à qui, aux quels, etc.
A. die,   = = = que.
A. von denen,   = = = de qui, dont, etc.

Après le génitif deſſen, deren, on met le nom sans article; par exemple: Es iſt ein armer Mann, deſſen Frau vor wenigen Tagen geſtorben iſt, c'est un pauvre homme, dont la femme est morte il y a quelques jours, etc.

Welcher, welche, welches, se déclinent comme les pronoms interrogatifs.

Wer ou was, comme relatif, est à la fois démonstratif et relatif, et signifie celui qui, celle qui, ce qui; par exemple: Wer mich liebet, iſt mein Freund, celui qui m'aime, est mon ami. Was ich geſagt habe, iſt wahr, ce que j'ai dit, est vrai, etc.

So est indéclinable. On s'en sert le mieux quand le mot auquel il se rapporte est du genre neutre, ou quand il se rapporte à un mot qui est au pluriel, ou à deux ou plusieurs substantifs de différent genre. Exemples: Das Mittel, ſo ich euch vorgeſchlagen habe, ꝛc. le moyen que je vous ai proposé, etc. Diejenigen, ſo mit mir redeten, ꝛc. ceux qui me parloient, etc. Der Vater und die Mutter ſo geſtorben ſind, ꝛc. le père et la mère qui sont morts, etc.

On peut joindre aux relatifs le mot ſelbſt, comme aux pronoms personnels; par exemple: Ein König der ſelbſt regieret, un Roi qui gouverne lui-même. Sie iſt eine Mutter die ſelbſt ihre Kinder erziehet, c'est une mère qui élève ses enfans elle-même, etc.

* Il n'est pas nécessaire de répéter le même relatif devant plusieurs verbes; par exemple: Ein Freund, der mich liebet und hochſchäzzet, un ami qui m'aime et qui m'estime. Eine Jungfer, die er ſah, liebte, heirathete und glüklich machte, une fille qu'il vit, qu'il aima, qu'il épousa et qu'il rendit heureuse.

H 2

Thêmes sur les Pronoms relatifs.

78.

Voilà l'argent que je vous dois, et les livres que vous m'avez prêtés. Je vous suis bien obligé de la bonté que vous avez eue pour moi, et je tâcherai de me rendre digne de l'amitié dont vous m'honorez. — La fille qui vient de sortir, m'a dit que son frère, qui est actuellement à Paris, avoit vu pendre le gazetier, qui a écrit tant de faussetés contre la nation.

Voilà, ba ist.
L'argent, das Geld, 4.
Je vous dois, ich Ihnen schuldig bin.
Vous m'avez prêtés, Sie mir geliehen haben.
Je vous suis bien obligé de la bonté, ich bin Ihnen für die Güte — sehr verbunden.
Vous avez eue pour moi, Sie für mich gehabt haben.
Je tâcherai, ich werde mich bestreben.
De me rendre digne de l'amitié, mich der Freundschaft — würdig zu machen.

Vous m'honorez, Sie mich beehren.
Vient de sortir, so eben hinaus gegangen ist.
Est actuellement, gegenwärtig — ist.
Avoit vu pendre, hätte — hängen sehen.
Le gazetier, der Zeitungsschreiber, 1.
A écrit tant de faussetés, so viele Falschheiten geschrieben hat.
Contre, gegen.
La nation, die Nazion, 3.

79.

Le jardinier qui a tué votre chien, n'est pas au jardin dans lequel mon frère l'a vu entrer. La maison de (aus) laquelle je viens de sortir, appartient à la sœur de ce jardinier, laquelle m'a dit que son frère avoit pris la fuite. — Le jeune homme, dont je n'ai pas encore parlé dans les thêmes que vous avez traduits, a été pendu, ce dont il mourut. Tous ceux qui sont morts de cette manière, ont été pendus. La fille que vous admirâtes tant hier à cause de sa beauté, pleura beaucoup quand on le lui dit; car ce jeune homme dont je viens de parler étoit son amant, qui lui donnoit souvent de l'argent qu'il avoit dérobé, et qu'elle employoit à se faire de beaux habits.

Le jardinier, der Gärtner, 1.
Tué, getödtet.
Le chien, der Hund, 2.
N'est pas, ist nicht.

Au jardin, in dem Garten.
L'a vu entrer, ihn hat gehen sehen.
Je viens de sortir, ich so

eben gekommen bin.
Appartient, gehöret.
Avoit pris la fuite, die Flucht genommen hätte.
Le jeune homme, der junge Mensch, 3.
Je n'ai pas encore parlé, ich noch nichts gesagt habe.
Le thême, die Aufgabe, 3.
Vous avez traduits, Sie übersezt haben.
A été pendu, ist gehenkt worden.
Ce dont il mourut, wovon er starb.
Morts, gestorben.
De cette manière, auf diese Art.
Ont été pendus, sind gehenkt worden.
Vous admirâtes tant hier, Sie gestern so sehr bewundert haben.
A cause, wegen.
La beauté, die Schönheit, 3.
Pleura beaucoup, weinte sehr.
Quand on le lui dit, als man es ihr sagte.
Je viens de parler, ich so eben gesprochen habe.
Etoit, war.
L'amant, der Liebhaber, 1.
Donnoit, gab.
Souvent, oft.
Avoit dérobé, gestohlen hatte.
Elle employoit à se faire de beaux habits, sie zu schönen Kleidern verwendete.

Les Pronoms indéfinis ou impropres

comprennent le reste des mots dont on se sert au lieu des substantifs, et qui cependant ne sont pas tout-à-fait de la nature des autres pronoms. Il y en a qui sont indéclinables, comme man, on, etc. Il y en a d'autres qui sont déclinables, comme:

Keiner, keine, keines, aucun, aucune, ou nul, nulle.
Mancher, solcher, manche, solche, manches, solches, tel, telle.
Einer, eine, eins, quelqu'un, quelqu'une, ou l'un, l'une.
Beide, l'un et l'autre, l'une et l'autre, les deux.
Ganz, alles (neutre de all), tout.
Alle, tous, toutes.
Ein jeder, eine jede, ein jedes, chacun, chacune, ou chaque.
Jemand, quelqu'un.
Niemand, personne.
Jedermann, tout le monde, chacun.
Wer auch ou wer nur, quiconque.
Verschiedene, etliche, plusieurs, etc.
Etwas, quelque chose (rien), etc., etc.

Keiner, aucun, se décline de la manière suivante:

Singulier.

Masculin.	Féminin.	Neutre.
N. keiner, aucun.	keine, aucune.	keines, aucun.
G. keines, d'aucun.	keiner, d'aucune.	keines, d'aucun.

Masculin.	Féminin.	Neutre.
D. keinem, à aucun.	keiner, à aucune.	keinem, à aucun.
A. keinen, aucun.	keine, aucune.	keines, aucun.
A. von keinem, d'aucun.	von keiner, d'aucune.	von keinem, d'aucun.

Pluriel.

Pour les trois genres.

- N. keine, aucuns, aucunes.
- G. keiner, d'aucuns, d'aucunes.
- D. keinen, à aucuns, à aucunes.
- A. keine, aucuns, aucunes.
- A. von keinen, d'aucuns, d'aucunes.

C'est selon ce modèle que se déclinent mancher, solcher, tel, un tel, et einer, quelqu'un, l'un; à la réserve que ce dernier n'a point de pluriel; mais beide, l'un et l'autre, item alle, tous, qui n'ont point de singulier, peuvent passer pour son pluriel. En voici les exemples:

N. einer, quelqu'un, l'un.	eine, quelqu'une, l'une.	eins, quelqu'un, l'un.
G. eines, de quelqu'un, de l'un.	einer, de quelqu'une.	eines, de quelqu'un.
D. einem, à quelqu'un.	einer, à quelqu'une.	einem, à quelqu'un.
A. einen, quelqu'un.	eine, quelqu'une.	eins, quelqu'un.
A. von einem, de quelqu'un.	von einer, de quelqu'une.	von einem, de quelqu'un.

Pluriel.

N. beide, l'un (l'une) et l'autre.	alle, tous, toutes.
G. beider, de l'un et de l'autre.	aller, de tous, etc.
D. beiden, à l'un et à l'autre.	allen, à tous, etc.
A. beide, l'un et l'autre.	alle, tous, etc.
A. von beiden, de l'un et de l'autre.	von allen, de tous, etc.

Ainsi se décline aussi ein jeder, chacun, chaque.

Les trois suivans se déclinent ainsi :

N. jemand, quelqu'un.	niemand, personne.	jedermann, chacun, tout le monde.
G. jemands, de quelqu'un.	niemands, de personne.	jedermanns, de chacun.

D. jemanden, à quelqu'un.	niemanden, à personne.	jedermann, à chacun.
A. jemanden, quelqu'un.	niemanden, personne.	jedermann, chacun.
A. von jemanden, de quelqu'un.	von niemanden, de personne.	von jedermann, de chacun.

On n'est pas obligé de répéter les pronoms impropres devant chaque substantif, comme : Kein Soldat und Offizier, aucun soldat et aucun officier, etc. Er hat für seine Frau alle nur erdenkliche Liebe und Achtung, il a pour sa femme toute l'affection et toute la considération imaginable.

Nichts, rien, signifie proprement keine Sache, aucune chose. Il est toujours négatif; c'est pourquoi le rien des François doit être rendu par etwas, toutes les fois qu'il a un sens affirmatif, comme : Kann etwas schöner seyn ? est-il rien de plus beau ? Ehe ihr etwas vornehmet, so saget mir es, avant de rien entreprendre, dites-le-moi, etc.

Niemand, est toujours négatif, comme : Ich sehe niemanden, je ne vois personne, etc. Lorsque le mot françois, personne, se met affirmativement dans le sens de quelqu'un, on le rend en allemand par jemand, comme : Ist jemand zu finden, der unglücklicher ist als ich ? peut-on trouver personne plus malheureux que moi, etc.

Tous les autres pronoms impropres sont de la nature des adjectifs, et ce ne sont proprement des pronoms, que quand ils ne sont pas joints comme adjectifs à des noms substantifs, ou à un autre adjectif.

Einer, eine, eins, quelqu'un, quelqu'une, est absolu ; le conjonctif en est ein, eine, ein. Einer kam zum Doktor, und fragte ihn, ꝛc. quelqu'un vint trouver le médecin, et lui demanda, etc. Eine, die gern heirathen wollte, sagte, ꝛc. quelqu'une qui souhaitoit être mariée, dit, etc. Le neutre eins veut dire une chose; par exemple : Noch eins, encore une chose, encore un coup; eins ist dabei zu merken, il y a une chose à considérer là-dessus. On se sert aussi du neutre, pour marquer l'une de deux ou de plusieurs personnes qui ne sont pas du même sexe ; par exemple en parlant à un homme et à sa femme : Eins von euch beiden hat unrecht, l'un de vous deux a tort. Ce pronom n'a point de pluriel, au lieu duquel on se sert de einige, quelques-uns.

Keiner, keine, keines, aucun, aucune, est toujours négatif, et le contraire de einer ; il signifie proprement : Nicht einer, pas un, personne. Keiner weis wann er sterben wird, aucun ne sait quand il mourra. Keins bon uns (en parlant de plusieurs personnes des deux sexes) war so klug, daß er das Fenster aufgemacht hätte, aucun de nous n'eut l'esprit d'ouvrir la fenêtre. Si le mot françois, aucun, est mis affirmativement, il faut le rendre par einiger, einige, einiges, quelque; par exemple: Er ist nicht fähig euch einiges Leid zuzufügen, il est incapable de vous faire aucun mal.

Vieles, plusieurs choses, est le neutre de l'adjectif viel, beaucoup. Vieles geschiehet zu unserer Zeit, das man niemals geglaubet hätte, il arrive beaucoup de choses de nos jours, qu'on n'auroit jamais crues. Le pluriel en est viele, plusieurs. Viele wissen nicht das Geld zu gebrauchen, il y a plusieurs qui ne savent faire usage de l'argent.

Mancher, manche, manches, tel, maint, plusieurs, quelqu'un, bien des choses. Mancher giebt sich für reich aus, der es nicht ist, tel se dit riche qui ne l'est pas. Wir haben manches Glas Wein mit einander getrunken, nous avons bu ensemble maint coup. Mancher wird im Kriege reich, mancher arm, dans la guerre l'un devient riche, l'autre devient pauvre.

Le mot françois tel, dans ces phrases: Monsieur un tel, Madame une telle, etc. est rendu par der und der, die und die, comme: Der und der Herr ist gefangen worden, Monsieur un tel a été pris. Er sagte mir, daß er die und die Jungfer heirathen würde, il me disoit qu'il épouseroit Mademoiselle une telle.

Le comparatif tel que--tel, est rendu par wie--so, ou gleichwie--also, ou so wie--also; par exemple: Wie das Wasser in einem Strome dahin fliest, so verfliest unser Leben, telle que l'eau d'un fleuve qui s'écoule, telle s'écoule notre vie.

Tel qu'il est, so wie er ist; tel maître, tel valet, wie der Herr, so der Knecht; son érudition est telle quelle, seine Gelehrsamkeit ist so so (ou so hin); leurs chevaux sont tels quels, ihre Pferde sind eben nicht sonderlich (ou eben nicht weit her).

Tel que, lorsqu'il sert à citer un exemple, se rend par als, ou par als da ist, ou par desgleichen ist, comme: Die geistlichen Fürsten, als da sind der Bischoff zu Würzburg, der Probst zu Ellwangen, u. s. w., les Princes ecclésiastiques, tels que l'Evêque de Würzbourg, le Prévôt d'Elwangen, etc.

Etliche, plusieurs, les uns--les autres. Es waren unserer etliche beisammen, nous étions plusieurs ensemble. Etliche assen, etliche trunken, les uns mangeoient, les autres buvoient.

Einige, quelques-uns, les uns -- les autres. Einige sagen, es sey eine Schlacht vorgefallen, quelques-uns disent qu'il s'est donné une bataille. Einige von seinen Büchern sind gut, einige sind schlecht, les uns de ses livres sont bons, les autres sont mauvais.

Andere, d'autres. Einige waren gros, andere klein, les uns étoient grands, les autres étoient petits.

Der eine -- der andere, l'un -- l'autre. Wann der eine singet, so weinet der andere, lorsque l'un chante, l'autre pleure.

Sie erinnern sich einer des andern, ils se souviennent l'un de l'autre. Einer sagte dem andern, l'un disoit à l'autre. Einer kam mit dem andern, l'un venoit avec l'autre. Sie sahen einer den andern, ils se voyoient l'un l'autre.

Dans les trois derniers exemples, on peut aussi dire : Sie sagten einander, Sie kamen mit einander, Sie sahen einander.

Beides, l'une et l'autre chose. Er hatte mir gesagt, daß die Stadt erobert wäre, und der Feind sich zurükgezogen hätte : allein beides war nicht wahr, il m'avoit dit que la ville étoit prise, et que l'ennemi s'étoit retiré ; mais l'un et l'autre n'étoit pas vrai.

Beide, les deux. Beide Brüder sind geblieben, les deux frères ont été tués. Eine Kanonenkugel hat ihm beide Beine weggenommen, un boulet canon lui a emporté les deux jambes.

Qui, quiconque, est rendu par wer ou par ein jeder der, suivi quelquefois de la particule nur, comme : Wer ein Soldat ist, muß Herz haben, quiconque est soldat, doit avoir du courage ; Er saget es einem jeden der es nur hören will, il le dit à quiconque le veut entendre.

Qui que ce soit, est rendu par gar niemand, lorsqu'il a un sens négatif ; et par wer auch ou wer nur, lorsqu'il a un sens affirmatif, comme : Es war gar niemand da, il n'y eut qui que ce soit. Wer Ihr auch seyd, so hoffe Ich, daß Ihr mir helfen werdet, qui que vous soyez, j'espère que vous me secourrez. Ici on peut aussi dire : Ihr seyd wer Ihr wollet, ou Ihr möget seyn wer Ihr wollet, so, &c. Les cas obliques demandent tantôt Niemand ou Keiner, tantôt Jeder, selon que la phrase est négative ou affirmative, comme : Er trauet Niemanden ou Keinem, wer es auch seyn mag, il ne se fie à qui que ce soit. Er redet übel von jedem, wer es auch sey, il parle mal de qui que ce soit.

Gan, tout, toute, est toujours précédé de l'article,

comme : Die ganze Welt weis es, tout le monde le sait. Er arbeitet die ganze Nacht, il travaille toute la nuit. Remarquez cependant que ce mot peut être mis adverbialement et sans article devant les noms de pays et de villes, comme : Ganz Frankreich, toute la France. Ganz Paris, tout Paris.

All, tout, se met sans l'article, comme : Alles Geld ist verloren, tout l'argent est perdu. Alle Menschen sind sterblich, tous les hommes sont mortels. Remarquez que, lorsque der, die, das (*), se trouve joint à all, c'est le pronom démonstratif, et non l'article, comme : Alles das Geld, tout cet argent. Alle die Menschen, tous ces hommes.

Quel que, se tourne ordinairement par ohne Unterschied, sans distinction, comme : Gott ist an allen Orten ohne Unterschied (ou an allen Orten welche sie seyn mögen) zugegen, Dieu est présent en tous lieux, quels qu'ils soient. Er kaufet alle Bücher ohne Unterschied, (ou alle Bücher, sie mögen seyn wie sie wollen) il achète tous les livres, quels qu'ils soient.

De quoi, suivi d'un infinitif, se tourne par so viel daß, tant que, comme : Ich habe so viel daß ich leben kann (ou Ich habe zu leben), j'ai de quoi vivre. Er hat nicht so viel daß er einen Laib Brod kaufen kann, il n'a point de quoi acheter un pain.

Quoi que. Dem sey wie ihm wolle, quoi qu'il en soit ; Es sey was es wolle, quoi que ce soit ; Ihr möget sagen was Ihr wollet, quoi que vous disiez ; ohne das geringste zu sagen, sans dire quoi que ce soit.

(*) Der, die, das, se déclinent ainsi : *N.* Der, ce, cet, celui ; die, cette, celle ; das, ce, cela, ceci. *G.* Dessen, de celui ; deren, de celle ; dessen, de cela. *D.* Dem, à celui ; der, à celle ; dem, à cela. *A.* Den, celui, etc. ; die, cette, celle ; das, cela, ceci. *Abl.* von dem, de celui ; von der, de celle ; von dem, de cela.

Pluriel.

Pour les trois genres.

N. Die, ces, ceux, celles. *G.* Derer, de ces, de ceux, de celles. *D.* Denen, à ces, à ceux, à celles. *A.* Die, ces, ceux, celles. *Abl.* von Denen, de ces, de ceux, de celles.

Quelque-que, est rendu par ſo groß, ſo viel, ou par was für auch; par exemple : So groſe Gewalt, ou ſo viele Gewalt er auch hat, quelque pouvoir qu'il ait. So groſe ou ſo viele Vortheile er auch davon hat, quelques avantages qu'il en retire. Quelque-que, avec un adjectif, s'exprime par ſo, qu'on prépose à l'adjectif allemand, par exemple : So reich er auch iſt, quelque riche qu'il soit. So ſchön auch die Weiber ſind, quelque belles que soient les femmes. So groſ auch ſeine Thorheit war, quelque grande que fût sa folie. So ſchöne Schweſtern er auch hat, quelques belles sœurs qu'il ait.

Tant, ſo viele, etliche, über. Er hat mich um hundert und ſo viele Gulden betrogen, il m'a trompé de cent et tant de florins. Ich habe ihm tauſend und etliche Thaler gegeben, je lui ai donné mille et tant d'écus. Er iſt mir über zwanzig Dukaten ſchuldig, il me doit vingt et tant de ducats.

On peut joindre aux pronoms etwas, nichts, jemand et niemand, des adjectifs au genre neutre; par exemple : Das iſt etwas neues, c'est quelque chose de nouveau. Wiſſen Sie nichts neues? Ne savez-vous rien de nouveau? Kommen Sie herein, es iſt niemand fremdes da, entrez, il n'y a personne qui ne soit de votre connoissance.

Ce sont surtout les adjectifs neutres : Rechtes, vornehmes, ſchlechtes, geringes, ꝛc. qu'on joint à ces pronoms, pour signifier une personne d'importance, de condition, ou d'une basse extraction; par exemple : Kennen Sie die Fremden nicht die im Römiſchen Kaiſer logiren? — Nein, aber ich glaube doch daß ſie etwas rechtes (etwas vornehmes, ou nichts geringes) ſind, ne connoissez-vous pas ces étrangers qui logent à l'Empereur-Romain? — Non, mais je crois pourtant que ce sont des gens d'importance (qu'ils ne sont pas peu de chose). — Der Mann, den wir geſehen haben, muß jemand rechtes ſeyn (muß niemand vornehmes ſeyn), cet homme que nous avons vu, doit être une personne d'importance (n'est guère une personne d'importance), etc.

Thêmes sur les Pronoms impropres.

80.

Chaque femme ſe croit aimable, et chacune a de l'amour-propre. — De même que les hommes, mon ami. Tel se croit savant qui ne l'est pas, et plusieurs surpassent même les femmes en vanité. — Mon ami, si vous parlez de toutes les femmes et de tous les hommes, vous avez tort; je connois quelques filles de quatre-vingts ans, qui ne se croient plus aimables, et quelques hommes de lettres, qui n'ont point de vanité. — Cela se peut bien, nulle règle sans exception.

La femme, das Frauenzimmer, 1.	Si vous parlez, wenn Sie — reden.
Se croit aimable, hält sich für liebenswürdig.	Vous avez tort, so haben Sie unrecht.
A de l'amour-propre, besizt Eigenliebe.	Je connois, ich kenne.
De même que les hommes, eben so wie die Mannspersonen.	Une fille de quatre-vingts ans, eine achtzigjährige Jungfer.
	Un homme de lettres, ein Gelehrter.
Se croit savant, hält sich für gelehrt.	Qui n'ont point de vanité, die nicht eitel sind.
Qui ne l'est pas, der es nicht ist.	Cela se peut bien, das kann wohl seyn.
Surpassent même, übertreffen sogar.	La règle, die Regel, 1.
En vanité, an Eitelkeit.	Sans exception, ohne Ausnahme.

81.

Je reçus l'autre jour quelques lettres de notre vieux cousin. Il m'écrivit entr'autres dans sa dernière: « Tout le monde » dit que je suis malade; mais grâce à Dieu, je ne le suis » pas. Il y en a même plusieurs qui me croient déjà mort; » mais si cela étoit, personne ne le sauroit mieux que moi. » Quelqu'un m'a dit que Messieurs mes cousins souhai- » tent ma mort, pour pouvoir partager mes biens. Quoi » qu'il en soit, je vous dis par ces lignes que je ne suis ni » malade, ni mort; car si cela étoit, je ne pourrois pas me » marier dans peu de jours, etc. » — Eh bien! dites-moi, qu'est-ce que nous ferons maintenant? — Nous ne pouvons rien faire que déplorer notre sort et le sien.

Je reçus, ich empfieng.	Si cela étoit, wenn das wäre.
La Lettre, der Brief, 2.	Ne le sauroit mieux, würde es besser wissen.
Un vieux cousin, ein alter Vetter.	Souhaitent ma mort, meinen Tod wünschen.
Il m'écrivit, er schrieb mir.	
Dit, sagt.	
Que je suis malade, ich wäre krank.	Pour pouvoir partager mes biens, um mein Vermögen theilen zu können.
Grâce à Dieu, Gott sey Dank.	Quoi qu'il en soit, dem sey wie ihm wolle.
Je ne le suis pas, ich bin es nicht.	
Il y en a même, es giebt sogar.	Je dis, ich sage.
Qui me croient déjà mort, die mich schon für todt halten.	Par, durch.
	La ligne, die Zeile, 3.

Que je ne suis ni malade ni mort, daß ich weder krank noch gestorben bin.
Si cela étoit, wenn das wäre.
Je ne pourrois pas me marier, so würde ich mich nicht — verheirathen können.
Eh bien, wohlan.
Dites-moi, sagen Sie mir.

Qu'est-ce que nous ferons maintenant, was machen wir jezt?
Nous ne pouvons rien faire, wir können nichts anders thun.
Que déplorer, als beweinen.
Le sort, das Schiffal, 2.

DES VERBES.

LEs Verbes sont des mots qui marquent ce qu'on fait ou ce qu'on souffre, et qui changent de terminaison suivant la différence des nombres, des personnes et des tems.

Il y a quatre choses à considérer dans les Verbes, savoir: le genre, les modes, les tems et la conjugaison.

Par rapport au genre, les Verbes sont actifs, passifs ou neutres.

Le verbe actif désigne une action transitive, c'est-à-dire, une action qui passe hors de l'agent, comme: Ich schlage, je bats; ich lobe, je loue. Lorsque l'action retourne sur celui qui agit, on l'appelle verbe réciproque, comme: Ich schlage mich, je me bats; ich lobe mich, je me loue.

Le verbe passif marque la souffrance de quelque action, comme: Ich werde geschlagen, je suis battu; ich werde gelobet, je suis loué.

Le verbe neutre exprime ou l'existence, ou un repos, ou une action permanente, c'est-à-dire, une action qui ne passe jamais hors de l'agent, comme: Ich bin, je suis; ich sitze, je suis assis; ich laufe, je cours; ich falle, je tombe.

Il y a quatre modes, savoir: L'infinitif, l'indicatif, le subjonctif ou conjonctif, et l'impératif.

L'infinitif exprime l'action ou la passion tout simplement, sans définir les personnes et les nombres, comme: Loben, louer; gelobet werden, être loué, etc. On y comprend les participes, qui sont des adjectifs qu'on forme des verbes, et qui, en conservant le régime de leurs verbes, marquent en même tems les tems comme les verbes; par exemple: Lobend, louant, un qui loue; gelobt, loué, qui a été loué, etc.

L'indicatif, sert à marquer et à indiquer l'action ou la passion d'une façon directe et positive, comme : Er hat mich heute gelobet, il m'a loué aujourd'hui.

Le subjonctif ou conjonctif, se met dans une proposition qui dépend d'une autre, comme : Ich will nicht haben, daß er mich lobe, je ne veux pas qu'il me loue.

L'impératif, est pour commander ou prier, comme : Lobet mich nicht, ne me louez pas.

Les nombres sont dans les verbes ce qu'ils sont dans les noms.

Il n'y a que trois personnes dans chaque nombre ; la première est celle qui parle, la seconde celle à qui l'on parle, et la troisième celle de qui l'on parle.

Il n'y a que trois tems simples dans la nature : Le passé, le présent et le futur. Les autres tems des verbes sont donc des modifications, qui font connoître auquel de ces trois tems se rapporte ce qui est exprimé par le verbe.

La valeur de chaque tems est la même qu'en françois, excepté que l'imparfait, outre son sens propre, répond encore au prétérit défini, et même au prétérit indéfini des François.

La langue allemande a deux futurs de plus, savoir : les deux futurs du subjonctif, qui s'emploient lorsqu'il s'agit d'un événement douteux, et qui répondent quelquefois aux futurs de l'indicatif des François ; par exemple : Ich weis nicht ob er es thun werde (ob er es werde gethan haben), je ne sais s'il le fera (s'il l'aura fait).

Remarques sur l'Impératif.

Les secondes personnes de l'impératif se mettent ordinairement sans pronom. Cependant on l'y joint quelquefois pour parler plus affectueusement ou plus énergiquement ; et dans ce cas on le met après le verbe, comme : Lobe du, loue ; lobet ihr, louez.

Lorsqu'on emploie les troisièmes personnes à la place de la seconde, le pronom se met toujours après le verbe : Lobe er, loben Sie, louez.

Pour parler à une seule personne, les Allemands se servent, suivant les circonstances et la qualité de l'individu, des secondes et troisièmes personnes des deux nombres. On se sert des deux secondes en style très-familier, de la

3ème du singulier, quand on veut témoigner un degré de politesse de plus, et de la 3ème du pluriel, pour s'exprimer de la manière la plus polie (voyez p. 96 et 97).

Avant de passer à la conjugaison des verbes actifs, passifs, etc. il est nécessaire de commencer par celle des verbes auxiliaires, dont la connoissance est indispensablement nécessaire pour conjuguer les autres verbes.

CONJUGAISON DU VERBE AUXILIAIRE Seyn, ÊTRE.

Infinitif.

Présent.   Seyn, être.
Gérondif.   Zu seyn, d'être, à être.
           Um zu seyn, pour être.
           Ohne zu seyn, sans être.
II. Participe.   Gewesen, été (*).
Parfait.   Gewesen seyn, avoir été.
Gérondif.   Gewesen zu seyn, d'avoir, à avoir été.
           Um gewesen zu seyn, pour avoir été.
           Ohne gewesen zu seyn, sans avoir été.

Indicatif.   *Présent.*   *Subjonctif.*

Singulier.

Ich bin, je suis.	Daß ich sey, que je sois.
Du bist, tu es.	Daß du seyst, que tu sois.
Er (sie, es) ist, il (elle) est.	Daß er (sie, es) sey, qu'il (qu'elle) soit.

Pluriel.

Wir sind, nous sommes.	Daß wir seyn, que nous soyons.
Ihr seyd, vous êtes.	Daß ihr seyd, que vous soyez.
Sie sind, ils (elles) sont.	Daß sie seyn, qu'ils (qu'elles) soient.

Imparfait.

Singulier.

Ich war, j'étois, je fus.	Daß ich wäre, que je fusse, je serois.
Du warst, tu étois.	Daß du wärest, que tu fusses.
Er war, il étoit.	Daß er wäre, qu'il fût.

(*) Ce verbe n'a pas de premier participe en allemand.

Indicatif.	Pluriel.	*Subjonctif.*
Wir waren, nous étions.		Daß wir wären, que nous fussions.
Ihr waret, vous étiez.		Daß ihr wäret, que vous fussiez.
Sie waren, ils (elles) étoient.		Daß sie wären, qu'ils fussent.

Parfait.

| Sing. Ich bin
Du bist
Er ist
Plur. Wir sind
Ihr seyd
Sie sind | gewesen, j'ai été, etc. | Daß ich sey
Daß du seyst
Daß er sey
Daß wir seyn
Daß ihr seyn
Daß sie seyn | gewesen, que j'aie été, etc. |

Plusque-parfait.

| S. Ich war
Du warst
Er war
Pl. Wir waren
Ihr waret
Sie waren | gewesen, j'avois ou j'eus été, etc. | Daß ich wäre
Daß du wärest
Daß er wäre
Daß wir wären
Daß ihr wäret
Daß sie wären | gewesen, que j'eusse été, ou j'aurois été, etc. |

Futur.

| S. Ich werde
Du wirst
Er wird
P. Wir werden
Ihr werdet
Sie werden | seyn, je serai, etc. | Daß ich werde
Daß du werdest
Daß er werde
Daß wir werden
Daß ihr werdet
Daß sie werden | seyn, que je serai, etc. |

Futur passé.

| S. Ich werde
Du wirst
Er wird
P. Wir werden
Ihr werdet
Sie werden | gewesen seyn, j'aurai été, etc. | Wann ich werde
wann du werdest
wann er werde
wann wir werden
wann ihr werdet
wann sie werden | gewesen seyn, quand j'aurai été, etc. |

Les deux tems suivans manquent à l'indicatif; mais je les placerai dans toutes les conjugaisons comme ici, pour ne pas laisser un vide inutile.

Conditionnel présent.   *Conditionnel passé.*

| S. Ich würde
Du würdest
Er würde | seyn, je serois, etc. | Ich würde
Du würdest
Er würde | gewesen seyn, j'aurois été, etc. |

P.

P. Wir würden	seyn, nous serions, etc.	Wir würden	gewesen seyn, nous aurions été, etc.	
Ihr würdet		Ihr würdet		
Sie würden		Sie würden		

I. Impératif.	*II. Impératif.*		*III. Impératif.*	
S. Sey (du), sois.	Du sollst		Laß	
Daß er sey, qu'il soit.	Er soll	seyn, tu seras, etc.	Lasse er	uns seyn, soyons.
P. Seyd (ihr), soyez.	Ihr sollt		Lasset	
Daß sie seyn, qu'ils soient.	Sie sollen		Lassen Sie	

CONJUGAISON DU VERBE AUXILIAIRE Haben, AVOIR.

Infinitif.

Présent. Haben, avoir.
Gérondif. Zu haben, d'avoir, à avoir.
Um zu haben, pour avoir.
Ohne zu haben, sans avoir.
Parfait. Gehabt haben, avoir eu.
Gérondif. Gehabt zu haben, d'avoir, à avoir eu.
Um gehabt zu haben, pour avoir eu.
Ohne gehabt zu haben, sans avoir eu.
I. Participe. Habend, ayant.
II. Participe. Gehabt, eu.

Indicatif.   *Présent.*   *Subjonctif.*

Singulier.

Ich habe, j'ai.	Daß ich habe, que j'aie.
Du hast, tu as.	Daß du habest, que tu aies.
Er hat, il a.	Daß er habe, qu'il ait.

Pluriel.

Wir haben, nous avons.	Daß wir haben, que nous ayons.
Ihr habet, vous avez.	Daß ihr habet, que vous ayez.
Sie haben, ils ont.	Daß sie haben, qu'ils aient.

Imparfait.

Singulier.

Ich hatte, j'avois, j'eus.	Daß ich hätte, que j'eusse, j'aurois.
Du hattest, tu avois.	Daß du hättest, que tu eusses.
Er hatte, il avoit.	Daß er hätte, qu'il eût.

Indicatif. Pluriel. *Subjonctif.*

Indicatif		Subjonctif
Wir hatten, nous avions.		Daß wir hätten, que nous eussions.
Ihr hattet, vous aviez.		Daß ihr hättet, que vous eussiez.
Sie hatten, ils avoient.		Daß sie hätten, qu'ils eussent.

Parfait.

S.	Ich habe		Daß ich habe	
	Du hast		Daß du habest	
	Er hat	gehabt, j'ai	Daß er habe	gehabt, que
P.	Wir haben	eu, etc.	Daß wir haben	j'aie eu, etc.
	Ihr habet		Daß ihr habet	
	Sie haben		Daß sie haben	

Plusque-parfait.

S.	Ich hatte		Daß ich hätte	
	Du hattest	gehabt, j'avois	Daß du hättest	gehabt, que
	Er hatte	ou j'eus eu,	Daß er hätte	j'eusse ou
P.	Wir hatten	etc.	Daß wir hätten	j'aurois eu,
	Ihr hattet		Daß ihr hättet	etc.
	Sie hatten		Daß sie hätten	

Futur.

S.	Ich werde		Daß ich werde	
	Du wirst		Daß du werdest	
	Er wird	haben, j'au-	Daß er werde	haben, que
P.	Wir werden	rai, etc.	Daß wir werden	j'aurai, etc.
	Ihr werdet		Daß ihr werdet	
	Sie werden		Daß sie werden	

Futur passé.

S.	Ich werde		Wann ich werde	
	Du wirst		wann du werdest	gehabt haben,
	Er wird	gehabt haben,	wann er werde	quand j'au-
P.	Wir werden	j'aurai eu, etc.	wann wir werden	rai eu, etc.
	Ihr werdet		wann ihr werdet	
	Sie werden		wann sie werden	

Conditionnel présent.   *Conditionnel passé.*

S.	Ich würde		Ich würde	
	Du würdest		Du würdest	
	Er würde	haben, j'aurois,	Er würde	gehabt haben,
P.	Wir würden	etc.	Wir würden	j'aurois eu,
	Ihr würdet		Ihr würdet	etc.
	Sie würden		Sie würden	

I. Impératif.	II. Impératif.		III. Impératif.	
S. Habe (du), aie.	Du sollst		Laß	
Daß er habe, qu'il ait.	Er soll	haben, tu auras, etc.	Lasse er	uns haben, ayons.
P. Habet (ihr), ayez.	Ihr sollet		Lasset	
Daß sie haben, qu'ils aient.	Sie sollen		Lassen Sie	

Les verbes sont employés de quatre manières :

1. affirmatif, comme : ich bin, je suis, etc.
2. négatif,   = = =   ich bin nicht, je ne suis pas, etc.
3. interrogatif, = = =   bin ich? suis-je? est-ce que je suis?
4. mixte,   = = =   bin ich nicht? ne suis-je pas? est-ce que je ne suis pas?

Les négations sont : Nicht, ne-pas, non pas; kein, keine, ne-point; nichts, ne-rien; niemals, ne-jamais; niemand, ne-personne, etc.

Toutes ces négations se mettent après les verbes; p. ex.:

Singulier.

Ich bin nicht, je ne suis pas.

Du bist nicht, tu n'es pas.

Er ist nicht, il n'est pas.

Sie ist nicht, elle n'est pas.

Pluriel.

Wir sind nicht, nous ne sommes pas.

Ihr seyd nicht, vous n'êtes pas.

Sie sind nicht, ils (elles) ne sont pas.

Exemples avec d'autres négations :

Ich habe kein Geld, je n'ai point d'argent.
Ich habe nichts, je n'ai rien.
Ich habe niemals, ꝛc., je n'ai jamais, etc.
Ich sehe niemanden, ꝛc., je ne vois personne, etc.

Pour interroger, les pronoms personnels se mettent après les verbes; par exemple :

Singulier.

Bin ich? suis-je? est-ce que je suis?

Bist du? es-tu, etc.

Ist er? est-il, etc.

Pluriel.

Sind wir? sommes-nous?

Seyd ihr? êtes-vous?

Sind sie? sont-ils?

I 2

Mixte.

Singulier.	Pluriel.
Bin ich nicht? ne suis-je pas? est-ce que je ne suis pas?	Sind wir nicht? ne sommes-nous pas?
Bist du nicht? n'es-tu pas, etc.	Seyd ihr nicht? n'êtes-vous pas.
Ist er nicht? n'est-il pas? etc.	Sind sie nicht? ne sont-ils pas.

Les particules relatives sont :

1. Es, le, qui se rapporte à l'accusatif.
2. Davon, dafür, daher, darum, darüber, daraus, damit, en. En, est aussi quelquefois rendu par le pronom dessen, deren ; par er, sie, es, et par welcher, welche, welches.
3. Da, dabei, daran, darauf, dahinter, darin, darunter, dazu, dazwischen, hin ou dahin, hinauf, hinunter, hinaus, hinein, hinüber, hindurch, ꝛc., y. — Ces particules se rapportent ordinairement au datif.

Toutes ces particules se mettent après les verbes; p. ex. :

Singulier.	Pluriel.
Ich habe es, je l'ai.	Wir haben es, nous l'avons.
Du hast es, tu l'as.	Ihr habet es, vous l'avez.
Er hat es, il l'a.	Sie haben es, ils l'ont.
Sie hat es, elle l'a.	

Négatif.

Singulier.	Pluriel.
Ich habe es nicht, je ne l'ai pas.	Wir haben es nicht, nous ne l'avons pas.
Du hast es nicht, tu ne l'as pas.	Ihr habet es nicht, vous ne l'avez pas.
Er hat es nicht, il ne l'a pas.	Sie haben es nicht, ils ne l'ont pas.

Et quand on interroge, on les met après les pronoms personnels :

Habe ich es? l'ai-je? est-ce que je l'ai?	Haben wir es? l'avons-nous?
Hast du es? l'as-tu?	Habet ihr es? l'avez-vous?
Hat er es? l'a-t-il?	Haben sie es? l'ont-ils?

Mixte.

Singulier.	Pluriel.
Habe ich es nicht? ne l'ai-je pas?	Haben wir es nicht? ne l'avons-nous pas?
Hast du es nicht? ne l'as-tu pas?	Habet ihr es nicht? ne l'avez-vous pas?
Hat er es nicht? ne l'a-t-il pas?	Haben sie es nicht? ne l'ont-ils pas?

Davon, en.

Singulier.	Pluriel.
Ich habe davon, j'en ai.	Wir haben davon, nous en avons.
Du hast davon, tu en as.	
Er hat davon, il en a.	Ihr habet davon, vous en avez.
Sie hat davon, elle en a.	Sie haben davon, ils en ont.

Interrogatif.

Singulier.	Pluriel.
Habe ich davon? en ai-je, est-ce que j'en ai.	Haben wir davon? en avons-nous?
Hast du davon? en as-tu?	Habet ihr davon? en avez-vous?
Hat er davon? en a-t-il?	Haben sie davon? en ont-ils?

Négatif.

Davon, se met après la négation :

Singulier.	Pluriel.
Ich habe nicht davon, je n'en ai pas.	Wir haben nicht davon, nous n'en avons pas.
Du hast nicht davon, tu n'en as pas.	Ihr habet nicht davon, vous n'en avez pas.
Er hat nicht davon, il n'en a pas.	Sie haben nicht davon, ils n'en ont pas.

Mixte.

Singulier.	Pluriel.
Habe ich nicht davon? n'en ai-je pas?	Haben wir nicht davon? n'en avons-nous pas?
Hast du nicht davon? n'en as-tu pas?	Habet ihr nicht davon? n'en avez-vous pas?
Hat er nicht davon? n'en a-t-il pas?	Haben sie nicht davon? n'en ont-ils pas?

De même se met la particule da, ꝛc. par exemple : Er ist da, darin, il y est; er ist nicht da, il n'y est pas; ist er da? y est-il? ist er nicht da? n'y est-il pas?

Ces particules se mettent aussi après les adverbes et les pronoms personnels, mais avant les prépositions séparables; par exemple: Er war auch da, il y étoit aussi. Ich bewundere mich sehr darüber, je m'en étonne beaucoup. Wir langten glüflich daselbst an, nous y arrivâmes heureusement, etc.

Quand il s'agit de choisir une de ces particules, par ex. pour rendre l'*y* dans cette phrase: *Avez-vous été à cette affaire? Oui, j'y ai été*, il faut d'abord voir quel est le régime du verbe allemand, et quelle est la préposition qu'il demande; par exemple: Etre à une affaire, se dit en allemand: Bei einem Handel seyn; c'est donc ici la particule dabei qu'il faut choisir parmi celles qui servent à rendre la particule françoise *y*, en disant: Seyd ihr auch bei diesem Handel gewesen? Ja, ich bin dabei gewesen.

C'est ainsi qu'on dit: Ich weis schon, daß euer Bruder gestorben ist, und bin darüber betrübt, je sais déjà que votre frère est mort, et j'en suis affligé, etc.; car on dit über etwas betrübt seyn, être affligé de quelque chose. On dit: Ihr habet geheurathet? Ich wünsche euch Glük dazu, vous vous êtes marié? je vous en félicite, etc.; car la construction allemande est: Einem zu etwas Glük wünschen, féliciter quelqu'un sur quelque chose. On dit: Ihr habet mir zwei Dukaten geschiffet, ich danke Euch dafür, vous m'avez envoyé deux ducats, je vous en remercie; parce qu'on dit: Einem für etwas danken, remercier quelqu'un de quelque chose. Voyez le régime des verbes, pag. 213.

La particule *y*, est rendue par da, lorsque le verbe signifie un repos, comme: Ich bin auch da gewesen, j'y ai été aussi. Elle est rendue par hin, ou dahin, lorsque le verbe marque le mouvement d'un lieu à l'autre, comme: Ich will auch hin ou dahin kommen, j'y viendrai aussi; et elle est rendue par hinauf, hinunter, hinaus, hinein, hinüber, ꝛc. selon que le mouvement se fait *du bas en haut*, *du haut en bas*, *du dedans en dehors*, *du dehors en dedans*, ou *d'un côté vers l'autre*, etc.

Si cette même particule tient lieu d'un pronom personnel, on est obligé de la rendre par les pronoms er, sie, es, comme: Er ist ein ehrlicher Mann, verlasset euch auf ihn, c'est un honnête homme, fiez-vous-y (à lui). Si l'on disoit en ce cas: Verlasset euch darauf, cela signifieroit: Fiez-vous à ce que je vous dis.

Les Allemands n'ont point de particules qui se rapportent

au génitif. C'est delà que, pour rendre la particule relative *en*, il faut mettre les génitifs du pronom beſſen, deren, de qui, de laquelle, desquels, desquelles, dont, toutes les fois que le verbe allemand gouverne le génitif; par exemple: Seyd ihr Geldes benöthiget? Ja, ich bin deſſen benöthiget, avez-vous besoin d'argent? Oui, j'en ai besoin. Erinnern Sie ſich deſſen noch? vous en souvenez-vous encore? Nein, ich erinnere mich deſſen nicht mehr, non, je ne m'en souviens plus.

On rend la particule *en*, par le pronom welcher, welche, welches, lorsque le substantif auquel elle se rapporte auroit au nominatif l'article partitif du, de la, comme: Iſt Hafer da? Ja, es iſt welcher da, y a-t-il de l'avoine? Oui, il y en a. Habet ihr Wein? Ja, ich habe welchen, avez-vous du vin? Oui, j'en ai. *Nota*. On peut aussi supprimer le pronom en ce cas, et dire tout court: Ja, es iſt da, oui, il y a, etc. Si la réponse est négative, on se sert du mot négatif keiner, keine, keines, aucun, aucune; par exemple: Nein, es iſt keiner da, non, il n'y en a point; nein, ich habe keinen, non je n'en ai point.

La dite particule, lorsqu'elle se rapporte à un nom mis avec l'article indéfini, s'exprime au singulier simplement par einer, eine, eines, et au pluriel par le pronom au génitif ihrer, d'eux, d'elles; par exemple: Hat er einen Sohn? Ja, er hat einen, a-t-il un fils? Oui, il en a un; ja, er hat ihrer etliche, oui, il en a quelques-uns; ja, er hat ihrer drei, oui, il en a trois. Wie viel ſind ihrer? combien y en a-t-il? Es ſind ihrer ſechſe, il y en a six.

Cette même particule est rendue par daran, lorsqu'elle est jointe à un nom d'abondance, de fertilité, etc.; par exemple: Giebt es viel Getreid in euerem Lande? Ja, es iſt reich daran, es hat einen Ueberfluß daran, y a-t-il beaucoup de blé dans votre pays? Oui, il en est riche, il en abonde. C'est parce qu'on dit en allemand reich an etwas ſeyn, être riche en quelque chose.

Les Allemands mettent quelquefois une particule relative, où les François ne pourroient s'en servir; par exemple: Machet es wie man es hier machet, faites comme on fait ici. Ich bin es zufrieden, daß er mich in kleinen Thalern bezahle, je consens qu'il me paie en petits écus. Ich will darauf bedacht ſeyn, euch zu befriedigen, je songerai à vous contenter. Ich mache mir ein Vergnügen daraus, Ihnen zu dienen, je me fais un plaisir de vous servir. Wenn ſich die Gelegenheit dazu ereignet, Ihnen zu dienen, si l'occasion se présente de vous servir, etc.

La particule en, [illegible] dans les phrases suivantes et autres semblables: Es gibt viele, welche behaupten, il y en a beaucoup qui soutiennent. Arrian saget eben dieses von Alexandern, Arrien en dit autant d'Alexandre. Ein Unglück ziehet fast immer ein anderes nach sich, un malheur en amène presque toujours un autre. Habet ihr eine Feder? avez-vous une plume? Ja, ich habe eine, oui, j'en ai une. Da sind andere, en voilà d'autres, etc.

* On joint souvent aux verbes allemands qui marquent un mouvement, certaines particules qui n'embarrassent pas peu les François, comme : herein, hinein, herauf, hinauf, ꝛc. Par exemple : Herein ou hinein gehen ou kommen, entrer; Herauf ou hinauf kommen ou gehen, monter; et voici comment on les distingue : Si quelqu'un doit venir au lieu où l'on est, on dit herein, et s'il monte herauf; mais si quelqu'un doit aller à un lieu où l'on n'est pas, on dit hinein, et s'il faut monter hinauf; par exemple : Kommet herein, gehet herein, ou seulement herein, entrez (celui qui le dit est dans la chambre, et l'autre est devant la porte). Kommet herauf, gehet herauf, montez (celui qui dit cela est en haut, et l'autre en bas). Gehet hinein, entrez; c'est-à-dire, il doit entrer dans la chambre (le jardin, etc.) où celui qui le dit n'est pas. Gehet hinauf, montez; c'est-à-dire, il doit aller où celui qui le dit n'est pas; mais quand il doit venir où il est, il dit : Kommet herauf, ꝛc. Her, herbei, est ordinairement exprimé par ici, çà; et hin, par y; par exemple : Kommet her, venez ici, ou çà; gehet hin, allez-y, etc.

Thêmes sur les Verbes auxiliaires.

82.

Il est facile de dire : Je suis content; mais il est difficile de l'être toujours. Celui qui est content, est riche. Vous êtes content, et moi je le suis aussi : ainsi nous sommes riches sans avoir beaucoup d'argent. — Vous êtes toujours de bonne humeur; mais vos sœurs sont toujours tristes : dites-moi, pourquoi le sont-elles? — Elles ne le sont pas toujours; elles sont quelquefois de fort bonne humeur, et surtout la cadette, qui est quelquefois si gaie qu'elle me fait peur.

Il, es.	Difficile, schwer.
Facile, leicht.	Toujours, immer.
De dire, zu sagen.	Ainsi, also.
Content, zufrieden, vergnügt.	De bonne humeur, gai, lustig.

Triste, traurig.	Surtout, besonders.
Quelquefois, manchmal, bisweilen.	La cadette, die jüngste.
De fort bonne humeur, recht lustig, ou aufgeräumt.	Qu'elle me fait peur, daß ich mich vor ihr fürchte.

83.

Qui est là? — C'est moi : ouvrez. Où est Monsieur votre frère? — Il n'est pas à la maison. — Je viens pour vous demander si vous êtes content de l'argent que je vous ai envoyé. — Pour moi, j'en suis content; mais mon frère n'en est pas content. — Et pourquoi? — Parce qu'il y en a trop peu. — Il y en a assez, Monsieur. Il faut considérer que je suis un pauvre homme; j'ai un grand nombre d'enfans, ... ma femme est morte il y a quelques jours, et... Ne pleurez pas, mon ami : Tous les hommes sont mortels, et par conséquent nous le sommes aussi. — Voilà justement la raison pourquoi je pleure.

C'est moi, ich bin es.	Il faut considérer, ihr müßt (Sie müssen) bedenken.
Ouvrez, machet auf.	
Je viens, ich komme.	Morte, gestorben.
Pour — demander, um zu fragen.	Il y a quelques jours, vor einigen Tagen.
Si, ob.	Ne pleurez pas, weinet nicht.
De l'argent, mit dem Gelde.	L'homme, der Mensch, 3.
Envoyé, geschickt.	Mortels, sterblich.
Pour moi, was mich anbelanget.	Par conséquent, folglich.
Parce qu'il y en a trop peu, weil es zu wenig ist.	Voilà justement la raison pourquoi je pleure, das ist eben die Ursache warum ich weine.
Il y en a assez, es ist genug.	

84.

Je n'ai point d'argent, et je suis pourtant content; vous en avez beaucoup, et vous ne l'êtes pas. — Ma femme a un bon mari, et moi j'ai une bonne femme; ainsi nous avons sujet d'être contens l'un de l'autre. — J'ai grand'soif, entrons dans ce cabaret. — Vous avez toujours soif quand vous voyez un cabaret. — Où est Mademoiselle votre sœur? — Elle est à la maison; elle a mal à la tête. — Elle a trop dansé au bal.

Pourtant, doch.	L'un de l'autre, mit einander.
La femme, die Frau, 3.	La soif, der Durst, 2.
Le mari, der Mann, 4. ä.	Entrons dans ce cabaret, wir wollen in diese Schenke gehen.
Avoir sujet, Ursache haben.	

Voyez, sehet. | Trop dansé, zu viel getanzt.
Mal à la tête, Kopfweh. | Au bal, auf dem Ball.

85.

Lisette! où est mon cachet d'argent? L'avez-vous peut-être? — Je vous demande pardon, Madame, je ne l'ai pas. — Ne l'avez-vous donc pas vu? — Je l'ai bien vu; mais non pas aujourd'hui. — Est-ce que mon frère est venu ici pendant mon absence? — Je ne l'ai pas vu, Madame; Monsieur votre époux a été dans votre chambre. — Ah Ciel! où est donc ma bague? — Monsieur votre époux l'a vendue à un Juif. — Je ne vois pas non plus mes boucles d'or! — Il les a aussi vendues.

Lisette! Lisette, Lieschen! | Abwesenheit hier gekommen?
Un cachet d'argent, ein silbernes Pettschaft. | Monsieur votre époux, Ihr Herr Gemahl, 2.
Peut-être, vielleicht. | La chambre, das Zimmer, 1.
Je vous demande pardon, ich bitte um Vergebung. | Ah Ciel! ach Himmel!
Madame, Madam. | Donc, denn.
Vu, gesehen. | La bague, der Ring, 2.
Bien, wohl. | Vendu, verkauft.
Non pas aujourd'hui, heute nicht. | Le Juif, der Jude, 3.
Est-ce que mon frère est venu ici pendant mon absence? ist mein Bruder in meiner | Je ne vois pas non plus, ich sehe ja auch — nicht.
 | La boucle d'or, die goldene Schnalle, 3.

86.

Avez-vous encore les mille florins que vous avez gagnés à la loterie? — J'en (*) ai encore la moitié. — N'en avez-vous donc rien donné à votre pauvre frère? — Oui, Monsieur, je lui en ai donné deux florins. — Combien d'enfans a Monsieur votre frère? — Il en (**) a, je crois, plus de vingt. — Combien de femmes a-t-il donc eues? — Il en a déjà eu sept, et maintenant il a la huitième, qui est fort méchante, et qu'il nomme pour cela son purgatoire.

Un florin, ein Gulden, 1. | (**) deren.
Gagnés, gewonnen. | Je crois, glaub' ich.
A la loterie, in der Lotterie. | Déjà, schon.
Encore, noch. | La huitième, die achte.
La moitié, die Hälfte, 3. | Méchante, bös, schlimm.
Donné, gegeben. | Qu'il nomme pour cela, die er deswegen — nennet.
Combien, wie viel. |
(*) davon. | Le purgatoire, das Fegfeuer, 1.

87.

Je fus hier chez Monsieur votre frère, et Mademoiselle votre sœur y fut aussi : où fûtes-vous donc ? — Je fus chez mon beau-frère ; mais je souhaiterois n'avoir pas été chez lui, car il étoit ivre, et sa chère femme l'étoit aussi. Fi! lui dis-je, j'ai honte d'être votre beau-frère. Vous avez raison, me dit-il ; faites-moi le plaisir de boire ce verre d'eau-de-vie à ma santé.

Le beau-frère, der Schwager, 1. ä.	J'ai honte, ich schäme mich.
	Raison, recht.
Je souhaiterois n'avoir pas été chez lui, ich wünschte, daß ich nicht bei ihm gewesen wäre.	Faites-moi le plaisir de boire, thut mir den Gefallen und trinket.
	Un verre d'eau-de-vie, ein Glas Branntwein.
Ivre, betrunken.	
Chère, liebe.	A ma santé, auf meine Gesundheit.
Fi! pfui!	

88.

J'eus hier l'honneur de voir Mademoiselle votre cousine, et elle eut le plaisir de me parler d'un de ses frères, qui eut avant-hier la colique pour avoir trop mangé. — Nous avions l'année passée plus d'argent que nous n'en (*) avons cette année. Savez-vous pourquoi ? Nous étions plus économes et nous n'avions pas si soif que cette année.

L'honneur, die Ehre, 3.	L'année passée, voriges Jahr.
De voir, zu sehen.	(*) En *n'est pas traduit ici.*
Le plaisir, das Vergnügen, 1.	Savez, wisset.
De me parler, mit mir — zu sprechen.	Nous étions plus économes, wir hatten besser Haus gehalten.
Avant-hier, vorgestern.	
La colique, Bauchgrimmen.	Si soif, so viel Durst.
Pour avoir trop mangé, weil er zu viel gegessen hatte.	

89.

Où avez-vous été, mon ami, depuis que je ne vous ai vu ? — J'ai été à Londres et à Pétersbourg. — N'avez-vous pas été à Paris ? — Non, mon ami, je n'y ai pas été ; mais j'ai été à Versailles. — Y avez-vous parlé à Monsieur Sincère ? — Oui, Monsieur ; le pauvre diable étoit fort triste. — Pourquoi ? — Il aime à la folie une très-belle Demoiselle, qui ne peut le souffrir.

Depuis que je ne vous ai vu ? | seitdem ich euch nicht gesehen habe?

Londres, London.
Il aime à la folie, er ist sterblich — verliebt in.

Qui ne peut le souffrir, die
ihn nicht leiden kann.

90.

Vous avez eu mon livre, où est-il ? — Je l'ai eu, mais je ne l'ai plus. — Où l'avez-vous donc mis ? — Je l'ai mis sur la table. — Ah ! le voilà. Avez-vous eu aussi ma plume ? — Non, mon ami, je ne l'ai pas eue, je crois que Monsieur votre frère l'a prise. — A-t-il aussi pris mon cachet ? — Je n'ai pas vu qu'il l'ait pris.

Le livre, das Buch, 4. ü.
Où, wo.
Donc mis, denn hingelegt.
Mis sur la table, auf den Tisch gelegt.

Ah ! le voilà, ach ! da ist es.
La plume, die Feder, 1.
Prise, pris, genommen.

91.

N'avez-vous pas été content de nous, mon cher père, à votre retour de Strasbourg ? — Oui, mes chers enfans, j'ai été parfaitement content de vous et de votre sœur ; mais je ne l'ai pas été de Jacques. — Et pourquoi, mon cher père ? — Parce qu'il avoit été méchant pendant mon absence. S'il eût été à la maison à mon arrivée, il auroit eu certainement une bonne mercuriale.

Content de, zufrieden mit, 2c.
Parfaitement, vollkommen.
Jacques, Jakob.
Méchant, unartig.
Pendant mon absence, während meiner Abwesenheit.

Si, wenn.
A mon arrivée, bei meiner Ankunft.
Une bonne mercuriale, ein derber Auspuzzer, oder Verweis.

92.

Dès que je fus rétabli de ma maladie, je partis pour Spa, pour y prendre les eaux minérales. Après y avoir fait un séjour de quelques semaines, je partis pour Francfort, et.... je suis au désespoir !... à mon arrivée je ne trouvai plus ma femme, et personne ne sait ce qu'elle est devenue.

Dès que, sobald als.
Rétabli, hergestellet.
La maladie, die Krankheit, 3.
Je partis pour, reiste ich nach.
Pour y prendre les eaux minérales, um allda die Kur zu trinken.

Après y avoir fait un séjour de quelques semaines, nachdem ich mich einige Wochen allda aufgehalten hatte.
Je suis au désespoir ! o ! ich möchte verzweifeln.
Je ne trouvai plus, fand ich — nicht mehr.

Personne ne sait, niemand weis. | Ce qu'elle est devenue, wo sie hingekommen ist.

93.

J'étois fort triste, lorsque mon cousin vint chez moi. Qu'avez-vous, me demanda-t-il? Ah! mon cousin, lui répondis-je, en perdant ma femme, j'ai tout perdu. Doucement, mon cher, me dit-il, il y a bon remède à cela; vous êtes jeune, bien fait, il s'en trouvera bien une autre pour vous. Je n'en veux point d'autre, répliquai-je, que celle que j'ai perdue. J'irai la chercher; et si je la trouve, je la prierai de retourner auprès de ses enfans.

Triste, traurig.	Bien fait, wohlgestalt.
Lorsque, da, als.	Il s'en trouvera bien une autre pour vous, es wird sich schon eine andere für euch finden.
Vint chez moi, zu mir kam.	
Qu'avez-vous? was fehlt euch?	
Me demanda-t-il, fragte er mich.	Je n'en veux point d'autre, ich will keine andere.
Lui répondis-je, antwortete ich ihm.	Répliquai-je, erwiederte ich.
En perdant, indem ich verlor.	J'irai la chercher, ich will sie aufsuchen.
Tout perdu, alles verloren.	Trouve, finde.
Doucement, sachte.	Je la prierai, will ich sie bitten.
Il y a bon remède à cela, dafür giebt es guter Rath.	De retourner auprès de ses enfans, sich wieder zu ihren Kindern zu begeben.
Jeune, jung.	

94.

Je serai content de vous, mon cher voisin, quand vous le serez de moi; et quand vous ne le serez pas de moi, je ne le serai pas non plus de vous. — Mais je ne le suis pas de moi-même, comment le serai-je de vous? — Je me conduirai toujours de sorte envers vous, que vous serez certainement content de moi, et quand vous ne l'êtes pas de vous-même, c'est votre faute; car vous vous portez bien; et vous êtes à votre aise. — Mon ami, vous ne savez pas ce qui m'inquiète: je vous le dirai à l'occasion. Serez-vous demain à la maison? — Demain, je n'y serai pas; car je me mettrai encore aujourd'hui en chemin pour aller chercher ma femme.

Le voisin, der Nachbar, s.	Je me conduirai toujours de sorte envers vous, ich werde mich jederzeit so gegen euch betragen.
Quand, wann.	
Ne — pas non plus, auch nicht.	
Comment le serai-je, wie werde ich es — seyn können.	
	Certainement, gewislich.

C'est votre faute, fo ift es euere Schuld.
Car vous vous portez bien, denn ihr befindet euch wohl.
Et vous êtes à votre aise, und könnet gemächlich leben.
Vous ne savez pas, ihr wiſſet nicht.
Ce qui m'inquiète, was mich beunruhiget.

Je vous le dirai à l'occasion, ich will es euch gelegenheitlich fagen.
Demain, morgen.
Je me mettrai encore aujourd'hui en chemin, ich werde mich heute noch auf den Weg machen.
Pour aller chercher, um — aufzufuchen.

95.

J'aurai une grande joie quand je reverrai ma femme; mais si elle en aura aussi.... c'est ce que j'ignore. Je crois que j'aurai de ses nouvelles quand je serai arrivé à Strasbourg. Vous aurez la bonté, mon ami, de me prêter vingt louis; je vous les rendrai quand j'aurai gagné le gros lot.

La joie, die Freude, 3.
Quand je reverrai, wann ich — wiederſehen werde.
C'est ce que j'ignore, iſt mir unbekannt.
Je crois que j'aurai de ses nouvelles, ich glaube ich werde Nachricht von ihr erhalten.

Arrivé, angekommen.
La bonté, die Güte, 3.
De me prêter, mir — zu leihen.
Un louis, ein Louisd'or.
Je vous les rendrai, ich werde ſie euch wiedergeben.
Gagné, gewonnen.
Le gros lot, das groſe Loos, 2.

96.

Ayez patience, mon ami, et ne soyez pas triste; la tristesse ne nous avance de rien. N'ayez pas peur de vos créanciers: soyez tranquille, ils ne vous feront aucun mal. Il faut être content sans argent et sans crédit.

La patience, die Geduld, 3.
La tristesse ne nous avance de rien, die Traurigkeit bringt uns um nichts weiter.
Avoir peur de quelqu'un, ſich vor einem fürchten.
Le créancier, der Gläubiger, 1.

Tranquille, ruhig.
Ils ne vous feront aucun mal, ſie werden euch nichts zu Leid thun.
Il faut, man muß.
Sans crédit, ohne Credit.

97.

Croyez-vous que je sois capable d'être content sans argent et sans crédit? — Doutez-vous peut-être que je ne le sois pas? Quoique je sois chargé de dettes, je suis pourtant de bonne humeur; et quand je ne le suis pas, je tâche de l'être. — N'avoir pas de quoi vivre et être de bonne humeur, cela me passe. — Je vois bien, mon ami, que vous ne connoissez pas encore les François.

Croyez-vous, glaubet ihr.	Je tâche, so trachte ich.
Capable, im Stande, fähig.	N'avoir pas de quoi vivre, nichts zu leben haben.
Doutez-vous, zweifelt ihr.	
Quoique, obschon.	Je vois bien, ich sehe wohl.
Chargé de dettes, voller Schulden.	Que vous ne connoissez pas encore, daß ihr — noch nicht kennet.
Pourtant, doch, dennoch.	

98.

Il faut que vous ayez patience, quoique vous n'en ayez pas envie; car il me faut aussi attendre jusqu'à ce qu'on me paie ce qu'on me doit. Aussi-tôt que j'aurai de l'argent, je vous paierai tout ce que vous avez avancé pour moi. Ne croyez pas que je l'aie oublié; car j'y pense tous les jours. Je suis votre débiteur, et je ne le nierai jamais.

Il faut que, ihr müßt.	Tout ce que vous avez avancé pour moi, alles was ihr für mich ausgelegt habet.
En, darzu.	
L'envie, die Lust, 2.	
Il me faut aussi attendre, ich muß auch warten.	Ne croyez pas, glaubet nicht.
Jusqu'à ce qu'on me paie, bis man mir bezahlt.	Oublié, vergessen.
	J'y pense tous les jours, ich denke alle Tage daran.
Ce qu'on me doit, was man mir schuldig ist.	Le débiteur, der Schuldner, 1.
Je vous paierai, werde ich euch bezahlen.	Je ne le nierai jamais, ich werde es nie leugnen.

99.

Je serois heureux, et mon frère le seroit aussi, si nous avions ce que nous n'avons pas. — Cela est vrai: mais vous ne seriez pas si mélancolique, si vous étiez content de ce que vous avez. Votre pauvre cousin seroit certainement content, s'il étoit à votre place.

Aussi, auch.	De ce que, mit dem was.
Vrai, wahr.	Le cousin, der Vetter, 1.
Si mélancolique, so schwermüthig.	Certainement, gewislich.
	A votre place, an eurer Stelle.

100.

Je n'aurois pas lieu de me plaindre, si j'avois ce que je n'ai pas. — Mon ami, quand on a le nécessaire, il faut être content. — Je le serois aussi, si j'avois cent mille florins, une belle femme avec une belle maison, et une jolie voiture à quatre chevaux blancs. — Croyez-moi, mon ami, avec tout cela on peut être fort malheureux. Il y avoit un certain fou qui dit un jour: Je souhaiterois être grand seigneur et avoir quatre chevaux gris; quel plaisir seroit-ce (es) pour moi, quand à ma fenêtre, je pourrois me voir aller en carrosse par toutes les rues de la ville.

Avoir lieu, Urſache haben.
De me plaindre, mich zu beklagen.
Ce que, das was.
Le nécessaire, das Nöthige, ſein Auskommen.
Il faut être, muß man — ſeyn.
Avec, nebſt, a le datif.
Une voiture à, ein Wagen mit.
Un cheval blanc, ein Schimmel, 1.
Croyez-moi, glaubet mir.
Avec tout cela, mit all dieſem.
On peut, kann man.
Fort malheureux, ſehr unglüklich.
Il y avoit, es war.
Un certain fou, ein gewiſſer Narr.

Un jour, eines Tags.
Dit, ſagte.
Je souhaiterois être grand seigneur, ich wünſchte ich wäre ein groſer Herr.
Et avoir quatre chevaux gris, und daß ich vier Grauſchimmel hätte.
Le plaisir, das Vergnügen, 1.
Quand à ma fenêtre, je pourrois me voir aller en carrosse, wann ich mich an meinem Fenſter könnte in der Kutſche — fahren ſehen.
Par, durch.
La rue, die Straſe, 3.
La ville, die Stadt, 2. à.

101.

Je voudrois que vous fussiez plus attentif que vous n'êtes, et que votre frère fût moins distrait; je serois alors fort content de vous et de lui. — Je souhaiterois avoir plus de tems pour apprendre que je n'en ai, je serois toujours en sorte que vous seriez assurément content de moi. — Mon ami, ce n'est qu'un prétexte; vous avez du tems de reste, mais vous ne l'employez pas comme il faut.

Je voudrois, ich wollte.
Attentif, aufmerkſam.
Que vous n'êtes, (*), als ihr ſeyd.

Moins distrait, nicht ſo zerſtreut.
Alors, alsdann.
Je souhaiterois avoir plus de

───────────

(*) Le *ne*, qu'on met en françois après le comparatif, ne se traduit pas en allemand.

tems

tems pour apprendre, ich wünschte, daß ich mehr Zeit zum lernen hätte.	Un prétexte, ein Vorwand, 2. à.
Je ferois en sorte, ich würde es so machen.	Avoir du tems de reste, überflüssig Zeit haben.
Assurément, sicher.	Mais vous ne l'employez pas comme il faut, allein ihr wendet sie nicht behörig an.
Ne — que, nur.	

102.

Plût à Dieu que j'eusse ce que je souhaite d'avoir, et que vous eussiez ce que vous désirez si passionnément ; que nous serions heureux ! — Peut-être, mon ami. Ne souhaitons plus rien ; mais prenons les choses comme il plaira à la Providence de nous les envoyer.

Plût à Dieu, wollte Gott.	Ne souhaitons plus rien, wir wollen nichts mehr wünschen.
Ce que, das was.	
Souhaite d'avoir, zu haben wünsche.	Mais prenons, sondern — so annehmen.
Vous désirez si passionnément, ihr so sehnlich wünschet.	Les choses, die Dinge, Sachen.
	Comme il plaira, wie es — gefallen wird.
Que nous serions heureux ! was würden wir so glücklich seyn!	La Providence, die Vorsehung.
	De nous les envoyer, sie uns zuzuschiffen.
Peut-être, vielleicht.	

103.

Monsieur Lolli voudroit bien avoir ce qu'il n'a pas, et sa femme souhaiteroit n'avoir pas ce qu'elle a. Pour lui, il voudroit bien avoir une autre femme, et elle souhaiteroit avoir un autre mari. — Il y a des hommes qui cherchent ce qu'ils n'ont pas, et d'autres qui cherchent ce qu'ils ont. —

Voudroit bien, wollte.	Il voudroit bien, er möchte gerne.
Souhaiteroit, wünschte.	
Pour lui, was ihn anbelanget.	Il y a, es giebt.
	Cherchent, suchen.
	D'autres, andere.

104.

Croyez-vous peut-être que j'aie été chez Monsieur votre frère, ou qu'il ait été chez moi ? — Ne le niez pas, il faut que vous ayez été chez lui, ou qu'il ait été chez vous ; car il m'a dit quelque chose qui prouve que vous lui avez parlé aujourd'hui. — Je vous assure que je ne l'ai pas vu d'au-

K

jourd'hui. — Il faut donc que mes sœurs aient été chez vous. — Non plus. Il faut bien que je vous le dise ; il a tout appris par un billet que je lui ai envoyé aujourd'hui.

Croyez-vous, glaubet ihr.	Vu, gesehen.
Chez, bei, avec le datif.	Il faut donc que, so müssen
Ne le niez pas, leugnet es nicht.	denn.
Il faut que vous, ihr müsset.	Non plus, auch nicht.
Ou qu'il, oder er muß.	Il faut bien que je vous le
Car, denn.	dise, ich muß es euch nur
Quelque chose, etwas.	sagen.
Prouve, beweißt.	Tout appris, alles erfahren.
Que vous lui avez parlé, daß ihr mit ihm gesprochen habt.	Par, durch.
	Un billet, ein Handbriefchen, 1.
Je vous assure, Ich versichere euch.	Envoyé, überschickt.

105.

Ne croyez pas que j'aie eu votre montre, et ne croyez pas non plus que mon frère ait eu votre tabatière ; car j'ai vu que Mademoiselle Ninon avoit l'une et l'autre, lorsque nous jouions aux gages touchés.

Ne croyez pas, glaubet nicht.	L'une et l'autre, beides.
La montre, die Uhr, 3.	Lorsque nous jouions aux gages touchés, da wir Pfänder spielten.
Ne — pas, non plus, auch nicht.	
La tabatière, die Dose, 3.	

106.

Mon ami n'auroit pas été fâché de sa perte, si Mademoiselle Ninon avoit encore eu sa montre et sa tabatière : elle les lui auroit rendues avec bien du plaisir, si elle les avoit trouvées à la place où elle les avoit mises. Elle n'auroit pas caché ces choses, si elle avoit su qu'un autre les prendroit, et qu'elle seroit obligée de les payer.

Fâché, verdrießlich.	Mises, hingelegt.
De sa perte, über seinen Verlust.	Caché, versteckt.
	Su, gewußt.
Encore, noch.	Qu'un autre les prendroit, daß sie ein anderer nehmen würde.
Rendues, wiedergegeben.	
Avec bien du plaisir, mit vielem Vergnügen.	
	Obligée, genöthiget.
Trouvées, gefunden.	De les payer, sie zu bezahlen.
A la place, an dem Orte.	

107.

Monsieur Remi souhaiteroit qu'il n'eût pas eu la foiblesse de dire des grossièretés à Mademoiselle Ninon ; et elle voudroit qu'elle n'eût jamais vu ni la montre ni la tabatière de ce Monsieur, qu'elle aime tendrement, quoiqu'il en aime une autre.

La foiblesse, die Schwachheit, 3.	N. Grobheiten zu sagen.
De dire des grossièretés à Mademoiselle N., der Jungfer	Ni — ni, weder — noch. Qu'elle aime tendrement, den sie zärtlich liebt.

108.

Quand vous aurez été à Strasbourg, et quand j'aurai été à Mannheim, nous partirons pour Metz ; et de là pour Paris, où nous nous arrêterons quelque temps. Et quand nous aurons vu toutes les choses remarquables qui s'y trouvent, nous irons à Versailles, où nous passerons le reste de nos jours en vrais philosophes.

Pour, nach.	Nous irons, so wollen wir — gehen.
De là, von da.	
Où nous nous arrêterons quelque temps, allwo wir uns einige Zeit aufhalten wollen.	Où nous passerons le reste de nos jours en vrais philosophes, wo wir unsere übrigen Tage als wahre Philosophen (Weltweisen) zubringen wollen.
Toutes les choses remarquables qui s'y trouvent, alles merkwürdige daselbst.	

109.

Mon fils, pour être aimé et loué, il faut être diligent et sage. On vous accuse d'avoir été paresseux et négligent dans vos affaires. Vous savez que votre frère a été châtié pour avoir été méchant. Etant l'autre jour à la campagne, je reçus une lettre de votre gouverneur, dans laquelle il se plaignoit fort de vous. Ne pleurez pas, mais allez maintenant dans votre chambre ; apprenez votre leçon et soyez sage, autrement vous n'aurez rien à dîner. — Je serai si sage, mon cher père, que vous serez certainement content de moi. — Cela dit, il alla dans sa chambre, prit ses livres, se mit à table, et.... s'endormit. C'est un très-bon garçon quand il dort.

Le fils, der Sohn, 2. ö.	Il faut, muß man.
Pour être aimé et loué, um geliebt und gelobt zu werden.	Diligent et sage, fleißig und artig.

On vous accuse, man beschuldiget dich.	dern gehe anjezzo.
Paresseux, faul, träge.	La chambre, das Zimmer, 1.
Négligent, nachlässig.	Apprenez, lerne.
Dans vos affaires, in deinen Geschäften.	La leçon, die Lection, 3.
Vous savez, du weißt.	Sage, gescheit.
A été châtié, gestraft worden ist.	Autrement, sonst.
	Vous n'auriez rien à dîner, bekömmst du nichts zu Mittag zu essen.
Pour avoir été méchant, weil er unartig gewesen war.	Si, so.
Etant l'autre jour à la campagne, da ich neulich auf dem Lande war.	Certainement, gewißlich.
	Il alla, gieng er.
	Prit, nahm.
Je reçus, erhielte ich.	Le livre, das Buch, 4. ü.
La lettre, der Brief, 2.	Se mit à table, sezte sich an Tisch.
Dans laquelle, in welchem.	S'endormit, schlief ein.
Il se plaignoit fort de vous, er sich sehr über dich beklagte.	C'est, es ist.
	Un très-bon garçon, ein gar guter Junge.
Ne pleurez pas, weine nicht.	
Mais allez maintenant, son=	Dort, schläft.

110.

Je viens chez vous, mon cher voisin, pour avoir l'argent que vous me devez. — Mon ami, il faut encore avoir patience; car vous savez bien qu'il n'y a rien à (zu) avoir de celui qui n'a rien: j'ai eu autrefois beaucoup d'argent, et j'espère en avoir encore; et si je n'en reçois pas, j'en ai pourtant eu. — Mais, mon ami, avoir de l'argent et en avoir eu, n'est pas la même chose.

Je viens chez vous, ich komme zu euch.	Qu'il n'y a rien, daß nichts—ist.
	Autrefois, ehedessen.
Mon cher voisin, mein lieber Nachbar.	J'espère, ich hoffe.
	Et si je n'en reçois pas, und wenn ich kein's bekommen werde.
Que vous me devez, das ihr mir schuldig seyd.	
Il faut, ihr müßt.	J'en ai pourtant eu, so habe ich dessen doch gehabt.
La patience, die Geduld.	
Vous savez bien, ihr wisset wohl.	N'est pas la même chose, ist nicht einerlei.

De la formation des temps des Verbes réguliers.

Les temps sont simples ou composés; les premiers se conjuguent par la variation de leurs terminaisons, et les seconds, formés du second participe ou de l'infinitif du verbe dont il s'agit, se conjuguent par le présent ou l'imparfait d'un verbe auxiliaire.

De l'infinitif, dérivent tous les autres temps. Il se termine toujours en en, comme Loben, louer; lieben, aimer, etc. excepté dans les verbes où cette terminaison est précédée d'une l ou d'une r; alors l'e s'élide. Exemple: Schmeicheln, flatter; hindern, empêcher, au lieu de schmeichelen, hinderen.

Le second participe se forme de l'infinitif, en substituant à l'n finale un t, et en le faisant précéder de la syllabe ge: ainsi de loben, se forme gelobet, loué; de reisen, se forme gereiset, parti.

Obs. Le prépositif ge ne se met point:

1. Devant les verbes en iren, dérivés d'une langue étrangère; exemple: de kommandiren on forme kommandiret, et non gekommandiret.

2. Devant les verbes dont les premières syllabes sont be, er, ver, über, ꝛc. Exemples:

Infinitif.	II. *Participe.*	Au lieu de:
Beleben, animer.	belebt, animé.	gebelebt.
Erzählen, raconter.	erzählt, raconté.	geerzählt.
Verkaufen, vendre.	verkauft, vendu.	geverkauft.
Uebersezzen, traduire.	übersezt, traduit.	geübersezt, ꝛc.

Le parfait de l'infinitif est formé du second participe du verbe principal, et de l'infinitif de l'auxiliaire haben ou seyn: Gelobet haben, avoir loué; gereiset seyn, être parti.

Les gérondifs se forment de l'infinitif du verbe et de la particule zu, qui précède cet infinitif ou celui de son auxiliaire: Zu loben, de louer; gelobet zu haben, d'avoir loué; zu reisen, de partir; gereiset zu seyn, d'être parti.

Les temps de l'indicatif et du subjonctif se correspondent si intimement, que je réunirai la formation de ces deux modes sous le même article.

Le présent de l'indicatif et du subjonctif se forme de l'infinitif en supprimant l'n finale: ich lobe, je loue; daß ich lobe, que je loue.

Les terminaisons de ces deux temps par nombre et personnes, sont celles-ci:

Singulier. { e, lobe
{ est lobest
{ et, lobet (*Subjonc.* lobe

Plur. { en, loben
{ et, lobet
{ en, loben.

La troisième personne du singulier du présent qui, dans l'indicatif est terminée en t, l'est dans le subjonctif en e ; dans tous les autres temps, toute troisième personne est semblable à sa première.

L'imparfait des deux modes se forme de l'infinitif, en changeant l'n en te ; de loben, louer, dérive : ich lobete, je louois ; daß ich lobete, que je louasse.

* On peut supprimer l'e pénultième de l'imparfait, aussi bien que celui du second participe, toutes les fois que la prononciation le permet, comme : ich lobte, au lieu de ich lobete ; gelobt, au lieu de gelobet.

Le parfait de l'indicatif se forme du second participe du verbe principal, et du présent des auxiliaires haben ou seyn, et celui du subjonctif du même second participe, et des temps respectifs de ces auxiliaires : de gelobet, loué, dérive : ich habe gelobet, j'ai loué ; daß ich habe gelobet, que j'aie loué ; de gereiset, parti, ich bin gereiset, je suis parti ; daß ich sey gereiset, que je sois parti.

Le plusque-parfait de l'indicatif et du subjonctif se forme du second participe du verbe à conjuguer, et des imparfaits respectifs des auxiliaires haben ou seyn : ich hatte gelobet, j'avois loué ; daß ich hätte gelobet, que j'eusse loué ; ich war gereiset, j'étois parti ; daß ich wäre gereiset, que je fusse parti, etc.

Remarque.

Le plus grand nombre des verbes allemands est régulier.

Règles générales.

Tous les verbes terminés en eln, ern, igen, iren et zen, comme aussi presque tous les verbes qui sont dérivés d'un substantif ou d'un adjectif, sont réguliers, comme : betteln, mendier ; schläfern, avoir sommeil ; endigen, finir ; blamiren, blâmer ; duzen, tutoyer ; fischen (de Fisch, poisson), pêcher ; grünen (de grün, vert), verdir, etc.

Conjugaison du Verbe actif Loben, louer.

Infinitif.

Présent. Loben, louer.
Gérondif. Zu loben, de louer, à louer.
Um zu loben, pour louer.
Ohne zu loben, sans louer.

Parfait. Gelobet haben, avoir loué.
Gérondif. Gelobet zu haben, d'avoir, à avoir loué.
Um gelobet zu haben, pour avoir loué.
Ohne gelobet zu haben, sans avoir loué.
I. Participe. Lobend, ꝛc., louant.
II. Participe. Gelobet, loué.

Indicatif.	Présent.	Subjonctif.

Singulier.

Ich lobe, je loue.	Daß ich lobe, que je loue.
Du lobest, tu loues.	Daß du lobest, que tu loues.
Er lobet, il loue.	Daß er lobe, qu'il loue.

Pluriel.

Wir loben, nous louons.	Daß wir loben, que n. louions.
Ihr lobet, vous louez.	Daß ihr lobet, que vous louiez.
Sie loben, ils louent.	Daß sie loben, qu'ils louent.

Imparfait.

Singulier.

Ich lobete, je louois ou je louai.	Daß ich lobete, que je louerois ou que je louasse.
Du lobetest, tu louois.	Daß du lobetest, q. tu louerois.
Er lobete, il louoit.	Daß er lobete, qu'il loueroit.

Pluriel.

Wir lobeten, nous louions.	Daß wir lobeten, que nous louerions.
Ihr lobetet, vous louiez.	Daß ihr lobetet, q. v. loueriez.
Sie lobeten, ils louoient.	Daß sie lobeten, qu'. loueroient.

Parfait.

S. Ich habe			Daß ich habe	
Du hast			Daß du habest	
Er hat	gelobet, j'ai		Daß er habe	gelobet, que
P. Wir haben	loué, etc.		Daß wir haben	j'aie loué, etc.
Ihr habet			Daß ihr habet	
Sie haben			Daß sie haben	

Plusque-parfait.

S. Ich hatte			Daß ich hätte	
Du hattest			Daß du hättest	
Er hatte	gelobet, j'avois		Daß er hätte	gelobet, que
P. Wir hatten	ou j'eus		Daß wir hätten	j'eusse ou
Ihr hattet	loué, etc.		Daß ihr hättet	j'aurois
Sie hatten			Daß sie hätten	loué, etc.

Indicatif.	*Futur.*	*Subjonctif.*
S. Ich werde Du wirst Er wird P. Wir werden Ihr werdet Sie werden	loben, je louerai, etc.	Daß ich werde Daß du werdest Daß er werde Daß wir werden Daß ihr werdet Daß sie werden	loben, je louerai, etc.

Futur passé.

S. Ich werde Du wirst Er wird P. Wir werden Ihr werdet Sie werden	gelobet haben, j'aurai loué, etc.	Wann ich werde wann du werdest wann er werde wann wir werden wann ihr werdet wann sie werden	gelobet haben, quand j'aurai loué, etc.

Conditionnel présent.		*Conditionnel passé.*	
S. Ich würde Du würdest Er würde P. Wir würden Ihr würdet Sie würden	loben, je louerois, etc.	Ich würde Du würdest Er würde Wir würden Ihr würdet Sie würden	gelobet haben, j'aurois loué, etc.

I. *Impératif.*	II. *Impératif.*	III. *Impératif.*
S. Lobe (du), loue. Daß er lobe, qu'il loue. P. Lobet (ihr), louez. Daß sie loben, qu'ils louent.	Du sollst Er soll Ihr sollet Sie sollen	loben, tu loueras, etc.	Laß Lasse er Lasset Lassen Sie	uns loben, louons, etc.

Remarques sur l'Infinitif.

L'usage du simple infinitif étant plus fréquent chez les François que chez les Allemands, je ferai d'abord voir les cas où nous ne le mettons pas.

1. Nous ne nous servons de l'infinitif ni après une préposition quelconque, ni après une conjonction. Voici la manière de s'exprimer en allemand: Nachdem er dieses gesagt hatte, gieng er weg, après avoir dit cela, il s'en alla. Erst ou anfangs ou anfänglich lobte er mich, hernach sagte er, :c., il commença par me louer, ensuite il dit, etc. Er fieng damit

an, daß er neue Auflagen machte, und endigte damit, daß er das Land ins Verderben stürzte, ou der Anfang war, daß — und das Ende, daß — il débuta par faire de nouvelles impositions, et il finit par ruiner le pays. Er meinte dahin zu kommen, wenn er sagte, ꝛc. il croyoit s'en tirer par dire, etc. Er ist gehenkt worden, weil er gestohlen hatte, il a été pendu pour avoir volé. Man müßte ein Narr seyn, wenn man es glaubte, il faudroit être fou pour le croire. Er liebet mich zuviel, als daß er dieses thun sollte, il m'aime trop pour faire cela. Sie liebte ihn so sehr, daß sie ihn sogar heirathen wollte, elle l'aima jusqu'à vouloir l'épouser. Ehe ich sterbe, ou vor meinem Tode, muß ich noch meine Kinder besuchen, avant de mourir, il faut que j'aille encore voir mes enfans. Er kann dieses nicht gesagt haben, es sey denn, daß er ein Narr ist, il ne peut avoir dit cela, à moins que d'être fou. Ich will lieber sterben, als dieses thun, ou als daß ich dieses thun sollte, je mourrai plutôt que de faire cela, etc.

Les verbes suivans : bekennen, confesser ; behaupten, soutenir ; denken, penser, compter ; befinden, finden, trouver ; erkennen, reconnoître ; erklären, déclarer ; kund thun, publier ; schwören, jurer ; glauben, croire ; würdigen, daigner ; verlangen, désirer ; sich einbilden, s'imaginer ; sich unterstehen, oser, etc. qui sont suivis du simple infinitif en françois, demandent en allemand le gérondif, ou un autre tour avec la conjonction daß, que ; par exemple : Ich bekenne empfangen zu haben, ou daß ich empfangen habe, ꝛc. je reconnois avoir reçu, etc. Er glaubet, daß er es gethan habe, il croit l'avoir fait, etc.

La préposition françoise pour, suivie d'un infinitif, peut avoir trois différentes significations.

1. Elle peut marquer la cause finale, c'est-à-dire, le dessein que l'on a en faisant quelque chose. En ce cas, nous la rendons par um ; mais cette préposition demande en allemand le gérondif, c'est-à-dire, l'infinitif précédé de la particule zu, comme : Ich gieng hin, um zu sehen, ob es wahr wäre, j'y allai pour voir s'il étoit vrai ; ich bin zu Mainz gewesen, um Rheinwein zu kaufen, j'ai été à Mayence pour acheter du vin de Rhin.

** Nous supprimons souvent cette préposition, en disant, par exemple : Er that sein möglichstes, uns einzuholen (au lieu de um uns einzuholen), il fit son possible pour nous joindre.

2. Elle peut tenir lieu de la conjonction conditionnelle *si*; et alors nous tournons la phrase par wenn, comme : Ich gäbe biel darum, wenn ich zu Rom gewesen wäre, je donnerois beaucoup pour avoir été à Rome.

3. Elle peut signifier la cause efficiente ; c'est-à-dire, la cause qui produit tel effet, tel événement. Ici nous la tournons par la conjonction weil, parce que, comme : Er ist gehenket worden, weil er gestohlen hatte, il a été pendu pour avoir volé.

La préposition ohne, sans, demande le gérondif, comme : Er gieng fort ohne ein Wort zu sagen, il s'en alla sans dire mot. Er ist abgereiset ohne Abschied zu nehmen, il est parti sans prendre congé.

L'infinitif qui suit les verbes aller et venir, se tourne par la conjonction und, dans ces exemples et autres semblables :

Gehet und saget ihm, allez et dites-lui ; c'est-à-dire, allez lui dire.

Komm und umarme mich, viens et embrasse-moi ; c'est-à-dire, viens m'embrasser.

Exception. On peut dire kommet mit mir spazieren, venez vous promener avec moi ; kommet essen, venez manger, venez à table ; kommet beten, venez prier, venez à la prière ; kommet schlafen, venez dormir, venez vous coucher.

Aller dire ou venir dire de — se tourne par la conjonction daß, que ; comme : Gehet und saget ihm, daß er schreibe, allez lui dire qu'il écrive ; c'est-à-dire, d'écrire ; Ich gieng zu ihm und bat ihn, daß er kommen möchte, je fus le prier de vouloir bien venir.

Si l'infinitif qui suit le verbe aller ou venir peut s'expliquer par pour ou afin de, nous pouvons employer le gérondif ou seul ou accompagné de um, comme : Ich komme, Sie zu bitten, ou um Sie zu bitten, je viens pour vous prier.

Si aller faire quelque chose, a le sens de : être sur le point de faire quelque chose, en avoir l'intention, nous mettons le verbe wollen, vouloir, en le modifiant quelquefois par un adverbe convenable ; comme : Ich will schreiben, je vais écrire ; ich wollte eben zu Euch gehen, j'allois passer chez vous.

Enfin, le verbe gehen, aller, n'admet l'infinitif que lorsque celui-ci peut se tourner en françois par le participe, ou qu'il sert à qualifier l'action d'aller, comme : Er gehet betteln, il va demander l'aumône, c'est-à-dire, il va en demandant l'aumône; er geht spazieren, il va se promener, c'est-à-dire, il va en se promenant, il se promene. Nous disons aussi schlafen gehen, aller coucher.

Il est à propos d'avertir que toutes les fautes qui se commettent contre ces observations, sont des gallicismes insupportables; par exemple, lorsqu'on dit : Gehen Sie ihn fragen ob, ꝛc. allez lui demander si, etc. au lieu de Gehen Sie und fragen Sie ihn, ou tout court fragen Sie ihn.

Les cas où les Allemands se servent du simple infinitif sont les suivans :

1. Après les verbes werden, wollen, sollen, können, mögen, dörfen, lassen et müssen, tant lorsqu'on s'en sert comme des auxiliaires pour former le futur d'un autre verbe, que quand on les met absolument pour former toutes sortes de phrases; par exemple : Ich werde schreiben, j'écrirai. Ich will gehen, je m'en irai. Ich muß nach Berlin schreiben, il faut que j'écrive à Berlin, etc.

2. Après les verbes sehen, voir, et hören, entendre, lorsque le verbe qui suit est à l'actif, on met l'infinitif, comme : Ich sehe meinen Bruder kommen, je vois venir mon frère. Ich sah ihn einen Brief schreiben, je le voyois écrire une lettre. Ich höre jemanden kommen, j'entends venir quelqu'un.

3. On met l'infinitif après les verbes, helfen, aider; heissen, dire, ordonner; lehren, apprendre enseigner; lernen, apprendre, étudier, comme : Er half mir arbeiten, il m'aida à travailler. Wer heisset euch laufen? qui vous dit de courir? Er lehret mich denken und reden, il m'apprend à penser et à parler. Wir lernen schreiben, tanzen und fechten, nous apprenons à écrire, à danser et à faire des armes.

Nota. Ne faire que, nichts thun als, demande le simple infinitif dans les deux langues, comme : Er thut nichts als essen, trinken, und schlafen, il ne fait que manger, boire et dormir. Mais ne faire que de, se tourne en allemand par l'indicatif, de cette manière : Ich bin erst, (ou eben, ou diesen Augenblik) aufgestanden, je me suis levé il n'y a qu'un moment, c'est-à-dire, je ne fais que de me lever; Ich war erst (ou eben, ꝛc.) angelanget, je ne faisois que d'arriver.

De l'Usage du second Participe ou Supin.

Le second participe se met 1°. avec les verbes auxiliaires haben ou seyn, pour former le parfait, le plusque-parfait, etc. de l'actif; 2°. avec le verbe auxiliaire werden, pour former tous les tems du passif.

Le second participe des verbes dörfen, oser; können, pouvoir; lassen, laisser; mögen, vouloir; müssen, falloir; sollen, devoir; wollen, vouloir; helfen, aider; heißen, ordonner, commander; hören, entendre, écouter; lernen, apprendre, et sehen, voir, prend la forme de l'infinitif toutes les fois qu'il est accompagné d'un autre infinitif, comme :

Ich habe nicht schreiben dörfen (können, mögen, sollen), au lieu de gedorft (gekonnt, gemocht, gesollt), je n'ai pas osé, (pu, voulu, dû) écrire.

Er hat mir sagen lassen, pour gelassen, il m'a fait dire.

Quelquefois le second participe se met à la place de l'impératif, comme : gespielt, jouez; getrunken, buvez; geschrieben, écrivez; ou bien à la place de l'infinitif, comme : das heißt gelogen, cela s'appelle mentir. D'autres fois le second participe a la signification du participe actif, surtout avec le verbe kommen, venir, comme :

Er kam gelaufen, il vint en courant; ich sehe ihn geritten kommen, je le vois venir à cheval.

Le second participe entre par ellipse dans plusieurs phrases adverbiales, comme :

Wie gewonnen, so zerronnen (au lieu de wie man die Sache gewonnen hatte, so ist sie auch wieder zerronnen) telle une chose a été gagnée, telle elle a été fondue ou dissipée; c'est-à-dire, ce qui vient par la flûte, s'en va par le tambourin.

Wie gelebet, so gestorben (au lieu de wie er gelebet hat, so ist er auch gestorben), tel il a vécu, tel il est mort, ou telle vie, telle mort.

De l'usage de l'Indicatif et du Subjonctif.

I. Nous mettons le subjonctif après les verbes sagen, dire; erzählen, raconter; fragen, demander, et autres semblables, pour rapporter indirectement ou obliquement ce qui a été dit ou fait, comme : Er sagte, daß, als er zu Paris war, er daselbst eine Italienerin gesehen hätte, die wie ein Engel gesungen hätte, il dit que, lorsqu'il étoit à Paris, il y avoit vu une italienne qui avoit chanté comme un ange. Er fragte mich, ob ich nicht wüßte, wer der Herr wäre, der mit uns zu Nacht gespeiset hätte, il me demanda si je ne savois pas qui étoit ce Monsieur qui avoit soupé avec nous.

Mais lorsqu'on rapporte directement les paroles de quelqu'un, il faut mettre l'indicatif comme en françois ; par exemple : Als ich zu Paris war, sagte er, habe ich eine Italienerin gesehen, die wie ein Engel sang, lorsque j'étois à Paris, dit-il, j'ai vu une Italienne qui chantoit comme un ange. Wissen sie nicht, fragte er mich, wer der Herr ist, der mit uns zu Nacht gespeiset hat? ne savez-vous pas, me demanda-t-il, qui est ce Monsieur qui a soupé avec nous?

II. Les verbes hoffen, espérer ; fürchten, craindre ; verlangen, exiger, vouloir, et autres semblables, demandent le subjonctif, comme : Ich hoffe, daß er es thun werde, j'espère qu'il le fera. Ich fürchte, er werde nicht kommen, je crains qu'il ne vienne pas.

Cependant quand on est bien persuadé, ou que l'on a une certitude de ce que l'on craint ou espère, on peut aussi s'énoncer par l'indicatif. En ce cas on diroit, par exemple : Ich hoffe, daß er es thun wird ; ich fürchte, daß er nicht kommen wird.

III. La conjonction conditionnelle wenn et ob, si, gouvernent l'imparfait et le plusque-parfait du subjonctif, comme : Wenn sie reich wäre, heurathete ich sie, si elle étoit riche, je l'épouserois. Wenn ich gekonnt hätte, würde ich es gethan haben, si j'avois pu, je l'aurois fait.

Nota. Lorsque wenn n'est pas conditionnel ; c'est-à-dire, quand il a le sens de da ou weil, puisque, il demande l'indicatif, comme : Wenn er nicht krank war, warum ließ er den Doktor kommen? s'il n'étoit pas (c'est-à-dire, puisqu'il n'étoit pas) malade, pourquoi fit-il venir le médecin?

IV. Les souhaits ou exclamations qui s'énoncent sans le secours de la conjonction daß, demandent le subjonctif, à cause du wenn sous-entendu, comme : Wäre ich reich ! si j'étois riche ? que ne suis-je riche ! Hätte ich Bücher ! si j'avois des livres ! que n'ai-je des livres !

Les souhaits énoncés avec daß, demandent tantôt l'indicatif, tantôt le subjonctif, selon que le verbe précédent et sous-entendu exige l'un ou l'autre mode, comme : daß er nicht bei uns war ! (suppléez avant cette phrase : Es ist ein

Unglük, c'est un malheur, ou Es ist mir leid, je suis fâché de ce qu'il n'étoit pas avec nous.) que n'étoit-il avec nous ! Daß er bei uns wäre ! (suppléez : Ich wünschte ou ich wollte, je voudrois qu'il fût avec nous.) s'il étoit avec nous !

V. Ces conjonctions : Ob schon ou ob gleich, wenn schon ou wenn gleich, quoique, quand même; auf daß ou damit, afin que; bis ou bis daß, jusqu'à ce que; ohne daß, sans que; es sey denn daß, à moins que; im Falle, en cas que; gesezt daß, supposé que; es sey nun daß, soit que, et autres semblables qui demandent le subjonctif en françois, ne le gouvernent jamais par elles-mêmes en allemand. Nous disons par exemple, à l'indicatif : Er wird sie heurathen, wenn sie gleich nicht reich ist, il l'épousera quoiqu'elle ne soit pas riche. Wartet bis er kommt, attendez qu'il vienne.

D'autres fois nous disons au subjonctif, par exemple : Er würde sie nicht heirathen, wenn sie gleich reich wäre, il ne l'épouseroit pas, quand même elle seroit riche.

Ainsi pour connoître s'il faut mettre l'un ou l'autre mode, vous ferez attention au sens de la phrase; s'il est positif et certain, vous emploîrez l'indicatif; s'il est conditionnel et incertain, vous vous servirez du subjonctif.

VI. Il est des cas où l'usage autorise, ou semble autoriser également l'emploi de l'un et de l'autre mode; par exemple, on dit assez indifféremment : Ich glaube nicht, daß er zu Hause ist ou sey, je ne crois pas qu'il est ou qu'il soit à la maison. Weißt du, daß er schreibet ou schreibe? sais-tu qu'il écrit?

Cependant le sens n'est pas absolument le même dans ces deux façons de s'énoncer; et la différence qu'il y a, c'est que le subjonctif marque toujours quelque incertitude, au lieu que l'indicatif marque l'assurance de la part de celui qui parle. Je dirai à l'indicatif, par exemple : Ein vernünftiger Mensch begreift leicht, daß ein Gott ist, un homme raisonnable comprend aisément qu'il y a un Dieu : parce que je suis convaincu de la vérité de cette proposition Es ist ein Gott, il y a un Dieu; mais je dirai au subjonctif : Die Thoren begreifen leicht, daß kein Gott sey, les fous comprennent aisément qu'il n'y a point de Dieu : parce que je regarde cette proposition Es ist kein Gott, il n'y a point de Dieu, comme distituée de fondement. Si je dis à l'indicatif Glaubest du, daß ich zu London gewesen bin? crois-tu que j'ai été à Londres? cela suppose la vérité du fait, qui seroit supposé n'être pas vrai, si je disois au subjonctif daß ich gewesen sey.

VII. Il y a des occasions où les françois se servent du subjonctif, au lieu que nous ne mettons que l'indicatif; il est bon de les remarquer. On ne se sert pas du subjonctif:

1°. Après le superlatif, par exemple : Das ist der ehrlichste Mann, den man jemals gesehen hat, c'est le plus honnête homme qu'on *ait* jamais vu.

2°. Ni après *que*, mis pour *de ce que*, comme : Es ist mir leid, daß er krank ist, je suis fâché qu'il soit malade.

3°. Ni après *qui*, dans les cas suivans : Ich muß ein Pferd haben, das größer ist als dieses, il me faut un cheval qui soit plus grand que celui-ci.

De l'Usage des Temps.

I. Le présent de l'indicatif se met quelquefois pour le prétérit, comme : Gestern erhalte ich die erste Ordre zum Aufbruche, *(Gellert, dans ses Lettres.)* je reçois, c'est-à-dire, je reçus hier le premier ordre de me mettre en marche.

D'autres fois nous l'employons au lieu du futur, comme : Wann ich nach Paris komme, werde ich die Ehre haben, Sie zu sehen, quand je viens, c'est-à-dire, quand je viendrai à Paris, j'aurai l'honneur de vous voir.

II. Le prétérit imparfait de l'indicatif est notre tems historique, et répond à l'imparfait, au parfait simple et au parfait composé françois, toutes les fois qu'il s'agit de rapporter un fait conçu comme accompagné d'un autre, comme : Als ich zu Paris war, gieng ich alle morgen auf die Reitbahn, hernach focht ich, und des Nachmittags war ich in Gesellschaft, lorsque j'étois à Paris, j'allois tous les matins au manége, ensuite je faisois des armes, et l'après-dînée j'étois en compagnie. Das feindliche Heer rückte den Berg herunter, und breitete sich in der Ebenen aus; wir thaten den ersten Angriff, warfen ihre Reiterei über den Haufen, und machten viele Gefangene, welches den Sieg völlig entschied, l'armée ennemie descendit du haut de la montagne, et s'étendit dans la plaine; nous attaquâmes les premiers, renversâmes leur cavalerie et fimes nombre de prisonniers, ce qui décida entièrement de la victoire. Als ich heute im Begriffe war, aufzustehen, kam ihr Herr Bruder und sagte mir, &c. quand j'éété aujourd'hui sur le point de me lever, M. votre frère est venu et m'a dit, etc.

Nota. Les François mettent souvent l'imparfait de l'indicatif au lieu du plusque-parfait du subjonctif, en disant, par exemple: Il falloit lui écrire. En ce cas, nous employons le plusque-parfait du subjonctif, et nous disons: Ihr hättet ihm schreiben sollen; et ce n'est que lorsque de pareilles phrases dépendent d'une phrase conditionnelle, que nous pouvons imiter le tour françois, comme: Wenn ihr dieses nicht gethan hättet, so war alles verloren, si vous n'aviez pas fait cela, tout étoit perdu.

III. Le prétérit parfait de l'indicatif sert à rapporter un fait isolé, ou regardé du moins comme tel; exemple: Ich bin nie zu Rom gewesen, je n'ai jamais été à Rome. Mein Bruder hat den türkischen Kaiser gesehen, mon frère a vu l'Empereur Turc. Wir haben dieses Jahr schön Wetter gehabt, il a fait beau cette année. Kaiser Karl der Sechste ist im Jahre 1740 gestorben, l'Empereur Charles VI mourut l'an 1740. Franz der Erste ist 1745 gekrönet worden, François I fut couronné l'an 1745. Den ersten Mai ist die Armee vorgerükket, le premier Mai l'armée fit un mouvement en avant. Si nos gazetiers et quelques traducteurs mettent l'imparfait dans de pareils exemples, vous regarderez cela comme un gallicisme.

Ce tems se met aussi quelquefois pour le futur passé, comme: Traget den Brief auf die Post, so bald ihr ihn geschrieben habet (au lieu de so bald ihr ihn werdet geschrieben haben), portez cette lettre à la poste dès que vous l'aurez écrite.

IV. Le prétérit plusque-parfait et les futurs de l'indicatif n'ont point de difficulté; vous remarquerez seulement, 1°. que notre plusque-parfait répond au plusque-parfait françois, aussi bien qu'au parfait défini; 2°. que notre futur ne s'emploie jamais pour l'impératif, et 3°. que ce même tems se met dans quelques phrases où les François se servent du présent du subjonctif; par exemple: Ich glaube nicht, daß er kommen wird, je ne crois pas qu'il vienne.

V. Le présent du subjonctif se met quelquefois à la place de l'imparfait, comme: Er fragte mich, ob ich krank sey (pour wäre), il me demanda si j'étois malade.

VI. L'imparfait du subjonctif s'emploie, 1°. lorsque les François le mettent; comme: Er glaubte nicht, daß ich käme, il ne croyoit pas que je vinsse; Ich wollte daß ihr mit mir
    ginget

giengeſt, je voudrois que vous m'accompagnassiez. Quelquefois nous tournons ce tems par les verbes mögen, vouloir, et können, pouvoir, de cette manière: Er fürchtete ich möchte fortgehen (au lieu de ich gienge fort), il craignoit que je ne voulusse m'en aller, pour dire: que je ne m'en allasse; Ich wünschete, daß mein Sohn zu Göttingen studiren könnte (au lieu de studirete), je souhaiterois que mon fils pût faire (c'est-à-dire, qu'il fît) ses études à Gottingue.

2°. Lorsque les François se servent du conditionnel en — rois, surtout avant ou après une phrase conditionnelle, et dans celles qui marquent un souhait, un désir ou une crainte, comme: Ich thäte es, wenn ich könnte, je le ferois si je pouvois; Ich tränke wohl ein Glas Wein, je boirois bien un verre de vin.

Nota 1. Dans les phrases énoncées conditionnellement, nous mettons indifféremment l'imparfait du subjonctif ou le conditionnel; ainsi dans l'avant-dernier exemple, on pourroit aussi dire: Ich würde es thun, wenn ich könnte.

Nota. 2. Dans les phrases qui renferment un souhait, l'imparfait du subjonctif se tourne souvent par le verbe mögen, de cette manière: Ich möchte wohl spazieren gehen, je voudrois bien faire, c'est-à-dire, je ferois bien un tour de promenade; Ich möchte wohl ein Glas Wein trinken, je voudrois bien boire, c'est-à-dire, je boirois bien un verre de vin.

Nota 3. Pour rendre le conditionnel en — rois dans les phrases interrogatives, nous nous servons ordinairement du verbe sollen, devoir, ou wollen, vouloir, comme: Sollte er dieses thun? feroit-il cela? Wollten Sie mir nicht die Gefälligkeit erzeigen, meinem Sohne zu sagen? ne me feriez-vous pas le plaisir de dire à mon fils?

Nota 4. Si le conditionnel en — rois dépend d'un temps passé des verbes croire, s'imaginer, penser, et autres semblables, il doit être rendu par le conditionnel présent, comme: Er glaubte, daß ich ihn sehr bitten würde, il croyoit que je le prierois beaucoup; Er hat sich eingebildet, daß ich seine Tochter heirathen würde, il s'est imaginé que j'épouserois sa fille.

VII. L'usage du parfait du subjonctif n'a point de difficulté. Le plusque-parfait du subjonctif se met entr'autres lorsque les François mettent le conditionnel composé, comme: Ich hätte geglaubet, daß er es thäte (ou thun würde), j'aurois cru qu'il le feroit; Wenn er auch gekommen wäre, quand même il seroit venu.

L

VIII. Le futur du subjonctif s'emploie lorsqu'il s'agit d'un événement douteux, comme : Ich weis nicht ob er schreiben werde, je ne sais s'il écrira.

IX. Le conditionnel présent peut être employé, 1°. dans la plupart des phrases où les François mettent le conditionnel, comme : Wenn ich Geld hätte, würde ich dieses Buch kaufen, si j'avois de l'argent, j'acheterois ce livre. Voyez aussi ci-dessus, N°. VI.

2°. Ce temps se met nécessairement dans le cas indiqué ci-dessus, N°. VI. *Nota* 4.

X. Le futur passé se met lorsque les François se servent du futur composé, et qu'il s'agit d'un événement incertain ou douteux, comme : Ich weis nicht, ob er werde geschrieben haben, wann wir kommen, je ne sais pas s'il aura écrit quand nous viendrons.

XI. Le conditionnel passé se met presque partout où les François emploient le conditionnel composé, comme : Ich würde es euch gesaget haben, wenn ich euch gesehen hätte, je vous l'aurois dit, si je vous avois vu.

Nota. Dans cet exemple et autres semblables, on peut aussi mettre le plusque-parfait du subjonctif : Ich hätte es Euch gesaget, wenn, ꝛc. Mais après le prétérit des verbes glauben, meinen, ꝛc. (Voyez ci-dessus, N°. VI. *Nota* 4.), on doit se servir préférablement du conditionnel passé, comme : Ich glaubete nicht, daß er mein Pferd würde verkaufet haben, wann ich anfäme, je ne croyois pas qu'il auroit vendu mon cheval, quand j'arriverois.

* Quelques expressions demandent en allemand tantôt le subjonctif, tantôt l'indicatif, selon qu'on les tourne, par exemple: (indic.) Er mag so reich seyn als er will; (subj.) Er sey so reich als er wolle, quelque riche qu'il soit. (indic.) Euere Gewalt mag so gros seyn als sie will; (subj.) Euere Gewalt sey noch so gros, quelque soit votre pouvoir, etc.

Remarques sur l'Impératif.

L'impératif avec le verbe lassen, sert pour exhorter, comme : Lasset uns gehen, allons; Lasset uns einmal trinken, buvons un coup; Lassen Sie uns einen Spazierganz thun, faisons un tour de promenade.

On se sert souvent du présent du subjonctif avec daß, au lieu de l'Impératif; par exemple : Kinder, daß ihr gescheit seyd (au lieu de seyd gescheit), mes enfans, soyez sages. Daß

ihr euch nicht zanket (au lieu de zanket euch nicht), ne vous
querellez pas. Daß alles fertig sey, wann ich wieder komme,
que tout soit prêt à mon retour. Tout cela se dit par ellipse,
et on doit sous-entendre : Ich befehle euch, daß, ꝛc. je vous
ordonne que, etc. On peut même se servir du présent de
l'indicatif, comme : Daß alles fertig ist, ꝛc. Il faut sous-entendre ici le verbe : Ich hoffe, j'espère que tout sera prêt, etc.

* On supprime aussi quelquefois par ellipse le verbe auxiliaire du prétérit parfait et plusque-parfait; mais cela
ne se doit faire que lorsque ce verbe auxiliaire se trouve
à la fin d'une phrase; que la phrase qui suit commence
par un autre verbe auxiliaire, et qu'il n'en résulte pas
quelque obscurité. Au lieu de : Ob ich gleich nie zu Paris
gewesen bin, bin ich doch von allem unterrichtet was daselbst vorgehet, quoique je n'aie jamais été à Paris, je
suis pourtant informé de tout ce qui s'y passe. On peut
dire : Ob ich gleich nie zu Paris gewesen, so bin ich doch, ꝛc.
en supprimant le premier bin. Il en est de même de la
phrase suivante : Weil ich ihm nicht geantwortet (habe),
hat er mir nicht mehr geschrieben, parce que je ne lui ai
pas répondu, il ne m'a plus écrit, etc.

Thèmes sur quelques Verbes réguliers (*).

111.

Apprenez-vous la musique ? — Oui, Monsieur, je l'apprends; car je l'aime fort, et je crois que vous l'aimez aussi. —
Oui, Monsieur, je l'aime aussi beaucoup. Je joue quelquefois du violon, et ma sœur joue du violoncelle. — Je suis bien
aise de le savoir. Monsieur votre frère apprend-il aussi la
musique ? — Oui, Monsieur, il l'apprend aussi, et il joue
déjà beaucoup mieux que moi. Je reçus hier six jolis *Trio* :
nous les jouerons ce soir, s'il vous plaît. — Vous m'obligerez
infiniment. Ne vendez-vous pas ces *Trio* ? — Non, Monsieur, je ne les vends pas; mais je vous les prêterai pour
quelques jours. — Vous êtes bien obligeant, Monsieur.

Apprendre, lernen.	Croire, glauben.
La musique, die Musik.	Jouer, spielen.
Aimer, lieben.	Du violon, Violin.
Fort, beaucoup, sehr.	Du violoncelle, Violoncell.

(*) Remarquez que les verbes, dans les phrases des thêmes
suivans, qui sont marqués d'une étoile, sont irréguliers.

Je suis bien aise de le savoir, es ist mir lieb, daß ich es weis *.
Beaucoup mieux, viel besser.
Je reçus hier, ich empfieng * gestern.
Un joli *Trio*, ein artiges Trio.
Nous les jouerons, wir wollen sie — spielen.
Le soir, der Abend, 2.
S'il vous plait, wenn es Ihnen gefällig * ist, ou beliebt.
Obliger infiniment, unendlich verpflichten.
Vendre, verkaufen.
Prêter, lehnen, leihen; je vous les prêterai, ich will sie Ihnen lehnen.
Pour, auf.
Bien obligeant, sehr höflich, ou gütig.

112.

Y a-t-il déjà long-tems que vous apprenez la langue angloise? — Il n'y a que deux mois que je l'apprends. — En vérité, vous parlez fort joliment pour ce peu de tems. J'ai aussi appris l'allemand; mais faute d'exercice j'ai tout oublié. — Je crois que vous n'avez pas beaucoup oublié. — Sérieusement, je parlois déjà un peu; et j'aurois pu aussi traduire des thêmes, si j'en avois eu. Combien de thêmes traduisez-vous par jour? — Si les thêmes ne sont pas difficiles, j'en traduis deux à (bis) trois par jour; et s'ils le sont, je n'en traduis qu'un. — Combien en avez-vous traduit aujourd'hui? — C'est le premier que j'écris; mais demain, quand vous ne serez pas là, j'en traduirai trois à quatre.

Y a-t-il déjà long-tems, ist es schon lange.
La langue angloise, die englische Sprache.
Il n'y a que, es sind erst.
Le mois, der Monat, 2.
En vérité, in Wahrheit, 3.
Parler, reden.
Fort joliment, recht artig.
Pour ce peu de tems, für diese kurze Zeit.
L'allemand, deutsch.
Faute d'exercice, aus Mangel an Uebung.
Tout, alles.
Oublier, vergessen *.
Sérieusement, im Ernst.
Traduire, übersetzen.
Un thême, eine Aufgabe, 3.
Combien, wie viel.
Par jour, des Tags, täglich.
Difficiles, schwer.
Ne - que, nur.
Ecrire, schreiben *.

113.

J'ai parlé l'autre jour avec Monsieur votre frère, il parle mieux que moi. Je parlerois cependant mieux que je ne parle, si j'étois moins timide. — Pour parler allemand il ne faut pas être timide. — Mais il y a des gens qui rient quand je parle. — Mon ami, ce (das) sont des gens impolis: vous n'avez qu'à rire aussi, et l'on ne se moquera plus de vous. — Je suivrai votre conseil.

Moins timide, nicht so berzagt, furchtsam.	Et l'on ne se moquera plus de vous, und man wird sich nicht mehr über Sie aufhalten, ou man wird Ihrer nicht mehr spotten.
Il ne faut pas, muß man nicht.	
Mais il y a, allein es giebt.	
Rire, lachen.	
Des gens impolis, unhöfliche Leute.	Suivre, befolgen.
Vous n'avez qu'à -- aussi, Sie dürfen nur auch. —	Le conseil, der Rath.

114.

Mon voisin régale bien ses amis : il nous traita hier splendidement. Il sait bien qu'un bon repas dont il nous régale, lui en procure trente autres. Je crois qu'on ne sauroit mieux obliger la plupart des hommes que par ces sortes de caresses. Nous parlons beaucoup à table, quelquefois tous à la fois ; mais nous pensons peu, pour ne pas déranger la digestion.

Régaler, bewirthen.	Que par ces sortes de caresses, als durch dergleichen Liebkosungen.
Bien, gut.	
Traiter, traktiren.	
Splendidement, herrlich.	A table, über Tisch, ou bei Tische.
Il sait bien, er weiß * wohl.	
Le repas, die Mahlzeit, 3.	Tous à la fois, alle zugleich.
Procurer, verschaffen.	Penser, denken.
Qu'on ne sauroit, man kann nicht.	Pour ne pas déranger la digestion, um nicht die Verdauung zu stöhren.
La plupart des hommes, die meisten Menschen.	

115.

Vous engraissez à vue d'œil depuis que vous êtes marié. — Vous badinez. — En vérité, Monsieur, je ne badine pas. — Changeons de discours. — Eh bien, Monsieur, que pensez-vous de l'homme qui nous parla hier au spectacle? — Je (*) n'en pense rien. Pourquoi me demandez-vous cela? Pour parler de quelque chose. — Est-ce qu'il est marié? — Un peu; mais il aime mieux le vin que les femmes. — Il est fort maigre. Ses plaisirs le dessèchent; je crois aussi qu'il mange trop; les grands mangeurs sont ordinairement maigres, car ils ne peuvent pas digérer comme il faut la grande quantité d'alimens qu'ils prennent. Il en est de même des animaux. Les loups, par exemple, mangent à crever quand ils trouvent quelque chose, et cependant ce sont les animaux les plus maigres, à ce que mon chasseur m'a assuré.

Vous engraissez à vue d'œil, Sie werden zuſehends dik=fer *.	Ils ne peuvent pas, ſie kön=nen * nicht.
Depuis que vous êtes marié, ſeit dem Sie verheirathet ſind.	Digérer comme il faut, behö=rig verdauen.
Badiner, ſcherzen.	La grande quantité d'alimens, die groſſe Menge Speiſen.
En vérité, in der That, in Wahrheit.	Qu'ils prennent, die ſie zu ſich nehmen *.
Changeons de discours, laſ=ſen Sie uns von etwas an=ders reden.	Il en est de même des ani-maux, es iſt eben ſo mit den Thieren beſchaffen.
Eh bien, wohlan.	Un loup, ein Wolf, 2. d.
Au spectacle, im Schauſpiel.	Par exemple, zum Beiſpiel.
(*) En, bon ihm.	Mangent à crever, freſſen * zum berſten.
Demander, fragen.	
Marié, verheirathet.	Quand ils trouvent quelque chose, wann ſie etwas zu freſſen * finden.
Mieux, mehr.	
Le dessèchent, dorren ihn aus.	
Maigre, mager.	Cependant, indeſſen, doch.
Qu'il mange, er iſt *.	Ce sont, ſind es.
Trop, zu viel.	Les animaux les plus maigres, die magerſten Thiere.
Un grand mangeur, ein Viel=freſſer, 1.	
Pour l'ordinaire, gewöhnlich.	Le chasseur, der Jäger, 1.
	Assurer, verſichern.

116.

Ne vous ennuyez-vous pas ici? — Comment pourrois-je m'ennuyer dans une si aimable compagnie. Je danse, je fume, je badine, je ris; je parle, je joue, on me raconte mille jolies choses, et moi j'en raconte aussi; mais vous ne faites rien de tout cela, c'est pourquoi vous trouvez le temps long.

Ne vous ennuyez-vous pas ici? haben Sie keine lange Weile hier?	Fumer, rauchen.
	Raconter, erzählen.
	La chose, die Sache, 3.
Comment pourrois-je m'en-nuyer? wie könnte ich lange Weile haben?	Vous ne faites rien de tout cela, Sie thun * von all dieſem nichts.
La Compagnie, die Geſell=ſchaft, 3.	C'est pourquoi vous trouvez le temps long, deswegen haben Sie lange Weile.
Danser, tanzen.	

117.

Je danserois, je fumerois, je badinerois, je jouerois, je ferois tout comme vous, si j'avois vos talens. — Vous n'en manquez pas, mon ami; mais vous voulez faire le philosophe;

cependant le vrai philosophe fait comme les autres. Je (cś)
faisois autrefois comme vous ; je ne voulois ni danser, ni fumer, ni jouer. Mon frère remarquant cela, me dit un jour:
il ne faut pas faire le singulier ; dansez, fumez, badinez,
jouez, si cela vous amuse ; car toute chose est bonne à moins
qu'on n'en abuse.

Faire, mitmachen, machen.	wollte * weder — noch.
Si j'avois vos talens, wenn ich ihre Talente besäße.	Mon frère remarquant cela, da mein Bruder es bemerkte.
Vous n'en manquez pas, Sie haben deren, ou sie fehlen Ihnen nicht.	Dire, sagen. Il ne faut pas faire le singulier, du mußt nicht den Sonder=
Vous voulez, Sie wollen *.	ling spielen.
Faire le Philosophe, den Phi= losophen spielen.	Amuser, belustigen. Toute chose est bonne à moins
Fait comme les autres, macht mit.	qu'on n'en abuse, alles ist gut, wann man es nicht miß=
Je ne voulois ni — ni, ich	braucht.

118.

De qui parlez-vous ? — Nous parlons de vous. — Vous ne
me louerez pas, parce que j'ai refusé votre demande ; mais
vous me loueriez, si je vous l'avois accordée. — Vous l'avez
deviné. — Rendez-moi ce que je vous ai prêté l'année passée,
et alors je vous prêterai de nouveau. Vous en feriez autant,
si vous étiez à ma place. Il faut considérer que j'ai à nour-
rir une femme infirme, douze enfans malades, et ma belle-
mère qui est aveugle.

Parce que, weil.	La place, die Stelle, 3.
J'ai refusé votre demande, ich euer Begehren abgeschla= gen * habe.	Il faut, ihr müßt. Considérer, bedenken. Avoir à nourrir, zu ernähren
Accorder, bewilligen.	haben.
Deviné, errathen *.	Une femme infirme, eine
Rendez-moi, gebt mir wieder *.	kränkliche Frau, 3.
L'année passée, voriges Jahr.	Un enfant malade, ein kran=
Alors, alsdenn.	kes Kind, 4.
De nouveau, aufs neue.	La belle-mère, die Schwie=
Vous en feriez autant) ihr würdet es eben so machen.	germutter, 1. ü. Aveugle, blind.

119.

Obéissez à vos maîtres, et ne leur donnez jamais de chagrin. Payez ce que vous devez, et consolez les malheureux.

bénissez ceux qui vous maudissent, et faites du bien à ceux qui vous ont offensé. Aimez le bon Dieu, et votre prochain comme vous-même. Ne souhaitez pas ce que vous ne pouvez pas avoir, mais contentez-vous de ce que la Providence vous a donné, et considérez qu'il y a bien des hommes qui n'ont pas ce que vous avez. — La vie est courte; c'est pourquoi tâchons de nous la rendre aussi agréable qu'il est possible: mais considérons aussi que l'abus des plaisirs la rend amère. Aimons et pratiquons toujours la vertu, et (ſo) nous serons heureux en cette vie et dans l'autre.

Obéir, gehorchen.
Le Maitre, der Lehrer, 1.
Donner du chagrin, Verdruß machen.
Devoir, schuldig seyn.
Consoler, trösten.
Le malheureux, der Unglückliche, 3.
Bénir, segnen.
Maudire, fluchen.
Faites du bien, thut * Guts.
Offenser, beleidigen.
Aimer, lieben.
Le bon Dieu, der liebe Gott.
Le prochain, der Nächste, 3.
Même, selbst.
Souhaiter, wünschen.
Ce que vous ne pouvez pas avoir, das was ihr nicht haben könnet *.
Mais, sondern.
Contentez-vous, begnüget euch (verbe réciproque).
De ce que, mit dem was.
La Providence, die Vorsehung.
Vous a donné, euch gegeben * hat.
Considérez, bedenket *.
Qu'il y a bien des hommes, daß es viele Menschen giebt.
La vie, das Leben, 1.
Court, kurz.
C'est pourquoi, deswegen.
Tâcher, trachten.
Rendre, machen.
Aussi agréable qu'il est possible, so angenehm — als es möglich ist.
Mais considérons aussi, allein lasset uns auch in Erwägung ziehen.
L'abus, der Misbrauch, 2. ä.
Les plaisirs, die Vergnügungen.
Amer, bitter.
Pratiquer, ausüben.
Toujours, jederzeit.
La vertu, die Tugend, 3.
En cette vie et dans l'autre, in diesem und in jenem Leben.

120.

J'espère que vous me paierez à présent ce que vous me devez. — Je vous assure mon ami, que je le ferois de bon cœur, si je le pouvois faire. Je n'ai encore rien vendu aujourd'hui. Il est vrai, j'ai beaucoup de dettes; mais les autres en ont aussi. — Pour moi, je paie ce que je dois; et je n'attendrai pas plus long-tems, il faut que vous me payez à cette heure ce que vous me devez. Mon ami, vous demandez l'impossible. Quand voulez-vous donc payer? — Quand j'aurai de l'argent. Ayez encore un peu de patience : j'espère faire fortune par un bon mariage. Je cherche une fille bien riche et de noble sentiment, qui ne regarde pas la personne, mais le cœur, et qui m'épouse par charité.

Espérer, hoffen.	Voulez-vous donc, wollet ihr denn.
A présent, anjezzo.	
Devoir, schuldig seyn.	La patience, die Geduld.
Assurer, versichern.	Faire fortune, mein Glük zu machen.
Que je le ferois de bon cœur, ich würde es herzlich gerne thun *.	Par, durch.
	Le mariage, die Heirath, 3.
Si je le pouvois faire, wenn ich es thun könnte *.	Chercher, suchen.
	Une fille bien riche, ein recht reiches Mädchen.
Vendre, verkaufen.	
Il est vrai, es ist wahr.	Et de noble sentiment, von edler Denkungsart.
Beaucoup de dettes, viele Schulden.	
	Qui ne regarde pas la personne, mais le cœur, das nicht auf die Person, sondern auf das Herz stehet *.
Pour moi, was mich anbelangt.	
Attendre, warten.	
Plus long-temps, länger.	
Il faut que vous, ihr müsset.	Epouser, heirathen.
A cette heure, anjezzo.	Par charité, aus Barmherzigkeit.
Demander, begehren.	
L'impossible, unmögliche Dinge.	

CONJUGAISON DU VERBE PASSIF Gelobet werden, ÊTRE LOUÉ.

Infinitif.

Présent.	Gelobet werden, être loué.
Gérondif.	Gelobet zu werden, d'être, à être loué.
	Um gelobet zu werden, pour être loué.
	Ohne gelobet zu werden, sans être loué.
Parfait.	Gelobet worden seyn, avoir été loué.
Gérondif.	Gelobet worden zu seyn, d'avoir, à avoir été loué.
	Um gelobet worden zu seyn, pour avoir été loué.
	Ohne gelobet worden zu seyn, sans avoir été loué.
I. Participe.	Indem man gelobet wird, 2c., étant loué.
II. Participe.	Gelobet worden, été loué.

Indicatif.		Présent.		Subjonctif.
S. Ich werde Du wirst Er wird P. Wir werden Ihr werdet Sie werden	gelobet, je suis loué, etc.	Daß ich werde Daß du werdest Daß er werde Daß wir werden Daß ihr werdet Daß sie werden		gelobet, que je sois loué, etc.

Imparfait.

S. Ich wurde Du wurdest Er wurde P. Wir wurden Ihr wurdet Sie wurden	gelobet, j'étois ou je fus loué, etc.	Daß ich würde Daß du würdest Daß er würde Daß wir würden Daß ihr würdet Daß sie würden		gelobet, que je serois ou que je fusse loué, etc.

Parfait.

Sing. Ich bin Du bist Er ist Plur. Wir sind Ihr seyd Sie sind	gelobet worden, j'ai été loué, etc.	Daß ich sey Daß du seyst Daß er sey Daß wir seyn Daß ihr seyd Daß sie seyn		gelobet worden, que j'aie été loué, etc.

Plusque-parfait.

S. Ich war Du warst Er war Pl. Wir waren Ihr waret Sie waren	gelobet worden, j'avois été, ou j'eus été loué, etc.	Daß ich wäre Daß du wärest Daß er wäre Daß wir wären Daß ihr wäret Daß sie wären		gelobet worden, que j'aurois été, ou que j'eusse été loué, etc.

Futur.

S. Ich werde Du wirst Er wird P. Wir werden Ihr werdet Sie werden	gelobet werden, je serai loué, etc.	Daß ich werde Daß du werdest Daß er werde Daß wir werden Daß ihr werdet Daß sie werden		gelobet werden, que je serai loué, etc.

Futur passé.

S. Ich werde Du wirst Er wird P. Wir werden Ihr werdet Sie werden	gelobet worden seyn, j'aurai été loué, etc.	Wann ich werde wann du werdest wann er werde wann wir werden wann ihr werdet wann sie werden	gelobet worden seyn, quand j'aurai été loué, etc.

Conditionnel présent.   *Conditionnel passé.*

S. Ich würde Du würdest Er würde P. Wir würden Ihr würdet Sie würden	gelobet werden, je serois loué, etc.	Ich würde Du würdest Er würde Wir würden Ihr würdet Sie würden.	gelobet worden seyn, j'aurois été, etc.

La langue allemande ne fait point usage de l'impératif des verbes passifs.

Remarques sur les Verbes passifs.

I. Les verbes passifs s'emploient non-seulement comme impersonnels, par exemple : Es wird geläutet, on sonne les cloches ; es wird geschossen, on tire des coups de fusil ou de canon, mais encore pour exprimer au présent une souffrance qui n'a point de durée, comme : Heut wird ein Ausreißer gehenket, un déserteur est pendu aujourd'hui, c'est-à-dire, on pend aujourd'hui un déserteur ; Ich werde alle Tage betrogen, je suis trompé tous les jours.

II. Les verbes qui ne gouvernent pas l'accusatif, ne peuvent pas devenir verbes passifs personnels ; par exemple : Je suis aidé, ne peut pas se traduire par Ich werde geholfen, parce que le verbe allemand helfen gouverne le datif et non pas l'accusatif ; ou il faut dire impersonnellement : Es wird mir geholfen, ou bien à l'actif man hilft mir, on m'aide. En conséquence nous disons : Man widerspricht mir, ou es wird mir widersprochen, je suis contredit ; Man gehorchet mir, ou es wird mir gehorchet, je suis obéi ; Man glaubet mir, ou es wird mir geglaubet, je suis cru ; Man drohet mir, ou es wird mir gedrohet, je suis menacé. Quelquefois nous employons un autre tour, comme : Der König verlanget Gehorsam (le Roi demande obéissance), ou bien Der König verlanget, daß man ihm gehorche (le Roi demande qu'on lui obéisse), pour dire : le Roi veut être obéi.

III. En françois le second participe d'un verbe quelconque se joint au verbe être tantôt comme adjectif, ou attribut, pour qualifier le sujet, tantôt comme véritable second participe pour former un verbe passif. Par ex. cette phrase : Le voleur est pendu, peut signifier 1°. que le voleur est un pendu, qu'il est mort, et alors pendu est adjectif ou attribut ; 2°. elle peut aussi signifier que l'action de pendre le voleur s'exécute présentement ; et en ce sens, pendu entre comme second participe dans la formation du passif du verbe pendre, ou, ce qui revient au même, dans le premier cas le verbe être est mis comme copule (*), et dans le second comme verbe auxiliaire du passif. Ce double emploi du verbe être, et du second participe, ne laisse pas d'embarrasser beaucoup les Commençans, parce qu'en allemand il faut mettre le verbe seyn dans le premier cas, et le verbe werden dans l'autre. Pour ne pas s'y tromper, on tournera la phrase françoise à l'actif par *on* ou autrement. Si dans ce tour on peut se servir du même tems qu'auparavant, c'est une marque que le verbe être est auxiliaire du passif, et vous mettrez en allemand werden ; si au contraire, en changeant de tour, vous êtes obligé de changer aussi de tems, cela prouve que le verbe être est copule, et vous mettrez en allemand seyn. Exemples :

Le voleur est pendu à présent ; c'est-à-dire, on pend à présent le voleur. Voilà le même tems dans l'un et l'autre tour, savoir le présent ; il faut donc dire en allemand : Der Dieb wird jezt gehenket.

Le voleur est déjà pendu ; c'est-à-dire, on a déjà pendu le voleur. Voilà le présent dans le premier tour, et le parfait dans le second ; vous direz donc en allemand : Der Dieb ist schon gehenket.

A Francfort on est peint pour dix écus ; c'est-à-dire, on vous peint à Francfort pour dix écus, zu Franffurt wird man für zehn Thaler gemalet.

Cette figure est peinte et non gravée ; c'est-à-dire, on a peint et non gravé cette figure, diese Figur ist gemalet und nicht gestochen.

Souvent les soldats du troisième rang sont blessés, tandis que ceux du premier rang ne le sont pas ; c'est-à-dire, on blesse (ou l'ennemi blesse) les soldats, etc. Oft werden die Soldaten im dritten Gliede verwundet, und die im ersten nicht.

(*) Quant à la signification de ces termes, voyez la Syntaxe.

On emporte ces soldats parce qu'ils sont blessés : c'est-à-dire, parce qu'on les a blessés, man trägt diese Soldaten weg, weil sie verwundet sind.

Thémes sur quelques Verbes passifs.

121.

Maintenant conjuguons un peu pour passer le tems. *Présent :* J'aime et je suis aimé, tu aimes et tu es aimé, il aime et il est aimé ; nous aimons et nous sommes aimés, vous aimez et vous êtes aimés ; ils aiment et ils sont aimés. *Imparfait :* J'aimois et j'étois aimé, tu aimois et tu étois aimé, il aimoit et il étoit aimé ; nous aimions et nous étions aimés, vous aimiez et vous étiez aimés, ils aimoient et ils étoient aimés. *Parfait composé :* J'ai aimé et je n'ai pas été aimé, tu as aimé et tu n'as pas été aimé, il a aimé et il n'a pas été aimé, etc. — De grâce, Monsieur, finissons ; car cela m'ennuie, tout beau qu'il est.

Maintenant, anjetzo.	Parfait composé, völlig vergangene Zeit.
Conjuguer, conjugiren.	
Un peu, ein wenig.	De grâce, ich bitte Sie.
Pour passer le temps, zum Zeitvertreib.	Finir, endigen.
	Cela m'ennuie, es macht mir lange Weile.
Présent, gegenwärtige Zeit.	
Aimer, lieben.	Tout beau qu'il est, so schön es auch ist.
Etre aimé, geliebt werden.	
Imparfait, kaum vergangene Zeit.	

122.

Lisette est aimée et louée de tout le monde, parce qu'elle est sage et diligente ; mais Charles, son frère, est haï et méprisé, parce qu'il est fort méchant et paresseux. Charles, lui dis-je dernièrement, vous avez été châtié aujourd'hui pour avoir été méchant, et demain vous le serez encore, si vous ne vous corrigez pas ; mais si vous vous corrigez, vous serez aimé et récompensé.

Lisette, Lisette.	Etre méprisé, verachtet werden.
Tout le monde, jedermann.	
Parce que, weil.	Fort méchant, sehr unartig.
Sage, artig, gesittet.	Paresseux, faul.
Diligent, fleissig.	Lui dis-je dernièrement, sagte ich neulich zu ihm.
Mais, allein.	
Charles, Karl.	Etre châtié, gestraft werden.
Etre haï, gehasst werden.	

Pour avoir été méchant, weil du unartig gewesen warst.	Si vous vous corrigez, wenn du dich besserst, so, ꝛc.
Si vous ne vous corrigez pas, wenn du dich nicht besserst.	Etre récompensé, belohnet werden.

123.

Les habiles gens sont estimés et recherchés ; mais les ignorans sont ordinairement méprisés de tout le monde ; et il est bien triste d'être méprisé. Pour ne pas l'être, apprenez dans votre jeunesse des choses bonnes et utiles, et vous serez honoré et loué. Au reste, soyez vertueux ; car la vertu est toujours récompensée, parce qu'elle se récompense d'elle-même.

Les habiles gens, die geschifften Leute.	Des choses bonnes et utiles, gute und nützliche Dinge.
Etre estimé, hochgeschäzzet werden.	Etre honoré, geehret werden.
	Au reste, übrigens.
Etre recherché, gesucht werden.	Vertueux, tugendhaft.
Les ignorans, die Unwissenden.	Car, denn.
Ordinairement, gewöhnlich.	La vertu, die Tugend, 3.
Bien triste, sehr traurig.	Toujours, immer, jederzeit.
Pour, um.	Parce qu'elle se récompense d'elle-même, weil sie sich selbst belohnet.
Apprendre, lernen.	
Dans votre jeunesse, in eurer Jugend.	

Des Verbes neutres.

Ceux qui sont réguliers, se conjuguent comme le verbe actif loben ; mais il y en a qui prennent toujours l'auxiliaire haben, et d'autres qui prennent celui de seyn ; par exemple : Begegnen, rencontrer, prend l'auxiliaire seyn ; et träumen, rêver, prend haben. Voyez pag. 199.

Thêmes sur quelques Verbes neutres.

124.

Je n'ai pas bien dormi la nuit passée. J'ai rêvé que j'avois rencontré dans une forêt ma Charlotte, qu'un ogre borgne poursuivoit. Ah ! s'écria-t-elle en me voyant, j'ai tant couru que je n'en puis plus. Cachez-moi, car l'ogre veut me manger : le voilà ! Monseigneur, lui disois-je en tremblant, si vous voulez absolument manger quelqu'un, mangez-moi, et... me laissez ma Charlotte. Non, dit-il, elle est plus tendre que vous ; cependant pour ne pas vous séparer, parce que vous vous aimez si tendrement, je vous mangerai tous deux. Cela dit, il me prit par les cheveux, et... je me réveillai.

Bien, gut.	Dire, ſagen.
Dormi, geſchlafen *.	En tremblant, zitternd.
La nuit passée, vergangene Nacht.	Si vous voulez absolument manger quelqu'un, wenn Sie ſchlechterdings jemanden freſſen wollen *.
MaCharlotte, meinem Lottchen.	
Dans une forêt, in einem Walde.	Et me laissez, und laſſen Sie mir.
Un ogre borgne, ein einäugigter Popanz.	Tendre, zart.
Poursuivre, verfolgen.	Cependant, indeſſen, doch.
Ah! s'écria-t-elle! ach! ſchrie ſie.	Séparer, trennen.
	Parce que vous vous aimez si tendrement, weil ihr euch ſo zärtlich liebet.
En me voyant, da ſie mich ſah *.	
J'ai tant couru, ich bin ſo ſehr gelaufen *.	Je vous mangerai tous deux, will ich euch beide freſſen *.
Que je n'en puis plus, daß ich nicht mehr fort kann *.	Cela dit, als er das geſagt hatte.
Cachez, verberge *.	Prendre, faſſen.
Me veut manger, will mich freſſen *.	Par les cheveux, bei den Haaren.
Le voilà! da iſt er!	Se réveiller, erwachen: Je me réveillai, ich erwachte.
Monseigneur, gnädiger Herr.	

CONJUGAISON DU VERBE RÉCIPROQUE OU RÉFLÉCHI ſich freuen,

SE RÉJOUIR.

Infinitif.

Présent.	Sich freuen, se réjouir.
Gérondif.	Sich zu freuen, de se, à se réjouir.
	Um ſich zu freuen, pour se réjouir.
	Ohne ſich zu freuen, sans se réjouir.
Parfait.	Sich gefreuet haben, s'être réjoui.
Gérondif.	Sich gefreuet zu haben, de s'être, à s'être réjoui.
	Um ſich gefreuet zu haben, pour s'être réjoui.
	Ohne ſich gefreuet zu haben, sans s'être réjoui.
I. *Participe.*	Sich freuend, ꝛc., se réjouissant.
II. *Participe.*	Gefreuet, réjoui.

Indicatif.	Présent.	Subjonctif.

Singulier.

Ich freue mich, je me réjouis.	Daß ich mich freue, que je me réjouisse.
Du freuest dich, tu te réjouis.	Daß du dich freuest, que tu te réjouisses.
Er freuet sich, il se réjouit.	Daß er sich freue, qu'il se réjouisse.

Pluriel.

Wir freuen uns, nous nous réjouissons.	Daß wir uns freuen, que nous nous réjouissions.
Ihr freuet euch, vous vous réjouissez.	Daß ihr euch freuet, que vous vous réjouissiez.
Sie freuen sich, ils se réjouissent.	Daß sie sich freuen, qu'ils se réjouissent.

Imparfait.

Singulier.

Ich freuete mich, je me réjouissois.	Daß ich mich freuete, que je me réjouirois, ou que je me réjouisse.
Du freuetest dich, tu te réjouissois.	Daß du dich freuetest, que tu te réjouirois.
Er freuete sich, il se réjouissoit.	Daß er sich freuete, qu'il se réjouiroit.

Pluriel.

Wir freueten uns, nous nous réjouissions.	Daß wir uns freueten, que nous nous réjouirions.
Ihr freuetet euch, vous vous réjouissiez.	Daß ihr euch freuetet, que vous vous réjouiriez.
Sie freueten sich, ils se réjouissoient.	Daß sie sich freueten, qu'ils se réjouiroient.

Parfait.

S. Ich habe mich	gefreuet, je me suis réjoui, etc.	Daß ich mich gefreuet habe,	que je me sois réjoui, etc.
Du hast dich		Daß du dich = = = habest,	
Er hat sich		Daß er sich = = = habe,	
P. Wir haben uns		Daß wir uns = = = haben,	
Ihr habet euch		Daß ihr euch = = = habet,	
Sie haben sich		Daß sie sich = = = haben,	

Plusque-

Plusque-parfait.

S. Ich hatte mich Du hattest dich Er hatte sich P. Wir hatten uns Ihr hattet euch Sie hatten sich	gefreuet, je m'é- tois ou je me fus réjoui, etc.	Daß ich mich gefreuet hätte, Daß du dich = = = hättest, Daß er sich = = = hätte, Daß wir uns = = = hätten, Daß ihr euch = = = hättet, Daß sie sich = = = hätten,	q. je me serois ou je me fusse réjoui, etc.

Futur.

S. Ich werde mich Du wirst dich Er wird sich P. wir werden uns Ihr werdet euch Sie werden sich	freuen, je me réjouirai, etc.	Ich werde mich Du werdest dich Er werde sich Wir werden uns Ihr werdet euch Sie werden sich	freuen, je me réjouirai, etc.

Futur passé.

S. Ich werde mich Du wirst dich Er wird sich P. wir werden uns Ihr werdet euch Sie werden sich	gefreuet haben, je me serai réjoui, etc.	Ich werde mich Du werdest dich Er werde sich Wir werden uns Ihr werdet euch Sie werden sich	gefreuet haben, je me serai réjoui, etc.

Conditionnel présent.   Conditionnel passé.

S. Ich würde mich Du würdest dich Er würde sich P. wir würden uns Ihr würdet euch Sie würden sich	freuen, je me réjouirois, etc.	Ich würde mich Du würdest dich Er würde sich Wir würden uns Ihr würdet euch Sie würden sich	gefreuet haben, je me serois réjoui, etc.

I. Impératif.   II. Impératif.   III. Impératif.

S. Freue dich, réjouis-toi. Daß er sich freue, q. se réjouisse. P. Freuet euch, réjouissez vous. Daß sie sich freuen, qu'ils se réjouissent.	Du sollst dich Er soll sich Ihr sollet euch Sie sollen sich	freuen, tu te réjouiras, etc.	Laß Lasse er Lasset Lassen Sie	uns uns freuen, réjouissons-nous.

* Tous les verbes réfléchis en allemand, prennent l'auxiliaire haben.

Il y a des verbes qui sont réfléchis en allemand, sans l'être en françois, comme :

Sich bedanken, remercier.	Sich getrauen,) oser.
Sich bemühen, tâcher.	Sich unterstehen,)
Sich fürchten, avoir peur.	Sich schämen, avoir honte.
Sich aufhalten, séjourner, demeurer.	Sich stellen, faire semblant.
	Sich verstellen, dissimuler.
Sich brechen,) vomir.	Sich verfärben, changer de couleur, etc.
Sich übergeben,)	

D'autres sont réfléchis en françois, sans l'être en allemand, comme :

S'en aller, weggehen.	S'appeler, heissen.
Se confesser, beichten.	Se refroidir, kalt werden.
S'écrier, ausrufen.	Se faire saigner, zur Ader lassen.
S'endormir, einschlafen.	
Se faner,) verwelken.	Se douter, (muthmassen.
Se flétrir,)	(vermuthen.
Se taire, schweigen.	S'enfuir, entfliehen.
Se passer,) geschehen.	S'en retourner, umkehren.
Se faire,)	S'arrêter, stehen bleiben, still stehen.
Se gâter, verderben.	
Se lasser, müd werden.	S'en revenir, zurückkommen.
Se lever, aufstehen.	S'apercevoir, merken, gewahr werden.
Se promener, spazieren gehen.	
Se reposer, ausruhen.	Se moquer de quelqu'un, einen beziren, verspotten, etc.
Se fier, trauen.	
Se méfier, ein Mistrauen sezzen.	

Remarquez encore ces manières de s'exprimer en allemand :

Sich krank essen, trinken, sizzen, etc., se rendre malade à force de manger, de boire, d'être assis, etc.

Sich heischer reden, s'enrouer à force de parler.

Sich arm bauen, s'appauvrir à force de bâtir.

Sich aus dem Athem laufen, courir à perte d'haleine.

Sich zu todt laufen, saufen, etc., se tuer à force de courir, de boire, etc.

Sich arm saufen, boire tout son bien.

Sich aus einem Handel herauslügen, se tirer d'une affaire à force de mentir.

Thêmes sur quelques Verbes réfléchis.

125.

Bon jour, mon cher ami, comment vous portez-vous? — Je me porte aujourd'hui comme je me portois hier; c'est-à-dire fort mal. — Pourquoi vous êtes-vous donc levé? — Je croyois que je me porterois mieux hors du lit. La tête me tourne; je me recoucherai. Plût à Dieu que je me couchasse pour la dernière fois; car je suis dégoûté de la vie. — Tenez, voilà une lettre, quand vous l'aurez lue, vous ne le serez plus.

Bon jour, guten Morgen.
Cher, lieb, theuer.
Comment, wie.
Se porter, sich befinden. *Imparfait*: Ich befand mich, du befandst dich, er befand sich, ꝛc. *Second participe*: befunden, ꝛc.
C'est-à-dire, nehmlich.
Mal, übel.
Se lever, aufstehen. *Prés*. Ich stehe auf, du stehest auf, er stehet auf, ꝛc. *Imparf*. Ich stund auf, du stundest auf, er stund auf, ꝛc. *II. Part*. Aufgestanden, ꝛc.

Mieux, besser.
Hors du lit, auser dem Bette.
La tête me tourne, es wird mir schwindlicht.
Se recoucher, sich wieder niederlegen.
Plût à Dieu, wollte Gott.
Pour la dernière fois, zum leztenmal.
Être dégoûté de la vie, des lebens müde (verdrüssig) seyn.
Tenez, voilà, da habt ihr.
La lettre, der Brief, 2.
Lue, gelesen.
Ne — plus, nicht mehr.

126.

» Monsieur, je m'étois toujours flattée que vous m'aimiez autant que je vous aime; mais je vois maintenant que je me suis trompée. Je me suis aperçue que vous êtes fâché contre moi de ce que je me suis promenée l'autre jour avec mon cousin. Pourquoi n'êtes-vous pas venu? — Je me suis informée à votre médecin de votre maladie, et il m'a dit qu'il se doutoit que la jalousie causoit votre mal. Il faut avouer que je m'en suis fort étonnée. — Venez vite pour demander pardon à votre sincère amie, etc. ».

Se flatter, sich schmeicheln (*). | Autant que, so sehr als.

(*) Ce verbe, et aussi: Se proposer, sich vornehmen: s'imaginer, sich einbilden, et quelques autres verbes réfléchis, ont à la 1re. et à la 2e. personne du singulier, le datif mir et dir, au lieu de l'accusatif mich et dich; p. ex. Ich schmeichele mir, du schmeichelst dir, ꝛc.

Je vois, ich sehe *. | La maladie, die Krankheit, 3.
Se tromper, sich irren. | Se douter, muthmaßen.
S'apercevoir, gewahr werden. | La jalousie, die Eifersucht.
Etre fâché contre quelqu'un, auf jemanden bös seyn. | Causer, verursachen.
| Il faut avouer, ich muß gestehen *.
De ce que je me suis promenée l'autre jour, weil ich neulich — spazieren gegangen * bin. | S'en étonner, sich darüber wundern.
Venu, gekommen *. | Venez, kommen * Sie.
S'informer à quelqu'un de quelque chose, sich bei jemanden nach etwas erkundigen. | Demander pardon à quelqu'un, einen um Verzeihung bitten.
| Sincère, aufrichtig.

127.

Je me suis proposé de me lever tous les matins à six heures, et de me coucher tous les soirs à dix heures. A quelle heure vous levez-vous ordinairement? — Quelquefois à cinq heures, mais quelquefois aussi à huit heures. Quand je me couche à dix heures, je me lève à cinq heures; et quand je me couche à une heure, je me lève à huit heures. — A quelle heure vous êtes-vous donc levé aujourd'hui? — Je me suis levé aujourd'hui à quatre heures, parce que je me couchai hier au soir à neuf heures.

Se proposer, sich vornehmen. II. Part. vorgenommen *. | Le soir, der Abend, 2.
Le matin, der Morgen, 1. | A quelle heure, um wie viel Uhr.
A six heures, um sechs Uhr. | Quelquefois, manchmal, bisweilen.
Se coucher, schlafen (zu Bette) gehen, 2c. Prés. Ich gehe schlafen, du gehst schlafen, er gehet schlafen, 2c. Voyez le verbe gehen parmi les irréguliers. | Parce que je me couchai hier au soir, weil ich mich gestern Abend — schlafen legte.

128.

Où est Monsieur votre cousin? — Il est encore au lit. — Quand se levera-t-il donc? — Quand on aura servi le diner. Il perdra encore tout son esprit à force de dormir. — Comment peut-on perdre ce qu'on n'a pas? — Il s'endormit hier au concert à côté de sa future épouse. Tout-à-coup il tomba du banc sur lequel il étoit assis. Ce maudit cheval! s'écria-t-il en se frottant les yeux. S'étant relevé, il se remit à côté de sa maîtresse, qui avoit honte d'être assise auprès de lui. Elle le pria de ne pas se rendormir, mais de causer un peu avec elle. Oui, oui, dit-il en sommeillant, donnez-moi mes éperons et mon fouet.

Etre au lit, im Bette liegen: il est encore au lit, er liegt * noch im Bette.
Servi, aufgetragen *.
Le dîner, das Mittagessen, 1.
Il perdra encore tout son esprit à force de dormir, er wird noch all seinen Verstand verschlafen *.
Comment peut-on perdre, wie kann man verlieren *.
Il s'endormit hier au concert, er schlief gestern im Konzert ein *.
A côté, neben.
La future épouse, die Braut, 2. â.
Tout-à-coup, plözlich, ou auf einmal.
Il tomba du banc, fiel er von der Bank herunter *.
Sur, auf.

Il étoit assis, er saß *.
Ce maudit cheval! das verwünschte Pferd!
S'écria-t-il, rief er *.
En se frottant les yeux, indem er sich die Augen rieb *.
S'étant, da er — war.
Il se remit, sezte er sich wieder *.
La maîtresse, die Geliebte, Gebieterin, 3.
Avoir honte, sich schämen.
D'être assise auprès de lui, bei ihm zu sizzen *.
Le pria, bat * ihn.
De ne pas se rendormir, nicht wieder einzuschlafen *.
Mais, sondern.
Causer, plaudern.
En sommeillant, schlummernd.
Les éperons, die Spornen.
Le fouet, die Peitsche, 3.

Verbes impersonnels.

Plusieurs de ces verbes se conjuguent, mais seulement à la 3ème. personne du singulier, comme le verbe actif loben, louer. Il y en a d'autres qui sont irréguliers. En voici quelques-uns de la première sorte:

Regnen, pleuvoir.

Indicatif.   *Présent.*   *Subjonctif.*

Es regnet, il pleut.   Daß es regne, qu'il pleuve.

Imparfait.

Es regnete, il pleuvoit.   Daß es regnete, qu'il plût.

Parfait.

Es hat geregnet, il a plu.   Daß es geregnet habe, qu'il ait plu.

Plusque-parfait.

Es hatte geregnet, il avoit plu.   Daß es geregnet hätte, qu'il eût plu.

Futur.

Es wird regnen, il pleuvra.   Daß es regnen werde, qu'il pleuvra.

Futur passé.

Es wird geregnet haben, il aura plu.   Daß es werde geregnet haben, qu'il aura plu.

Conditionnel présent. Es würde regnen, il pleuvroit.
Conditionnel passé. Es würde geregnet haben, il auroit plu.

De même se conjuguent aussi donnern, tonner; schneien, neiger; hageln ou schloſſen, grêler; thauen, tomber de la rosée, dégeler; bliʒʒen, faire des éclairs, etc.

Es iſt, est exprimé en françois de cinq manières différentes:

Indicatif. Présent.

Es iſt, il y a, il est, c'est, il fait, il vaut.

Imparfait.

Es war, il y avoit (il y eut), il étoit (il fut), c'étoit (ce fut), il faisoit (il fit), il valoit (il valut).

Parfait.

Es iſt geweſen, il y a eu, il a été, ç'a été, il a fait, il a valu, etc.

Futur.

Es wird ſeyn, il y aura, il sera, ce sera, il fera, il vaudra, etc.

Les verbes impersonnels sont ou actifs, comme es giebt, il y a; ou neutres, comme es heißt, il se dit, on dit; ou passifs, comme es wird geſagt, on dit, etc.

* Le verbe impersonnel: Es giebt, est aussi exprimé par *il y a*; p. ex. Es giebt Leute welche ſagen, il y a des gens qui disent, etc. Es gab deren, il y en avoit. Es hat deren gegeben, il y en a eu. Es wird deren geben, il y en aura, etc.

** Les François, en joignant à leur *c'est* un nom suivi de la conjonction *que* et d'un verbe, mettent le nom au cas que le verbe demande; les Allemands, au contraire, mettent le nom au nominatif, et lui joignent le relatif der, die, das, qui, au cas que le verbe exige, comme: Gott iſt es, dem wir unſer Leben ſchuldig ſind, c'est à Dieu que nous devons notre vie, etc.

Voici une liste des verbes impersonnels qui sont le plus en usage, et dont la plupart ne peuvent se rendre en françois que par une circonlocution. Quelques-uns sont dans le cas contraire.

Es frieret, il gèle.
Es ist warm, il fait chaud.
Es ist heiß, il fait très-chaud.
Es ist kalt, il fait froid.
Es ist schön Wetter, il fait beau temps.
Es ist schlimm Wetter, il fait mauvais temps.
Es ist windig, il fait du vent.
Es hat eingeschlagen, la foudre est tombée.
Es nebelt, il fait du brouillard.
Es reifet, il fait de la gelée blanche.
Es kommt darauf an, il s'agit de.
Es trägt sich zu,) il arrive.
Es begiebt sich,)
Es gebühret sich,) il convient.
Es geziemet sich,)

Les suivans prennent après eux l'accusatif ou le datif des pronoms personnels, et peuvent avec leur secours se conjuguer par toutes les personnes.

Es hungert mich, j'ai faim.
Es durstet mich, j'ai soif.
Es schläfert mich, j'ai sommeil.
Es verlangt mich, il me tarde.
Es reuet mich, je me repens.
Es verdrießt mich, je suis fâché.
Es schauert mich, je frissonne.
Es dunket mich, il me semble.

Es ahnet mir, j'en ai un pressentiment.
Es begegnet mir, il m'arrive.
Es behaget mir, cela me fait du bien.
Es deucht mir,) il me semble.
Es kömmt mir vor,)
Es ekelt mir, j'ai du dégoût.
Es fällt mir leicht, il m'est facile.
Es gebühret mir, cela me vient de droit.
Es grauet mir, j'ai de l'horreur
Es ist mir leid, je suis fâché.
Es ist mir warm, j'ai chaud.
Es ist mir kalt, j'ai froid.
Es ist mir wohl, je me porte bien.
Es ist mir übel, je me trouve mal.
Es ist mir angst, j'ai peur.
Es gefällt mir,) il me plaît.
Es beliebt mir,)
Es gehöret mir, cela m'appartient.
Es gehet mir wohl, je suis bien dans mes affaires.
Es gelingt mir,) je réussis.
Es glükt mir,)
Es mangelt mir, es fehlt mir an Geld, je manque d'argent.
Es misfällt mir, il me déplaît.
Es mislingt mir,) je ne réussis pas.
Es misräth mir,)
Es hat mir geträumet, j'ai rêvé ou j'ai songé.

Il est une seconde espèce de verbes impersonnels qui, au lieu du pronom *es*, prennent le pronom *man*, comme en françois ; par exemple :

Man sagt, on dit.	Man bildet sich ein, on s'imagine.
Man schreibt, on écrit.	
Man betrügt sich, on se trompe.	

Le verbe impersonnel, *il faut*, se rend en allemand de différentes manières ; voici comment :

Il faut travailler, étudier, etc. man muß arbeiten, studiren, ꝛc.
Il faut de la patience, man muß Geduld haben.
Il faut du temps, es braucht Zeit, es gehöret Zeit dazu, es wird Zeit dazu erfordert.
Il faut que je m'en aille (il faut m'en aller), ich muß fortgehen.
Il faut que tu restes (il te faut rester), du mußt bleiben.
Il faut qu'il vienne (il lui faut venir), er muß kommen, ꝛc.
Il me faut de l'argent, ich brauche Geld, ich muß Geld haben, ich habe Geld nöthig.
Combien vous faut-il ? wie viel müssen Sie haben ?
Il demande plus qu'il ne lui faut, er fordert mehr als ihm zukommt (gebühret).
Il s'en faut peu (beaucoup), es fehlet wenig (viel) daran.
Il s'en falloit plus de la moitié, es fehlte über die Hälfte daran.
Peu s'en faut, es fehlet nicht viel mehr, ꝛc.

Thêmes sur quelques Verbes impersonnels.

129.

Il neige aujourd'hui, il neigea hier ; et selon toutes les apparences, il neigera aussi demain. — Qu'il neige, je voudrois qu'il neigeât encore davantage, et qu'il gelât ; car je me porte toujours très-bien quand il fait bien froid. — Et moi, je me porte fort bien quand il ne fait ni froid, ni chaud. Il fait aujourd'hui un trop grand vent ; nous irons à la maison. — Il est encore de bonne heure, et je ne vais pas encore à la maison. — Quel village est cela ? — Je crois que c'est Schmierbach. — Y a-t-il de bon vin ? — Je crois qu'il y en a. — Combien de tems y a-t-il que vous êtes en Allemagne ? — Il y a à-peu-près un an. — Est-il possible ? —

Selon toutes les apparences, allem Anschein nach.
Qu'il neige, es mag schneien (Impératif).
Je voudrois, ich wollte *.
Davantage, plus, mehr.
Qu'il gelât, daß es fröhre *.
Bien froid, recht kalt.
Ne -- ni -- ni, weder -- noch.
Un trop grand vent, gar zu windig.
Nous irons, wir wollen -- gehen *.

De bonne heure, frühe.
Je ne vais pas encore, ich gehe noch nicht.
Quel village est cela? was ist das für ein Dorf?
Croire, glauben.
Y a-t-il, giebt es -- darin.
Combien de temps y a-t-il que vous êtes? wie lange sind Sie nun?
En Allemagne, in Deutschland.
Un an, ein Jahr, 2.

130.

Voilà une belle hôtellerie, où il y a de la musique; il faut y entrer. — Il est déjà tard, mon ami, il vaudra mieux de nous retirer. — Il n'est pas encore tard, il n'est que cinq heures. — S'il n'est pas plus tard, nous y entrerons. — Eh bien, comment vous plaisez-vous ici? Je m'y plais très-bien. Connoissez-vous cette fille-là? — C'est ma voisine. — C'est une belle fille. S'il ne faisoit pas si chaud ici, je danserois avec elle. Qui est ce Monsieur qui lui parle? — C'est son amant qui est extrêmement jaloux.

Voilà, da ist.
Une hôtellerie, ein Wirthshaus, 4. ä.
Où, worin.
De la musique, Musik.
Il faut y entrer, wir müssen hinein gehen *.
Tard, spät.
Mieux, besser.
De nous retirer, wenn wir nach Hause gehen.

Nous y entrerons, so wollen wir hinein gehen.
Eh bien, comment vous plaisez-vous? nun, wie gefällt * es Ihnen?
Je m'y plais très-bien, es gefällt mir recht wohl hier.
Connoissez-vous, kennen * Sie.
La voisine, die Nachbarin, 3.
Etre extrêmement jaloux, ausserordentlich eifersüchtig seyn.

131.

Je me doutois bien que vous auriez faim, et que Monsieur votre frère auroit soif, c'est pourquoi je vous ai amenés ici. Je suis fâché de ce que Mademoiselle votre sœur n'est pas là; cependant je suis bien aise de ce que vous êtes ici. Mais je trouve étrange que vous ne buviez pas. — J'ai sommeil. — Tantôt vous avez sommeil, tantôt froid, et tantôt quelque autre chose ; je crois que vous pensez trop à l'infidélité de votre maîtresse. Bannissez cette pensée de votre esprit, et considérez qu'il y a encore un grand nombre de bonnes et belles filles au monde, et qu'il s'en trouvera une parmi elles qui vous restera fidèle jusqu'à la mort. — Je suis dégoûté des filles, des femmes, et des hommes aussi.

Se douter, vermuthen, muthmaßen.
C'est pourquoi, deswegen.
Amener, führen.
Ici, hieher.
Je suis fâché de ce que, es thut * mir leid, daß.
Là, da.
Cependant, indessen.
Je suis bien aise, es ist mir lieb.
Mais je trouve étrange, allein es befremdet mich.
Que vous ne buviez pas, daß ihr nicht trinket.
Tantôt vous avez sommeil, bald schläfert es euch.
Tantôt froid, bald frieret es euch.
Et tantôt quelque autre chose, und bald ist euch etwas anders.
Pensez, denket *.
Trop, zu viel.
L'infidélité, die Untreue, 3.
La maîtresse, die Geliebte, 3.
Bannir, verbannen.
La pensée, der Gedanke, 3.
L'esprit, das Gemüth, 4.
Qu'il y a encore, daß es noch — giebt *.
Le nombre, die Anzahl, 3.
Qu'il s'en trouvera une parmi elles, daß sich eine unter ihnen finden * wird.
Restera fidèle, treu bleiben * wird.
Jusqu'à la mort, bis in den Tod.
Je suis dégoûté des filles, etc. ich bin der Mädchen, ec. überdrüssig.

Des Verbes irréguliers.

Les verbes irréguliers sont ceux qui s'écartent dans quelques-uns de leurs temps des règles générales que j'ai données.

Cette irrégularité se trouve dans tous les verbes irréguliers au second participe, à l'imparfait de l'indicatif et à celui du subjonctif. Il en est d'autres qui, outre cette irrégularité, en ont encore dans la seconde et troisième personne du singulier du présent de l'indicatif, et dans la seconde personne du singulier de l'impératif. Les autres temps de ces verbes se conjuguent comme ceux des verbes réguliers.

Le second participe de ces verbes adopte, comme les réguliers, le prépositif ge ; mais sa terminaison est la même que celle de l'infinitif.

La plupart de ces verbes changent au second participe la voyelle radicale de l'indicatif, quelques-uns la consonne, d'autres demeurent invariables.

Ces variations font diviser les verbes irréguliers en sept classes, la 1re. de ceux qui changent la voyelle radicale en a, la 2e. en e, la 3e. en i ou ie, la 4e. en o, la 5e. en u, la 6e. de ceux qui ne changent point leur voyelle, et la 7e. comprend ceux qui ne s'éloignent qu'en quelques points des verbes réguliers.

J'ai ajouté ci-dessous la liste de tous ces verbes, en plaçant d'abord l'infinitif, puis le second participe, et l'imparfait de l'indicatif.

Il est inutile de faire une classe à part des irréguliers qui le sont encore dans les personnes dont nous avons parlé ; je vais donner des règles pour les différencier.

1. L'imparfait du subjonctif dans les verbes irréguliers se forme de celui de l'indicatif, en changeant les radicales a, o, u, en ä, ö, ü, en lui donnant d'ailleurs les terminaisons propres à chaque personne. Je pense qu'il est assez inutile de dire que, si une de ces voyelles ne se trouve pas à l'indicatif, les deux imparfaits sont semblables à leur terminaison près.

2. La 2e. et la 3e. personne du présent de l'indicatif ne sont irrégulières que lorsque la voyelle radicale est un a, un o, ou un e. Les voyelles se changent dans ces personnes ; savoir, l'a en ä, l'o en ö, l'e en i. On supprime ordinairement l'e des terminaisons est, et. Ex. Ich schlafe, je dors, du schläfst, er schläft. Ich komme, je viens, du kommst, er kommt. Ich werfe, je jette, du wirfst, er wirft.

* Il faut excepter de cette règle : Erschallen, se répandre, se publier ; mahlen, moudre ; schaffen, créer, qui gardent a la 2e et 3e personne de l'indicatif l'a de la 1re.

De plus, les verbes qui ont la diphtongue au à la 1re. de l'indicatif, et qui la conservent dans les autres personnes, à l'exception de ces deux : saufen, boire avec excès ; laufen, courir, qui suivent la règle.

** Les verbes suivans ne changent pas l'e en i.

Bewegen, émouvoir, et tous les composés de wegen.

Gehen, aller.	Freundschaft pflegen, entretenir amitié.
Genesen, relever de maladie.	
Heben, lever.	Stehen, être debout.
Melken, traire.	Verhelen, cacher, etc.

La 2e. personne du singulier de l'impératif est formée, comme je l'ai déjà dit, de la 2e. du présent de l'indicatif. Elle n'est irrégulière que quand l'e de la 1re. personne de l'indicatif a été changé en i dans la 2e. Cette irrégularité passe aussi dans la 2e. du singulier de l'impératif; de plus, on supprime les finales qui appartiendroient à ce temps s'il étoit régulier, comme: Du wirfst, tu jettes; wirf, jette, et non wirfe.

Les voyelles å, ö, de la 2e. personne de l'indicatif, redeviennent a, o, à l'impératif, comme: Du schläfst, tu dors; schlaf, dors: Du kommst, tu viens; komm, viens. Les autres personnes de ce temps suivent la marche des verbes réguliers.

TABLE DES VERBES IRRÉGULIERS,

DISTRIBUÉS PAR CLASSES.

PREMIÈRE CLASSE

Contenant les verbes qui changent au second participe la voyelle radicale en a.

Infinitif.	*II. Participe.*	*Imparfait.*
Aller,	gehen, v. n.	gegangen,	ich gieng.
être debout,	stehen, v. n.	gestanden,	ich stand, ou stund.
faire,	thun, v. a.	gethan,	ich that.

Seconde Classe

Contenant les verbes qui changent au second participe la voyelle radicale en e.

Infinitif.	*II. Participe.*	*Imparfait.*
Prier,	bitten, v. a.	gebeten,	ich bat.
être couché,	liegen, v. n.	gelegen,	ich lag.
être assis,	sizzen, v. n.	gesessen,	ich saß.

(*) S'asseoir, sich sezzen, est régulier.

Troisième Classe

Contenant les verbes qui changent au second participe la voyelle radicale en *i* ou *ie*.

Infinitif.		II. Participe.	Imparfait.
S'appliquer,	befleißen (sich),	befließen,	ich befliß mich.
mordre,	beißen, v. a.	gebissen,	ich biß.
pâlir (mourir),	erbleichen, v. n.	erblichen,	ich erblich.
ressembler,	gleichen, v. n.	geglichen,	ich glich.
prendre, saisir,	greifen, v. a.	gegriffen,	ich griff.
souffrir,	leiden, v. a.	gelitten,	ich litt.
siffler,	pfeifen, v. n.	gepfiffen,	ich pfiff.
rompre,	reißen, v. a.	gerissen,	ich riß.
aller à cheval,	reiten, v. n.	geritten,	ich ritt.
se traîner (se glisser),	schleichen, v. n.	geschlichen,	ich schlich.
aiguiser,	schleifen, v. a.	geschliffen,	ich schliff.

* Schleifen, v. a. raser, démolir, est régulier.

jeter (battre),	schmeißen, v. a.	geschmissen,	ich schmiß.
couper,	schneiden, v. a.	geschnitten,	ich schnitt.
marcher,	schreiten, v. n.	geschritten,	ich schritt.
combattre,	streiten, v. n.	gestritten,	ich stritt.
céder,	weichen, v. n.	gewichen,	ich wich.

* Weichen, tremper, et erweichen, amollir, fléchir, sont réguliers.

demeurer (rester),	bleiben, v. n.	geblieben,	ich blieb.
venir à bien,	gedeihen, v. n.	gediehen,	ich gedieh.
prêter,	leihen, v. a.	geliehen,	ich lieh.
éviter,	meiden, v. a.	gemieden,	ich mied.
exalter,	preisen, v. a.	gepriesen,	ich pries.
frotter,	reiben, v. a.	gerieben,	ich rieb.
séparer,	scheiden, v. a.	geschieden,	ich schied.
luire, sembler,	scheinen, v. n.	geschienen,	ich schien.
écrire,	schreiben, v. a.	geschrieben,	ich schrieb.
crier,	schreien, v. n.	geschrien,	ich schrie.
se taire,	schweigen, v. n.	geschwiegen,	ich schwieg.
cracher, vomir,	speien, v. a.	gespien,	ich spie.
monter,	steigen, v. n.	gestiegen,	ich stieg.
pousser,	treiben, v. a.	getrieben,	ich trieb.
montrer,	weisen, v. a.	gewiesen,	ich wies.

Quatrième Classe

Contenant les verbes qui changent au second participe la voyelle radicale en o.

Infinitif.		II. Participe.	Imparfait.
Tromper,	betrügen, v. a.	betrogen,	ich betrog.
émouvoir (persuader),	bewegen, v. a.	bewogen,	ich bewog.

* Bewegen, mouvoir, dans le sens physique, est régulier.

courber,	biegen, v. a.	gebogen,	ich bog.
offrir,	bieten, v. a.	geboten,	ich bot.
battre le blé,	dreschen, v. a.	gedroschen,	ich drosch.
se répandre (se publier),	sich erschallen, v. im.	erschollen,	es erscholl.

* Le primitif schallen, v. n. résonner, retentir, est régulier.

considérer,	erwegen, v. a.	erwogen,	ich erwog.
faire des armes (combattre),	fechten, v. n.	gefochten,	ich focht.
tresser,	flechten, v. a.	geflochten,	ich flocht.
voler (dans l'air),	fliegen, v. n.	geflogen,	ich flog.
fuir,	fliehen, v. a. et n.	geflohen,	ich floh.
couler,	fliessen, v. n.	geflossen,	ich floß.
geler (avoir froid)	frieren, v. n.	gefroren,	ich fror.
jouir,	geniessen, v. n.	genossen,	ich genoß.
verser,	giessen, v. a.	gegossen,	ich goß.
ramper,	kriechen, v. n.	gekrochen,	ich kroch.
s'éteindre,	löschen, v. n.	geloschen,	ich losch.
mentir,	lügen, v. n.	gelogen,	ich log.
traire,	melken, v. a.	gemolken,	ich molk.
sourdre (ruisseler),	quellen, v. n.	gequollen,	ich quoll.
sentir,	riechen, v. n.	gerochen,	ich roch.
boire avec excès,	saufen, v. n.	gesoffen,	ich soff.
sucer,	saugen, v. a.	gesogen,	ich sog.
tondre,	scheeren, v. a.	geschoren,	ich schor.
pousser,	schieben, v. a.	geschoben,	ich schob.
tirer un coup de feu,	schiessen, v. a.	geschossen,	ich schoß.
fermer (conclure),	schliessen, v. a.	geschlossen,	ich schloß.
se fondre,	schmelzen, v. n.	geschmolzen,	ich schmolz.

* Schmelzen, v. a. fondre, est régulier.

Infinitif.	II. Participe.		Imparfait.
S'enfler,	schwellen, v. n.	geschwollen,	ich schwoll.
suppurer,	schwären, v. n.	geschworen,	ich schwor.
bouillir,	sieden, v. n.	gesotten,	ich sott.
fâcher,	verdrießen, v. i.	verdroßen,	es verdroß mich.
perdre,	verlieren, v. a.	verloren,	ich verlor.
embrouiller (confondre),	verwirren, v. a.	verworren,	ich verworr.
peser,	wiegen, v. a.	gewogen,	ich wog.
tirer,	ziehen, v. a.	gezogen,	ich zog.
commander,	befehlen, v. a.	befohlen,	ich befahl.
cacher,	verbergen, v. a.	verborgen,	ich verbarg.
crever,	bersten, v. a.	geborsten,	ich barst, borst.
se souvenir,	besinnen (sich),	besonnen,	ich besann mich.
s'effrayer,	erschrecken, v. n.	erschrocken,	ich erschrak.
enfanter,	gebähren, v. a.	gebohren,	ich gebahr (gebohr).
valoir,	gelten, v. n.	gegolten,	ich galt.
gagner,	gewinnen, v. a.	gewonnen,	ich gewann (gewonn).
lever,	heben, v. a.	gehoben,	ich hob, hub.
aider,	helfen, v. a.	geholfen,	ich half.
couler,	rinnen, v. n.	geronnen,	ich rann.
injurier,	schelten, v. a.	gescholten,	ich schalt.
nager,	schwimmen, v. n.	geschwommen,	ich schwamm.
penser, rêver,	sinnen, v. n.	gesonnen,	ich sann.
filer,	spinnen, v. a.	gesponnen,	ich spann.
piquer,	stechen, v. a.	gestochen,	ich stach.
voler, dérober,	stehlen, v. a.	gestohlen,	ich stahl.
périr, se gâter,	verderben, v. n.	verdorben,	ich verdarb.

* Verderben, v. a. gâter, est régulier.

enrôler,	werben, v. a.	geworben,	ich warb.
jeter,	werfen, v. a.	geworfen,	ich warf.
rompre,	brechen, v. a.	gebrochen,	ich brach.
prendre,	nehmen, v. a.	genommen,	ich nahm.
parler,	sprechen, v. n.	gesprochen,	ich sprach.
jurer,	schwören, v. n.	geschworen,	ich schwur.
mourir,	sterben, v. n.	gestorben,	ich starb.
atteindre,	treffen, v. a.	getroffen,	ich traf.
devenir,	werden *, v. n.	geworden,	ich ward, wurde.

* Le verbe Werden, lorsqu'il est auxiliaire, perd la syllabe prépositive ge de son second participe; on dit worden, au lieu de geworden.

Cinquième Classe

Contenant les verbes qui changent au second participe la voyelle radicale en u.

Infinitif.		II. Participe.	Imparfait.
Stipuler,	bebingen, v. a.	bebungen,	ich bebung.
lier,	binben, v. a.	gebunden,	ich banb.
presser,	bringen, v. a.	gedrungen,	ich brang, brung
trouver,	finden, v. a.	gefunden,	ich fanb.
réussir,	gelingen, v. im.	gelungen,	es gelang (gelung).
sonner,	klingen, v. n.	geklungen,	ich klang, klung.
lutter,	ringen, v. n.	gerungen,	ich rang, rung.
écorcher,	schinden, v. a.	geschunden,	ich schund.
avaler (entortiller),	schlingen, v. a.	geschlungen,	ich schlang (schlung).
décroître,	schwinden, v. n.	geschwunden,	ich schwand (schwund).
vanner,	schwingen, v. a.	geschwungen,	ich schwang (schwung).
chanter,	singen, v. a.	gesungen,	ich sang, sung.
couler à fond,	sinken, v. n.	gesunken,	ich sank, sunk.
sauter,	springen, v. n.	gesprungen,	ich sprang (sprung).
puer,	stinken, v. n.	gestunken,	ich stank, stunk.
boire,	trinken, v. a.	getrunken,	ich trank, trunk
guinder (tordre),	winden, v. a.	gewunden,	ich wand, wund
forcer,	zwingen, v. a.	gezwungen,	ich zwang (zwung).

Sixième Classe.

Contenant les verbes qui ne changent point au second participe leur voyelle radicale.

Infinitif.		II. Participe.	Imparfait.
Manger,	essen, v. a.	gegessen,	ich aß.
manger goulûment,	fressen, v. a.	gefressen,	ich fraß.
donner,	geben, v. a.	gegeben,	ich gab.
guérir (accoucher),	genesen, v. n.	genesen,	ich genaß.
arriver (se faire),	geschehen, v. im.	geschehen,	es geschah.
venir,	kommen, v. n.	gekommen,	ich kam.
lire,	lesen, v. a.	gelesen,	ich las.
mesurer,	messen, v. a.	gemessen,	ich maß.
voir,	sehen, v. a.	gesehen,	ich sah.

Infinitif.

Infinitif.		II. Participe.	Imparfait.
fouler (marcher),	treten, v. a. et n.	getreten,	ich trat.
oublier,	vergessen, v. a.	vergessen,	ich vergaß.
souffler,	blasen, v. n.	geblasen,	ich blies.
rôtir,	braten, v. a.	gebraten,	ich briet.
tomber,	fallen, v. n.	gefallen,	ich fiel.
prendre (s'emparer),	fangen, v. a.	gefangen,	ich fing.
tenir,	halten, v. a.	gehalten,	ich hielt.
pendre,	hangen, v. a.	gehangen,	ich hing.
tailler,	hauen, v. a.	gehauen,	ich hieb.
s'appeler,	heissen, v. n.	geheissen,	ich hieß.
laisser,	lassen, v. a.	gelassen,	ich ließ.
courir,	laufen, v. n.	gelaufen,	ich lief.
conseiller,	rathen, v. a.	gerathen,	ich rieth.
appeler,	rufen, v. a.	gerufen,	ich rief.
dormir,	schlafen, v. n.	geschlafen,	ich schlief.
pousser,	stossen, v. a.	gestossen,	ich stieß.
cuire (faire au four),	backen, v. a.	gebacken,	ich buk.
aller en voiture,	fahren, v. n.	gefahren,	ich fuhr.
creuser,	graben, v. a.	gegraben,	ich grub.
charger,	laden, v. a.	geladen,	ich lud.
moudre,	mahlen, v. a.	gemahlen,	ich mahl.

* Malen, v. a. peindre, est régulier.

créer,	schaffen, v. a.	geschaffen,	ich schuf.
battre,	schlagen, v. a.	geschlagen,	ich schlug.
porter,	tragen, v. a.	getragen,	ich trug.
croître,	wachsen, v. n.	gewachsen,	ich wuchs.
laver,	waschen, v. a.	gewaschen,	ich wusch.

Septième Classe

Contenant les verbes qui, en terminant leur second participe en et ou en t, comme les verbes réguliers, s'éloignent cependant en quelques autres points des règles générales.

Les six premiers sont à la fois réguliers et irréguliers; mais leur imparfait du subjonctif est toujours régulier.

brûler,	brennen, v. a.	gebrannt,	ich brannte.
connoître,	kennen, v. a.	gekannt,	ich kannte.
nommer,	nennen, v. a.	genannt,	ich nannte.
courir,	rennen, v. n.	gerannt,	ich rannte.
envoyer,	senden, v. a.	gesandt,	ich sandte.
tourner,	wenden, v. a.	gewandt,	ich wandte.

Les deux suivans sont toujours irréguliers :

Infinitif.		II. Participe.	Imparfait.
Apporter,	bringen, v. a.	gebracht,	ich brachte.
penser,	denken, v. n.	gedacht,	ich dachte.

Les suivans sont de plus irréguliers au singulier du présent de l'indicatif.

Infinitif.	II. Part.	Présent.	Imparfait.
Oser,	dürfen, geburft,	ich darf, du darfst, ıc.	ich durfte.
pouvoir,	können, gekonnt,	ich kann, du kannst, ıc.	ich konnte.
vouloir,	mögen, gemocht,	ich mag, du magst, ıc.	ich mochte.
devoir (falloir),	müssen, gemußt,	ich muß, du mußt, ıc.	ich mußte.
devoir,	sollen, gesollt,	ich soll, du sollst, ıc.	ich sollte.
savoir,	wissen, gewußt,	ich weiß, du weißt, ıc.	ich wußte.
vouloir,	wollen, gewollt,	ich will, du willst, ıc.	ich wollte.

Il est nécessaire d'apprendre tous les verbes irréguliers. Pour en faciliter le moyen, je les retrace ici par ordre alphabétique, en indiquant à côté la classe à laquelle ils appartiennent.

Backen, cuire, 6.
Bedingen, stipuler, 5.
Befehlen, commander, 4.
Befleissen (sich), s'appliquer, 3.
Beissen, mordre, 3.
Bergen, cacher, 4.
Bersten, crever, 4.
Besinnen (sich), se souvenir, 4.
Betrügen, tromper, 4.
Bewegen, émouvoir, 4.
Biegen, courber, 4.
Bieten, offrir, 4.
Binden, lier, 5.
Bitten, prier, 2.
Blasen, souffler, 6.
Braten, rôtir, 6.
Brechen, rompre, 4.
Brennen, brûler, 7.
Bringen, apporter, 7.
Denken, penser, 7.
Dürfen, oser, 7.
Dreschen, battre le blé, 4.

Dringen, presser, 5.
Empfehlen, recommander (v. befehlen).
Erbleichen, pâlir, 3.
Erschallen, se répandre, 4.
Erschrecken, s'effrayer, 4.
Erwegen, considérer, 4.
Essen, manger, 6.
Fahren, aller en voiture, 6.
Fallen, tomber, 6.
Fangen, prendre, 6.
Fechten, combattre, 4.
Finden, trouver, 5.
Flechten, tresser, 4.
Fliegen, voler, 4.
Fliehen, fuir, 4.
Fliessen, couler, 4.
Fressen, manger goulûment, 6.
Frieren, geler, 4.
Gebähren, enfanter, 4.
Geben, donner, 6.
Gedeihen, venir à bien, 3.

Gehen, aller, 1.
Gelingen, réussir, 5.
Gelten, valoir, 4.
Geniessen, jouir, 4.
Geschehen, arriver (se faire), 6.
Gewinnen, gagner, 4.
Giessen, verser, 4.
Gleichen, ressembler, 3.
Graben, creuser, 6.
Greifen, prendre, 3.
Halten, tenir, 6.
Hangen, hängen, pendre, 6.
Hauen, tailler, 6.
Heben, lever, 4.
Heissen, s'appeler, 6.
Helfen, aider, 4.
Kennen, connoître, 7.
Klingen, sonner, 5.
Kommen, venir, 6.
Können, pouvoir, 7.
Kriechen, ramper, 4.
Laden, charger, 6.
Lassen, laisser, 6.
Laufen, courir, 6.
Leiden, souffrir, 3.
Leihen, prêter, 3.
Lesen, lire, 6.
Liegen, être couché, 2.
Löschen, s'éteindre, 4.
Lügen, mentir, 4.
Mahlen, moudre, 6.
Meiden, éviter, 3.
Melken, traire, 4.
Messen, mesurer, 6.
Mögen, vouloir, 7.
Müssen, devoir, 7.
Nehmen, prendre, 4.
Nennen, nommer, 7.
Pfeifen, siffler, 3.
Preisen, exalter, 3.
Quellen, sourdre, 4.
Rathen, conseiller, 6.
Reiben, frotter, 3.
Reissen, rompre, 3.

Reiten, aller à cheval, 3.
Rennen, courir, 7.
Riechen, sentir, 4.
Ringen, lutter, 5.
Rinnen, couler, 4.
Rufen, appeler, 6.
Saufen, boire avec excès, 4.
Saugen, sucer, 4.
Schaffen, créer, 6.
Scheiden, séparer, 3.
Scheinen, sembler, 3.
Schelten, injurier, 4.
Scheeren, tondre, 4.
Schieben, pousser, 4.
Schiessen, tirer, 4.
Schinden, écorcher, 5.
Schlafen, dormir, 6.
Schlagen, battre, 6.
Schleichen, se traîner, 3.
Schleifen, aiguiser, 3.
Schliessen, fermer, finir, 4.
Schlingen, avaler, 5.
Schmeissen, jeter, 3.
Schmelzen, se fondre, 4.
Schneiden, couper, 3.
Schreiben, écrire, 3.
Schreien, crier, 3.
Schreiten, marcher, 3.
Schweigen, se taire, 3.
Schwellen, s'enfler, 4.
Schweren, suppurer, 4.
Schwimmen, nager, 4.
Schwinden, décroître, 5.
Schwingen, vanner, 5.
Schwören, jurer, 4.
Sehen, voir, 6.
Senden, envoyer, 7.
Sieden, bouillir, 4.
Singen, chanter, 5.
Sinken, couler à fond, 5.
Sinnen, penser, 4.
Sitzen, être assis, 2.
Sollen, devoir, 7.
Speien, vomir, 3.

Spinnen, filer, 4.
Sprechen, parler, 4.
Springen, sauter, 5.
Stechen, piquer, 4.
Stehen, être debout, 1.
Stehlen, voler, 4.
Steigen, monter, 3.
Sterben, mourir, 4.
Stinken, puer, 5.
Stossen, pousser (piler), 6.
Streiten, combattre, 3.
Thun, faire, 1.
Tragen, porter, 6.
Treffen, atteindre, 4.
Treiben, pousser, 3.
Treten, marcher, 6.
Trügen, tromper (v. betrügen).
Trinken, boire, 5.
Verbleichen, pâlir (voyez er=
  bleichen).

Verderben, périr, 4.
Verdriessen, fâcher, 4.
Vergessen, oublier, 6.
Verhelen, cacher, 4.
Verlieren, perdre, 4.
Verwirren, embrouiller, 4.
Wachsen, croître, 6.
Waschen, laver, 6.
Weichen, céder, 3.
Weisen, montrer, 3.
Wenden, tourner, 7.
Werben, enrôler, 4.
Werfen, jeter, 4.
Wiegen, peser, 4.
Winden, guinder, 5.
Wissen, savoir, 7.
Wollen, vouloir, 7.
Ziehen, tirer, 4.
Zwingen, forcer, 5.

Remarques.

Les verbes composés suivent la conjugaison des simples, excepté les suivans qui sont réguliers, quoique les verbes simples, qui entrent ou semblent entrer dans leur composition, ne le soient pas.

Bewillkommen, accueillir.
Handhaben, maintenir, sou-
  tenir.
Herbergen, loger.
Radbrechen, rouer.

Rathschlagen, délibérer.
Umringen, entourer.
Veranlassen, occasionner.
Willfahren, acquiescer.

Les suivans sont irréguliers, quoique leurs simples soient réguliers :

Befehlen, ordonner; Empfehlen, recommander; Erschallen, se répandre, *voyez* p. 190 et 191.

Conjugaison du Verbe actif irrégulier Sehen, voir.

Infinitif.

Présent. Sehen, voir.
Gérondif. Zu sehen, de, à voir.
Um zu sehen, pour voir.
Ohne zu sehen, sans voir.

Parfait.	Gesehen haben, avoir vu.
Gérondif.	Gesehen zu haben, d'avoir, à avoir vu.
	Um gesehen zu haben, pour avoir vu.
	Ohne gesehen zu haben, sans avoir vu.
I. Participe.	Sehend, ic. voyant.
II. Participe.	Gesehen, vu.

Indicatif.	*Présent.*	*Subjonctif.*
	Singulier.	
Ich sehe, je vois.		Daß ich sehe, que je voie.
Du siehst, tu vois.		Daß du sehest, que tu voies.
Er sieht, il voit.		Daß er sehe, qu'il voie.
	Pluriel.	
Wir sehen, nous voyons.		Daß wir sehen, que n. voyions.
Ihr sehet, vous voyez.		Daß ihr sehet, que vous voyiez.
Sie sehen, ils voient.		Daß sie sehen, qu'ils voient.

Imparfait.

Singulier.

Ich sah, je voyois.		Daß ich sähe, que je verrois, ou que je visse.
Du sahst, tu voyois.		Daß du sähest, que tu verrois.
Er sah, il voyoit.		Daß er sähe, qu'il verroit.

Pluriel.

Wir sahen, nous voyions.		Daß wir sähen, q. n. verrions.
Ihr sahet, vous voyiez.		Daß ihr sähet, que v. verriez.
Sie sahen, ils voyoient.		Daß sie sähen, qu'ils verroient.

Parfait.

S. Ich habe			Daß ich habe	
Du hast			Daß du habest	
Er hat	gesehen, j'ai		Daß er habe	gesehen, que
P. Wir haben	vu, etc.		Daß wir haben	j'aie vu,
Ihr habet			Daß ihr habet	etc.
Sie haben			Daß sie haben	

Plusque-parfait.

S. Ich hatte			Daß ich hätte	
Du hattest			Daß du hättest	
Er hatte	gesehen, j'a-		Daß er hätte	gesehen, que
P. Wir hatten	vois ou j'eus		Daß wir hätten	j'eusse ou
Ihr hattet	vu, etc.		Daß ihr hättet	j'aurois vu,
Sie hatten			Daß sie hätten	etc.

(193)

Futur.

S. Ich werde		Daß ich sehen werde	
Du wirst		daß du sehen werdest	
Er wird	sehen, je ver-	daß er sehen werde	que je ver-
P. Wir werden	rai, etc.	daß wir sehen werden	rai, etc.
Ihr werdet		daß ihr sehen werdet	
Sie werden		daß sie sehen werden	

Futur passé.

S. Ich werde		Wann ich werde	
Du wirst	gesehen haben,	wann du werdest	gesehen ha-
Er wird	j'aurai vu,	wann er werde	ben, quand
P. Wir werden	etc.	wann wir werden	j'aurai vu,
Ihr werdet		wann ihr werdet	etc.
Sie werden		wann sie werden	

Conditionnel présent.   Conditionnel passé.

S. Ich würde		Ich würde	
Du würdest		Du würdest	
Er würde	sehen, je ver-	Er würde	gesehen ha-
P. Wir würden	rois, etc.	Wir würden	ben, j'au-
Ihr würdet		Ihr würdet	rois vu, etc.
Sie würden		Sie würden.	

I. Impératif.   II. Impératif.   III. Impératif.

S. Sieh (du), vois.	Du sollst		Laß	
Daß er sehe, qu'il voie.	Er soll	sehen, tu	Lasse er	uns sehen,
P. Sehet (ihr), voyez.	Ihr sollet	verras, etc.	Lasset	voyons, etc.
Daß sie sehen, qu'ils voient.	Sie sollen		Lassen Sie	

Table des Verbes neutres réguliers et irréguliers qui ont pour auxiliaire Seyn, les autres prennent ordinairement Haben.

* Les Verbes marqués d'une *, prennent également seyn et haben.

II. Participe avec seyn.

Abbrennen, se réduire en cendres,	abgebrannt.
Anlangen, arriver,	angelangt.
Arten, se former,	geartet.
Aufwachen, s'éveiller,	aufgewacht.
Ausschlagen, pousser,	ausgeschlagen.
Bersten, crever,	geborsten.
Bleiben, demeurer,	geblieben.
Brechen, se casser,	gebrochen.
Dringen, pénétrer,	gedrungen.
Einbraten, ⎫ diminuer,	eingebraten.
Einkochen, ⎬ se réduire	eingekocht.
Einsieden, ⎭ en cuisant,	eingesotten.
Einschlafen, s'endormir,	eingeschlafen.
Eintreffen, arriver,	eingetroffen.
Entschlafen, mourir,	entschlafen.
Entwischen, s'échapper,	entwischt.
Erblassen, ⎫ pâlir,	erblasset.
Erbleichen, ⎬ mourir,	erblichen.
Erfrieren, mourir de froid,	erfroren.
Ergrimmen, se courroucer,	ergrimmt.
Ermüden, se lasser,	ermüdet.
Erröthen, rougir,	erröthet.
Ersaufen, se noyer,	ersoffen.
Erschallen, se répandre,	erschollen.
Erscheinen, apparoître,	erschienen.
Erschrecken, s'effrayer,	erschrocken.
Erstarren, se roidir,	erstarret.
Erstaunen, s'étonner,	erstaunt.
Ersticken, étouffer,	erstikt.
Ertrinken, se noyer,	ertrunken.
Erwachen, se réveiller,	erwacht.
Fahren, * aller en voiture,	gefahren.
Fallen, tomber,	gefallen.
Faulen, pourrir,	gefault.

II. Participe avec ſeyn.

Flattern, * voler, battre des ailes,	geflattert.
Fliegen, voler,	geflogen.
Fliehen, fuir,	geflohen.
Flieſſen, * couler,	gefloſſen.
Folgen, succéder,	gefolgt.
Frieren, * geler,	gefroren.
Gedeihen, venir à bien,	gediehen.
Gehen, aller,	gegangen.
Gelangen, parvenir à quelque chose,	gelangt.
Gelingen, * réussir,	gelungen.
Geneſen, guérir,	geneſen.
Gerinnen, se figer,	geronnen.
Geschehen, arriver, se faire,	geschehen.
Glitſchen, glisser,	geglitſcht.
Heilen, se fermer, en parlant d'une blessure,	geheilt.
Herausfahren, brusquer,	herausgefahren.
Hervorragen, * avancer,	hervorgeragt.
Herumſchweifen, * rôder, courir çà et là,	herumgeſchweift.
Hüpfen, * sautiller, bondir,	gehüpft.
Klettern, grimper,	geklettert.
Kommen, venir,	gekommen.
Kriechen, ramper,	gekrochen.
Landen, aborder, prendre terre,	gelandet.
Laufen, courir,	gelaufen.
Prallen, rebondir,	geprallt.
Reiſen, voyager,	gereiſet.
Reiten, monter à cheval,	geritten.
Rennen, courir de toutes ses forces,	gerannt.
Rinnen, * ruisseler,	geronnen.
Rollen, rouler,	gerollt.
Rücken, avancer,	gerückt.
Scheiden, se séparer,	geschieden.
Schieſſen, s'élancer,	geschoſſen.
Schiffen, naviguer,	geschifft.
Schlagen (aus der Art), dégénérer,	geschlagen.
Schmelzen, se fondre,	geschmolzen.
Schwellen, gonfler,	geschwollen.
Schwimmen, * nager,	geschwommen.
Segeln, faire voile,	gesegelt.
Sinken, tomber doucement,	gesunken.
Springen, * sauter,	gesprungen.
Stehen, * être debout,	gestanden.

II. Participe avec ſeyn.

Steigen, monter,	geſtiegen.
Sterben, mourir,	geſtorben.
Stolpern, broncher,	geſtolpert.
Stranden, échouer,	geſtrandet.
Streifen, faire des courses,	geſtreift.
Stürzen, tomber,	geſtürzt.
Taumeln, * chanceler,	getaumelt.
Traben, trotter,	getrabt.
Treten, marcher, entrer,	getreten.
Umſchlagen, se renverser,	umgeſchlagen.
Veralten, vieillir,	veraltet.
Verarmen, s'appauvrir,	verarmt.
Verbleichen, passer, en parlant d'une couleur,	verblichen.
Verbrennen, brûler,	verbrannt.
Verderben, se gâter, périr,	verdorben.
Verdorren, sécher,	verdorrt.
Verhärten, durcir,	verhärtet.
Verlöſchen, s'éteindre,	verloſchen.
Vermodern, pourrir,	vermodert.
Verrauchen, s'exhaler,	verraucht.
Verroſten, se rouiller,	verroſtet.
Verſauern, s'aigrir,	verſauert.
Verſchrumpfen, se rider,	verſchrumpft.
Verſtummen, demeurer interdit,	verſtummt.
Verwelken, se faner,	verwelkt.
Verweſen, pourrir,	verweſet.
Verwildern, devenir sauvage,	verwildert.
Verzagen, se décourager,	verzagt.
Verzweifeln, se désespérer,	verzweifelt.
Wachſen, croître,	gewachſen.
Weichen, reculer,	gewichen.
Ziehen, marcher,	gezogen.

Des Verbes composés.

Ces verbes se forment par le moyen de certaines prépositions ajoutées à un verbe simple. Ces prépositions sont ou inséparables de leurs verbes, c'est-à-dire, qu'elles ne quittent jamais leur place : ou séparables, c'est-à-dire, qu'elles se mettent tantôt avant le verbe, tantôt après, ou elles sont séparables et inséparables, suivant leurs différentes acceptions.

Les prépositions inséparables sont au nombre de dix.

be, bedenken, réfléchir.
emp, empfehlen, recommander.
ent, entehren, déshonorer.
er, erröthen, rougir.
ge, gefallen, plaire.

hinter, hintergehen, tromper.
mis, mishandeln, maltraiter.
ber, verabreden, concerter.
wider, widerlegen, réfuter.
zer, zerbrechen, casser.

Les verbes composés d'une préposition inséparable, suppriment le prépositif ge du second participe, à l'exception des verbes composés de mis, qui l'adoptent quelquefois, comme : Gemisbilliget, désapprouvé; gemishandelt, maltraité.

Les prépositions séparables sont en très-grand nombre et ont une signification propre : voici celles qui méritent le plus d'attention.

ab, abschreiben, copier.
an, anfangen, commencer.
auf, aufrichten, ériger.
aus, ausgehen, sortir.
bei, beifügen, joindre.
dar, darbieten, offrir.
durch, durchbringen, percer.
ein, einschlafen, s'endormir.
fehl, fehltreten, faire un faux pas.
fort, fortfahren, continuer.
heim, heimgehen, s'en aller à la maison.
her, hersagen, réciter.
hin, hinrichten, mettre à mort.
inne, innehalten, s'arrêter.

los, losbinden, délier.
mit, mitbringen, apporter.
nach, nachjagen, poursuivre.
nieder, niederlegen, poser à terre.
um, umkehren, retourner.
unter, untersinken, couler à fond.
über, überfliessen, déborder.
voll, vollfüllen, remplir.
vor, vorstellen, représenter.
weg, wegfliegen, s'envoler.
wieder, wiedergeben, rendre.
zu, zusezzen, ajouter.
zurük, zurükfenden, renvoyer.

Les prépositions durch, um, unter, über, classées parmi les précédentes, sont séparables lorsque le verbe auquel elles appartiennent n'est pas accompagné de son régime, ou qu'on peut leur substituer les adverbes hindurch, herum, sur l'autre côté ; hinunter, en bas ; hinüber, de l'autre côté ; elles sont au contraire inséparables lorsque le verbe est suivi de son régime, ou qu'on ne peut pas mettre à leur place les adverbes dont nous venons de parler ; voll, n'est séparable que quand il signifie plein, rempli.

Obs. Le prépositif ge du second participe, de même que la particule zu du gérondif, se mettent toujours entre la préposition séparable et le verbe.

Conjugaison d'un Verbe composé d'une préposition séparable.

Infinitif.

Présent. Abschreiben, copier.
Gérondif. Abzuschreiben, de, à copier.
    Um abzuschreiben, pour copier.
    Ohne abzuschreiben, sans copier.
Parfait. Abgeschrieben haben, avoir copié.
Gérondif. Abgeschrieben zu haben, d'avoir, à avoir copié.
    Um abgeschrieben zu haben, pour avoir copié.
    Ohne abgeschrieben zu haben, sans avoir copié.
I. Participe. Abschreibend, ic. copiant.
II. Participe. Abgeschrieben, copié.

Indicatif.	Subjonctif.
Prés. Ich schreibe ab, je copie.	Daß ich abschreibe, que je copie.
Imp. Ich schrieb ab, je copiois.	Daß ich abschriebe, que je copiasse.
Parf. Ich habe abgeschrieben.	Ich habe abgeschrieben.
Pl.q.pf. Ich hatte abgeschrieben.	Ich hätte abgeschrieben.
Futur. Ich werde abschreiben.	Ich werde abschreiben.
Fut.p. Ich werde abgeschrieben haben.	Ich werde abgeschrieben haben.

Conditionnel présent. Ich würde abschreiben.
Conditionnel passé. Ich würde abgeschrieben haben.
1. *Impératif.* Schreib ab.   2. *Imp.* Du sollst abschreiben.
3. *Impératif.* Laß uns abschreiben.

Obs. Plusieurs substantifs, adverbes, verbes, etc. se joignent quelquefois à certains verbes, à l'instar des prépositions séparables; de manière qu'ils se mettent tantôt avant, tantôt après le verbe auquel ils sont joints.

Dankfagen, rendre grâces, remercier.	Kund machen, publier.
Ich sage Dank, je remercie.	Ansichtig werden, apercevoir.
Ich habe Dank gesagt, j'ai remercié, etc.	An die Hand geben, suggérer.
	Stehen bleiben, s'arrêter.
	Fahren lassen, lâcher.
Gefahr laufen, courir risque.	In Betrachtung ziehen, considérer.
Abrede nehmen, convenir, concerter.	Im Verdacht haben, soupçonner.
Irre gehen, s'égarer.	

Um Rath fragen, consulter.
Um Vergebung bitten, demander pardon.
Zu Ende bringen, finir.

Von statten gehen, réussir.
Sich anheischig machen, s'engager.

Thémes sur quelques Verbes irréguliers.

132.

Où allez-vous, mes amis? — Je vais à la maison, et mon frère va à la poste. — Où (*) est donc Monsieur votre cousin? — Il est allé avec ma sœur dans son jardin. — Irez-vous demain à la comédie? — Non, mon ami, j'irai demain au concert; mais ma sœur ira à la comédie. Elle y seroit allée aujourd'hui, si j'avois voulu y aller avec elle. Pourquoi courez-vous tant, mon ami? — Je vois venir quelques-uns de mes créanciers.

Où, wo — hin.
Aller, gehen.
A la maison, nach Haus.
A la poste, auf die Post.
(*) Où, wo.
Demain, morgen.
A la comédie, in die Komödie.
Au concert, in das Konzert.
Y, hinein.

Aujourd'hui, heute.
Si, wenn.
Courir, laufen.
Tant, so sehr.
Voir, sehen.
Quelques-uns, einige.
Venir, kommen.
Un créancier, ein Gläubiger, 1.

133.

Vous voilà déjà au lit, mon cher ami. Levez-vous un peu, s'il vous plaît.... Dormez-vous donc? Vous ne me répondez pas. — Que voulez-vous? — J'ai perdu tout mon argent au jeu, et je viens vous prier de me prêter dix ducats; j'en ferai un essai pour regagner ce que j'ai perdu. — Laissez-moi tranquille; vous voyez bien que je dors.

Vous voilà déjà au lit, du liegst schon in Bette.
Se lever, aufstehen.
S'il vous plaît, wenn's beliebt.
Dormir, schlafen.
Répondre, antworten.
Vouloir, wollen.
Perdre au jeu, verspielen.
Tout, all.
Vous prier, dich zu bitten.

Prêter, leihen.
Un ducat, ein Dukat, 3.
En, damit.
Faire un essai, einen Versuch machen.
Regagner, wieder gewinnen.
Perdre, verlieren.
Laisser, lassen: laissez-moi tranquille, laß'mich gehen.

134.

Pourquoi pleurez-vous, ma bonne mère? — Notre vieux

curé est mort hier, et il m'a fait tant de bien! — J'en suis fâché: c'étoit un fort honnête homme; cependant il faut considérer que mourir est le sort de tous les hommes: je mourrai un jour, et vous mourrez aussi. — Voilà ce qui me fait pleurer; car quoique je sois pauvre, je crains pourtant la mort; on la représente si laide, qu'elle me fait peur.

Pleurer, weinen.
Vieux, alt.
Le curé (le ministre), der Pfarrer, 1.
Mourir, sterben.
Hier, gestern.
Faire, thun.
Tant de bien, so viel Gutes.
J'en suis fâché, es thut (ist) mir leid.
Un fort honnête homme, ein sehr rechtschaffener Mann.
Cependant, indessen.
Considérer, bedenken.
Le sort, das Loos, Schicksal, 2.
Tous les hommes, alle Menschen.
Un jour, einst.
Voilà ce qui me fait pleurer, eben das macht daß ich weine.
Quoique je sois pauvre, ob ich schon arm bin.
Craindre, fürchten.
Pourtant, doch.
La mort, der Tod.
Représenter, vorstellen, abbilden.
Si laide, so häßlich.
Faire peur, Furcht machen.

135.

D'où venez-vous? — Je viens du café. — Qu'y dit-on de nouveau? — On dit que l'empereur de Maroc est mort d'une indigestion, et qu'il a laissé quatre cents enfans légitimes. — Mon Dieu, quatre cents enfans! Combien de femmes avoit donc Sa Majesté noire? — Je crois qu'il en avoit sept cents, sans compter les concubines.

D'où, wo — her.
Venir, kommen.
Le café, das Kaffehaus, 4. ä.
Qu'y dit-on de nouveau? was sagt man da Neues?
L'empereur de Maroc, der Kaiser von Marokko.
Mourir d'une indigestion, an einer Unverdaulichkeit sterben.
Laisser, hinterlassen.
Un enfant légitime, ein rechtmäßiges Kind.
La Majesté noire, die schwarze Majestät.
Croire, glauben.
En, deren.
Sans compter les concubines, ohne die Kebsweiber.

136.

J'ai fait de grands voyages, j'ai été en Afrique et en Asie: mais je suis bien aise d'être actuellement ici. — Depuis quand êtes-vous revenu de vos voyages? — Il y a quelques mois. — Votre valet n'est-il pas revenu avec vous? — Non, mon ami, et je crois qu'il ne reviendra jamais plus. — Pourquoi ? — Il a été mangé des sauvages, pour s'être moqué de leur idole Vitzlibutzli, qui a une tête de lion au ventre, des ailes de chauve-souris aux épaules, et des pieds de chèvre. Je priai instamment ces hommes cruels de lui faire grâce de la vie ; mais inutilement : ils me firent comprendre qu'ils me mangeroient aussi, si je ne cessois de prendre son parti. — Est-ce qu'ils ne l'ont pas fait rôtir avant de le manger ? — Assurément : ils le firent rôtir à petit feu, et pendant cette cérémonie, les uns sautoient autour du feu avec leurs maîtresses noires ; les autres, trop vieux pour sauter, se contentèrent de l'insulter en lui tournant le derrière, qu'ils se battoient à coups de poing en signe de joie.

Le voyage, die Reise.
Faire, thun.
En Afrique, in Afrika.
En Asie, in Asien.
Je suis bien aise, es ist mir lieb.
D'être actuellement ici, daß ich jezzo hier bin.
Revenir, zurückkommen, wiederkommen.
Il y a quelques mois, vor einigen Monaten.
Revenir, zurückkommen.
Manger, fressen, essen.
Le sauvage, der Wilde, 3.
Pour s'être moqué de leur idole, weil er sich über ihren Abgott (Gözzen) aufgehalten hatte.
Une tête de lion, ein Löwenkopf, 2. ö.
Des ailes de chauve-souris, Fledermausflügel.
Aux épaules, an den Schultern.
Des pieds de chèvre, Geisfüsse.
Prier instamment, inständig bitten.
Un homme cruel, ein grausamer Mensch, 3.
Faire grâce de la vie à quelqu'un, einem das Leben schenken.
Mais inutilement, allein vergeblich.
Faire comprendre, zu verstehen geben.
Si, wenn.
Cesser, aufhören.
De prendre son parti, mich seiner anzunehmen.
Faire rôtir, braten.
Avant de le manger, bevor sie ihn assen.
Assurément, gewislich.
A petit feu, bei kleinem Feuer.
Pendant cette cérémonie, während dieser Handlung.
Sauter, springen.
Autour du feu, um das Feuer herum.
Les maîtresses noires, die schwarzen Schäzchen, ou Mädchen.
Se contenter, sich begnügen.
Insulter, verspotten.
En lui tournant le derrière, indem sie ihm den Hintern wandten.
Se battre à coups de poing, sich mit Fäusten schlagen.
En signe de joie, zum Zeichen der Freude.

137.

Je vis entr'autres en Afrique un certain peuple, appelé les Azanaghis, qui portent autour de la tête une sorte de mouchoir qui leur couvre le nez et la bouche : et la raison de cet usage est, que regardant le nez et la bouche comme des canaux fort sales, ils se croient obligés de les cacher aussi soigneusement que nous cachons certaines parties du corps. Chacun boit et mange seul, pour qu'on ne lui voie pas la bouche, qu'il est alors obligé de découvrir.

Voir, sehen.	unreiner Kanal, ou eine
Un certain peuple, ein gewis=	sehr schmuzzige Ableitung.
ses Volk, 4. ö.	Se croire obligé, sich für ver=
Appeler, nennen.	pflichtet halten, glauben.
Les Azanaghis, die Azanaghier.	Cacher, verbergen.
Porter, tragen.	Aussi soigneusement que,
Autour de la tête, um den Kopf.	so sorgfältig als, ꝛc.
Une sorte de mouchoir, eine	La partie, der Theil, 2.
Art von Schnupftuch.	Le corps, der Leib, 4. Körper,
Couvrir, bedecken.	1.
Le nez, die Nase, 3.	Boire et manger, essen und
La bouche, der Mund, 2.	trinken.
La raison, die Ursache, 3.	Seul, allein.
L'usage, der Gebrauch, 2. ä.	Pour que, damit.
Regarder, ansehen, betrachten.	Alors, alsdenn.
Comme, als, wie.	Découvrir, entblösen, auf=
Un canal fort sale, ein sehr	decken.

138.

De quoi vous occupez-vous dans votre solitude, demandai-je l'autre jour à ma cousine qui est au couvent? Elle me répondit : Je lis, j'écris, je prie Dieu et je pleure; voilà comment j'ai passé le temps depuis que je suis ici, et comment je passerai peut-être le reste de mes jours. Ses larmes l'interrompirent à ces paroles. Je la pris par la main en lui disant : Il ne faut pas perdre courage, ma chère cousine; vous n'êtes pas ici pour toujours : on ne vous forcera pas de prendre le voile; Madame votre mère me l'a promis, et Monsieur votre père sera obligé de changer de sentimens.

De quoi, Womit.	Au couvent, im Kloster, 1. ö.
S'occuper, sich beschäftigen.	Répondre, antworten.
La solitude, die Einsamkeit, 3.	Lire, lesen.
Demander à quelqu'un, einen	Ecrire, schreiben.
(jemanden) fragen.	Prier Dieu, beten.
La cousine, die Base, 3.	Pleurer, weinen.

Passer, zubringen: voilà comment j'ai passé, so habe ich — zugebracht.
Depuis que, seitdem.
Ici, hier.
Comment, wie.
Peut-être, vielleicht.
Le reste de mes jours, meine noch übrigen Tage.
Les larmes, die Thränen.
Interrompre, unterbrechen.
A ces paroles, bei diesen Worten.
Prendre par la main, bei der Hand nehmen, ergreifen, fassen.
En lui disant, indem ich zu ihr sagte.
Il ne faut pas perdre courage, Sie müssen nicht den Muth verlieren.
Pour toujours, auf (für) immer.
Forcer, zwingen.
Prendre le voile, eine Nonne werden, den Schleier nehmen.
Promettre, versprechen.
Obliger, nöthigen, verpflichten.
De changer de sentimens, seine Gesinnungen zu ändern.

139.

Bon jour, mon ami, comment avez-vous passé la nuit? — Pas trop bien, je n'ai pas pu dormir pendant toute la nuit, je songeois continuellement à mon valet, qui m'a si cruellement traité. — J'en ai déjà entendu parler; mais je n'en sais pas le détail: ayez la bonté de me le dire. — Ce coquin, à qui j'ai fait tant de bien, s'avisa l'autre jour de me lier les mains et les pieds pendant que je dormois. Quand je me réveillai, je criai comme un misérable, croyant dans mon premier trouble être ensorcelé. Une servante accourut à mes cris et me délia.

Passer, zubringen.
La nuit, die Nacht, 2. ä.
Pas trop bien, nicht allzuwohl.
Pouvoir, können.
Dormir, schlafen.
Pendant toute la nuit, während der ganzen Nacht.
Songer, denken.
Continuellement, beständig.
Le valet, der Bediente, 3.
Cruellement, grausam.
Traiter, behandeln.
Parler, sprechen.
En savoir le détail, es genau (umständlich) wissen.
Avoir la bonté, so gütig seyn, die Güte haben.
Un coquin, ein Schurke, 3.
Faire, erzeigen, thun.
Les biens, die Wohlthaten.
S'aviser, sich einfallen lassen, sich in den Sinn kommen lassen.
Lier les mains et les pieds, Hände und Füsse zusammenbinden.
Se réveiller, erwachen.
Crier comme un misérable, erbärmlich schreien.
Croyant, indem ich — glaubte.
Le trouble, die Bestürzung, 3.
Etre ensorcelé, ich wäre behext, or bezaubert.
La servante, die Magd, 2. ä.
Accourir,

Accourir, herzulaufen, herbeilaufen.	A mes cris, auf mein Geschrei. Délier, losbinden.

140.

Je vis avec surprise que ce coquin de valet m'avoit volé. Je le fis aussi-tôt chercher dans toutes les auberges, dans la juiverie, chez tous les fripiers de la ville; mais on ne le trouva pas. Enfin, après bien des recherches inutiles, on le trouva où on ne le cherchoit point... Où croyez-vous bien qu'on le trouva?... Au grenier de mon voisin. La justice le condamna à perdre les deux oreilles, ce qui auroit été exécuté sur-le-champ, s'il avoit été possible. — Et pourquoi n'a-t-il pas été possible? — Il se trouva qu'il n'avoit point d'oreilles.

Voir, sehen.	blichen Nachsuchungen.
Avec surprise, mit Erstaunen.	Croire, glauben.
Voler, bestehlen.	Bien, wohl.
Faire chercher, suchen lassen.	Au grenier, auf dem Speicher.
L'auberge, das Wirthshaus, 4. ä.	La justice, die Justiz, Obrigkeit, 3.
La juiverie, die Judengasse, 3.	Condamner, verurtheilen.
Un fripier, ein Trödler, 1.	A perdre les deux oreilles, die
La ville, die Stadt, 2. ä.	beiden Ohren zu verlieren.
Trouver, finden.	Exécuter, vollziehen.
Enfin, endlich.	Sur-le-champ, sogleich.
Après bien des recherches inutiles, nach vielen vergeb-	Possible, möglich. Se trouver, sich finden.

141.

J'ai lu et relu la lettre allemande que vous m'avez écrite; mais je ne comprends pas ce que vous voulez dire. Vous dites entr'autres: « Monsieur Longy se portoit autrefois mieux » qu'il *ne* (*) se porte actuellement. Il se promenoit à pied, » parce qu'il n'avoit pas de carrosse; maintenant qu'il en a » un, il n'en sort point; il y écrit, lit, boit, mange et couche, » etc. » De grâce, dites-moi, qui fera tout cela dans un carrosse? Et qui est donc ce Monsieur Longy que je ne connois pas? Seroit-ce peut-être une pure plaisanterie, ou, ce qui seroit encore pire, un thême sur quelques verbes irréguliers de la langue allemande?... Si vous voulez faire des thêmes, il en faut faire où il y ait du sens commun.

Lire, lesen.	Ecrire, schreiben.
Relire, wieder lesen.	Comprendre, begreifen.
Une lettre allemande, ein deutscher Brief, 2.	Dire, sagen. Se porter, sich befinden.

Autrefois, ehebeſſen.

(*) Ne, après le comparatif, n'est pas exprimé en allemand.

Actuellement, gegenwärtig.

Se promener à pied, ſpazieren gehen.

N'avoir pas de carrosse, keine Kutſche haben.

Maintenant, jezzo.

En sortir, heraus gehen : il n'en sort point, geht er gar nicht heraus.

Coucher (dormir), ſchlafen.

De grâce, ich bitte.

Dire, ſagen.

Faire, thun.

Dans, in, avec le datif.

Connoître, kennen.

Seroit-ce peut-être une pure plaisanterie? ſoll es vielleicht nur ein bloſer Scherz ſeyn?

Ou, oder.

Ce qui seroit encore pire, welches noch ſchlimmer wäre.

Un thême, eine Aufgabe, 3.

Sur quelques verbes irréguliers, über einige unregelmäſige Zeitwörter.

La langue, die Sprache, 3.

Faire, machen.

Où il y ait du sens commun, worin Menſchenverſtand iſt.

Des Participes.

Le participe est une partie d'oraison, ainsi nommée parce qu'elle retient du verbe, auquel elle appartient, son régime, sa signification, et de l'adjectif la propriété de pouvoir se décliner.

Il y a deux participes dans la langue allemande, le présent et le passé. Le premier est formé de l'infinitif, auquel on ajoute la lettre d, comme : Lobend, louant, ou qui loue ; reiſend, voyageant, ou qui voyage. Le second a une signification active lorsqu'il appartient à un verbe neutre, comme : Gereiſet, voyagé, ou qui a voyagé ; et passif lorsqu'il appartient à un verbe actif, comme : Gelobet, loué, ou qui a été loué. Les participes suivent en tout les règles des adjectifs pour la déclinaison; par exemple :

N. Ein ſterbender Mann, un homme mourant, ou qui meurt.
G. Eines ſterbenden Mannes, d'un homme mourant, etc.
D. Einem ſterbenden Manne, à un homme mourant, etc.
A. Einen ſterbenden Mann, un homme mourant, etc.
A. von einem ſterbenden Manne, d'un homme mourant, etc.

Le premier participe, lorsqu'il n'est pas employé comme adjectif, est exprimé en allemand 1°. par une conjonction, comme : Wenn man mit ſeinem Nächſten Mitleiden hat, ſo hilft man ihm gern, ayant pitié de son prochain, on est porté à le secourir. Weil ich krank bin, kann ich nicht ausgehen, étant malade, je ne puis pas sortir. Als Cäsar vor Marseille stand, ließ er den Einwohnern sagen, César étant devant Marseille fit dire aux habitans. Nachdem der Botschafter seine Rede geendiget hatte, sagte der König zu ihm, l'ambassadeur ayant fini sa harangue, le Roi lui dit. Ich habe drei Thaler genommen, da ich ihrer nur zweene nehmen wollte, j'ai pris trois écus, n'en voulant prendre que deux. Er versprach es, und sagte (ou indem er sagte), il le promit, disant. Sie gehet und singet, elle va chantant.

2°. Par l'infinitif, comme: Ich fand ihn schlafen (ou bien Er schlief als ich ihn fand, il dormoit quand je le trouvai, je le trouvai dormant. Si je disois: Ich fand ihn schlafend, la phrase seroit équivoque, pouvant signifier également: Je dormois et il dormoit lorsque je le trouvai.

3°. Par un substantif accompagné d'une préposition, comme: Bei Lesung ou unter dem Lesen Ihres Briefes habe ich gedacht, en lisant votre lettre, j'ai pensé. Nach dem Tode meines Bruders übernahm ich die Erziehung seiner Kinder, mon frère étant mort, je me chargeai de l'éducation de ses enfans.

4°. Par une préposition, comme: Er kömmt mit einem Buche unter dem Arme, il vient portant un livre sous le bras.

Pour choisir entre ces différens tours, on n'a qu'à voir comment on s'exprimeroit en françois, si l'on ne vouloit pas employer un participe. Cette autre tournure est ordinairement celle qu'il convient d'employer aussi en allemand.

Thêmes sur quelques Participes.

142.

Etant dernièrement à la comédie, je vis représenter le Tableau parlant et la Femme pleurante. Cette dernière pièce n'étant pas trop amusante pour moi, je m'en allai au concert, où la musique me causa une violente migraine. Je quittai alors le concert en le maudissant, et je fus directement à l'hôpital des fous pour voir mon cousin. En entrant dans cet hôpital, je fus saisi d'horreur voyant venir quelques enragés, qui s'approchèrent de moi sautant et hurlant. J'en fis autant, et ils se mirent à rire en se retirant.

A la comédie, in der Komödie.	Le Tableau, das Gemälde, 3.
Voir, sehen.	Parler, reden.
Représenter, vorstellen.	La Femme, die Frau, 3.

Pleurer, weinen.
La dernière pièce, das lezte re Stük, 2.
Ne-pas trop, nicht sonderlich.
Amuser, unterhalten.
S'en aller, gehen.
Au concert, in das Konzert.
La musique, die Musik, 3. Tonkunst, 2.
Causer, berursachen.
Une violente migraine, ein heftiges Kopfweh.
Quitter, verlassen.
Alors, alsdann.
Maudire, verwünschen.
Et je fus directement, und gieng gerade.
A l'hôpital des fous, in das Narrenhaus.
Pour voir, um — zu besuchen.

Entrer, hineingehen : en entrant, indem (da) ich — hineingieng.
Etre saisi d'horreur, von Grauen (Entsezzen) überfallen werden.
Venir, kommen.
Un enragé, ein rasender (toller) Mensch).
S'approcher de quelqu'un, sich einem nahen.
Sauter, springen.
Hurler, heulen.
En faire autant, es eben so machen.
Se mettre à rire, anfangen zu lachen.
Se retirer, sich zurükziehen, sich weg begeben.

143.

Etant encore un petit garçon, je dis un jour à mon père : Je ne sais ni marchander, ni vendre ; permettez-moi de jouer. Mon père me répondit en souriant : En marchandant on apprend à marchander, et en vendant, à vendre. Mais mon père, répliquai-je, en jouant on apprend aussi à jouer. Vous avez raison, me dit-il ; mais il faut auparavant apprendre ce qui est nécessaire et utile.

Le garçon, der Knabe, 3.
Je dis un jour, sagte ich einst.
Savoir, können.
Ne — ni — ni, weder — noch).
Marchander, handeln.
Vendre, verkaufen.
Permettez-moi de jouer, lassen Sie mich spielen.
Sourire, lächeln.

On apprend à marchander, lernet man handeln.
Répliquer, erwiedern.
Avoir raison, recht haben.
Il faut, man muß.
Auparavant, vorher.
Nécessaire, nöthig, nothwendig.
Utile, nüzlich.

Sur le second Participe.

Les gens qui se conduisent bien, sont aimés et honorés de tout le monde ; et ceux qui ne se conduisent pas bien sont haïs et méprisés. Vous saurez, Mademoiselle, ce que vous

avez à faire et à éviter, si vous voulez être honorée, aimée
et louée. Où sont Mesdemoiselles vos sœurs? Pourquoi ne
sont-elles pas venues à la leçon? — Je crois que mes sœurs
sont sorties; car je ne les ai pas encore vues d'aujourd'hui.
Voici, Monsieur, la lettre allemande que Lisette m'a en-
voyée; mais je ne saurois la lire. — Attendez un peu, je vous
la lirai; donnez-moi mes lunettes, s'il vous plaît. — Les
voilà, Monsieur. — O Mon Dieu! elle est trop mal écrite.
Je ne peux déchiffrer un seul mot. Jetez-la au feu, et la
réponse sera faite.

Les gens, die Leute.
Se conduire, sich aufführen.
Etre honoré, geehret werden.
Tout le monde, jedermann.
Etre haï, gehaßt werden.
Mépriser, verachten.
Savoir, wissen.
Faire, thun.
Eviter, vermeiden.
A la leçon, zur Lektion.
Sortir, ausgehen.
Voici, hier ist.
Envoyer, überschiffen, senden.
Je ne saurois la lire, ich kann ihn nicht lesen.

Attendre, warten.
Un peu, ein wenig.
Je vous la lirai, ich will ihn Ihnen vorlesen.
Les lunettes, die Brille, z.
S'il vous plaît, gefälligst, wenn's beliebt.
Les voilà, da ist sie.
Je ne peux déchiffrer un seul mot, ich kann kein einziges Wort herausbringen.
Jeter au feu, in's Feuer werfen.
La réponse, die Antwort, z.

Du Régime des Verbes.

Le génitif de certains verbes en françois, est exprimé en
allemand par quelque préposition; et plusieurs verbes allemands gouvernent un autre cas que les mêmes verbes françois. Il est donc très-nécessaire de bien remarquer le régime
de ces verbes. Je commencerai par ceux qui gouvernent en
allemand une préposition, et en françois le génitif:

Für etwas verbunden (verpflichtet) seyn, être obligé de quelque chose; ich bin Ihnen verbunden für die Sorgfalt die
Sie für mich gehabt haben, je vous suis obligé du soin que
vous avez eu de moi, etc.

Einem für etwas danken, remercier quelqu'un de quelque
chose; ich danke Ihnen für die Mühe die Sie mit mir gehabt
haben, je vous remercie de la peine que vous avez eue
de moi, etc.

Für einen trauern, porter le deuil de quelqu'un.

Sich vor etwas, ꝛc. fürchten, avoir peur de quelque chose, craindre quelque chose ; ich fürchte mich nicht vor den Geistern, je n'ai pas peur des esprits, etc.

Vor Kälte zittern, trembler de froid, etc.

Vor Schaam erröthen, rougir de honte, etc.

Vor Verdrus (Liebe) krank seyn, être malade de chagrin (d'amour, etc.).

Sich um einen, ꝛc. bekümmern, se soucier (se mettre en peine) de quelqu'un ; er bekümmert sich nicht um sie, il ne se soucie pas d'elle, etc.

Einen um etwas betrügen, tromper quelqu'un de quelque chose ; er hat mich um zehen Thaler betrogen, il m'a trompé de dix écus, etc.

Wegen einem (etwas) in Sorgen (in Verlegenheit) seyn, être en peine de quelqu'un (de quelque chose) ; wir sind wegen Ihnen, ou Ihrentwegen in Sorgen, nous sommes en peine de vous, etc.

Sich wegen (nach) einer Sache erkundigen, s'informer de quelque chose ; ich will mich wegen dieser Sache erkundigen, je m'informerai de cette affaire, etc.

Einen wegen etwas bestrafen, reprendre (punir) quelqu'un de quelque chose ; ich will ihn deswegen (ou dafür) bestrafen, je l'en reprendrai, etc.

Sich über einen, ou etwas beklagen, beschweren, se plaindre de quelqu'un (de quelque chose) ; er beklagt sich über Sie, il se plaint de vous, etc.

Ueber etwas betrübt seyn, être fâché (affligé) de quelque chose ; ich bin betrübt über diesen Zufall, je suis fâché de cet accident, etc.

Sich über einen ou etwas aufhalten, lustig machen, se moquer de quelqu'un (de quelque chose) ; er hält sich über jedermann auf, il se moque de tout le monde, etc.

Mit einem oder etwas zufrieden seyn, être content de quelqu'un (de quelque chose) ; ich bin nicht mit ihm zufrieden, je ne suis pas content de lui, etc.

Mit einem Sohn ou mit einer Tochter niederkommen, accoucher d'un fils ou d'une fille, etc.

Mit jemanden Mitleiden haben, avoir pitié de quelqu'un ; haben Sie Mitleiden mit ihr, ayez pitié d'elle, etc.

Mit etwas beehren, honorer de quelque chose; beehren
Sie uns mit Ihrer Gegenwart, honorez-nous de votre
présence, etc.

In jemanden verliebt seyn, être amoureux (épris) de quelqu'un; er ist in sie verliebt, il est amoureux d'elle, etc.

Wegen des Preises einig werden, convenir du prix, etc.

An etwas zweifeln, douter de quelque chose; zweifeln Sie
an der Wahrheit? doutez-vous de la vérité? etc.

Sich an etwas erinnern, se souvenir de quelque chose;
erinnern Sie sich an Ihr Versprechen? vous souvenez-vous
de votre promesse? etc.

Sich an einem rächen, se venger de quelqu'un; ich werde
mich nicht an ihm rächen, je ne me vengerai pas de lui, etc.

**Les verbes suivans gouvernent en françois le génitif, et
en allemand l'accusatif:**

Etwas berehren, schenken, faire présent de quelque chose:
Meine Schwester hat mir eine goldene Uhr berehret, ma sœur
m'a fait présent d'une montre d'or, etc.

Etwas geniesen, jouir de quelque chose; geniesset alle Vergnügungen, welche die Tugend erlaubt, jouissez de tous les
plaisirs que la vertu permet, etc.

Etwas benuzzen, sich etwas zu Nuzze machen, profiter de
quelque chose; benuzzen Sie diese Gelegenheit, profitez
de cette occasion, etc.

**Plusieurs verbes gouvernent l'accusatif en françois, et en
allemand le datif:**

Beistehen, assister; man muß den Armen beistehen, il faut
assister les pauvres, etc.

Glauben, croire; glauben Sie dem Lügner? croyez-vous le
menteur, etc.

Troz bieten, défier; ich biete meinen Feinden Troz, je défie
mes ennemis, etc.

Entgehen, éviter; um dem Tode zu entgehen, pour éviter la
mort, etc.

Schmeicheln, flatter; schmeicheln Sie ihr nicht, ne la flattez
pas, etc.

Nachahmen, imiter; ahmen Sie ihm nach, imitez-le, etc.

Einem drohen, menacer quelqu'un; er drohte ihm, il la menaça, etc.

Einem vorkommen, devancer, prévenir quelqu'un; ich bin ihm vorgekommen, je l'ai prévenu, etc. Tous les composés de vor demandent le datif de la personne.

Einem begegnen, rencontrer quelqu'un; ich bin ihm begegnet, je l'ai rencontré, etc.

Dienen, servir; ich habe ihm gedienet, je l'ai servi, etc.

Nachgehen, folgen, suivre; ich bin ihm nachgegangen, je l'ai suivi, etc. Remarquez que tous les verbes composés de la préposition nach, demandent le datif.

Danken, remercier; ich dankte ihm, je le remerciois, etc.

Einem leuchten, éclairer quelqu'un, etc.

Einem rufen, appeler quelqu'un, etc.

Einem zuhören, écouter quelqu'un, etc.

Misbrauchen, abuser, gouverne l'accusatif; et nahen, approcher, le datif: Sie misbrauchen meine Geduld, vous abusez de ma patience, etc. Er nahet sich mir, il s'approche de moi, etc.

Brauchen, avoir besoin; nöthig seyn, être besoin, n'ont point d'article en allemand: Ich brauche Geld, j'ai besoin d'argent, etc. Es ist kein Wunderwerk nöthig, il n'est pas besoin de miracle, etc.

Fragen, demander, gouverne l'accusatif: Fragen Sie den Lehrer, demandez au maître, etc. Mais begehren, fordern, qui signifient aussi demander, gouvernent l'ablatif de la personne: Er begehrte das Buch von der Schwester, il demanda le livre à la sœur, etc. Er forderte Geld von dem Juden, il demanda de l'argent au Juif, etc. Nach einem fragen, demander quelqu'un; nach wem fragen Sie? qui demandez-vous? — Ich frage nach dem Hausherrn, je demande le maître de la maison, etc.

Spielen, jouer, gouverne l'accusatif quand on parle d'un instrument de musique: Die Violin spielen, jouer du violon, etc. Les noms des jeux sont mis sans article: Schach spielen, jouer aux échecs; Billard spielen, jouer au billard, etc. Um etwas spielen, jouer quelque chose; wir wollen um eine Flasche Wein spielen, jouons une bouteille de vin, etc.

Beantworten, répondre, gouverne l'accusatif: Er hat meinen Brief noch nicht beantwortet, il n'a pas encore répondu à ma lettre, etc.

Voyez aussi ce qui est dit plus bas sur le Régime.

Thêmes sur quelques-uns de ces Verbes.

145.

Vous vous plaignez de Monsieur votre frère, et il se plaint de vous. Vous n'êtes pas content de lui, et il ne l'est pas de vous. Rencontrant dernièrement Monsieur votre frère, je le priai d'avoir pitié de vous. Il n'en (es) est pas digne, me répondit-il; s'il avoit été plus économe, il ne seroit pas chargé de dettes. Quoiqu'il m'ait offensé, poursuivit-il, je ne me vengerai pourtant pas de lui; mais je l'assisterai dans sa misère. Dites-lui, quand vous le verrez, que je veux payer ses dettes.

Se plaindre, sich beklagen.	Offenser, beleidigen.
Rencontrant dernièrement, da mir neulich — begegnete.	Poursuivre, fortfahren.
	Se venger, sich rächen : je ne me vengerai pourtant pas, will ich mich doch nicht — rächen.
Prier, bitten.	
La pitié, das Mitleiden, 1.	
Digne, würdig.	
Répondre, antworten.	Assister, beistehen.
Etre plus économe, besser haushalten.	La misère, das Elend.
	Voir, sehen.
Être chargé de dettes, voller Schulden seyn.	Vouloir, wollen.
	Payer, bezahlen.
Quoique, ob — schon, gouverne l'indicatif.	La dette, die Schuld, 3.

146.

Ah! soyez le bien venu, mon cher ami; je vous ai attendu à midi. — Vous me pardonnerez; je n'ai pas pu venir plutôt. N'est-ce pas, vous vous ennuyez ici? — Comment pourrois-je m'ennuyer? je passe le tems fort agréablement. Tantôt je lis des livres amusans, tantôt je me promène dans ce joli jardin entre les lis et les roses, et tantôt je joue du violon; mon frère, qui joue de la basse, m'accompagne, et Mademoiselle Gentille nous applaudit. — Ne joue-t-elle pas aussi de quelque instrument de musique? — Elle joue de la viole d'amour.

Soyez le bien venu, seyn Sie willkommen.	A midi, um zwölf Uhr, um Mittag.
Attendre, erwarten.	Pardonnez, verzeihen.

Plutôt, eher.
N'est-ce pas, nicht wahr.
S'ennuyer, lange Weile haben.
Passer le temps fort agréablement, die Zeit sehr angenehm zubringen.
Tantôt je lis, bald lese ich.
Un livre amusant, ein unterhaltendes Buch.
Se promener, spazieren gehen.
Un joli jardin, ein artiger Garten.
Entre les lis et les roses, unter Lilien und Rosen.
La basse, der Baß, 2. â.
Nous applaudit, klatscht uns Beifall zu.
Un instrument de musique, ein musikalisches Instrument, 3.
La viole d'amour, die Viol d'amour.

147.

Monsieur, il y a un Juif qui vous demande. — Demandez-lui ce qu'il veut. — Il veut absolument parler à vous-même. — Faites-le entrer. — Le voilà. — Que voulez-vous? — Monseigneur, je vous prie de me faire la grâce de me payer ce que vous me devez; car j'ai grand besoin d'argent. Mon frère Moïse m'a dit que vous étiez sur le point de partir pour l'Italie. — N'en croyez rien. — Pardonnez-moi, Monseigneur, je crois mon frère; et pour sûreté de la somme que vous me devez, j'ai amené un sergent et quatre soldats, qui nous attendent devant la porte du jardin.

Absolument, schlechterdings.
A vous-même, mit Ihnen selbst.
Faire, lassen.
Entrer, hereinkommen.
Le voilà, da ist er.
Monseigneur, gnädiger Herr.
Prier, bitten.
Faire la grâce, die Gnade erzeigen.
Devoir, schuldig seyn.
Car, denn.
Avoir grand besoin, sehr nöthig brauchen.
Moïse, Moses.
Etre sur le point, im Begrif seyn.
Partir pour l'Italie, nach Italien reisen.
N'en croyez rien, glaubt es nicht: *Infin.* glauben.
Pardonner, verzeihen.
La sûreté, die Sicherheit, 3.
La somme, die Summe, 3.
Amener, mitbringen.
Un sergent, ein Gerichtsdiener, 1.
Un soldat, ein Soldat, 3.
Attendre, erwarten.
Devant, vor.
La porte du jardin, die Gartenthür, 3.

DES ADVERBES.

Les Adverbes sont indéclinables, comme je l'ai déjà dit p. 14. Ils n'ont ni genre, ni personnes; quelques-uns tiennent des adjectifs la propriété de passer par les trois degrés de comparaison; par exemple : Geschwind, vite; geschwinder, plus vite; am geschwindesten, le (au) plus vite, etc. Il y a plusieurs sortes d'adverbes, savoir :

Adverbes de Temps.

Wann, als, da, quand.
von Zeit zu Zeit, de temps en temps.
jezzo, à présent, à cette heure.
augenblicklich, sur-le-champ.
sogleich, tout à l'heure, incontinent, d'abord.
unverhoft, inopinément.
zusehends, à vue d'œil.
geschwind, vite.
bald, bientôt, tantôt.
in Eil, à la hâte.
zu gelegener Zeit, à loisir.
alle Tage, tous les jours.
allezeit, jederzeit, immer, toujours.
von Tag zu Tag, de jour à autre, de jour en jour.
von einem Tag zum andern, du jour au lendemain.
über den andern Tag, de deux jours l'un.
zwischen hier und Ostern, entre ci et Pâque.
bei Tage, de jour.
bei hellem Tage, en plein jour.
bei Nacht, de nuit.
beständig, continuellement.
ewig, éternellement.
selten, rarement.

In kurzem, en peu de temps.
ehedessen, autrefois.
vor diesem, ci-devant.
vor Alters, anciennement.
vor langen Zeiten, jadis.
neulich, l'autre jour, dernièrement.
inskünftige, à l'avenir.
von jezzo an, dès-à-présent, désormais.
alsdann, alors.
hernach, puis, après.
gestern, hier.
gestern Abend, hier au soir.
vorgestern, avant-hier.
heute, heut zu Tage, aujourd'hui.
heut über acht Tage, d'aujourd'hui en huit (jours).
zwischen heut und morgen, d'aujourd'hui à demain.
zu Mittag, à midi.
Vormittag, avant-midi.
Nachmittag, après-midi.
morgen, demain.
übermorgen, après-demain.
morgen früh, demain matin.
des Morgens, au matin.
nach dem Mittagessen, après-diné.

Des Abends, au soir.
nach dem Abendessen, après-souper.
Um Mitternacht, à minuit.
frühe, de bonne heure.
früher, de meilleure heure.
zu rechter Zeit, à temps.
schiklich, zu rechter Zeit, à propos.
zur Unzeit, unschiklich, mal à propos.
zur bestimmten Zeit, à point nommé, au temps fixé.
je eher je lieber, le plutôt sera le meilleur.
aufs längste, tout au plus.
spät, tard.
unversehens, à l'impourvu, à l'improviste.
jährlich, par an.
monatlich, par mois.
wöchentlich, par semaine.
täglich, par jour.
ohne Aufschub, sans délai.

2. *Adverbes de Lieu.*

Wo, allwo, wohin, où.
wodurch, par où.
woher, d'où.
wie weit? jusqu'où?
bis hieher, jusqu'ici.
bis daher, so weit, jusque-là.
von hier, d'ici.
hier durch, par ici.
da, là.
hin und her, çà et là.
hier und da, par-ci, par-là.
siehe hier, hier ist, voici.
siehe da, da ist, voilà.
da bin ich, me voilà.
da ist, sizzet, stehet, lieget, hängt, er, es (sie), le (la) voilà.
von dieser Seite, de ce côté.
von der andern Seite, de l'autre côté.
anderswo, ailleurs.
anders woher (überdies, ausserdem), d'ailleurs.
nahe, près.
hier in der Nähe, ici près.
weit, loin.
von weitem, von ferne, de loin.
sehr weit, bien loin.
darinnen, dedans, là-dedans, en dedans.
von innen, de dedans.
außen, dehors.
von außen, de dehors.
hinten, derrière.
hoch, oben, laut, haut.
da oben, là-haut.
unten, en-bas.
da unten, là-bas.
überall, par-tout.
zur rechten Hand, à main droite.
zur linken Hand, à main gauche.
weiter, plus outre.
durch und durch, d'outre en outre.
überdies, outre cela.
zur Seite, à côté.
auf Seite, à part.
in Sicherheit, à l'abri.
insbesondere, en particulier.
irgendwo, quelque part.
nirgends, nulle part.
bei (zu, über, am) Tische, à table.

3. *Adverbes de Quantité.*

Wie viel? combien.
viel, sehr, beaucoup, bien.
nicht viel, pas beaucoup.
wenig, peu.
sehr wenig, fort peu, très-peu.
ein klein wenig, tant soit peu.
Nach und nach, peu-à-peu, petit-à-petit.
genug, assez.
Genugsam, hinlänglich, suffisamment.
zu viel, trop.
haufenweis, en foule.
überflüssig, abondamment.
unendlich, infiniment.
gänzlich, entièrement, tout-à-fait, totalement.
ganz, alles, tout.

4. *Adverbes de Qualité.*

Gut, wohl, zwar, sehr, gern, ꝛc., bien.
schlecht, übel, mal.
schlimmer, plus mal, pis.
am schlimmsten, le plus mal, le pis.
desto schlimmer, tant pis.
immer ärger, de pis en pis.
ziemlich, passablement.
so so, là là.
gewöhnlich, ordinairement.
sehr, stark, fort.
sachte, doucement.
gern, volontiers.
ungern, à contre cœur.
mit Widerwillen, à regret.
wider meinen Willen, malgré moi.
wider seinen Willen, malgré lui.
aus Verdruss, par dépit.
aus Versehen, par mégarde.
mit Gewalt, de force.
mit Unrecht, à tort.
mit Recht, avec raison.
billig, mit gutem Recht, à bon droit.
um die Wette, à l'envi, à qui mieux.
immer besser, de mieux en mieux.
freiwillig, volontairement.
mit Vorsaz, à dessein.
unbesonnener Weise, à l'étourdie.
mit Fleis, exprès.
nach Wunsch, à souhait.
aus Scherz, par raillerie.
zu Land, par terre.
zu Wasser, par eau.
zu Pferde, à cheval.
zu Fusse, à pied.
heimlich, en secret.
heimlicher Weise, secrètement.
frei, öffentlich, ouvertement, publiquement.
leichtlich, facilement.
gemächlich, commodément, avec commodité.
umsonst, pour rien, gratis.

5. *Adverbes de Comparaison.*

Mehr, plus, davantage.
am meisten, le plus.
höchstens, tout au plus.
weniger, moins.
am wenigsten, le moins.
weder mehr noch weniger, ni plus ni moins.
auch, aussi.

wie, comme.
also, ainsi.
so viel, tant, autant.
um so viel mehr, d'autant plus.

nur, seulement.
kaum, à peine.
gleichfalls, pareillement.

6. Adverbes d'Ordre.

Erstens, premièrement.
erstlich, en premier lieu.
zweitens, secondement, en second lieu.
in der Ordnung, en ordre.
einer nach dem andern, l'un après l'autre.
mit einander, ensemble.
alles zusammen, tout ensemble.
Schritt vor Schritt, pas à pas.
halb, à demi.

von Stadt zu Stadt, de ville en ville.
vor allen Dingen, avant toutes choses.
nach allem, après tout.
untereinander, confusément, pêle-mêle.
in Unordnung, en désordre.
wiederum, réciproquement.
zur Belohnung, en récompense.
theils, en partie.

7. Adverbes de Nombre.

Wie vielmal? combien de fois?
einmal, une fois, un coup, un peu.
auf einmal, tout d'un coup, à la fois.
zweimal, deux fois.

zweimal auf einander, deux fois de suite.
so oftmal, tant de fois.
das erstemal, la première fois.
das letztemal, la dernière fois.
noch einmal, encore une fois.
von neuem, de nouveau.

8. Adverbes d'Interrogation.

Warum? pourquoi?
wie? comment?
wann? quand?
seit wann? depuis quand?

wie viel? combien?
wie lange ist es? combien de temps y a-t-il?
es ist lange, il y a long-temps?

9. Adverbes d'Affirmation.

Ja, oui.
ich glaube ja, je crois qu'oui.
sicherlich, sûrement, assurément.
gewis, certes.
gewislich, certainement.
allem Anschein nach, apparemment.
in Wahrheit, en vérité.
ohne Zweifel, freilich, allerdings, sans doute.

ohnfehlbar, sans faute, infailliblement.
dennoch, jedoch, toutefois.
allemal, toutes les fois.
wirklich, effectivement.
ja doch, si fait.
wahrhaftig, vraiment.
so wahr ich ein rechtschaffener Mensch bin, foi d'honnête homme.

so wahr ich ein ehrliches Mädchen bin, foi d'honnête fille. | bei meiner Treue, bei meiner Seele, ma foi.

10. Adverbes de Négation.

Nein, non.
ich sage nein, je dis que non.
weder = noch, ni - ni.
weder ihr noch ich, ni vous ni moi.
auch nicht, non plus.
ich auch nicht, ni moi non plus.
keinesweges, en aucune façon, nullement.
gar nicht, aucunement.
noch nicht, pas encore.
nicht sobald, pas si-tôt.
nicht gänzlich, pas tout-à-fait.
wenig, nicht viel, guère.

nichts, rien, ne-rien.
gar nichts, rien du tout.
ganz und gar nicht, point du tout.
im Gegentheil, au contraire.
nicht mehr, ne-plus.
ich schlafe nicht mehr, je ne dors plus.
gar nicht, kein, ꝛc., ne-point.
ich will keine davon, je n'en veux point.
weit gefehlet, il s'en faut beaucoup.
es fehlet nicht viel mehr, peu s'en faut.

11. Adverbes de Doute.

Wo nicht, sinon.
vielleicht, peut-être.

schwerlich, difficilement, etc.

Il y a des adverbes dont les degrés de comparaison se forment irrégulièrement, ou sont défecteux comme dans les adjectifs; ce sont:

Positif.	Comparatif.	Superlatif.
Bald, bientôt,	eher, plutôt,	aufs eheste ou erste, le plutôt.
Bös, mal,	ärger, pire.	am ärgsten, le plus mal.
Gern, volontiers,	lieber, plus volontiers,	am liebsten, le plus volontiers.
Gut, bien,	besser, mieux,	am besten, le mieux.
Hoch, haut,	höher, plus haut,	am höchsten, le plus haut.
		Leztens, am lezten, en dernier lieu, le dernier.
	Minder, moins,	am mindesten, le moins.
Nah, près,	näher, plus près,	am nächsten, le plus près.
Oft, souvent,	öfter, plus souvent,	am meisten (am öftesten), le plus souvent.
Sehr, très, fort,	heftiger, plus fort,	am heftigsten, le plus fort.
Viel, beaucoup,	mehr, plus,	am meisten, le plus.
Wohl, bien,	besser, mieux,	am besten, le mieux.

Remarques.

Les adverbes de temps et de nombre précèdent l'adverbe de négation, les autres le suivent; comme : Ich arbeite heute nicht, je ne travaille pas aujourd'hui. Er schreibet nicht schön, il n'écrit pas bien, etc.

Pour marquer quelque énergie, surtout dans la poésie et dans le style sublime en général, on peut très-bien mettre l'adverbe au commencement de la phrase; et alors le nominatif du nom et du pronom se met après son verbe, par exemple : Morgen werde ich nicht kommen, je ne viendrai pas demain. Schon hörte man den Donner der Kanonen, déjà on entendoit le tonnerre du canon. Fürchterlich zieht das schwarze Gewitter herauf, le noir orage s'approche épouvantablement.

Si après les verbes qui marquent de la peur ou du doute, il y a en françois la seule mi-partie *ne*, on ne met point de négation en allemand, comme : Ich fürchte daß er komme, je crains (j'ai peur, j'appréhende, etc.) qu'il ne vienne. Zweifelt nicht, daß ich euer Freund sey, ne doutez pas que je ne sois votre ami.

Si cette même mi-partie *ne*, est mise toute seule 1. après une phrase négative suivie de *que*, 2. après un comparatif, 3. après les phrases *il me tarde, il ne tient, il s'en faut, à moins que*, 4. ou après les mots *autre* et *autrement*, on ne met point de négation non plus, comme : 1. Ich werde nicht abreisen, bis alles fertig ist, je ne partirai point que tout ne soit prêt ; 2. Der Feind ist stärker, als ihr glaubet, l'ennemi est plus fort que vous ne croyez ; 3. Die Zeit wird mir lang bis er weg gehet, il me tarde qu'il ne s'en aille. Es stehet nur bei ihm, daß ich mein Geld bekomme, il ne tient qu'à lui que je n'aie mon argent. Es fehlet wenig daß ich es thue, il s'en faut peu que je ne le fasse. Ich werde morgen wiederkommen, es sey denn daß ich krank werde, je reviendrai demain, à moins que je ne tombe malade ; 4. Er ist ganz anderst, als er sonst war, il est tout autre qu'il n'étoit. Ihr handelt nicht mehr so wie (ou ihr handelt anderst als) ihr gethan habt, vous agissez autrement que vous n'avez fait.

Après le verbe se garder, sich hüten, les Allemands mettent la négation, au lieu que les François parlent sans négation en ce cas, comme : Hütet euch (ou nehmet euch in acht), daß ihr nicht betrogen werdet, gardez-vous d'être trompé, etc.

Les mots *rien, personne, jamais, aucun, aucunement,*

qui

qui se disent en françois tantôt affirmativement, tantôt négativement, sont rendus en allemand par les mots négatifs nichts, niemand, niemals, keiner, lorsqu'ils ont un sens négatif; mais quand ils sont mis dans un sens affirmatif, on les rend par les mots etwas, jemand, jemals, einig, ꝛc., par exemple : Er hat nichts gesagt, il n'a rien dit. Er ist weggegangen ohne etwas zu sagen, il s'est en allé sans rien dire. Ich sehe niemanden, je ne vois personne. Urtheilet ob jemand unglücklicher seyn könne, jugez si personne peut être plus malheureux. Ich werde es niemals sagen, je ne le dirai jamais. Wenn ich jemals wieder komme, si je reviens jamais. Er wird euch kein Leid zufügen, il ne vous fera aucun mal. Er ist nicht fähig euch einiges Leid zuzufügen, il n'est pas capable de vous faire aucun mal.

Lorsqu'un verbe françois ne peut être rendu en allemand qu'en joignant au verbe un adverbe, comme : Cacher, heimlich halten ; estimer, hochschäzzen ; ressembler, ähnlich sehen, ꝛc., et que le verbe françois est accompagné de quelque adverbe d'extension ; par exemple, *si fort, si bien, tant*, etc. celui-ci s'exprime en allemand par le seul so, qu'on prépose à l'adverbe, comme : Er hält die Sache so heimlich daß, ꝛc., il cache la chose si bien que, etc. S'il y a en françois les comparatifs *mieux, plus, moins*, l'adverbe allemand se met tout simplement au comparatif, comme : Ich will die Sache heimlicher halten, als ihr gethan habt, je cacherai la chose mieux que vous n'avez fait. Sie siehet ihrem Vater ähnlicher als ihrer Mutter, elle ressemble plus à son père qu'à sa mère, etc.

Thême sur quelques adverbes.

148.

Ma nièce est une bonne fille, qui écrit bien et qui parle bien allemand; mais son frère est un méchant garçon, qui écrit toujours mal, et qui parle encore plus mal l'allemand. Il se fait quelquefois chercher partout ; et quand on le trouve enfin caché sous le lit, il dit : Je ne suis pas ici, je suis ailleurs. Il n'apprend presque jamais sa leçon ; et quand on lui demande pourquoi il ne l'apprend pas, il répond : Je dois étudier, et je ne veux pas ; car je n'en ai aucune envie. Il va pour l'ordinaire fort lentement ; encore plus lentement que son frère, qui a la goutte aux pieds ; mais aussi-tôt qu'il entend sonner midi, il va fort vite, et plus vite que toute sa famille, pour pouvoir manger la soupe chaude. Il voudroit bien se faire boulanger; son père en est bien content; mais sa mère veut absolument qu'il étudie; et par conséquent il faut qu'il étudie malgré lui.

La nièce, die Nichte, 3.
La fille, das Mädchen, 1.
Ecrire, schreiben.
Allemand, l'allemand, deutsch.
Mais, allein.
Un méchant garçon, ein böser Knabe, 3.
Se faire chercher, sich suchen lassen.
Quelquefois, manchmal, bisweilen.
Trouver, finden.
Enfin, endlich.
Caché, versteckt.
Sous, unter, avec le datif.
Le lit, das Bette, 3.
Il dit, so sagt er.
Apprendre, lernen.
Presque jamais, fast nie ou niemals.
La leçon, die Lektion, 3.
Quand on lui demande, wann man ihn fragt.
Il répond, so antwortet er.
Devoir, sollen.
Etudier, studiren.

Vouloir, wollen.
Car je n'en ai aucune envie, denn ich habe keine Lust dazu.
Pour l'ordinaire, gewöhnlich.
Fort lentement, sehr langsam.
Avoir la goutte aux pieds, das Podagra haben.
Aussi-tôt que, sobald.
Entendre, hören.
Sonner, schlagen.
Midi, zwölf.
Toute sa famille, seine ganze Familie.
Pour pouvoir manger la soupe chaude, um die Suppe warm essen zu können.
Il voudroit bien se faire boulanger, er möchte gern ein Bäcker werden.
En, es.
Bien content, wohl zufrieden.
Vouloir absolument, schlechterdings haben wollen.
Par conséquent, folglich.
Il faut qu'il, muß er.
Malgré lui, wider seinen Willen.

Les Prépositions

sont des mots invariables, qui se mettent ordinairement devant les noms. Voyez page 14.

Prépositions qui gouvernent le génitif.

Statt, anstatt, au lieu.
laut, selon.
kraft,) en vertu.
vermöge,)
wegen, à cause.
disseits, deça, en (au) deça.

jenseits, delà, au delà.
vermittelst, moyennant.
ohngeachtet, nonobstant, malgré.
um — willen, pour l'amour.

Prépositions qui gouvernent le datif.

Bei, chez, auprès.	aus, de, par, hors, dehors.
nach, après, selon.	auser, hors, hormis.
zu, à.	seit, depuis.
entgegen, contre, au-devant.	mit, }
gegenüber, vis-à-vis.	nebst, } avec.
nahe bei, nächst, proche, près.	samt, }
mitten in, au milieu.	von, de.
zuwider, contre.	von — an, dès.

Prépositions qui gouvernent l'accusatif.

Für, pour.	ohne, sans.
durch, par, à (au) travers.	wider, contre.
gegen, vers, envers.	um, autour, pour.

Prépositions qui gouvernent l'accusatif quand elles désignent un mouvement ou une direction vers quelque objet, et le datif quand elles marquent le repos.

An, à, en.	in, dans, en.
auf, sur.	neben, à côté.
über, sur, dessus, au-dessus.	vor, devant, avant.
unter, sous, au-dessous,	hinter, derrière.
parmi, entre.	zwischen, entre.

EXEMPLES:

Anstatt meiner, au lieu de moi.
Um des Himmels willen, pour l'amour du Ciel.
Disseits des Flusses, en deçà de la rivière.
Jenseits der Brükke, au delà du pont.
Vermittelst einer Summe Geldes, moyennant une somme d'argent.
Bei meinem Hause, auprès de ma maison.
Neben ihm, à côté de lui.
Er kam zu mir, il vint chez moi.
Er gieng ihm entgegen, il alla au-devant de lui.
Nahe bei dem Bette, proche du lit.
Nach ihm, après lui; nach den Gesezzen, selon les lois.
Ihm gegenüber, vis-à-vis de lui.
Zwischen ihm und mir, entre lui et moi.
Durch meinen Fehler, par ma faute.
Er bezahlt für mich, il paie pour moi.
Gegen mich, vers moi, envers moi, contre moi.
Ohne ihn, sans lui.

Wider seinen Willen, contre sa volonté.
Aus dem Hause, hors de la maison.
Mit dem Feinde, avec l'ennemi.
Nebst mir, avec moi.
Samt seinem Freunde, avec son ami.
Von seinem Vermögen, de son bien.
Sie stehen an dem Fuße des Berges, ils sont au pied de la montagne.
Als sie an die Oefnung des Grabens kamen, en venant à l'ouverture de la fosse.
Es liegt auf dem Tische, il est sur la table. Er legt es auf den Tisch, il le met sur la table.
Ueber dem Thore, au-dessus de la porte. Sie gehen über den Fluß, ils passent la rivière.
Er ist in der Stadt, il est dans la ville. Er geht in den Krieg, il va à la guerre.
Er steht hinter mir, il est derrière moi. Er stellet sich hinter mich, il se met derrière moi.
Er schläft neben mir, il couche à côté de moi. Leget es neben ihn, mettez-le à côté de lui.
Er ist unter mir, il est au-dessous de moi. Ich sezze ihn unter mich, je le mets au-dessous de moi.
Er steht zwischen euch und mir, il est entre vous et moi.
Die Truppen stunden vor der Stadt Dornik, les troupes étoient devant la ville de Tournay. Sie giengen vor die Stadt Brüssel, ils allèrent devant la ville de Bruxelles.

Remarques sur les Prépositions en général.

L'article défini est quelquefois confondu avec certaines prépositions qui le précèdent ; ce qui vient de la vitesse de la prononciation, et alors on ajoute à la fin de la préposition la lettre finale de l'article que l'on supprime ; par exemple :

Am Himmel, au Ciel,	pour	an dem Himmel.
Ans Ende, à la fin,	= = =	an das Ende.
Aufs Haus, sur la maison,	= = =	auf das Haus.
Durchs Feuer, par le feu,	= = =	durch das Feuer.
Fürs Geld, pour l'argent,	= = =	für das Geld.
Im Paradies, dans le paradis,	= = =	in dem Paradies.
Ins Wasser, dans l'eau,	= = =	in das Wasser.
Zum Könige, au Roi,	= = =	zu dem Könige.
Zur Ehre, à l'honneur,	= = =	zu der Ehre, etc., etc.

* Les Allemands suppriment souvent une terminaison qui est commune à deux ou plusieurs mots, et remplacent la syllabe retranchée par le trait d'union (=), pour avertir que le mot a la même terminaison que celui qui suit; par exemple : Der Ein=und Ausgang (au lieu de der Eingang und Ausgang), l'entrée et la sortie. Er ist ein guter Sprach= Schreib=Fecht=und Tanzmeister, c'est un bon maître de langue, d'écriture, d'armes et de danse. Die geist=und weltlichen Fürsten (au lieu de die geistlichen und weltlichen Fürsten), les Princes ecclésiastiques et séculiers. Auf=und Zuschliesen (au lieu de aufschliesen und zuschliesen), ouvrir et fermer, etc.

Les prépositions se mettent devant le nom qu'elles gouvernent, comme : Wir giengen durch das Gebüsch, nous allâmes à travers les buissons.

Excepté : Halben, à cause; zuwider, malgré; entgegen, contre la volonté; über, hindurch, pendant, etc. qui se mettent toujours après leur cas, comme : Seiner Tugend halben, à cause de sa vertu. Dem Vater zuwider ou entgegen, malgré le père. Den Tag über, pendant la journée.

Wegen, à cause; unangesehen, sans avoir égard; ungeachtet, malgré, nonobstant, et gegen über, vis-à-vis, se mettent également avant et après le nom, comme : Man verachtet ihn wegen seines Geizes, ou seines Geizes wegen, on le méprise à cause de son avarice. Gegen über der Kirche, ou der Kirche gegen über, vis-à-vis de l'église. Seines Reichthums ungeachtet, ou ungeachtet seines Reichthums, malgré ses richesses.

Ohne, sans, ne se met après son régime que dans cette expression adverbiale : Zweifels ohne, sans doute. Il vaut mieux dire : Ohne Zweifel.

Ces prépositions composées : Um--her, autour; unter--weg, par-dessous; über--weg, par-dessus; von--aus, de, de chez; von--an, von--auf, dès; von--her, de, du côté de, depuis; auf--zu, nach--zu ou auf--los, à, vers; vor--her, vor--hin, vor--weg, devant; hinter--her, hinter--drein, après; um--willen, à cause, pour l'amour, et peut-être quelques autres, se séparent de façon que leur régime se met au milieu, comme : Sie stunden um dem Wagen her, ils étoient autour du chariot. Das Wasser läuft unter der Brükke weg, les eaux passent par-dessous le pont. Die Kugel gieng über meinem Kopfe weg, la balle passa par-dessus ma tête. Er hat mir von Wien aus geschrieben, il m'a écrit de

Vienne. Von Haus aus, de chez moi, toi, etc. Von nun an, dès-à-présent. Von meiner Jugend an, dès ma jeunesse. Von den Zeiten Heinrich des Voglers her, depuis les temps de Henri-l'Oiseleur. Er kam von der Stadt her, il venoit du côté de la ville. Wir segelten auf Italien zu, nous faisions voile vers l'Italie. Sie sind nach dem Dorfe zu gegangen, ils sont allés du côté du village. Laßt uns auf ihn los gehen, marchons à lui. Er lief vor mir her ou hin, il couroit devant moi. Geh immer vor mir weg, va toujours devant moi, en avant. Wir zogen hinter der Reiterei her ou drein, nous marchâmes toujours en suivant la cavalerie. Gott strafet die Menschen um ihrer Sünden willen, Dieu punit les hommes à cause de leurs péchés.

Von wegen, de par, touchant, à cause, se met de suite ou se sépare comme on veut ; on peut dire, par exemple : Von wegen des Königes ou von des Königes wegen, de par le Roi ; er hat mir von wegen seines Sohnes, ou von seines Sohnes wegen, geredet, il m'a parlé touchant son fils.

Remarques sur quelques Prépositions en particulier.

Für, pour, contre; vor, devant, avant, de, il y a.
Für, est employé

1. Pour marquer un avantage ou un désavantage, comme : Bitten Sie für mich, priez pour moi. Es ist eine Ehre (eine Schande) für mich, c'est un honneur (une honte) pour moi.

2. Lorsqu'il est question d'un remède, comme : Dieses ist gut für das Fieber, cela est bon contre la fièvre. Für den Tod ist kein Kraut gewachsen, il ne croît point d'herbe qui préserve de la mort.

3. Dans le sens de au lieu, à la place, comme : Ich thue den Dienst für meinen Bruder, je fais le service pour mon frère, à la place de mon frère.

4. Pour marquer le prix d'une chose, comme : Ich habe dieses Buch für einen Thaler gekauft, bezahlet, j'ai acheté, j'ai payé ce livre un écu.

5. Lorsqu'on dit son sentiment de quelqu'un, comme : Ich halte ihn für einen ehrlichen Mann, je le crois honnête homme.

6. Dans le sens de quant à, comme : Für mich, pour moi; ich für meine Person, quant à moi en particulier.

7. Devant les nombres, comme : Für das erste, premièrement; Für das zweite, en second lieu, etc.

Vor, est employé

1. Pour marquer le temps, le lieu, l'ordre ou le rang, comme : Vor drei Tagen, il y a trois jours. Er redet vor dem Könige, il parle devant le Roi. Er reiste vor mir ab, il partit avant moi. Er geht vor mir, il va avant moi, il a le rang sur moi.

2. Lorsqu'il s'agit d'une protection ou sûreté, d'un avertissement, d'une peur, etc. comme : Gott beschüzzet die Gläubigen vor Gefahr, Dieu préserve les fidèles du danger. Wir sind vor den Feinden sicher, nous sommes en sûreté contre les ennemis. Er fürchtet sich vor den Mäusen, il a peur des souris; Es ekelt mir vor dem Fleische, je suis dégoûté de la viande; Der Feind floh vor uns, l'ennemi fuyoit devant nous.

3. Pour marquer la cause de quelque chose, comme : Vor Freude weinen, pleurer de joie. Vor Hunger sterben, mourir de faim.

4. Pour signifier qu'on fait quelque chose de son chef, comme : Ich habe es nicht vor mich gethan, je ne l'ai pas fait de mon chef : Er thut alles vor sich, il fait tout de son chef.

Gegen, wider.

Gegen, se dit dans le sens de *contre* et de *envers*; wider, marque toujours qu'on agit en ennemi, comme : Gegen ou wider den Feind zu Felde ziehen, se mettre en campagne contre l'ennemi. Was habet ihr gegen ou wider mich? qu'avez-vous contre moi? Ihr redet gegen ou wider euch selbst, vous parlez contre vous-même. Die Liebe eines Vaters gegen (non pas wider) seine Kinder, l'amitié d'un père envers ses enfans, etc.

Bei, zu, chez.

Bei, se met avec les verbes de repos, comme : Er ist bei mir, il est chez moi.

Zu, se met avec les verbes de mouvement, comme : Kommet zu mir, venez chez moi.

In, zu, en, à.

In, se met avec les noms de pays et provinces, comme : Er wohnet in Frankreich, in Engelland, in der Schweiz, il demeure en France, en Angleterre, dans la Suisse.

In et zu, se mettent avec les noms de ville, comme : Ich wohne in ou zu Paris, in ou zu London, in ou zu Basel, je demeure à Paris, à Londres, à Bâle.

In, zu, nach, à.

In ou zu, se met devant les noms de villes avec un verbe de repos, comme : Ich bin in ou zu Paris, je suis à Paris.

Nach, se met devant les noms de villes avec un verbe de mouvement, comme : Ich gehe nach Paris, je vais à Paris. Er reist nach Strasburg, il part pour Strasbourg.

* Le verbe allemand seyn, 'est toujours un verbe de repos, et ne se met jamais dans le sens de, aller, faire le tour, etc.

Von, zu, in, de.

On met von, pour marquer le souverain ou le propriétaire d'un Etat, comme : Der König von Preussen, le Roi de Prusse; Der Graf von Solms, le Comte de Solms, etc.

* Dans le style de chancellerie on met zu et in, comme : König zu Germanien, Roi de Germanie; König in Frankreich, le Roi de France, etc.

Théme sur quelques Prépositions.

149.

Où demeure Monsieur votre oncle ? — Il demeure au milieu de la ville, près de l'église, vis-à-vis du café. — Je crois tout cela ; mais dans quelle rue demeure-t-il ? — Dans la rue Guillaume, à côté de l'arsenal. — Il ne demeure donc pas loin d'ici, à ce que vous dites ? — Non, Monsieur. — Je trouverai maintenant sa maison, moyennant la description que vous m'en avez faite. — Attendez un peu, mon ami, vous ne la trouverez pourtant pas, malgré ma description, parce que vous êtes étranger dans cette ville ; j'enverrai mon domestique avec vous. — Vous êtes bien obligeant ; mais j'attendrai encore un peu jusqu'à ce que l'orage soit passé. — Je crois qu'il passera bientôt. Où avez-vous donc été depuis que je n'ai eu l'honneur de vous voir ? — J'ai passé quelques années à Paris, où j'ai vu détruire la Bastille.

Demeurer, wohnen.	L'arsenal, das Zeughaus, 4. ä.
L'oncle, der Oheim, 2.	Loin, weit.
La ville, die Stadt, 2. ä.	A ce que, wie.
L'église, die Kirche, 3.	Trouver, finden.
Le café, das Kaffehaus, 4. ä.	Maintenant, nun, jezzo.
Je crois tout cela, das glaube ich alle.	La maison, das Haus, 4. ä.
	La description, die Beschreibung, 3.
La rue Guillaume, die Wilhelmsstrase.	Faire, machen.

Attendre, warten.
Pourtant, doch.
Etranger, fremd.
Dans cette ville, hier, allhier.
Envoyer, schiffen, senden.
Fort obligeant, sehr höflich, verbindlich.
Jusqu'à ce que l'orage soit passé, biß das Ungewitter vorüber ist.
Bientôt, bald.
Depuis que, seitdem.
L'honneur, die Ehre.
Passer, zubringen.
Détruire, zerstören.
La Bastille, die Bastille.

CONJONCTIONS.
(Voyez page 14.)

Und, et.
Auch, so, aussi.
Ja, sogar, même.
Uebrigens, au reste.
Mit einem Wort, en un mot.
Deswegen, c'est pourquoi.
Denn, car.
Dann, darum, also, donc.
Nach diesem, après quoi, après cela.
Dieweil, à cause que.
Weil, parce que, puisque.
Indem daß, pendant que, tandis que.
Aber, sondern, allein, mais.
Nichts desto weniger, néanmoins.
Indessen, cependant.
Nehmlich, c'est-à-dire.
Folglich, par conséquent.
Ferner, de plus.
In der That, en effet.
Oder, ou.
Entweder-oder, ou-ou.
So lange als, tant que.
So viel als, autant que.
So bald als, aussi-tôt que.
So oft als, toutes les fois que.
So bald als, von dem an, dès que.
Nachdem, après que.
Als, dazumal, lorsque.
Also daß, si bien que.

Angesehen daß, vu que.
Auf daß, damit, afin que, pour que.
Dafern nicht, es sey denn daß, à moins que ne.
Ohngeachtet, nonobstant que.
Ehe als, avant que.
Obschon, obwohl, obgleich, quoique, bien que, encore que.
Ohne daß, sans que.
Weit gefehlet daß, bien loin que.
Gesetzt daß, supposé que, posé le cas que.
Wollte Gott daß, plût à Dieu que.
Gott gebe daß, Dieu veuille que.
Behüte Gott daß, da sey Gott für, à Dieu ne plaise que.
So wie, à mesure que, à ce que.
Wenn, so, si.
Wann, quand.
Sobald als, d'abord que.
Dergestalt daß, de sorte que.
Seitdem, depuis que.
Bis daß, jusqu'à ce que.
Im Fall daß, en cas que, au cas que.
Aus Furcht daß, de peur que ne.

Es mag seyn, es sey daß, soit que.
Dafern nur, wenn nur, pourvu que.
Mit dem Beding daß, à condition que.
Vermittelst daß, moyennant que.

Ehe als daß, plutôt que.
Es sey denn daß, si ce n'est que.
In Erwartung daß, bis daß, en attendant que.
Gern oder nicht, en dépit que, malgré que, etc.

Remarques.

Les conjonctions allein, mais; sondern, mais au contraire; denn, car; weil, parce que; nachdem, après que; je mehr, plus; je weniger, d'autant moins; als ob, tout comme; obgleich, 2c. quoique; wie, gleichwie, de même que, comme, etc. se mettent toujours au commencement d'une phrase; toutes les autres, par exemple: Aber, mais; doch, pourtant; und, et; auch, aussi, etc. se mettent tantôt au commencement, tantôt au milieu.

Les conjonctions obgleich, obschon, obzwar, wenn gleich, quoique; wenn auch, quand même, et wenn nur, pourvu que, se séparent toutes les fois que le nominatif de la phrase est un pronom personnel, de façon que celui-ci trouve sa place au milieu, comme: Ob ich gleich nicht weis, quoique je ne sache; Wenn ihr auch Freunde hättet, quand même vous auriez des amis, etc. Mais si le nominatif n'est pas un pronom personnel, il est plus ordinaire de ne pas séparer ces conjonctions, comme: Ob gleich dieses Pferd kein Engländer ist, quoique ce cheval ne soit pas anglois; Wenn auch der Feind stärker wäre, quand même l'ennemi seroit plus fort.

Certaines conjonctions sont toujours suivies d'une autre conjonction, comme:

Entweder,	est suivi de	oder, ou--ou.
Nicht allein,	= = = =	sondern auch, non-seulement--
Nicht nur,		mais encore.
Obgleich,		so--doch, ou de gleichwohl, ou
Obschon,	= = = =	nichts destoweniger, quoique
Obwohl,		--cependant, pourtant.
So wohl,	= = = =	als ou als auch, et--et, aussi bien--que.
Wann,	= = = =	so, quand, si, lorsque--
Wenn,		
Wenn gleich,	= = = =	so, quand même--
Weder,	= = = =	noch, ni--ni.
So,	= = = =	so--, quelque--que--
Zwar,	= = = =	aber, allein, ou de gleichwohl, ou de jedoch ou jedennoch, bien à la vérité--mais, cependant.

Exemples:

Er hat es entweder gethan, oder wird es noch thun, ou il l'a fait, ou il le fera encore. Ob er gleich mein Vetter ist, so kömmt er doch nicht zu mir, quoiqu'il soit mon cousin, il ne vient pourtant pas me voir. Sie ist so wohl reich als schön, elle est riche et belle. Wann ihr wieder kommet, so will ich es euch geben, quand vous reviendrez, je vous le donnerai. Wenn er euch nicht bezahlet, so saget es mir, s'il ne vous paie pas, venez me le dire. Wenn ich gleich Geld hätte, so gäbe ich ihm doch keins, quand même j'aurois de l'argent, je ne lui en donnerois pourtant point. Ich kenne weder seinen Vater noch seinen Bruder, je ne connois ni son père, ni son frère. So schön sie auch seyn mag, so ist sie doch nicht liebenswürdig, quelque belle qu'elle puisse être, elle n'est cependant pas aimable. Er ist zwar mein Feind nicht, aber auch nicht mein Freund, il n'est pas mon ennemi, à la vérité, mais il n'est pas mon ami non plus. Ich habe ihm zwar geschrieben, gleichwohl hat er mir nicht geantwortet, je lui ai bien écrit, cependant il ne m'a pas répondu, etc.

La conjonction françoise *mais*, est rendue en allemand par *aber* :

1. Au commencement d'une période, et partout où l'on pourroit mettre à sa place *cependant*, comme : Aber, werdet ihr vielleicht sagen, wo findet man, ꝛc. mais, me direz-vous peut-être, où trouve-t-on, etc.

2. Lorsqu'elle est précédée de *bien à la vérité*, comme : Was ihr mir jezt gesagt habet, ist zwar gegründet; aber es ist die Frage, ob, ꝛc. ce que vous venez de me dire, est fondé, à la vérité; mais il faut savoir si, etc.

3. Lorsqu'on nie ou accorde une de deux choses compatibles pour en affirmer ou nier l'autre, comme : Er ist nicht reich, aber gelehrt, il n'est pas riche, mais il est savant. Er hat viel Wiz, aber wenig gesunde Vernunft, il a beaucoup d'esprit, mais peu de bon sens.

Cette même conjonction doit être exprimée par sondern :

1. Après nicht allein (nicht nur allein) non-seulement, comme : Er ist nicht allein geizig, sondern auch grob, non-seulement est-il avare, mais il est encore grossier.

2. Lorsqu'on nie certain degré d'une qualité; pour en affirmer un autre, comme : Er ist nicht berauschet, sondern trunken, il n'est pas gris, mais il est ivre.

3. Lorsqu'on nie quelque chose pour en affirmer tout le contraire, comme : Der Mensch ist erschaffen nicht zum Faullenzen, sondern zum Arbeiten, nicht zur Einsamkeit, sondern zur Gesellschaft, l'homme a été créé, non pas pour fainéanter, mais pour travailler; non pas pour la solitude, mais pour la société, etc.

On peut supprimer les conditions daß, que, et wenn, si; mais alors l'une n'a plus l'effet d'une particule transpositive, et l'autre fait mettre le nominatif après son verbe. Ainsi on dit, par exemple :

Ich glaube, er wäre mein Freund (au lieu de ich glaubte, daß er mein Freund wäre), je croyois qu'il étoit mon ami. Wäre ich nicht sein Freund (au lieu de wenn ich nicht sein Freund wäre), so hätte ich nicht seinetwegen geschrieben, si je n'étois pas son ami, je n'aurois pas écrit en sa faveur, etc.

La conjonction so, se trouvant dans le conséquent d'une période composée, peut être supprimée aussi; mais la construction n'en souffre aucun changement; on dit également, par exemple : Nachdem er dieses gesagt hatte, gieng er fort ou so gieng er fort, après avoir dit cela, il s'en alla, etc.

D'ailleurs comme le mot so nous est très-familier, et qu'il se met non-seulement comme conjonction, mais encore comme pronom, comme interjection ou comme adverbe, il est à propos de faire voir ici les différentes significations qu'il peut avoir.

Usage du mot So.

Comme conjonction : So (au lieu de wenn) Gott will, si Dieu le veut. Wann es Zeit ist, so werde ich kommen, quand il sera temps, je viendrai (ici il est pour marquer le conséquent). So bald als, dès que; So bald es seyn kann, le plutôt qu'il se pourra; So wohl als, aussi bien que; So daß, de sorte que; So dann ist zu merken, ensuite il est à remarquer.

Comme pronom relatif : Das Buch, so (au lieu de welches) ich gekauft habe, le livre que j'ai acheté.

Comme adverbe : So ist es, la chose n'est pas autrement; Es ist so, wie ich gesagt habe, la chose est comme j'ai dit; Das Gras ist schon so hoch, l'herbe est déjà de cette hauteur, (*démonstrativement*). So ist es, wenn man zu gut ist, c'est la sort de ceux qui sont trop bons; Es sey so, je consens que la chose soit faite ainsi. So, ou so so, c'est bon comme cela, c'est assez. Ja, so glaube ich es wohl, de cette manière je le crois bien ; Ja so, das ist ein anders, ah , c'est une autre affaire. Wie so? comment cela? Ich bin nun so, c'est ma façon. So ein Narr bin ich auch, c'est bien mon goût aussi. Wie geht es? So ou so so, ou so hin, comment vous va? Là là, tout doucement. Er hat mich so gebethen, daß, 2c., il m'a tant prié ; que, etc. Sie ist so schön, daß, 2c., elle est si belle que, etc. Er ist so gelehrt als sein Vater, il est aussi savant que son père. So gelehrt ist er, tel est son savoir. So gelehrt er auch seyn mag, quelque savant qu'il soit.

Comme interjection, il marque tantôt de l'étonnement et de la surprise, tantôt de la moquerie ou de la sensibilité, selon la différence du sujet dont on parle, et du ton dont on prononce. Si quelqu'un me dit que telle chose est arrivée, et que je dise so, cela veut dire : est-il possible ! est-il bien vrai ! Si quelqu'un me proposoit par méchanceté une chose désavantageuse ou offensante, et que je lui dise, avec un air d'indignation, so ! cela voudroit dire : comment, Monsieur, me proposer cela ! etc.

Théme sur quelques Conjonctions.

150.

Aussi-tôt que M. Dandin me voit, il commence à parler allemand et me comble de civilités, de manière que souvent je ne sais que lui répondre. Son frère en fait autant ; cependant il faut avouer que ce sont de bonnes gens : ils m'aiment sincèrement, c'est pourquoi je les aime aussi ; et par conséquent je ne dirai jamais rien à leur désavantage. Je les aimerois encore plus, s'ils faisoient moins de cérémonies qu'ils ne font : mais chacun a ses défauts ; et le mien, c'est que je me moque de leurs cérémonies.

Commencer, anfangen.
A parler allemand, deutsch zu reden.
Combler de civilités, mit Höflichkeiten überhäufen.
De manière, so, ou dergestalt.
Souvent, oft.
Que lui répondre, was ich ihm antworten soll.
En faire autant, es eben so machen.
Il faut avouer, muß ich gestehen.

Les gens, die Leute.
Sincèrement, aufrichtig.
Ne dire jamais rien à leur désavantage, nie etwas Nachtheiliges bon ihnen sagen.
S'ils faisoient moins de cérémonies qu'ils ne font, wenn sie nicht so viele Umstände machten.
Chacun, jeder.
Le défaut, der Fehler, 1.
C'est, ist.
Se moquer, sich aufhalten.

Interjections.

(*Voyez page* 14.)

Ach!	ah!
Ach! leider!	hélas!
autsch!	ouf!
lieber Gott!	bon Dieu!
um Gottes Willen!	pour l'amour de Dieu! au nom de Dieu!
Feuer!	au feu!
zu Hülfe! helfet!	à l'aide!
halt den Dieb!	au voleur!
wehe euch!	malheur à vous!
pfui,	fi!
pfui der garstige Mensch,	fi le vilain!
ja so!	ah oui!
ei seht doch!	voyez donc!
possen!	bagatelle! bon!
immerhin,	à la bonne heure! soit!
es gilt!	tope!
halb Beut!	j'y retiens part!
weg! macht Platz!	place!
halt! halt ein!	arrête!
ich möchte toll werden!	j'enrage!
wohlan!	allons!
nun wohlan!	hé bien!
lustig! frisch!	courage!
höret!	écoutez!
potz tausend!	parbleu!
in's Gewehr!	aux armes!
Kopf weg!	gare la tête!
Gott sey Dank!	grâce à Dieu!
Gott Lob!	Dieu soit loué!
still!	paix! etc.

Thêmes sur quelques Interjections.

151.

Ah! que je suis malheureux! c'est fait de moi! — Mais, mon Dieu! pourquoi criez-vous comme cela? — Hélas! on m'a dérobé ma montre d'or et tout mon argent. Malheur à ce coquin! quand je l'attraperai, je le tuerai sans miséricorde. J'enrage! — Pour l'amour de Dieu! tranquillisez-vous; car c'est moi qui vous ai pris la montre et la bourse, pour vous apprendre à mieux fermer la porte de votre chambre quand vous sortez. — Est-il possible! c'est vous qui avez ma montre et ma bourse? — Tenez, les voilà; j'ai trouvé l'une et l'autre sur votre lit.

Que je suis malheureux!	wie bin ich so unglüklich!
C'est fait de moi!	es ist um mich geschehen!
Crier!	schreien.
Comme cela,	so.
Dérober,	stehlen.
Malheur à ce coquin,	wehe dem Spitzbuben!
Attraper,	erhaschen.
Tuer,	umbringen.
Sans miséricorde,	ohne Barmherzigkeit.
Se tranquilliser,	sich beruhigen.
C'est moi,	ich bin es.
Prendre,	nehmen.
Apprendre,	lehren, lernen.
A mieux fermer,	besser — zu verschliessen.
La porte,	die Thüre, 3.

La chambre, das Zimmer, 1. | Trouver, finden.
Sortir, ausgehen. | L'une et l'autre, beides, beide.
Est-il possible! ist es möglich! | Le lit, das Bette, 3.
Tenez, les voilà, da sind sie. |

DE LA SYNTAXE,

OU DE LA CONSTRUCTION.

Lorsque l'on compare deux idées (par exemple celle d'un homme et celle de vertueux) et qu'on pense que l'une convient à l'autre, ou qu'elle ne lui convient pas (comme: cet homme est vertueux, cet homme n'est pas vertueux), on dit qu'on juge; et un jugement exprimé par des mots, est appelé *proposition* (*).

La proposition est ou principale ou incidente. La *principale* est celle qui renferme le sujet principal avec son verbe et son attribut; l'*incidente*, qu'on appelle aussi *proposition explicative*, est celle qui sert à caractériser, à modifier ou à restreindre soit le sujet, soit l'attribut de la proposition principale. Mein Bruder der zu Paris wohnet, ist ein Officier, der lang gedienet hat, mon frère, qui demeure à Paris, est un officier qui a servi long-temps. Voilà un exemple où il y a une proposition principale: Mein Bruder ist ein Officier, mon frère est un officier, et deux propositions incidentes qui servent, l'une (der zu Paris wohnet, qui demeure à Paris) à caractériser le sujet, l'autre (der lang gedienet hat, qui a servi long-temps) à qualifier l'attribut.

Il y a trois choses à remarquer dans chaque proposition, le *sujet*, l'*attribut* et la *copule* ou la *liaison*.

Le *sujet*, est l'idée ou la chose principale à laquelle on compare une autre; l'*attribut*, est cette autre idée que l'on compare au sujet; la *copule*, est le verbe substantif être, qui marque le rapport qu'il y a entre l'attribut et le sujet. Ainsi dans l'exemple donné ci-dessus, homme est le sujet, vertueux est l'attribut, et le verbe est, est la copule.

(*) Il ne faut pas confondre *proposition* avec *préposition*. Une *préposition* est une des neuf parties d'oraison; une *proposition*, au contraire, est un jugement exprimé par deux ou plusieurs mots.

Si la phrase dit que l'attribut convient au sujet, la proposition est affirmative, comme : Cet homme est vertueux ; si la phrase dit que l'attribut ne convient pas au sujet, la proposition est négative, comme : Cet homme n'est pas vertueux.

Si au lieu du verbe être il y a un autre verbe, celui-ci renferme et la copule et l'attribut, comme : Pierre dort, c'est-à-dire : Pierre est dormant. Antoine aime, c'est-à-dire : Antoine est aimant. Le lion rugit, c'est-à-dire : Le lion est rugissant. L'attribut dans ces exemples est un qui dort, un qui aime, un qui rugit.

S'il n'y a, dans une proposition, qu'un seul sujet et un seul attribut, la proposition est *simple*, comme : Mon frère est savant. Si la proposition renferme plusieurs sujets différens, ou plusieurs attributs différens, elle est *composée*, comme : Mon père et mon frère sont savans; mon père est savant et vertueux.

Une *période*, est une oraison dont le sens est fini. Si la période ne renferme qu'une seule proposition, elle est simple, comme : Dieu est juste ; si la période renferme deux ou plusieurs propositions, elle est composée, comme : Si Dieu est juste, il punira les crimes.

Les mots qui dépendent d'un verbe, sont appelés *le régime*, et le cas que le verbe demande, est appelé *le cas du verbe*.

Tous ces termes entrent dans les règles de la construction ; il est nécessaire d'en avoir une idée juste et nette.

La langue allemande s'accorde avec la langue françoise beaucoup plus qu'on ne pense, quant à la construction. On y met comme en françois :

I. Le sujet, ou le nominatif du verbe, avec tout ce qui en fait partie.
II. Le verbe du nominatif.
III. Le cas du verbe, ou le régime.

EXEMPLES.

Le Sujet.	*Le Verbe.*	*Le cas du Verbe.*
Ich	bin	krank.
Je	suis	malade.
Ich	liebe	meine Freunde.
J'	aime	mes amis.
Diese Personen	wohnen	zu Paris.
Ces personnes	demeurent	à Paris.

IV.

IV. S'il y a plusieurs sujets ou plusieurs attributs dans une proposition, on les met dans le même ordre où ils sont en françois, comme :

Der Vater und der Sohn sind tugendhaft, tapfer und gelehrt.
Le père et le fils sont vertueux, braves et savans.

V. Si le sujet ou l'attribut est suivi d'une proposition incidente, ou de quelques mots qui l'expliquent, on les met après le sujet ou l'attribut de la même manière qu'en françois, comme :

Ein Mensch der arbeitet, verdienet Geld.
Un homme qui travaille, gagne de l'argent.

Der Sohn meines Bruders reiset nach London in England.
Le fils de mon frère part pour Londres en Angleterre.

Mein Freund in Deutschland, den ihr kennet, heirathet
Mon ami en Allemagne, que vous connoissez, épouse
ein Mädchen von hundert tausend Thalern.
une fille de cent mille écus.

VI. Les conjonctions, les interjections, les adverbes d'interrogation et de comparaison, les pronoms interrogatifs et relatifs, se mettent au même endroit où ils sont en françois, à quelques différences près, dont j'ai déjà parlé, et dont je parlerai encore.

Règle générale.

Suivez exactement la construction françoise, toutes les fois qu'une des règles particulières ne vous enseigne pas le contraire.

Pour faire connoître toute l'étendue de ce principe, je donnerai encore quelques exemples :

Mein lieber Vater und meine liebe Mutter speisten gestern
Mon cher père et ma chère mère dînèrent hier
mit etlichen Freunden in dem König von Spanien.
avec quelques amis au Roi d'Espagne.

Warum redet ihr immer französisch und niemals
Pourquoi parlez-vous toujours françois et jamais
deutsch ? — Ich bin zu furchtsam.
allemand ? — je suis trop timide.

Was saget man neues von unserer grosen Armee ? — Sie
Que dit-on de nouveau de notre grande armée ? — elle
stehet zwischen dem Rheine und der Weser.
est entre le Rhin et le Weser.

Q

Denkeſt du an das was ich dir ſagte, oder nicht?
Songes-tu à ce que je te disois, ou non?

Alles (das) was der Kurrier ſagte, ſchien ſehr wahr-
Tout ce que le courrier dit, paroissoit très-vrai-
ſcheinlich, ich gieng daher ſogleich nach Hauſ, ſchrieb
semblable, j'allai donc sur-le-champ au logis, j'écrivis
einige Briefe, und reiſte nach Hanau.
quelques lettres, et partis pour Hanau.

Règles de Construction qui sont particulières à la langue allemande.

Les adjectifs et les participes se mettent toujours devant leur substantif; par exemple: Rother Wein, du vin rouge. Ein deutſcher Fürſt, un Prince Allemand. Das neue Kleid, l'habit neuf; Ein blinder Mann, un homme aveugle. Das künftige Jahr, l'année prochaine; Eine ſterbende Frau, une femme mourante; Ein gehenkter Dieb, un voleur pendu, etc.

Remarques.

1. Cette règle suppose que l'adjectif ou le participe ne fasse avec le substantif qu'une seule idée, c'est-à-dire, qu'il fasse avec le substantif ou un même sujet, ou un même attribut. Dans le cas où le substantif est le sujet, et l'adjectif ou le participe l'attribut, l'un se met régulièrement devant le verbe, l'autre après, de la même manière qu'en françois, comme: Der Sieg iſt vollkommen, la victoire est complète; Der Feind iſt überwunden, l'ennemi est vaincu, non pas der überwundene Feind iſt, ꝛc.

2. Le mot allein, par exemple dans cette phrase: Gott allein iſt gut, Dieu seul est bon, est un adverbe.

3. Selig, feu, par exemple dans ces phrases: Mein Vater ſelig, feu mon père; meine Mutter ſelig, feue ma mère, se met par ellipse (*), au lieu de mein Vater welcher nun ſelig iſt, meine Mutter welche nun ſelig iſt. Il vaut mieux dire: Mein ſeliger Vater, meine ſelige Mutter.

4. Les adjectifs qu'on met après les noms propres comme épithètes, sont pris substantivement, comme: Alexander der Groſe, Alexandre-le-grand, etc.

5. Lorsqu'un adjectif ou un participe est accompagné de quelques mots qui en sont gouvernés, on met ceux-ci entre

---

(*) L'ellipse, est la suppression d'un ou plusieurs mots.

l'article et l'adjectif ou le participe, de sorte qu'en ce cas il faut placer : 1. l'article, 2. tout ce qui dépend de l'adjectif ou du participe, 3. l'adjectif ou le participe, 4. le substantif, comme : 1. Ein 2. gegen jederman 3. höflicher 4. Mensch, 1. un 4. homme 3. poli 2. envers tout le monde. 1. Eine 2. ihrem Manne 3. getreue 4. Frau, 1. une 4. femme 3. fidèle 2. à son mari. 1. Ein 2. seine Kinder 3. liebender 4. Vater, 1. un 4. père 3. aimant 2. ses enfans.

Les pronoms personnels qui ne sont pas au nominatif, et les pronoms réciproques, se mettent après le verbe, non pas devant comme en françois ; par exemple : Ich kenne ihn seit langer Zeit, je le connois depuis long-temps. Mein Bruder schrieb mir daß, 2c. mon frère m'écrivit que, etc. Ich bitte Sie, je vous prie. Ich wünsche Ihnen einen guten Morgen, je vous souhaite le bon jour. Meine Schwester befindet sich wohl, ma sœur se porte bien.

Tout infinitif, gérondif et second participe, se met ordinairement à la fin de la phrase ; par exemple : Wir sollen Gott fürchten, die Vorgesetzten ehren, und den Nächsten wie uns selbst lieben, nous devons craindre Dieu, respecter les supérieurs, et aimer le prochain comme nous-mêmes. Ich werde morgen zu Ihnen kommen, je viendrai demain chez vous. Ich bitte Sie, mir Ihr Buch zu leihen, je vous prie de me prêter votre livre. Erlauben Sie mir, Ihnen vorzustellen, permettez-moi de vous représenter. Ich habe gestern ein schönes Pferd gekauft, j'ai acheté hier un beau cheval. Sind Sie niemals zu Berlin gewesen, n'avez-vous jamais été à Berlin ?

Remarques.

De deux ou plusieurs infinitifs, gérondifs ou seconds participes, celui qui est le premier en françois, se met le dernier en allemand ; par exemple : Immer spazieren gehen, toujours aller se promener. Alle Tage und zu jeder Stunde spazieren gehen wollen, heißet die Arznei zur gewöhnlichen Speise machen, vouloir aller se promener tous les jours et à toute heure, c'est faire du remède, sa nourriture ordinaire. Dieser Garten ist um tausend Franken verkauft worden, ce jardin a été vendu mille livres, etc.

La particule zu, qui est pour former le gérondif, ne s'en sépare jamais ; les prépositions um, pour, et ohne, sans, qui sont devant le gérondif, s'en séparent toutes les fois que le gérondif est accompagné de quelques mots qu'il gouverne ; de sorte que tout ce qui est régi par le verbe, se met entre la préposition um ou ohne et le gérondif, comme : Ich komme, um Ihren Herrn Bruder zu bitten, je viens pour prier Monsieur votre frère. Er gieng fort ohne von seinen Freunden Abschied zu nehmen, il s'en alla sans prendre congé de ses amis, etc.

Lorsque le gérondif dépend du sujet, il se met devant le verbe du nominatif, et non pas à la fin de la phrase, comme : Die Gelegenheit gute Bücher wohlfeil zu kaufen, ereignet sich nicht alle Tage, l'occasion d'acheter de bons livres à bon prix, ne se présente pas tous les jours.

* On peut commencer cette sorte de phrases par le pronom es, il, qui fait transposer le nominatif après le verbe; par exemple : Es ereignet sich nicht alle Tage die Gelegenheit gute Bücher wohlfeil zu kaufen, ou es ereignet sich die Gelegenheit, gute Bücher wohlfeil zu kaufen, nicht alle Tage, ꝛc.

Lorsque le gérondif gouverne un nom qui est expliqué on déterminé par une autre proposition moyennant un pronom relatif, on peut mettre le gérondif devant ou après la proposition explicative; par exemple : Es ist schwer, einen Feind zu überfallen, welcher wachsam ist, ou bien : Es ist schwer, einen Feind welcher wachsam ist, zu überfallen, il est difficile de surprendre un ennemi qui est vigilant. Ich habe grose Lust, das Pferd zu kaufen, das Ihr Herr Bruder aus Deutschland mitgebracht hat, ou bien — das Pferd, das Ihr Herr Bruder aus Deutschland mitgebracht hat, zu kaufen, j'ai grande envie d'acheter le cheval que Monsieur votre frère a amené de l'Allemagne. Er schämte sich, mir das zu sagen was ich schon wuste, ou bien — mir das, was ich schon wuste, zu sagen, il fut honteux de me dire ce que je savois déjà.

Les propositions incidentes se mettent pour l'ordinaire immédiatement après le mot qu'elles expliquent ou déterminent. Cependant, lorsque le verbe de la proposition principale est à un temps composé, nous mettons la proposition incidente assez indifféremment avant ou après le second participe ou l'infinitif qui entre dans la composition de ce temps, comme : Ich habe das Buch, das Ihr mir geliehen habet, gelesen, ou ich habe das Buch gelesen, das Ihr mir geliehen habet, j'ai lu le livre que vous m'avez prêté. Ich werde meinen Garten, der in der Vorstadt lieget, verkaufen, ou ich werde meinen Garten verkaufen, der in der Vorstadt lieget, je vendrai mon jardin, qui est situé dans le faubourg. En mettant ainsi la proposition incidente entre le mot qu'elle affecte, et le second participe ou l'infinitif, il convient de transposer les adverbes, surtout ceux de négation, et en général les mots qui tiennent de près à la signification du verbe de la préposition principale, en sorte qu'ils se trouvent entre la proposition incidente et le second participe ou l'infinitif, comme: Ich habe den Brief dem mir euer Bruder geschrieben hat, noch nicht gelesen, je n'ai pas encore lu la lettre que votre frère m'a écrite. Ich werde selbst den blauen Rok, den ich vor drei Wochen gekaufet habe, roth färben, je teindrai moi-même en rouge le juste-au-corps bleu que j'ai acheté il y a trois semaines.

Si dans le dernier exemple on vouloit mettre la proposition incidente après l'infinitif, on diroit: Ich werde selbst den blauen Rok roth färben, den ich vor drei Wochen gekaufet habe.

Tout ce qui vient d'être observé dans la remarque précédente, a aussi lieu lorsqu'à la place d'une proposition incidente complète, il y a un gérondif servant à expliquer ou à déterminer quelque partie de la proposition principale. On va le voir dans les exemples que voici: Ich wollte mir die Gelegenheit gute Bücher zu kaufen, zu Nuzze machen, ou ich wollte mir die Gelegenheit zu Nuzze machen, gute Bücher zu kaufen, je voulus profiter de l'occasion d'acheter de bons livres. Der General hatte kaum den Befehl anzugreifen, gegeben, ou der General hatte kaum den Befehl gegeben, anzugreifen, le général eut à peine donné l'ordre d'attaquer.

Faites attention de ne pas prendre, dans de pareilles occasions, le démonstratif *ce* et le relatif (qui, que, de qui, de quoi, dont, etc.) qui le suit, pour l'expression d'une seule idée. *Ce*, est un régime: *qui, que,* etc., l'explique ou le détermine. Ainsi, pour faire la construction du *ce qui, ce que,* etc., convenablement au génie de la langue allemande, il faut suivre, à l'égard de la proposition incidente, les mêmes règles que je viens d'établir dans les remarques précédentes, et dire par exemple: Ich habe das, was geschehen ist, mit meinen eigenen Augen gesehen, ou bien: Ich habe das mit meinen eigenen Augen gesehen, was geschehen ist, j'ai vu de mes propres yeux ce qui est arrivé. Er wird das, wessen ihr ihn beschuldiget, nicht gestehen, ou bien: Er wird das nicht gestehen, wessen ihr ihn beschuldiget, il n'avouera pas ce dont vous l'accusez. Er schämte sich, mir das, was ich schon wußte, zu sagen, ou bien : Er schämte sich mir das zu sagen, was ich schon wuste, il étoit honteux de me dire ce que je savois déjà. Ich bin begierig, das, was er ihm geantwortet hat, zu erfahren, ou bien : Ich bin begierig, das zu erfahren, was er ihm geantwortet hat, je suis curieux de savoir ce qu'il lui a répondu.

Il est à propos d'avertir que le démonstratif das, dans de pareils exemples, peut se supprimer ; on peut dire, par ex. Ich habe was geschehen ist, mit meinen eigenen Augen gesehen, ou bien : Ich habe mit meinen eigenen Augen gesehen, was geschehen ist. Et ainsi des autres.

Lorsque l'attribut est suivi d'un gérondif qu'il gouverne, on peut le mettre avant ou après ce gérondif; ainsi au lieu de dire : Ich bin begierig zu wissen, je suis curieux de savoir, on pourroit aussi dire : Ich bin zu wissen begierig. Cette transposition se fait aussi quelquefois lorsque le gérondif dépend d'une partie du régime; par exemple, au lieu de dire : Ich habe ein grofes Verlangen, meine Brüder wieder zu sehen, on pourroit dire : Ich habe, meine Brüder wieder zu sehen, ein grofes Verlangen, j'ai grande envie de revoir mes frères.

Les particules démonstratives, aussi bien que ces adverbes de lieu : Da, daselbst ou allda, y ; hin ou dahin, y, vers-là ; hier, ici, et hieher, vers ici, se mettent ordinairement après les régimes. Exemples : Jedermann redet seit vierzehn Tagen mit vieler Zuverläßigkeit davon, tout le monde en parle depuis quinze jours avec beaucoup d'assurance. Ich verwundere mich nicht wenig darüber, je ne m'en étonne pas peu. Wir gelangten endlich nach einer beschwerlichen Reise glüklich dahin, nous y arrivâmes enfin heureusement, après un voyage pénible. Euer Bruder war mit seiner Frau schon da, votre frère y étoit déjà avec sa femme.

Les prépositions séparables se mettent après les régimes et les particules démonstratives. Exemples : Er brachte zweene von seinen guten Freunden dahin mit, il y amena deux de ses amis. Er gewann ihm durch seine Betrügereien viel Geld ab, il lui gagna beaucoup d'argent par ses tromperies.

L'infinitif qui entre dans la composition des futurs, et le second participe qui entre dans celle des prétérits et de tous les temps du passif, se mettent à la fin de leur proposition, *voyez* page 243. Exemples : Er wird morgen aus England zurük kommen, und wird mir zwei Pferde mitbringen, il reviendra demain d'Angleterre, et m'amenera deux chevaux.

Ich habe seit gestern nicht mehr als anderthalben Bogen davon abgeschrieben, je n'en ai copié, depuis hier, qu'une feuille et demie. Die Welt wurde durch das allmächtige Wort Gottes aus dem Nichts hervorgezogen, le monde fut tiré du néant par la parole toute-puissante de Dieu.

Nota. Lorsque le régime consiste en une énumération de plusieurs articles, on peut mettre le second participe ou l'infinitif d'un temps composé avant le régime, et dire, par exemple : Ich habe ihm geschickt, zehn Pfund Thee, zwanzig Pfund Kaffe, dreißig Butellien Wein, ꝛc., je lui ai envoyé dix livres de thé, vingt livres de café, trente bouteilles de vin, etc.

Cette observation a aussi lieu à l'égard des prépositions séparables ; on peut dire, par exemple : Frankreich bringt hervor Wein, Obst, Oehl, Getreid, ꝛc., la France produit du vin, des fruits, de l'huile, des blés, etc.

Le sujet, ou le nominatif, précède régulièrement son verbe, comme en françois ; mais il se met après sont verbe :

1. Lorsque la phrase est interrogative ; par exemple : Kömmt der Feind ? l'ennemi vient-il ? Sind die Wege gut ? les chemins sont-ils bons ? Lernen Ihre Herren Bruder deutsch ? Messieurs vos frères apprennent-ils l'allemand ?

 * Si le nominatif du verbe n'est qu'un pronom personnel, la construction est la même dans les deux langues, comme : Bin ich denn allein unglüflich ? suis-je donc le seul malheureux ? etc.

2. Dans les phrases qui marquent une exclamation ou un souhait ; par exemple : Wie glüflich seyd ihr ! ou bien : Wie seyd ihr so glüflich ! que vous êtes heureux ! etc.

3. Le nominatif se met après son verbe, comme en françois, dans les petites parenthèses qui marquent que quelqu'un a dit ou répondu telle chose ; par exemple : Sie wollen mich also verlassen, sagte sie, vous voulez donc m'abandonner, dit-elle ; Nein, liebste Freundin, antwortete er, non, ma très-chère amie, répondit-il, etc.

4. Lorsque la phrase commence par une conjonction conclusive ; par exemple : Dem zufolge verordnete er, daß, en conséquence de cela, il ordonna que, etc.

 * Il y a quelques conjonctions copulatives et adversatives, qui font transposer le nominatif après son verbe, telles que : Doch, jedoch, dennoch, gleichwohl, pourtant ; nichts destoweniger, néanmoins ; hingegen, par contre ; im Gegentheil, au contraire ; par exemple : Doch schrieb er daß, ꝛc., pourtant il écrivoit que, etc. Nichts destoweniger glaubt er, néanmoins il croit, etc. Im Gegentheil wünscht er, daß, au contraire il souhaite que, etc.

** Les adverbes de comparaison wie, gleichwie, de même que ; nicht nur — sondern auch, non-seulement — mais encore ; je — je mehr, plus — plus, et tous les autres qui sont précédés de je, font transposer le nominatif du conséquent, mais non pas celui de l'antécédent, comme : Wie (ou gleichwie) das Meer vom Winde beweget wird, also wird ein Mensch von den Leidenschaften beweget, de même que la mer est agitée par le vent, de même un homme est agité par les passions. Je mehr ich trinke, je mehr habe ich Durst, plus je bois, plus j'ai soif, etc.

5. Le nominatif se met après son verbe dans le conséquent d'une période composée ; par ex. (Antécédent) Nachdem wir die Stadt verlassen hatten, (conséquent) zog der Feind daselbst ein, après que nous eûmes quitté la ville, l'ennemi y entra. (Antécédent) Wenn ich reich wäre, (conséquent) hätte ich Freunde, si j'étois riche, j'aurois des amis, etc.

* Lorsqu'en renversant les périodes composées on met le conséquent le premier, la transposition du nominatif n'a plus lieu, comme : Ich hätte Freunde, wenn ich reich wäre, j'aurois des amis, si j'étois riche.

6. Lorsqu'en parlant conditionnellement on supprime la conjonction conditionnelle wenn, par ex. Ist der Wein gut, so werde ich ihn kaufen (au lieu de wenn der Wein gut ist, ꝛc.), si le vin est bon, je l'achèterai, etc.

7. Dans les phrases qui commencent par le pronom impersonnel neutre es ; par exemple : Es lehret uns die Erfahrung, l'expérience nous apprend. Es pflegte Kaiser Antonin der Weltweise zu sagen, ꝛc., l'empereur Antonin le philosophe avoit coutume de dire, etc.

* Cette construction n'est point étrangère à la langue françoise ; car on dit, par exemple : Il est arrivé un courrier, es ist ein Kurrier angekommen, ꝛc.

Le verbe du nominatif qui, comme en françois, précède régulièrement son régime, se met à la fin de toute la phrase (même après l'infinitif, le gérondif et le second participe), toutes les fois que la phrase commence par une des particules transpositives que voici : Als, lorsque, quand, que (comparatif). Anstatt, au lieu de. Bis, jusqu'à ce que. Da, lorsque, quand, comme. Daß, que. Auf daß, damit, afin que, et tous les composés de daß. Der, die, das (pronom relatif), qui. Gleichwie, comme, de même. Nachdem, après que, selon que. Ob, si. Obgleich ou obschon ou obwohl, quoique, encore que. So bald, dès que. So lange, tant que. So viel, autant que. Während, tandis que, pendant que. Wann, quand. Welcher, welche, welches, qui, lequel, laquelle. Weil, parce que, puisque. Wer, was, celui qui, ce qui. Wenn, si, et tous les composés de wenn, comme : Wenn gleich, quand même, quoique ; wenn nur, pourvu que. Wie, comme, quand, lorsque, à ce que. Wo, où. Woher, d'où. Womit, avec quoi. Wofern, si, en cas que, etc.

Exemples :

Als ich im Bade war, lorsque j'étois au bain. Sie war sonst schöner als sie jezt ist, elle étoit autrefois plus belle qu'elle n'est à présent. Warte bis ich Geld bekomme, attends jusqu'à ce que j'aie de l'argent. Da wir über die Brücke giengen, quand nous passâmes le pont. Damit er seine Schulden bezahle, afin qu'il paie ses dettes. Man saget, daß er ein Mädchen von hundert tausend Thalern heirathen werde, on dit qu'il épousera une fille de cent mille écus. Gleichwie ein Vater seine Kinder liebet, also, *c.*, de même qu'un père aime ses enfans, de même, etc. Im Fall daß niemand zu Hause wäre, en cas que personne ne fût à la maison. Indem ich den Brief las, *c.*, pendant que je lisois la lettre, etc. Nachdem man Geld hat, selon qu'on a de l'argent. Ich weis nicht, ob er mein Freund oder Feind ist, je ne sais s'il est mon ami ou mon ennemi. Ob ich gleich euern Bruder herzlich liebe, quoique j'aime votre frère de tout mon cœur. Seitdem ich das Fieber habe, depuis que j'ai la fièvre. So bald ich euern Brief erhielt, dès que je reçus votre lettre. So viel ich aus seinen Reden verstanden habe, autant que j'ai compris par ses discours. Während der Mann auf dem Lande ist, pendant que le mari est à la campagne. Wann der Frühling die Wiesen mit Blumen bedekket, quand le printemps couvre de fleurs les prairies. Die Sonne, welche die Erde erwärmet, le soleil qui échauffe la terre. Weil ich die Schmeichler verabscheue, parce que je déteste les flatteurs. Wenn er nicht mein Bruder wäre, s'il n'étoit pas mon frère. Wenn er nur das Buch bezahlet, pourvu qu'il paie le livre. Wie ihr meinem Vetter gemeldet habet, à ce que vous avez mandé à mon cousin. An dem Orte, wo man den besten Rheinwein findet, à l'endroit où l'on trouve le meilleur vin de Rhin, etc. Er fragte mich, woher ich seinen Vater kennete, il me demanda d'où je connoissois son père. Der Degen, womit der Mörder den Reisenden erstach, ꝛc. l'épée, avec laquelle le meurtrier tua le voyageur, etc. Wofern du meinem Befehle nicht gehorchest, si tu n'obéis pas à mes ordres, etc.

La conjonction daß, que, peut être supprimée après les verbes wünschen ou wollen, souhaiter; hoffen, espérer; fürchten ou besorgen, craindre, et aussi après les mots wollte Gott, plût à Dieu que; gesezt, posé le cas que, et autres semblables. En ce cas, la transposition du verbe n'a pas lieu; on le met tout de suite après son nominatif.

Exemples:

Ich wünschte, er hätte es nicht gethan (ich wünschte, daß er es nicht gethan hätte), je souhaiterois qu'il ne l'eût pas fait. Ich wollte, ihr gienget mit mir (ich wollte, daß ihr mit mir gienget), je voudrois que vous allassiez avec moi. Ich hoffe, euere Jungfer Schwester werde meinen Bruder heirathen (ich hoffe, daß euere Jungfer Schwester meinen Bruder heirathen werde), j'espère que Mademoiselle votre sœur épousera mon frère. Gesezt wir hätten weder Bier noch Wein (gesezt, daß wir weder Bier noch Wein hätten, posé le cas que nous n'eussions ni bière ni vin. Wollte Gott, alle grose Herren liebten den Frieden! (wollte Gott, daß alle grose Herren den Frieden liebten!) plût à Dieu que tous les grands seigneurs aimassent la paix! etc.

Quand il y a à la fin d'une phrase deux infinitifs, le verbe qui doit être transposé, se met devant ces deux infinitifs, comme: Ich weis nicht, ob er noch mit uns wird gehen wollen, je ne sais pas s'il voudra encore aller avec nous. Ich habe es ihm gesagt, daß Sie das Pferd haben verkaufen müssen, je lui ai dit que vous avez été obligé de vendre le cheval.

Si la phrase dont le verbe doit être transposé, est suivie d'une autre dans laquelle il y a un gérondif, le verbe se met également devant et après celle-ci, comme: Ich wundere mich nicht, daß sie wünschen den Frieden hergestellet zu sehen, ou bien daß sie den Frieden hergestellet zu sehen, wünschen, je ne m'étonne pas de ce que vous souhaitez voir rétablir la paix, etc.

En mettant ainsi le verbe après le gérondif qui le suit, on peut transposer en même temps l'attribut ou le régime du verbe, s'il y en a, comme : Weil es, einen Feind zur Verzweiflung zu bringen, nicht rathsam ist, au lieu de : Weil es nicht rathsam, einen Feind zur Verzweiflung zu bringen, ist, parce qu'il n'est pas à propos de réduire un ennemi au désespoir. Wenn ich, gute Bücher zu lesen, Gelegenheit hätte, au lieu de : Wenn ich Gelegenheit, gute Bücher zu lesen, hätte, si j'avois occasion de lire de bons livres.

Lorsque l'attribut ou le régime d'un verbe à transposer est expliqué ou déterminé par une proposition incidente, le verbe se met indifféremment avant ou après celle-ci, comme : Wann ich das Kleid bekomme, welches ich machen lasse, ou bien wann ich das Kleid, welches ich machen lasse, bekomme, quand j'aurai l'habit que je fais faire ; weil ich die Ursachen nicht weis, die euch dazu bewogen haben, ou bien weil ich die Ursachen, die euch dazu bewogen haben, nicht weis, parce que j'ignore les raisons qui vous y ont engagé ; als wir an dem Orte anlangeten, wo die Brücke war, ou bien als wir an dem Orte, wo die Brücke war, anlangeten, lorsque nous arrivâmes à l'endroit où étoit le pont ; Damit jedermann wisse, was geschehen ist, ou bien damit jedermann, was geschehen ist, wisse, afin que tout le monde sache ce qui est arrivé ; ob ich ihn gleich täglich sehe, seitdem er hier ist, ou bien ob ich ihn gleich, seitdem er hier ist, täglich sehe, quoique je le voie tous les jours depuis qu'il est ici.

Cette même construction a lieu à l'égard des propositions comparatives, en ce que le verbe à transposer se met également avant et après la phrase qui commence par l'adverbe comparatif als, que, comme : Wenn euer Haus grösser, als meines, wäre, si votre maison étoit plus grande que la mienne ; man sieht wohl, daß Ihr den Reichthum mehr liebet, als die Tugend, ou bien daß Ihr den Reichthum mehr, als die Tugend liebet, on voit bien que vous aimez les richesses plus que la vertu.

Dans cet ordre de construction, le régime, surtout le pronom réfléchi, se met quelquefois avant le nominatif, comme : Weil sich mein Bruder vor ihm verborgen hatte, au lieu de : Weil mein Bruder sich vor ihm verborgen hatte, parce que mon frère s'étoit caché de lui ; wenn diesen Brief nicht euer Sohn geschrieben hat, au lieu de : Wenn nicht euer Sohn diesen Brief geschrieben hat, si ce n'est pas votre fils qui a écrit cette lettre.

Remarque générale.

La langue allemande est, comme la langue latine, susceptible de très-longues périodes, dans lesquelles le verbe du nominatif, ou bien le gérondif, l'infinitif ou le second participe de la première phrase, ne se trouve quelquefois qu'après un grand nombre de lignes, à cause des propositions incidentes. Les avocats, les gens de bureaux, les gazetiers, et tous ceux qui ne possèdent par bien leur langue, se tuent de composer ces sortes de périodes guindées, et de désespérer le lecteur; les bons auteurs les ménagent avec discernement; et dans le discours familier on évite toute transposition du verbe qui se fait au-delà de la nécessité.

Thémes sur quelques gallicismes et germanismes.

152.

Voulez-vous prendre une tasse de café, mon ami? — Bien obligé; je n'aime pas le café. — Vous aimez pourtant le vin: j'en ferai chercher. — Ne le faites pas, mon ami; car je viens d'en boire. Allons plutôt nous promener un peu. — Je le veux bien; mais où irons-nous? — Venez avec moi dans le jardin de mon oncle; nous y trouverons une jolie compagnie. — Je le crois bien; mais il est à savoir si cette jolie compagnie voudra de moi. — Vous êtes partout le bienvenu.

Prendre une tasse de café, de thé, etc. eine Taſſe Kaffe, Thee, ꝛc. trinken.

Bien obligé, ich danke Ihnen.

Aimer quelque chose, etwas gerne eſſen, trinken, haben oder thun: J'aime le café, le vin, etc. ich trinke gerne Kaffe, Wein, ꝛc. J'aime le fruit, etc. ich eſſe gerne Obſt, ꝛc. J'aime cela, Ich habe das gerne. Il aime à le faire, er thut es gerne, ꝛc.

Faire chercher, holen laſſen.

Faire, thun.

Venir de boire, de manger, de faire, etc. ſo eben getrunken, gegeſſen, gethan haben, ꝛc.

Allons plutôt nous promener un peu, laſſen Sie uns lieber ein wenig ſpazieren gehen.

Je le veux bien, ich bin es zufrieden.

Où irons-nous? wo wollen wir hin gehen?

Venir avec quelqu'un, mit jemanden gehen.

Une jolie compagnie, eine artige Geſellſchaft.

Trouver, finden.

Il est à savoir, es iſt die Frage.

Vouloir de quelqu'un, einen haben wollen.

Etre partout le bienvenu, überall willkommen ſeyn.

153.

Pourquoi n'avez-vous pas amené Mademoiselle votre sœur? — Laquelle? — La cadette, que vous amenez toujours. — Elle n'a pas voulu sortir aujourd'hui. — Pourquoi? — Elle a mal aux dents — J'en suis bien fâché. C'est une très-bonne fille. Quel âge a-t-elle? — Elle a quinze ans. — Elle est bien grande pour son âge. Et quel âge avez-vous? — J'ai vingt ans. — Est-il possible! je croyois que vous n'en aviez pas encore dix-huit.

Pourquoi, warum.
Amener (apporter), mitbringen.
La cadette, die jüngste.
Sortir, ausgehen.
Avoir mal aux dents, Zahnweh haben.
J'en suis bien fâché, das thut mir sehr leid.
Quel âge a-t-elle? wie alt ist sie?

Avoir quinze (seize, etc.) ans, 15 (16, 2c.) Jahre alt seyn.
Bien grande, sehr gros.
L'âge, das Alter.
Est-il possible! ist es möglich!
Je croyois que vous n'en aviez pas encore dix-huit, ich glaubte Sie wären noch nicht 18 Jahre alt.

154.

Comment trouvez-vous ce vin? — Je le trouve excellent; mais j'en ai assez à présent. — Buvez encore un coup. — Non, trop est malsain: je connois mon tempérament. — Ne tombez pas. Qu'avez-vous donc? — Je ne sais; la tête me tourne: je crois que je tombe évanouï. — Je le crois aussi; car vous avez l'air d'un mort.

Comment trouvez-vous? wie schmeckt Ihnen? (avec le nominatif.)
Je le trouve excellent, herrlich.
(Comment vous trouvez-vous du café? etc. wie befinden Sie sich auf den Kaffe? ou wie ist Ihnen der Kaffe bekommen?)
J'en ai assez à présent, ich habe genug anjezzo.
Boire un coup, einmal trinken.
Malsain, ungesund.
Connoître, kennen.
Mon tempérament, meine Natur.

Tomber, fallen.
Qu'avez-vous? was fehlet Ihnen?
Savoir, wissen: Je ne sais, ich weis nicht.
La tête me tourne, es wird mir schwindlich.
Je crois que je tombe évanouï, ich glaube, ich bekomme eine Ohnmacht.
Avoir l'air d'un mort, wie ein Todter aussehen.
(Quelle mine faites-vous? wie sehet ihr aus? — Il ne m'en a pas la mine, er siehet mir nicht darnach aus. — Avoir

(254)

les yeux égarés, verwirrt aussehen. — Le temps se met à la pluie, es siehet aus als ob es regnen wollte. — Il est joli à voir, es siehet artig aus.)

155.

De quel pays êtes-vous, Monsieur ? — Je suis du côté de la Lorraine. — Je vous croyois allemand de nation ; car vous parlez si bien allemand ! — Vous plaisantez. — Pardonnez-moi, je ne plaisante point du tout. Combien de temps y a-t-il que vous êtes en Allemagne ? — Il y a quelques mois. Sérieusement ? — Vous en doutez peut-être, parce que je parle allemand ; je le savois parler avant de venir en Allemagne.

De quel pays êtes-vous ? was sind Sie für ein Landsmann? ou wo sind Sie her?	vous êtes en Allemagne? Wie lange sind Sie in Deutschland?
Du côté de la Lorraine, aus dem Lothringischen,	Il y a quelques mois, seit einigen Monaten.
Je vous croyois Allemand de nation, ich hielte Sie für einen gebohrnen Deutschen.	Sérieusement ? im Ernst?
	Douter, zweifeln.
Plaisanter, scherzen.	En, daran.
Pardonner, verzeihen.	Savoir, können.
Point du tout, gar nicht.	Avant de venir en Allemagne, ehe ich nach Deutschland kam.
Combien de temps y a-t-il que	

156.

C'est fait de moi, si mon père vient à savoir que j'ai pris la fuite ; mais il n'y avoit pas d'autre moyen pour éviter la mort dont j'étois menacé. — Vous avez très-bien fait ; et Monsieur votre père n'en sera pas fâché, je vous en réponds. Il faudroit avoir la cervelle attaquée, pour rester dans une place qui est bombardée par des Pandoures, qui ne donnent point de quartier. — Peste soit des Pandoures ! ils m'ont battu et volé, et jamais de ma vie je ne leur ai fait aucun mal. — Ainsi va le monde.

C'est fait de moi, es ist um mich geschehen.	möglich, ou es war kein anderes Mittel übrig.
Si mon père vient à savoir, wenn mein Vater erfährt.	Pour éviter la mort, um dem Tode zu entgehen.
Prendre la fuite, die Flucht nehmen.	Dont j'étois menacé, der mir bevor stund, ou womit ich bedrohet war.
Il n'y avoit pas d'autre moyen, es war nicht anders	Très-bien, sehr wohl.

Faire, thun.	Par des Pandoures, von Panduren.
N'en sera pas fâché, wird nicht bös (unwillig) darüber seyn.	Ne donner point de quartier, keine Gnade geben, gar nicht schonen.
Répondre de quelque chose, für etwas stehen: Je vous en réponds, ich stehe Ihnen dafür.	Peste soit des Pandoures! daß die Panduren beim Henker wären!
Il faudroit, man müßte.	
Avoir la cervelle attaquée, im Kopf verrückt seyn.	Battre, schlagen.
	Voler, plündern.
Pour rèster dans une place, wenn man an einem Orte bleiben wollte.	Jamais de ma vie je ne leur ai fait aucun mal, in meinem Leben habe ich ihnen nichts zu Leid gethan.
Etre bombardé, bombardieret werden.	Ainsi va le monde, so geht es in der Welt.

157.

Vous vous êtes battus assez long-temps à coups de pelotes de neige. Venez-çà, je vous récompenserai de ce que vous avez cassé mes vitres. Apprenez votre leçon, méchans garçons que vous êtes. Ne savez-vous pas comme on dit en proverbe: Ce qu'on apprend au berceau demeure jusqu'au tombeau.

Se battre à coups de pelotes de neige, sich mit Schneeballen werfen.	La leçon, die Lektion, 3.
	Méchans garçons que vous êtes, ihr böse Jungen.
Assez long-temps, lange genug.	Savoir, wissen.
Venez-çà, kommt her.	En proverbe, im Sprichwort.
Récompenser, belohnen.	Ce qu'on apprend au berceau, demeure jusqu'au tombeau, was man in der Jugend lernt, bleibt bis ins Alter.
De ce que, weil.	
Casser les vitres, die Fenster einwerfen.	
Apprendre, lernen.	

158.

Un de mes amis vient de me dire que M. la Ruse s'étoit noyé, et que sa femme s'étoit brûlé la cervelle d'un coup de pistolet; mais j'ai peine à le croire, car ce M. la Ruse fut toujours un bon vivant, et les bons vivans ne se noient pas. On dit que sa femme avoit écrit sur la table avant de se tuer: Qui hasarde, gagne; je n'ai plus rien à perdre, ayant perdu mon mari: Je suis dégoûtée de ce monde, où il n'y a rien de constant que l'inconstance.

Vient de me dire, hat mir so eben gesagt.	soll auf den Tisch geschrieben haben.
Se noyer, sich ertränken.	Avant de se tuer, ehe sie sich erschoß.
Se brûler la cervelle d'un coup de pistolet, sich mit einer Pistole erschiesen.	Qui hasarde, gagne, frisch gewagt ist halb gewonnen.
Avoir peine à croire quelque chose, etwas kaum glauben können.	Le mari, der Mann, Ehemann, 4. â.
Un bon vivant, ein lustiger Bruder, 1. ü.	Être dégoûté de quelque chose, etwas überdrüssig seyn, an etwas einen Ekel haben.
On dit que sa femme avoit écrit sur la table, seine Frau	Constant, beständig.
	L'inconstance, die Unbeständigkeit, 3.

159.

Dites-moi, pourquoi êtes-vous toujours en discorde avec votre femme, et pourquoi vous mêlez-vous de métiers qui ne rapportent rien? Il faut se donner bien des peines pour avoir un emploi; vous en avez un bon, et vous le négligez. Ne songez-vous donc pas à l'avenir? — Maintenant permettez-moi aussi de parler. Tout ce que vous avez dit paroît raisonnable; mais ce n'est pas par ma faute que j'ai perdu ma réputation, c'est par celle de ma femme: elle a vendu mon habit de fête, mes boucles d'argent et ma montre d'or, en un mot toutes mes hardes. Elle m'auroit même vendu à bon prix, si quelqu'un eût voulu m'acheter.

Être en discorde, uneinig leben.	Paroît raisonnable, läßt sich hören, scheint vernünftig.
Se mêler de métiers qui ne rapportent rien, sich mit brodlosen Künsten abgeben.	Ce n'est pas par ma faute, es ist nicht meine Schuld.
Il faut se donner bien des peines pour avoir un emploi, es hält hart bis man ein Amt bekömmt.	Perdre sa réputation, seinen guten Namen verlieren.
	C'est par celle de ma femme, meine Frau ist Schuld daran.
Négliger, hinten ansezzen, vernachlässigen.	Vendre, verkaufen.
Songer à l'avenir, weiter hinausdenken.	Un habit de fête, ein Sonntagskleid, 4.
Maintenant permettez-moi aussi de parler, jezt lassen Sie mich auch reden.	En un mot, mit einem Wort.
	Les hardes, die Sachen.
	A bon prix, um einen billigen Preis, wohlfeil.

160.

Voulez-vous manger avec moi? — Bien obligé, mon cousin

sin m'a invité à dîner; il a fait préparer mon mets favori. — Et quel mets est cela? — C'est du laitage. — Pour moi, je n'aime pas le laitage: il n'y a rien de tel qu'un bon morceau de bœuf ou de veau.

Voulez-vous manger avec moi? wollen Sie mein Gaſt ſeyn?	C'est du laitage, Milchſpeiſen.
Bien obligé, ich danke Ihnen.	Pour moi, was mich anbelangt.
Inviter (prier) à dîner, zu Gaſt bitten, zum Mittageſſen einladen.	Je n'aime pas le laitage, ich eſſe nicht gerne Milchſpeiſen. (V. p. 252.)
Faire préparer, zubereiten laſſen.	Il n'y a rien de tel qu'un bon morceau de bœuf ou de veau, es geht nichts über ein gutes Stük Rind- oder Kalbfleiſch.
Mon mets favori, meine Leibſpeiſe, 3.	

161.

Habillez-vous, mon ami, nous irons faire un petit tour. — Quel habit mettrai-je? — Mettez votre habit rouge et votre veste brune. — Vous vous moquez de moi, le rouge ne va pas avec le brun. — Eh bien, mettez un autre habit. Dépêchez-vous. — Un peu de patience, mon ami, je m'habillerai aujourd'hui en prince; je mettrai mon habit galonné. — Il y a prince et prince: il y en a qui sont chargés de dettes. Vous vous trompez fort, si vous parlez de moi. J'ai payé toutes mes dettes à cinq cents florins près. — Songez aussi à moi; car il s'en faut bien que je sois content de ces quatre louis d'or que vous m'avez donnés à compte. — Laissez-moi en repos maintenant; demain avant le dîner j'irai chez vous pour vous satisfaire.

S'habiller, ſich anziehen.	Un habit galonné, ein bordirtes Kleid, 4.
Aller faire un petit tour, einen kleinen Spaziergang machen.	Il y a prince et prince, es giebt allerlei Prinzen.
Mettre un habit, ein Kleid anthun.	Être chargé de dettes, voller Schulden ſeyn.
(Se chausser, Schuhe und Strümpfe anziehen).	Se tromper, ſich irren.
La veste, die Weſte, 3.	Si vous parlez de moi, wenn Sie mich meinen.
Vous vous moquez de moi, Sie haben mich zum beſten.	A cinq cents florins près, bis auf fünf hundert Gulden.
Le rouge ne va pas avec le brun, das Rothe ſteht nicht zum Braunen.	Songer, denken.
Eh bien, ſo, wohlan.	Il s'en faut bien que je sois content de, etc., ich bin noch lange nicht zufrieden mit, ꝛc.
Dépêchez-vous, machen Sie fort.	
En prince, wie ein Prinz.	Un louis d'or, ein Louisd'or.

R.

Donner à compte, auf Ab=
schlag bezahlen.
Laisser en repos (tranquille),
gehen lassen, in Ruhe lassen.

Avant le dîner (le souper),
vor Tisch.
Satisfaire, befriedigen.

162.

Mon ami étant en pleine mer, il survint une grande tempête. La foudre tomba sur le vaisseau, et le mit en flammes en peu de momens. L'équipage se jeta à la mer pour se sauver à la nage. Mon ami ne savoit quel parti prendre, n'ayant jamais appris à nager. Cependant la mort le menaçoit de toutes parts, de quoi il étoit fort en peine. Il avoit beau rêver, il ne trouvoit aucun moyen de sauver sa vie. Il fut saisi de frayeur voyant que le feu gagnoit de tous côtés. Il ne balança plus long-temps, et se jeta à la mer. — Eh bien, qu'est-il devenu? — Je n'en sais rien; je n'ai pas encore eu de ses nouvelles. — Mais qui vous a dit tout cela? J'y étois présent; mais en songe, s'entend.

En pleine mer, auf der offen=
baren See, ou auf dem ho=
hen Meer.
Survenir, unvermuthet kommen.
La tempête, der Sturm, 2. ü.
La foudre tomba sur le vais=
seau, der Donner schlug in
das Schif.
Le moment, der Augenblik, 2.
En flammes, in Flammen.
L'équipage, das Schifsvolk.
Se jeter, springen, sich stürzen.
Pour se sauver à la nage, um
sich mit Schwimmen zu retten.
Ne savoir quel parti prendre,
nicht wissen wozu man sich
entschliesen soll.
Apprendre à nager, schwim=
men lernen.
Cependant, indessen.
La mort, der Tod.
Menacer, drohen.
De toutes parts, von allen
Seiten.
De quoi il étoit fort en peine,
weswegen er sehr in Verle=
genheit war: Être en peine,
in Verlegenheit seyn.

Il avoit beau rêver, er mochte
nachsinnen wie er wollte, ou
er sann vergeblich nach.
Ne trouver aucun moyen,
kein Mittel finden.
Sauver, retten.
Être saisi de frayeur, von
Schrekken überfallen (ergrif=
fen) werden.
Le feu gagnoit de tous côtés,
das Feuer grif um sich.
Il ne balança plus long-temps,
er besann sich nicht länger:
Infin. sich besinnen.
Qu'est-il devenu? wie ist es
ihm gegangen? ou wo ist er
hingekommen?
(Que serois-je devenu? wie
wäre es mir gegangen? &c.)
Je n'en sais rien, ich weis es
nicht.
Je n'ai pas encore eu de ses
nouvelles, ich habe noch keine
Nachricht von ihm erhalten.
J'y étois présent, ich bin dabei
gewesen.
En songe, im Traum.
S'entend, versteht sich.

OBSERVATIONS
SUR LA CONCORDANCE DES MOTS.

JE parlerai 1. de la concordance de l'adjectif avec le substantif; 2. de celle du pronom relatif avec le substantif ou avec le pronom personnel; 3. de celle du substantif avec le substantif ou avec le pronom personnel; 4. de celle du substantif avec le nombre cardinal; 5. de celle du responsif avec l'interrogatif; 6. de celle du verbe avec le sujet.

Concordance de l'Adjectif avec le Substantif.

Nota. Sous la dénomination d'adjectif, il faut aussi comprendre le participe, ainsi que les pronoms possessifs, démonstratifs et indéfinis, parce que tous ces différens mots sont soumis aux mêmes lois de concordance.

I. RÈGLE. L'adjectif s'accorde en genre, en nombre et en cas, avec le substantif auquel il appartient, toutes les fois qu'il concourt avec lui à désigner ou un même sujet ou un même attribut. Exemples :

Ein gütiger und gerechter König ist ein wahrer Vater seines Volkes, un Roi bon et juste est un vrai père de son peuple. Diese artige Jungfer ist die einzige Tochter eines reichen Mannes, cette jolie Demoiselle est la fille unique d'un homme riche. Ein seine Völker liebender König schützet die unterdrükte Unschuld, un Roi, aimant ses peuples, protége l'innocence opprimée. Der heilige Paulus schreibet in seinem Briefe an den frommen Timotheus, S. Paul écrit dans son épître au pieux Timothée. Alexander der Grose, Alexandre-le-Grand. Ludwig der Funfzehnte, Louis XV. Elisabeth die zweite, Elisabeth II.

Remarques.

1. Quelquefois le substantif est sous-entendu, comme : Ich habe meinen silbernen Degen gegen einen stählernen (Degen) vertauschet, j'ai changé mon épée d'argent contre une (épée) d'acier; ein reicher (Mann), un (homme) riche; eine schöne (Frau), une belle (femme). En ce cas, l'adjectif est toujours précédé de l'article ou d'un pronom; d'où il suit que l'adjectif doit prendre la terminaison de genre, de nombre et de cas, toutes les fois qu'il est précédé de l'article ou d'un pronom.

2. Si l'adjectif est mis substantivement, sans qu'on puisse sous-entendre un substantif du genre masculin ou féminin,

il se met au genre neutre, comme : Das Erhabene, le sublime; das Neueste, le plus nouveau; was das Wunderbarste bei dieser Sache ist, ce qu'il y a de plus surprenant dans cette affaire.

—— Das nüzzende Schöne vergnüget
den Landmann,
« Le beau qu'accompagne l'utile a seul des charmes pour
« le campagnard ». *(M. de Kleist, dans le Printemps.)*

3. On peut joindre aux pronoms etwas, nichts, jemand et niemand, des adjectifs au genre neutre. V. p. 123.

4. Si l'on parle d'une de plusieurs personnes de différent sexe, l'adjectif se met au genre neutre; par exemple, en parlant à plusieurs enfans, frères et sœurs, je dirai : Das geschikteste von Euch soll etwas geschenkt bekommen, le plus sage de vous aura un présent; en parlant à un homme et à sa femme : Eines von Euch beiden hat Unrecht, l'un de vous deux a tort; en parlant de plusieurs hommes et femmes : Keines von Uns war so klug, daß es das Fenster aufgemacht hätte, aucun de nous n'eut l'esprit d'ouvrir la fenêtre. C'est ainsi que dit M. Gellert, dans une de ses fables, en parlant d'un couple heureux :

Was eines wollte, wollten beide,
« Ce que vouloit l'un, tous les deux le vouloient, c'est-
« à-dire, la volonté de l'un étoit celle de l'autre ».

5. Si l'adjectif appartient à plusieurs substantifs singuliers de même genre, il prend le genre de ces substantifs; mais il se met au singulier et non au pluriel, comme : Ein gelehrter Vater und Sohn, un père et un fils savans; ein neues Haus und Schlos, une maison et un château neufs.

Si les substantifs sont de différens genres, ou nous répétons l'adjectif avant chaque substantif, comme : Ein gelehrter Vater und eine gelehrte Tochter, un père savant et une fille savante; ou bien nous tournons la phrase par une proposition explicative, ou autrement, comme : ein Vater und eine Tochter die beide gelehrt sind, un père et une fille qui tous les deux sont savans. La raison pourquoi, dans cette proposition explicative, il faut dire gelehrt, sans aucune terminaison de genre, sera expliquée dans la règle suivante.

II. Règle. L'adjectif se met adverbialement, c'est-à-dire, Il ne prend aucune terminaison de genre, de nombre et de cas, lorsque, sans être accompagné d'un substantif exprimé ou sous-entendu, il fait seul l'attribut ou le sujet d'une proposition, comme : Der Vater ist gut (non pas guter), le père est bon. Die Mutter ist gut (non pas gute), la mère est bonne. Das Kind ist gut (non pas gutes), l'enfant est bon. Die Väter sind gut, les pères sont bons. Die Mütter sind gut, les mères sont bonnes, etc.

Remarques.

1. Ainsi pour qu'un adjectif allemand s'accorde en genre, en nombre et en cas avec un substantif, il ne suffit pas qu'il se rapporte à un substantif; il faut qu'il soit réuni avec lui en une même idée, conformément à la première règle.

2. Non-seulement l'adjectif se met adverbialement, lorsqu'il est mis seul comme attribut avec le verbe seyn, être; c'est encore la même chose lorsqu'il se joint à un autre verbe quelconque pour modifier ou qualifier le sujet. Les verbes auxquels il peut se joindre ainsi, sont, par exemple, werden, devenir; machen, faire, rendre; finden ou antreffen, trouver, rencontrer; bleiben, demeurer, et quelques autres, comme: Wenn euere Schwestern ferner fleisig studiren, werden sie gelehrt werden, si vos sœurs continuent de s'appliquer aux études, elles deviendront savantes. Die Deutschen hatten sich durch die Niederlage des Varus den Römern furchtbar gemacht, les Germains s'étoient rendus redoutables aux Romains par la défaite de Varus.

Erfindung macht die Künstler gros,
Und bei der Nachwelt unvergessen.   (*Gellert.*)
« L'invention rend les Artistes grands et non-oubliés chez
« la postérité, c'est-à-dire, c'est par l'invention que les
« artistes acquièrent de la réputation, et qu'ils transmettent
« leur nom à la postérité.

Als ich zurückkam, fand ich unser Haus abgebrannt, unsere Heerden zerstreuet, unsern Garten und unsere Felder verwüstet, meine Mutter krank, meine Schwester und meinen Vater todt, à mon retour je trouvai notre maison brûlée, nos troupeaux dispersés, notre jardin et nos champs dévastés, ma mère malade, ma sœur et mon père morts.

Die meisten Städte blieben dem Könige getreu, la plupart des villes demeurèrent fidèles au Roi. Meine eine Schwester kam geritten und die andere gefahren, l'une de mes sœurs venoit montée à cheval, l'autre traînée dans une voiture. Es standen über hundert Personen um uns versammelt, il y avoit plus de cent personnes assemblées autour de nous. Er fliegt den Kopf gegen die Erde gekehret, il vole la tête tournée vers la terre. Diese Worte an sich betrachtet, ces paroles considérées en elles-mêmes.

Les deux dernières phrases sont elliptiques. Er fliegt den Kopf gegen die Erde gekehret, c'est-à-dire, indem er den Kopf gegen die Erde gekehret hat, ayant tourné la tête contre la terre ; diese Worte an sich betrachtet, c'est-à-dire, wenn sie an sich betrachtet werden, si elles sont considérées, ou si on les considère en elles-mêmes.

Concordance du Pronom relatif avec le Substantif ou avec le Pronom personnel.

RÈGLE. Les pronoms relatifs s'accordent avec le substantif ou avec le pronom personnel auquel ils se rapportent, en genre et en nombre ; quant au cas, il faut voir si le relatif est le sujet de la proposition, ou s'il est en régime. S'il est sujet, il se met au nominatif : s'il est régime, il se met au cas que gouverne le verbe, le substantif, ou la préposition, dont il dépend. Exemples :

Unser Freund der ou welcher krank ist, notre ami qui est malade. Diese Nachricht die ou welche Euch so viel Vergnügen gemacht hat, cette nouvelle qui vous a fait tant de plaisir. Das Haus das ou welches zu verkaufen ist, la maison qui est à vendre. Diese Bücher die ou welche mein sind, ces livres qui sont à moi. Ich der ich ihn nicht kannte, moi qui ne le connoissois pas. Das Geld dessen Ihr bedürfet, l'argent dont vous avez besoin. Die Frau deren Sohn gestorben ist, la femme dont le fils est mort. Das Kind dessen Vater ihr kennet, l'enfant dont vous connoissez le père. Du dessen Rathschlüsse unerforschlich sind, toi, dont les décrets sont impénétrables. Der Fremde dem Ihr es gabet, l'étranger à qui vous le donnâtes. Die Person der ich gewinket habe, la personne à qui j'ai fait signe. Das Buch in dem Ihr leset, le livre dans lequel vous lisez. Die Indianer mit denen wir handelten, les Indiens avec lesquels nous faisions commerce. Er dem alles gehorchet, lui à qui tout obéit. Der Brief den Ihr schreibet, la lettre que vous écrivez. Die Gütigkeit die er für mich hat, la bonté qu'il a pour moi. Das Wasser das wir trinken, l'eau que nous buvons. Die Gelegenheiten die das Glük uns darbietet, les occasions que nous offre la fortune. Ich den man leicht betrügen kann, moi que l'on peut tromper aisément.

Remarques.

1. Pour savoir si le relatif est mis comme sujet ou comme

régime, on n'a qu'à voir s'il y a dans la phrase un autre nominatif ou non. Dans le premier cas, le relatif est en régime; si au contraire il n'y a point d'autre nominatif, le relatif est lui-même le sujet ou le nominatif de la phrase.

2. Si le relatif se rapporte au sens total de la phrase précédente, il se met au genre neutre, comme : Er verkaufte seine Pferde, welches sehr übel gethan war, il vendit ses chevaux, ce qui étoit très-mal. Er will eine Wittwe mit dreien Kindern heirathen, welches ich nicht billige, il veut épouser une veuve avec trois enfans, ce que je n'approuve pas.

On dit de même au genre neutre : Da sind zehn Thaler, welches die Summe ist, die ich euch schuldig bin, voici dix écus, qui est la somme que je vous dois.

3. Si le relatif se rapporte à plusieurs substantifs de différens genres et nombres, il suit ordinairement le genre et le nombre du dernier substantif, comme : Der Garten und das Haus das ich gekaufet habe, le jardin et la maison que j'ai achetés; das Haus und der Garten den ich kaufen werde, la maison et le jardin que j'acheterai. On peut aussi mettre le relatif au pluriel : d'ailleurs, c'est là le cas de se servir du relatif indéclinable so. Voyez pag. 115.

Observations sur les pronoms démonstratifs et relatifs.

Ces pronoms se mettent au genre neutre dans les exemples suivans, et autres semblables : Das ist der Mann, der, ꝛc. c'est l'homme qui, etc. Dieses sind die Ursachen, die mich dazu bewogen haben, ce sont-là (ou voilà) les causes qui m'y ont porté. Welches ist die beste Aussprache? laquelle est la meilleure prononciation ? *Nota.* Si l'on joignoit le substantif au pronom interrogatif, celui-ci s'accorderoit en genre et en nombre avec son substantif; on diroit welche Aussprache ist die beste ?

Concordance du Substantif avec un autre Substantif ou avec un Pronom personnel.

Règle. Deux substantifs, ou bien un pronom personnel et un substantif, qui tous deux ne sont que le nom d'une même chose, ou qui s'expliquent l'un l'autre, ou dont l'un est en apposition, se mettent toujours au même cas, comme: Mein Bruder Friederich, mon frère Frédéric; Euer Vetter der General, votre cousin le Général. Gott der Schöpfer aller Dinge, Dieu le créateur de toutes choses. Meines Bruders

Friederichs, de mon frère Fréderic. Eueres Vetters des Generales, de votre cousin le Général. Gottes des Schöpfers aller Dinge, de Dieu le créateur de toutes choses. Meinem Bruder Friederichen, à mon frère Fréderic. Euerem Vetter dem Generale, à votre cousin le Général. Gotte dem Schöpfer aller Dinge, à Dieu le créateur de toutes choses. Ich Unterschriebener, je soussigné. Wir seiner Majestät Räthe, Nous Conseillers de Sa Majesté. Mir Unterschriebenem, à moi soussigné. Uns seiner Majestät Räthen, à Nous Conseillers de Sa Majesté.

Concordance du Substantif avec le Nom de nombre.

Règle. Le substantif se met au singulier avec le nombre d'unité; il se met au pluriel, lorsqu'il est joint à un nombre qui marque pluralité, comme: Ein Mann und zwo Weiber, un homme et deux femmes. Zween Männer und ein Weib, deux hommes et une femme.

Remarque. Nous disons comme en François: Tausend und eine Nacht (non pas Nächte), mille et une nuit; Er hat mir hundert und ein Buch (non pas Bücher) geliehen, il m'a prêté cent et un livre. Et ainsi dans tous les cas semblables à ceux-là.

Exception. Ces noms Mann, homme; Fus ou Schuh, pied; Buch, main de papier; Ries, rame de papier, et Maas, pot ou mesure de deux pintes, se mettent au singulier, et sont indéclinables toutes les fois qu'ils marquent une certaine quantité; par ex. Ein Regiment von 12 hundert Mann (*), un régiment de douze cents hommes. Zehn Fus lang, long de dix pieds. Drei Buch Papier, trois mains de papier. Vier Ries Papier, quatre rames de papier. Sechs Maas Wein, six pots de vin.

Ceux-ci: Das Loth, la demi-once; das Pfund, la livre; der Zoll, le pouce; das Fas, le tonneau, le muid, la feuillette, et quelques autres noms de mesure, suivent quelquefois aussi cet usage, comme: Zwanzig Loth Silber, vingt demi-onces (c'est-à-dire, dix onces) d'argent; hundert Pfund Sterling, 100 livres sterling; zwanzig Zoll breit, large de vingt pouces; zwei Fas Rheinwein, deux tonneaux de vin de Rhin.

(*) Mann n'est indéclinable, que lorsqu'il est mis dans le sens d'homme, soldat, combattant.

Concordance du Responsif avec l'Interrogatif.

Règle. Le Responsif s'accorde en cas avec l'interrogatif toutes les fois que nous n'exprimons dans la réponse que le mot principal amené par la question, comme : Wer ist dieser Mann? qui est cet homme? *R.* ein Weinhändler, un marchand de vin. Was sehet ihr? que voyez-vous? *R.* einen Baum, un arbre. Mit wem seyd Ihr hieher gekommen, avec qui êtes vous venu ici? *R.* mit meinem Bruder, avec mon frère.

Remarque. Cette concordance n'est qu'apparente, parce que le cas du responsif dépend en effet du verbe de la phrase responsive, mais qui n'est pas exprimé. Si, dans le dernier exemple ci-dessus, je dis mit meinem Bruder, avec mon frère, c'est que j'ai dans l'esprit le verbe ich bin gekommen, je suis venu. Cependant la règle n'en est pas moins utile, et même nécessaire. A la vérité on peut employer dans la réponse tout autre cas que celui de la question ; mais ce n'est qu'en s'énonçant par une proposition complète, comme : Wer hat Ihnen dieses gesaget? qui vous a dit cela? *R.* Ich habe es von meinem Bruder erfahren, je l'ai appris de mon frère.

Concordance du Verbe avec le Sujet.

Règle. Tout verbe fini, ou qui n'est pas à l'infinitif, suppose un sujet et s'accorde avec lui en personne et en nombre : La première personne est désignée par les pronoms Ich, je, moi, et Wir, nous ; la seconde, par les pronoms Du, tu, toi, et Ihr, vous ; la troisième, par les pronoms Er, il, lui, Sie, elle ; Es, il ou elle ; Sie, eux, ils, ou elles, et par tout autre nom : de sorte qu'on peut dire que tous les noms et pronoms sont de la troisième personne, excepté Ich, je ; Wir, nous, qui sont de la première personne, et Du, tu ; Ihr, vous, qui sont de la seconde.

En conséquence, si le sujet est à la première personne du singulier ou du pluriel, le verbe prend la terminaison relative à cette personne et à ce nombre, comme : Ich bewundere euere Geschiklichkeit, j'admire votre adresse ; Wir bewundern euern Fleis, nous admirons votre application.

Si le sujet est à la seconde personne, le verbe prend la terminaison relative à cette personne, comme : Du hast Unrecht, tu as tort ; Ihr habet Recht, vous avez raison.

Si le sujet est à la troisième personne, le verbe prend la terminaison relative à cette personne, comme : Er ist gelehrt, il est savant ; Sie ist nicht unwissend, elle n'est pas ignorante ; Es (en sous-entendant, par exemple, das Kind, l'enfant), iſt gehorſam, il est obéissant; der Menſch iſt ſterblich, l'homme est mortel; Sie ſind todt, ils sont morts ou elles sont mortes; die Menſchen ſind eigennützig, les hommes sont intéressés.

Remarques.

1. A l'impératif le pronom de la seconde personne se supprime ordinairement, comme : Komme zu mir, viens à moi; grüſſet euern Vater von mir, saluez votre père de ma part. Si l'on exprimoit ce pronom, on le mettroit après le verbe, en disant, par exemple : Komme Du zu mir, grüſſet Ihr euern Vater.

2. S'il y a deux ou plusieurs nominatifs singuliers, le verbe se met ordinairement au pluriel, comme : Der Mann und die Frau ſind nicht mehr hier, l'homme et la femme ne sont plus ici. Mais cette règle s'observe en allemand moins généralement qu'en françois.

3. Si le même sujet est désigné par deux mots de différentes personnes, le verbe s'accorde avec le premier; parce que le second, étant mis en apposition, doit être regardé comme désignant le sujet d'une proposition incidente tronquée. Par exemple, dans Ich Johannes, je Jean, il y a le relatif der et le verbe ich heiſſe, qui suis appelé, de sous-entendus; Ich Johannes bezeuge, je Jean certifie, c'est-à-dire, Ich (der ich) Johannes (heiſſe), bezeuge, Je ou Moi (qui suis appelé) Jean, certifie. Wir von Gottes Gnaden Joſeph der Zweite, erwählter römiſcher Kaiſer, thun kund, Nous, par la grâce de Dieu Joseph II élu Empereur des Romains, faisons savoir; c'est-à-dire, Wir (die Wir), Joſeph der Zweite (heiſſen und die Wir) von Gottes Gnaden erwählter römiſcher Kaiſer (ſind), thun kund, Nous (qui sommes appelé) Joseph II (et qui sommes) par la grâce de Dieu élu Empereur des Romains, faisons savoir. Du Gott unſerer Väter wirſt uns nicht verlaſſen, Toi, Dieu de nos pères, tu ne nous abandonneras pas; c'est-à-dire, Du (der Du der) Gott unſerer Väter (biſt), wirſt uns nicht verlaſſen, Toi (qui es le) Dieu de nos pères, tu ne nous abandonneras pas.

4. Si le verbe se rapporte à plusieurs sujets de différentes personnes, il se met ordinairement au pluriel, et il s'accorde en personne avec le sujet qui est de la première, ou à son défaut avec celui qui est de la seconde, comme : Ich und Du haben es nicht gewuſt, moi et toi ne l'avons pas su; Du und mein Bruder ſeyd gebeten, toi et mon frère êtes invités.

Si le même verbe qui a plusieurs sujets, est différemment modifié à l'égard de chacun d'eux, il s'accorde en personne et en nombre avec le sujet le plus voisin, par conséquent ou avec le premier dans l'ordre de construction qui ne fait pas transposer le verbe du nominatif, comme : Mein Bruder ist Oberster, und ich Hauptmann, mon frère est Colonel et moi Capitaine ; ou avec le dernier dans celui qui le fait transposer, comme : Weil mein Bruder Oberster und ich Hauptmann bin. On voit bien qu'il y a ellipse dans ces manières de s'énoncer ; il y a autant de propositions que de sujets, chaque sujet suppose son verbe ; mais on n'y exprime que le verbe du premier ou du dernier sujet, selon la différence de la construction.

5. Le pronom relatif der, die, das, ou welcher, welche, welches, est de la troisième personne, quoiqu'en disent quelques Grammairiens. Il faut donc que le verbe se mette à la troisième personne toutes les fois qu'il a le pronom relatif pour sujet, comme : Der Mann der ou welcher den Brief gebracht hat, l'homme qui a apporté la lettre. Il est bien vrai qu'en latin et en françois le verbe qui suit ce relatif, se met tantôt à la première, tantôt à la seconde personne, comme : *Ego qui sum*, moi qui suis ; *Vos qui estis*, vous qui êtes ; mais c'est à cause des pronoms de la première et de la seconde personne sous-entendus. Car *Ego qui sum*, c'est-à-dire, *Ego qui (ego) sum*, moi qui (je) suis : *Vos qui estis*, c'est-à-dire, *Vos qui (vos) estis*, vous qui (vous) êtes. Le sujet immédiat du verbe est donc, dans de pareils exemples, non le relatif, mais le pronom personnel sous-entendu ; et cela est si vrai, qu'en allemand il n'est pas même permis de supprimer dans de pareilles phrases le pronom personnel de la première ou de la seconde personne, à moins qu'on ne veuille mettre le verbe à la troisième personne ; par ex. il faut nécessairement dire : Ich der Ich bin, moi qui suis ; Ihr die Ihr seyd, vous qui êtes ; et dès qu'on y supprime le pronom personnel, le verbe se met à la troisième personne, comme : Du, der schon lange vor mir war *(Klopstock dans le Messie.)*, » Toi qui fut (c'est-à-dire qui fus) long-temps avant moi ».

C'est ainsi que nous disons : Ich bin es, der es saget, c'est moi qui le dis ; Bist du es, der es gesaget hat ? est-ce toi qui l'as dit ? Seyd Ihr es, die den Brief gebracht haben ? est-ce vous qui avez apporté la lettre ?

6. Voici encore un usage particulier à notre langue. En parlant d'une seule personne, nous mettons souvent le verbe

au pluriel lorsque nous voulons marquer du respect ou de la considération pour cette personne, comme: Seine Majestät der König sind auf der Jagd gewesen, Sa Majesté le Roi ont été (pour a été) à la chasse; Wie befinden sich Ihre Frau Liebste, comment se portent (pour porte) Madame votre épouse? Der Herr General haben mir gesaget, M. le Général m'ont dit (pour m'a dit).

DU RÉGIME.

DU NOMINATIF.

LE Cas nominatif est cette forme d'un nom ou d'un pronom qui sert à nommer directement le sujet d'une propositon, c'est-à-dire, la personne ou la chose que l'on dis être, agir, ou souffrir.

Remarque. En allemand, il n'y a point de terminaison accessoire pour caractériser le nominatif des noms originairement substantifs; c'est la simple racine d'où l'on forme les autres cas, en y ajoutant les terminaisons que l'usage leur a destinées.

I. RÈGLE. Tout verbe fini doit être accompagné d'un nominatif exprimé ou sous-entendu, pour répondre à la question wer ou was? qni est-ce qui? comme: Der Himmel ist gestirnet, le ciel est étoilé. Die Sonne erleuchtet und erwärmet die Erde, le soleil éclaire et échauffe la terre. Der Dieb ist gehenket worden, le voleur a été pendu. Es ist kalt, il fait froid. Arbeite (du) fleißig, travaille assidument.

II. RÈGLE. Tout nom ou pronom énoncé comme attribut avec les verbes seyn, être; werden, devenir; heissen, s'appeler; genennet werden, être appelé; et bleiben, demeurer, se met au nominatif; de sorte que ces verbes ont alors deux nominatifs, l'un du sujet, l'autre de l'attribut, comme: Dieser Herr ist ein Polnischer Edelmann, ce Monsieur est un gentilhomme Polonois. Der Soldat wird selten Officier, le soldat devient rarement officier. Meine Schwester heisset Katharina, ma sœur s'appelle Catherine. Der Kaiser Titus wurde die Lust des menschlichen Geschlechtes genannt, l'empereur Titus fut appelé les délices du genre-humain. Meine Schwester blieb eine Wittwe, ma sœur demeura veuve.

Remarques.

1. Avec le verbe werben, devenir, quand il signifie changement, transmutation, l'attribut peut aussi s'énoncer par la préposition zu, comme: Das Blei wird nicht leicht zu Golde, le plomb ne devient guère or; meine Hoffnung ist zu Wasser geworden, mon espérance est devenue eau, c'est-à-dire, est tombée dans l'eau.

2. Les verbes leben, vivre, et sterben, mourir, ont quelquefois aussi un double nominatif, comme: Ich will (als) ein Christ leben und sterben, je vivrai et je mourrai (comme) chrétien.

III. RÈGLE. Pour répondre à la question: A qui est la chose? nous mettons les pronoms possessifs au nominatif, avec le verbe seyn, être, exprimé ou sous-entendu, comme: Wem ist dieser Garten? à qui est ce jardin? R. mein, dein, sein, ic., à moi, à toi, à lui, etc. Wem sind diese Häuser? à qui sont ces maisons? R. mein, dein, ic., à moi, à toi, etc.

IV. RÈGLE. Les exclamations demandent le nominatif, comme: O der Thor! ô le fou!

V. RÈGLE. Au vocatif, c'est-à-dire, en nommant celui à qui on adresse la parole, nous mettons son nom au nominatif sans l'article; par exemple: Mein Herr Rath, wie befinden Sie sich? Monsieur le Conseiller, comment vous portez-vous?

DU GÉNITIF.

LE Génitif est appelé ainsi du verbe latin *gignere* (produire), parce que le nom sous cette forme désigne fréquemment le rapport de production, c'est-à-dire, celui de l'effet à la cause ou de la cause à l'effet.

En françois, l'équivalent de ce cas est la préposition *de* avec son complément; mais cette même préposition y sert encore à marquer une infinité de rapports que nous n'exprimons pas par le génitif. Delà pour les Commençans des difficultés sans nombre, que je tâcherai de lever par les règles et observations suivantes:

I. RÈGLE. Tout substantif joint à un autre substantif pour

déterminer le rapport qu'il y a de celui-ci à l'autre, se met au génitif, relativement à la question weffen? de qui? comme: Der Schöpfer des Himmels und der Erde, le Créateur du Ciel et de la terre. Die Werke Gottes, les ouvrages de Dieu. Der Garten des Königes, le jardin du Roi. Der Eigenthümer des Hauses, le propriétaire de la maison. Die Tapferkeit unserer Soldaten, la bravoure de nos soldats. Die Jahre der Jugend, les années de la jeunesse. Die Furcht der Strafe, la crainte du châtiment.

Exceptions et Remarques.

1. Quelquefois nous employons indifféremment le génitif ou la préposition von, surtout lorsque le rapport est du possesseur à la chose possédée, ou de la partie au tout, comme: Der Herr des Gartens ou von dem Garten, le maître du jardin; Das Dach dieses Hauses ou von diesem Hause, le toit de cette maison.

2. Après les mots Art et Gattung, espèce, sorte, et après les noms de mesure, le substantif qui indique l'espèce ou la chose mesurée se met ordinairement au même cas que le mot Art ou Gattung, ou le nom de mesure. (Sous le nom de mesure on comprend aussi ces quantités vagues qui ne déterminent le nombre des choses qu'en gros, comme: Ein Haufen, une troupe; ein Heer, une armée, etc.) Ex. Es giebt eine Art Leute, il y a une espèce d'hommes. Diese Art Wörter, cette sorte de mots. Diese Gattung Strümpfe, cette sorte de bas. Ein Glas Wein, un verre de vin. Ein Schoppen Bier, une chopine de bière. Eine Elle Tuch, une aune de drap. Ein Buch Papier, une main de papier. Ein Regiment Fusvolk, un régiment d'infanterie.

Cependant lorsque le substantif qui nomme l'espèce ou la chose mesurée est accompagné d'un adjectif, d'un pronom possessif, démonstratif ou indéfini, ou d'un nom de nombre, il se met fréquemment au génitif, comme: Eine Art wilder Menschen, une espèce d'hommes sauvages. Ein Fas gutes Weines, un tonneau, une feuillette de bon vin.

3. Pour désigner une chose de telle espèce, ou pour marquer le rapport du genre à l'espèce, 1°. ou nous employons un substantif composé du nom générique et du nom spécifique, en observant de mettre celui-ci le premier, comme: Ein Flintenschus, un coup de fusil. Ein Säbelhieb, un coup de sabre. Ein Zinngießer, un potier d'étain. Ein Tanz-

meister, un maître de danse. Ein Frauenkloster, un couvent de femmes.

2°. Ou nous rendons le nom spécifique par un adjectif, comme : Spanischer Tabak, du tabac d'Espagne. Ein verständiger Mann, un homme d'esprit, de bon sens. Eine verdienstvolle Frau, une femme de mérite, c'est-à-dire, qui a rendu des services considérables.

Et ce tour s'emploie surtout pour désigner le rapport de la forme à la matière, comme : Ein silberner Löffel, une cuiller d'argent. Eine goldene Krone, une couronne d'or. Ein hölzerner Tisch, une table de bois. Eine gläserne Flasche, un flacon de verre.

Ici nous employons quelquefois une préposition, en disant, par exemple : Ein Löffel von Silber, une cuiller d'argent ; eine Krone von Gold, une couronne d'or, etc.

3°. Ou nous mettons le nom spécifique au génitif, en l'accompagnant du pronom indéfini ein, eine, ein, comme : Der Sohn eines Königes, le fils du Roi ; der Titel eines Grafen, le titre de comte.

Quelquefois ces diverses manières s'emploient indifféremment pour dire la même chose ; par exemple, au lieu de der Titel eines Grafen, le titre de comte, on peut aussi dire der gräfliche Titel, ou bien der Grafentitel. D'autres fois on est obligé de se servir d'une manière exclusivement des autres ; par exemple, on ne pourroit pas dire ein zinnerner Gießer, ni ein Gießer von Zinne, au lieu de ein Zinngießer, un potier d'étain. Il est aisé d'en voir la raison.

4°. Après les noms appellatifs Kaiser, Empereur, König, Roi, Herzog, Duc, etc., les noms propres de pays, de villes, de villages, etc., se mettent ordinairement avec la préposition von, et quelquefois avec les prépositions in et zu, comme : Der Kaiser von Marokko, l'Empereur de Maroc ; der König von Spanien, le Roi d'Espagne ; der Herzog von Würtemberg, le Duc de Würtemberg. Cette même préposition, servant à désigner le rapport du seigneur à son pays, est équivalente au de françois employé comme marque de noblesse ; par exemple : Der Herr von Reichshofen, M. de Reichshofen.

Quelquefois on fait du nom propre de pays ou de ville un adjectif, comme : Der türkische Kaiser, l'Empereur Turc.

5°. Après les noms appellatifs Königreich, royaume ; Herzogthum, duché ; Stadt, ville, etc., le nom propre de pays ou de villes se met au nominatif à la faveur d'une ellipse ; on y sous-entend qui est nommé ou nommée, comme : Das Königreich Portugall, le royaume de Portugal ; die Langgrafschaft Hessen, le Landgraviat de Hesse ; die Grafschaft Hanau, le comté de Hanau ; die Stadt Paris, la ville de Paris ; die Festung Philippsburg, la forteresse de Philisbourg.

On y peut ajouter les noms propres de bataillons et de régimens, qui suivent le même usage toutes les fois que la préposition françoise *de* y a le sens de *nommé*, comme : Das Regiment Picardie, le régiment de Picardie.

Quelquefois on change le nom propre de pays en adjectif, en disant, par exemple : Die Hessische Landgrafschaft. Mais cela ne se peut pas pour les noms propres de villes.

Si une citadelle ou forteresse n'a point de nom particulier, on la désigne ou par le nom de la ville à laquelle elle appartient, avec la préposition zu, ou en changeant le nom de la ville en adjectif, comme : Die Citadelle zu Strasburg, ou bien die Strasburger Citadelle, la citadelle de Strasbourg.

Si un pays est divisé en plusieurs cercles ou provinces, le nom propre du cercle ou de la province s'énonce ordinairement par un adjectif, comme : Der Fränkische Kreis, le cercle Franconien, c'est-à-dire, le cercle de Franconie ; der Burgundische Kreis, le cercle Bourguignon, c'est-à-dire, le cercle de Bourgogne.

6°. Pour désigner la demeure, on met le nom de ville ou de village avec la préposition in ou zu, comme : Die Bürger in ou zu Paris, les bourgeois de Paris ; ou bien on en fait un adjectif, comme : Die pariser (ou parisischen) Kaufleute, les marchands parisiens, c'est-à-dire, de Paris.

7°. Pour désigner la patrie, la naissance, l'emploi ou le métier de quelqu'un, ou nous énonçons les substantifs Geburt, Herkunft, Geschlecht, Bedienung, Lebensart, Handwerk, etc., avec la préposition von et l'article d'unité ein, eine, ein, ou nous mettons ces mêmes substantifs au génitif, en les accompagnant du possessif sein, seine, sein, comme : Er ist ein Deutscher von Geburt, ou er ist seiner Geburt ein Deutscher, il est allemand de nation. Er ist ein Schlesier von Herkunft, ou seiner Herkunft ein Schlesier, il est Silésien d'origine. Er ist ein Edelmann von Geschlechte, ou seines Geschlechtes ein Edelmann, il est gentilhomme de naissance. Er ist ein Rath von Bedienung, ou seiner Bedienung ein Rath, il est conseiller d'office ou quant à son emploi. Er ist ein
Schuster

Schuster von Handwerke, ou seines Handwerkes ein Schuster, il est cordonnier de son métier.

8. Pour désigner les productions artificielles, on met les noms de pays avec la préposition aus, et les noms de villes ou de villages avec la préposition von ; ou bien on change les uns et les autres en adjectifs, comme : Stahl aus England, ou engländischer (ou englischer) Stahl, de l'acier d'Angleterre. Strümpfe von Paris, ou pariser Strümpfe, des bas de Paris. Stoff von Lion, ou lioner Stoff, étoffe de Lyon.

C'est la même chose pour désigner les productions naturelles, comme : Gold aus Arabien, ou arabisches Gold, de l'or d'Arabie. Pferde aus Spanien, ou spanische Pferde, des chevaux d'Espagne.

Ici on emploie quelquefois des noms composés, comme : Frankenwein, au lieu de Wein aus Franken, ou de fränkischer Wein, vin de Franconie. Hessengarn, au lieu de Garn aus Hessen, ou de hessisches Garn, du fil de Hesse.

9. Pour désigner un chemin conçu comme conduisant dans un pays ou dans une ville, on met le nom de pays ou de ville avec la préposition nach ; mais si le chemin est conçu comme venant d'un pays ou d'une ville, on se sert de la préposition aus pour les noms de pays, et de la préposition von pour les noms de ville, comme : Der Weg aus Deutschland nach Frankreich, le chemin d'Allemagne en France. Der Weg aus Frankreich nach Deutschland, le chemin de France en Allemagne. Der Weg von Paris nach Versailles, le chemin de Paris à Versailles. Der Weg von Versailles nach Paris, le chemin de Versailles à Paris.

10. Voici encore des exemples qui peuvent servir de règle pour tous les cas qui leur sont semblables. Nous disons : Das Commando, ou die Befehlshaberschaft, über das Kriegsheer, le commandement de l'armée. Oberster über ein Regiment Husaren, ou von einem Regimente Husaren, Colonel d'un régiment de Houssards. Ein Mann von sechs Fus, (ou der sechs Fus gros ist) un homme de six pieds. Die Nachricht von etwas, la nouvelle de quelque chose, c'est-à-dire, touchant quelque chose. Ein Zug von dreien Tagen, une marche de trois jours. Die Gegend von ou um Paris, les environs de Paris. Unter den Kanonen von Wesel, sous les canons de Wesel. Die Feinde waren schon Meister von den Anhöhen, les ennemis étoient déjà maîtres des hauteurs. Die Gelder von dem (ou der) Accise, les deniers de

l'Accise, c'est-à-dire, provenans de l'Accise (impôt sur les denrées). Das Lager bei Cassel, le camp de Cassel, c'est-à-dire, auprès de Cassel. Der Posten zu Herrnsdorf, le poste de Herrnsdorf, c'est-à-dire, qui est à ou dans Herrnsdorf. Wir hatten ou bekamen tausend Mann an Todten oder Verwundeten, nous eûmes mille hommes de tués ou blessés. Drei, vier, fünf, etc. an der Zahl, ou an der Zahl drei, vier, fünf, etc. au nombre de trois, de quatre, de cinq, etc. Vier französische Meilen, quatre lieues de France; zwo deutsche Meilen, deux milles d'Allemagne. Verzeihen Sie mir, was in meiner Antwort kühnes ist, pardonnez-moi ce qu'il y a de hardi dans ma réponse. Ich sehe an diesem Mädchen nichts als einfältiges und natürliches, nichts gezwungenes, je ne vois rien dans cette fille que de simple et de naturel, rien d'affecté.

11. Pour éviter de mettre deux génitifs de suite, nous tournons souvent le premier par une préposition; par exemple, au lieu de der Garten des Hauses meines Bruders, le jardin de la maison de mon frère, nous disons, ou du moins nous pouvons dire, der Garten an ou von dem Hause meines Bruders; au lieu de die Brückenschiffe der Brücke des Feindes, les pontons du pont de l'ennemi, nous disons die Brückenschiffe von der Brücke des Feindes.

II. RÈGLE. Les adjectifs qui marquent l'abondance, le désir, la capacité, le souvenir, le crime, ou le contraire, tels que viel, beaucoup; genug, assez; wenig, peu; müd ou satt ou überdrüssig, las, rassasié; würdig, digne; unwürdig, indigne; fähig, capable; eingedenk, qui se souvient; bedürftig, indigent, qui a besoin; schuldig, coupable; los, quitte, etc. demandent le génitif, comme: Er hat viel Geldes und Gutes, il a beaucoup d'argent et de biens. Er machet viel Wesens, il fait beaucoup de façons, c'est un homme à façons. Trinke ein wenig Weines, bois un peu de vin.

Viel et wenig sont employés dans ces exemples comme substantifs; si on les met comme adjectifs, ils s'accordent en cas avec le substantif auquel ils sont joints, comme: Ich habe vieles Geld verzehret, j'ai dépensé beaucoup d'argent; ich habe wenige Freunde, j'ai peu d'amis. Er hat des Dinges genug, il a assez de cela, il n'en veut plus. (Si genug a le sens de suffisamment, il ne gouverne pas le génitif, comme: Er hat Wein genug, il a suffisamment de vin. Ich bin ou ich habe seiner satt, je suis las de lui. Ich bin des Dinges müd ou überdrüssig, je suis las de cette chose, elle m'ennuie. Er ist eurer Freundschaft würdig, ou unwür-

dig, il est digne, ou indigne, de votre amitié. Ich werde
euer eingedenk seyn, je me souviendrai de vous. Er ist des
Hochberrathes schuldig, il est coupable de haute trahison.
Ich bin des Handels los, je suis quitte de cette affaire.

De ce nombre sont aussi les adjectifs qui ont trait à la
grandeur et aux diverses dimensions, comme : Eines Fußes
lang, long d'un pied; zwoer Ellen breit, large de deux aunes.
Cependant il est plus ordinaire de dire à l'accusatif einen
Fuß lang, etc.

III. Règle. Les nombres cardinaux, aussi bien que ces
pronoms indéfinis etliche ou einige, quelques-uns; viele,
plusieurs; Jemand, quelqu'un; Niemand, personne, et
keiner, aucun, demandent le génitif, comme : Da kam
seiner Jünger einer, alors il vint un de ses disciples. Wir
waren Unser drei, nous étions trois des nôtres. Er hat seiner
Pferde zwei verkaufet, il a vendu deux de ses chevaux. Es
waren Ihrer etliche, ils étoient plusieurs. Unser viele, plusieurs de nous. Jemand der Unserigen, quelqu'un des nôtres.
Niemand unserer Freunde, personne de nos amis. Ihrer
keiner, aucun d'eux.

Au lieu du génitif, on peut aussi mettre la préposition
von, unter, où aus, comme : Einer von seinen Jüngern, un
de ses disciples; Etliche unter Ihnen, quelques-uns d'eux.
Et si le substantif qui détermine ces mots n'est pas accompagné d'un pronom possessif, ou s'il est au singulier, il
vaut mieux employer une préposition que le génitif; ainsi :
Einer von der Schaar, quelqu'un de la troupe, est préfé-
rable à einer der Schaar.

IV. Règle. Pour marquer la volonté, le dessein, l'opinion, ou l'application de quelqu'un, et la manière de faire,
on accompagne les verbes seyn, befinden, werden, etc. du
génitif des noms Willen, Vorhaben, Wohlgefallen, Ermessen, Erachten, Bedünken, Wissen, Fleis, Ernst, Weg,
Weise, Maaße, etc., comme : Ich bin Willens, je veux, je
me propose. Er ist des Vorhabens, il a le dessein. Der König
befindet es seines gnädigen Wohlgefallens, tel est le bon plaisir
du Roi. Anderes Sinnes werden, changer d'avis. Meines
Ermessens (ou Erachtens, ou Bedünkens), habet Ihr Unrecht,
à mon avis vous avez tort. Meines Wissens wird er morgen
kommen, autant que je sache il viendra demain. Ich habe
es alles Fleißes gethan, je l'ai fait avec toute l'application
possible. Der König besiehlt alles Ernstes, le Roi ordonne
sérieusement. Er gieng gerades Weges nach Paris, il alla en

droiture à Paris. Ich bin oberwehnter Weise (ou vorgedachter Maaßen), empfangen worden, j'ai été reçu de la manière susdite, ou que je viens de dire.

Quelques-unes de ces phrases peuvent aussi se tourner par une préposition ; par exemple, on peut dire : Nach meinem Ermessen, au lieu de meines Ermessens ; mit allem Fleiße, au lieu de alles Fleißes ; auf oberwehnte Weise, au lieu de oberwehnter Weise.

V. Règle. Lorsque l'on peut demander wann? quand? et wie oft? combien de fois? les noms des jours de la semaine aussi bien que ces substantifs masculins et neutres der Tag, le jour ; der Morgen, le matin ; der Abend, le soir ; der Monat, le mois, et das Jahr, l'an, se mettent au génitif, comme : Die Post kömmt des Sonntages und des Montages an, und gehet des Donnerstages und des Freitages wieder ab, la poste arrive le dimanche et le lundi, et elle repart le jeudi et le vendredi.

En supprimant l'article on peut dire adverbialement Sonntags, Montags, etc.

Wir gehen des Morgens und des Abends spazieren, nous nous promenons le matin et le soir. Er schreibet mir dreimal des Monates, il m'écrit trois fois le mois. Ich lasse viermal des Jahres zur Ader, je me fais saigner quatre fois l'an.

On peut aussi mettre ces noms avec une préposition convenable, et dire, par exemple, am (pour an dem) Sonntage, im (pour in dem) Jahre ; et les noms de jours peuvent être mis à l'accusatif sans préposition.

Les substantifs féminins de cette espèce ne se mettent qu'avec une préposition, ou à l'accusatif sans préposition, comme : Ich werde an der Mittwoche in der Nacht abreisen, je partirai mercredi dans la nuit. On dit bien aussi mittwochs ou des Mittwochs, nachts ou des nachts ; mais ce sont de vrais adverbes.

VI. Ces prépositions : Anstatt, au lieu de ; laut, en vertu, etc. régissent le génitif. V. p. 226.

VII. Les verbes allemands qui régissent le génitif, sont compris dans la table suivante.

TABLE ALPHABÉTIQUE

DES VERBES QUI RÉGISSENT LE GÉNITIF.

Anklagen, accuser. Man klaget ihn des Strasenraubes an, on l'accuse de brigandage.

Sich anmaßen, s'arroger. Er maßet sich einer grosen Gewalt an, il s'arroge un grand pouvoir.

Sich annehmen, prendre le parti, prendre soin, se mêler. Er nimmt sich meiner an, il prend mon parti, il prend soin de moi. Warum nehmet Ihr euch dieses Handels an, pourquoi vous mêlez-vous de cette affaire.

Sich äußern, se désister. Er äußert sich aller Geschäfte, il se désiste de toutes les affaires.

Sich ausgeben, se vanter. Er giebt sich groser Thaten aus, il se vante de grands exploits.

Sich bedanken, être obligé de quelque chose, ne pas en vouloir. Ich bedanke mich dieser Ehre, je ne veux pas de cet honneur, je m'en passerai bien.

Sich bedienen, se servir. Ich bediene mich dieser Gelegenheit, je me sers de cette occasion.

Bedörfen, avoir besoin. Wir bedörfen euerer Hülfe, nous avons besoin de votre secours.

Sich befahren, sich befürchten, sich besorgen, craindre, appréhender. Ich befahre (befürchte, besorge) mich eines schlimmen Streiches von ihm, je crains un mauvais tour de sa part.

Sich begeben, renoncer. Er begiebt sich seines Rechtes, il renonce à ses droits.

Belehren, apprendre, instruire. Ich lasse mich gern eines beffern belehren, je veux bien qu'on me l'apprenne mieux.

Sich bemächtigen, s'emparer. Man hat sich seines Hauses bemächtiget, on s'est emparé de sa maison.

Sich bemeistern, se rendre maître. Sie bemeistern sich der Herrschaft zur See, ils se rendent maîtres de la domination sur la mer.

Berauben, priver, dépouiller. Man hat ihn des Gesichtes beraubet, on lui a crevé les yeux.

Sich bescheiden, être assez raisonnable pour, etc. Ich bescheide mich dessen, je sais bien cela.

Beschuldigen, accuser, imputer. Man beschuldiget ihn des Geizes, on le charge d'avarice.

Sich besinnen, se souvenir. Ich kann mich dessen nicht besinnen, je ne peux me souvenir de cela. On dit aussi sich auf etwas besinnen.

Eingedenk seyn ou bleiben, se souvenir. Ich werde eueres guten Willens eingedenk seyn ou bleiben, je me souviendrai de votre bonne volonté.

Sich entäußern, se dépouiller. Er entäußerte sich seiner Herrlichkeit, il se dépouilla de sa gloire.

Entbehren, se passer. Ich kann seiner nicht entbehren, je ne puis me passer de lui. On dit aussi à l'accusatif etwas entbehren.

Sich entbrechen, s'empêcher, se passer. Ich kann mich dessen nicht entbrechen, je ne puis pas m'empêcher de cela. Vater und Mutter entbrechen sich meiner, mon père et ma mère se passent de moi.

Sich enthalten, s'abstenir, s'empêcher. Ich konnte mich des Lachens nicht enthalten, je ne pus m'empêcher de rire.

Entlassen, congédier. Man hat ihn seiner Dienste entlassen, on l'a congédié.

Entledigen, ou entladen, délivrer. Das entlediget, ou entladet mich aller Sorgen, cela me délivre de toutes les inquiétudes.

Sich entschlagen, ou sich entschütten, se défaire. Entschlaget Euch dieser Gedanken, défaites-vous de ces pensées.

Sich entsinnen, se souvenir. Könnet ihr euch dessen nicht entsinnen? ne sauriez-vous vous souvenir de cela?

Entübrigen, dispenser. Ich will euch dieser Mühe entübrigen, je vous dispenserai de cette peine.

Entwöhnen, désaccoutumer. Er entwöhnet sich des Afterredens, il se désaccoutume de médire.

Sich erbarmen, avoir pitié. Erbarmet euch meiner, ayez pitié de moi. On dit aussi sich über einen erbarmen.

Sich erheben, se prévaloir. Er erhebet sich seines Reichthumes, il se prévaut de ses richesses, il s'en enorgueillit.

Sich erinnern, se souvenir. Er erinnert sich meines Bruders nicht mehr, il ne se souvient plus de mon frère. On dit aussi Sich an etwas erinnern.

Erlassen, comme entlassen.

Erledigen, voyez entledigen.

Erwarten, attendre. Ich konnte seiner nicht erwarten, je ne pouvois pas l'attendre. On dit aussi einen erwarten.

Erwehnen, faire mention. Das Buch dessen Ihr erwehnet, le livre dont vous faites mention.

Sich erwehren, se défendre. Ich kann mich des Schlafes nicht erwehren, je ne puis pas me défendre du sommeil.

Sich freuen, se réjouir. Freue dich deiner Gesundheit, réjouis-toi de ta santé. On dit aussi sich über eine Sache freuen.

Sich gebrauchen, se servir. Er gebrauchet sich eines englischen Pferdes, il se sert d'un cheval Anglois. Sie gebrauchet sich rechtschaffen ihrer Zunge, elle se sert bien de sa langue.

Gedenken, se souvenir, faire mention. Gedenket der Armen! souvenez-vous des pauvres! Plinius gedenket eines Fisches, der, ꝛc. Pline fait mention d'un poisson qui, etc.

Gehen, aller. Gehe deines Weges, va ou passe ton chemin. On dit aussi seinen Weg gehen.

Genesen, accoucher. Sie ist eines Sohnes genesen, elle est accouchée d'un fils.

Geniesen, jouir. Ein Geizhals geniesset seines Gutes nicht, un avare ne jouit pas de son bien. On dit aussi à l'accusatif etwas geniesen.

Geschweigen, passer sous silence. Ich geschweige seiner übrigen Tugenden, je passe sous silence ses autres vertus, pour ne rien dire de ses autres vertus.

Sich getrösten, espérer, se flatter. Ich getröste mich eueres Beistandes, je me flatte de votre assistance.

Gewähren, accorder, faire avoir. Einen seiner Bitte gewähren, accorder à quelqu'un ce qu'il demande. Ich wurde meines Wunsches gewähret, mon souhait fut accompli. On dit aussi einem etwas gewähren.

Gewohnen, s'accoutumer. Ich kann der Luft nicht gewohnen, je ne puis pas m'accoutumer à l'air. On dit aussi etwas gewohnen.

Harren, espérer en. Harret des Herren, espérez dans le Seigneur.

Jammern, faire pitié. Es jammert mich seiner, il me fait pitié. On dit aussi Er jammert mich.

Lachen, se rire. Ich lache seines Drohens, je me ris de ses menaces. On dit aussi über eine Sache lachen.

Leben, vivre. Wir leben der Hoffnung, nous vivons dans l'espérance.

Lohnen, voyez Verlohnen.

Mangeln, être dépourvu. Wir mangeln aller Nothwendigkeiten, nous manquons de toutes les choses nécessaires. On dit aussi impersonnellement: Es mangelt mir an etwas; ou bien etwas mangelt mir, je manque de quelque chose.

Pflegen, avoir soin. Er pfleget seines Leibes, il prend soin de son corps. Der Liebe pflegen, s'adonner à l'amour.

Reuen, repentir. Es reuet mich meiner Thorheit, je me repens de ma folie. On dit aussi meine Thorheit reuet mich.

Sich rühmen, se glorifier, se vanter. Er rühmet sich seines Reichthumes, il se glorifie de ses richesses.

Sich schämen, avoir honte. Er schämet sich seines Fehlers, il a honte de sa faute. On dit aussi sich über etwas schämen.

Schonen ou verschonen, épargner, ménager. Er schonet Niemandes, il n'épargne personne. On dit aussi einen schonen.

Seyn, être. Ich bin der Meinung, je suis d'avis. Sie ist schwangeres Leibes, elle est enceinte. Ich war des Todes, j'étois mort, je manquois de mourir.

Spotten, se rire. Er spottet meiner, il se rit de moi. On dit aussi über einen spotten.

Sterben, mourir. Hungers sterben, mourir de faim. Eines plözlichen Todes sterben, mourir de mort subite. En nommant la maladie, on met la préposition an, comme: An dem Fieber sterben, mourir de la fièvre.

Sich trösten, se consoler. Ich tröste mich meines guten Gewissens, je me console ayant la conscience nette. On dit aussi ich tröste mich mit meinem guten Gewissen.

Ueberführen, überweisen, überzeugen, convaincre. Man hat ihn eines grosen Verbrechens überführet, überwiesen, überzeuget, on l'a convaincu d'un grand crime. On dit aussi: Einen von etwas überführen, ou überzeugen, convaincre quelqu'un de quelque chose.

Ueberheben, décharger, épargner. Ich will euch der Mühe überheben, je vous épargnerai la peine. Sich überheben, se prévaloir.

Sich unterfangen, sich unterstehen, sich unterwinden, s'aviser, oser. Er hat sich einer schweren Sache unterfangen, unterstanden, unterwunden, il a entrepris une chose difficile.

Todes verbleichen, mourir.

Verdriessen, ennuyer. Es verdrießt mich des Lebens, je suis ennuyé de la vie, je suis las de vivre.

Todes verfahren, mourir.

Verfehlen, manquer. Des Zieles verfehlen, manquer le but. Il gouverne aussi l'accusatif.

Vergessen, oublier. Er hat seiner guten Freunde vergessen, il a oublié ses bons amis. On dit aussi à l'accusatif: Etwas vergessen.

Sich verlohnen, valoir. Dieses verlohnet sich wohl der Mühe, cela vaut bien la peine.

Versichern, assurer. Er versichert sie seines Respectes, il vous assure de ses respects. Man hat sich seiner Person versichert, on s'est assuré de sa personne. Ich bin des Dinges versichert, je suis sûr de la chose.

Verlangen, désirer. Ich verlange seiner nicht, je ne veux pas de lui. On dit aussi à l'accusatif etwas verlangen.

Verweisen, reléguer, exiler. Einen des Landes oder der Stadt verweisen, reléguer quelqu'un du pays, de la ville.

Sich verwundern, s'étonner. Ich verwundere mich seiner Verwegenheit, je m'étonne de sa témérité. On dit aussi: Sich über eine Sache verwundern, s'étonner de quelque chose.

Sich versehen, s'attendre. Ich versah mich dessen nicht, je ne m'attendois pas à cela.

Sich verzeihen, renoncer. Wir verziehen uns unseres Lebens, nous perdîmes l'espérance de sauver notre vie.

Wahrnehmen, avoir soin. Man muß seiner Gesundheit wahrnehmen, on doit avoir soin de sa santé. Der Gelegenheit wahrnehmen, saisir l'occasion.

Warten, attendre. Wir wollen euer warten, nous vous attendrons. On dit aussi auf einen warten.

Sich weigern, refuser, faire difficulté. Er weigert sich des Gehorsams, il ne veut pas obéir.

Sich wundern, admirer. Ich wundere mich eueres Verstandes, j'admire votre esprit. On dit aussi sich über einen wundern.

Würdigen, daigner, honorer. Er würdigete mich seines Zuspruches, il m'honora de sa visite.

Zeihen, accuser. Man zeihet ihn einer Verrätherei, on l'accuse de trahison.

Si dans nos Auteurs il se trouve quelque autre verbe régissant le génitif, vous regarderez cela comme un ancien usage qui a vieilli, et vous remarquerez qu'il vaut mieux employer ce verbe avec une préposition, ou l'accompagner d'un accusatif. Quelquefois le génitif tient lieu d'un adverbe, comme: Alles Ernstes gebieten, ordonner très-sérieusement.

OBSERVATIONS PARTICULIÈRES.

Voici encore quelques observations propres à diriger les Commençans dans la manière de rendre en allemand la préposition françoise *de*.

I. Les Articles françois du, des, et le relatif dont, renferment la préposition de. Du, c'est de le; des, c'est de les; dont, c'est de qui, de lequel, de laquelle, de lesquels, de lesquelles.

II. Généralement parlant, la règle est de rendre de, et par conséquent du, des, dont, par le génitif, lorsqu'il dépend d'un substantif, et de le rendre par une préposition, lorsqu'il dépend d'un verbe, comme: La maison du père, das Haus des Vaters; nous parlons du père, wir reden von dem Vater. Les exceptions de cette règle se trouvent dans les règles et exceptions précédentes.

III. Souvent le génitif françois, joint à un verbe ou à une préposition, ne dépend pas immédiatement de ce verbe ou de cette préposition, mais d'un substantif sous-entendu, p. ex. Voilà de l'encre, c. à. d. voilà (une portion) de l'encre; avoir des livres, c. à. d. avoir (une partie, un certain nombre) des livres; avec de la patience, c. a. d. avec (une portion ou dose) de la patience. Alors au lieu du génitif vous mettez le nom au cas que gouverne le verbe allemand, ou la préposition allemande, mais sans l'article, en disant, pour rendre les phrases que l'on vient de voir: Da ist Dinte; Bücher haben; mit Geduld. C'est comme si je disois: là est encre; avoir livres; avec patience. Das ist guter Wein, cela est bon vin, c. à. d. de bon vin; man trinket gern guten Wein, on aime à boire bon vin, c. à. d. de bon vin; Wir haben mit rothem Wein und weißem Brode gefrühstücket, nous avons déjeûné avec vin rouge et pain blanc, c'est-à-dire avec du vin rouge et du pain blanc.

IV. *De*, doit être rendu par von,

1°. Lorsqu'on peut l'expliquer par *touchant*, comme: Von etwas reden, parler de quelque chose.

2°. Lorsqu'il désigne l'endroit d'où l'on vient, ou quand il a trait au départ, comme: Von dem Lande zurückkommen, revenir de la campagne; von Paris abreisen, partir de Paris.

3º. Dans les phrases passives, lorsqu'il indique la cause efficiente ou le sujet agissant, qui s'énonceroit à l'actif par le nominatif, comme : Dieſer junge Menſch wird von Jedermann geliebet, ce jeune homme est aimé de tout le monde.

4º. Lorsqu'il a trait aux parties d'un tout, comme : Es ſind von unſerer Compagnie nur zehn Mann übrig geblieben, il n'est resté de notre compagnie que dix hommes.

5º. Lorsqu'il marque privation, comme : Von allem entblößet ſeyn, être dépourvu de tout.

V. *De*, doit être rendu par aus,

1º. Lorsqu'il indique l'endroit d'où l'on sort, ou quand il a trait à la sortie, comme : Aus dem Hauſe kommen, venir de la maison; die Stimme kam aus dem Walde, la voix sortoit de la forêt.

2º. Lorsqu'il désigne la matière dont la chose est faite, comme : Gotte ſchuf den Menſchen aus einem Erdenkloſſe, Dieu créa l'homme d'une motte de terre.

VI. Lorsque *de*, peut s'expliquer par une autre préposition, il se rend ordinairement en allemand par cette autre préposition équivalente. Vous le rendrez donc par mit, lorsqu'il peut s'expliquer par *avec*; vous le rendrez par gegen, si vous pouvez le remplacer par *contre*, et ainsi du reste, comme : Ich habe es mit meinen eigenen Augen geſehen, je l'ai vu de mes propres yeux, c. à. d. avec mes propres yeux ; Sich gegen die Kälte und den Wind verwahren, se garantir du froid et du vent, c'est-à-dire contre le froid et le vent, etc.

VII. Remarquez la manière de rendre les phrases suivantes :

Combien de, wie viel. Combien a-t-il d'enfans ? Wie viel Kinder hat er?

Ne point de, kein, keine, kein (aucun, aucune). Je n'ai point de jardin, ich habe keinen Garten.

Du haut de, von. Les oiseaux chantent du haut des arbres, die Vögel ſingen von den Bäumen.

Du fond de, aus. Le lion rugit du fond de sa tanière, der Löw brüllet aus ſeiner Höle.

Être du nombre, von ou unter der Zahl ſeyn. Au nombre de dix, an der Zahl zehne, ou zehne an der Zahl.

Être âgé de trois ans, drei Jahre (à l'accns.) alt ſeyn.

S'approcher de quelqu'un, ſich einem (au datif) nähern.

Se charger de quelque chose, etwas (à l'accus.) übernehmen ou auf sich nehmen, ou sich mit etwas beladen.

Servir de quelque chose, zu etwas dienen.

Être voisin de quelque chose, einer Sache nahgelegen seyn. Une forêt voisine de ma maison, ein meinem Hause nahgelegener Wald.

De cette manière, auf diese Art ou Weise.
Le droit est de mon côté, das Recht ist auf meiner Seite.
Passez de l'autre côté, gehet auf die andere Seite.

DU DATIF.

LE Datif est appelé ainsi du verbe latin (*Dare*) donner, attribuer, destiner, parce qu'il sert principalement à déterminer le rapport de destination ; c'est-à-dire parce qu'il signifie qu'une action se fait à l'avantage ou au désavantage de la chose dont le nom a cette terminaison. Il répond à la question wem ? à qui ?

I. RÈGLE. Pour marquer l'objet à qui l'action signifiée par le verbe est destinée, on le met au datif, comme : Mein Bruder hat mir lange nicht geschrieben, mon frère ne m'a pas écrit depuis long-temps. Gott giebt und nimmt die Königreiche wem er will, Dieu donne et ôte les royaumes à qui il veut. Ich werde euerem Bruder den Weg zeigen, je montrerai à votre frère le chemin. Die beblümten Wiesen lächeln dem Armen eben so wohl als dem Reichen, les prairies semées de fleurs sourient au pauvre aussi bien qu'au riche.

Remarques. 1. Quelquefois pour marquer ce même rapport de destination, nous employons la préposition an qui gouverne l'accusatif; nous pouvons dire, par exemple : Er hat an mich geschrieben, il m'a écrit, pour er hat mir geschrieben.

2. Il y a des verbes qui demandent le datif en allemand, sans gouverner le même cas en françois. Voyez page 215.

II. RÈGLE. Pour marquer l'origine, la profession, la qualité, la figure, etc. on met ces noms au datif avec la préposition von, comme : Ich bin ein Teutscher von Geburt, je suis allemand de nation. Ein Schneider von Handwerke, un tailleur de métier. Er ist von vornehmen Stande, von grofem Verſtande, von ſchöner Geſtalt, etc., c'est un homme de condition, d'esprit, d'un belle taille, etc.

Voyez aussi les règles du Génitif, page 272. VII. Rem.

III. Règle. Les mots qui marquent la richesse, l'abondance, la fertilité ou le contraire, demandent le datif avec la préposition an, comme : Dieſes Land iſt reich an Getreide, ce pays est riche en blé. Arm an Verſtande, pauvre en esprit. Die Pfalz hat einen Ueberfluß an Obſt und Weine, le Palatinat est abondant en fruits et en vin. Aus Mangel an Gelde, faute d'argent.

IV. Règle. Les noms des instrumens dont on se sert pour faire quelque chose, se mettent au datif avec la préposition mit, comme : Das Brod mit dem Meſſer ſchneiden, couper le pain avec le couteau. Einen mit Ruthen ſtreichen, fouetter quelqu'un de verges.

V. Règle. Pour marquer l'objet dont on parle, et l'endroit d'où l'on vient, on met le datif avec la préposition von ; pour marquer l'endroit d'où l'on sort, on met le datif avec la préposition aus, comme : Wir reden von euerem Pferde, nous parlons de votre cheval. Er kömmt von dem Berge, il vient de la montagne. Sie gehen aus dem Garten, ils sortent du jardin.

VI. Règle. Les verbes passifs demandent le datif avec la préposition von (*), pour marquer celui par qui l'action est faite, comme : Die Tochter wird von ihrer Mutter geliebet, la fille est aimée de sa mère. Er iſt von einem Räuber erſchlagen worden, il a été tué par un voleur.

VII. Règle. Les prépositions aus, auſer, bei, etc., régissent le datif. Voyez page 227.

VIII. Règle. Le régime des prépositions qui gouvernent tantôt le datif, tantôt l'accusatif, sera expliqué à l'article ci-après.

(*) Le datif accompagné de cette préposition forme ce que nous avons appelé *ablatif*.

DE L'ACCUSATIF.

L'ACCUSATIF est appelé ainsi du verbe latin *accusare*, déclarer, parce qu'il sert principalement à accuser, c'est-à-dire à déclarer l'objet immédiat ou le terme d'une action.

I. RÈGLE. Tout verbe actif demande l'accusatif de l'objet sur qui tombe directement l'action indiquée par le verbe, et répond à la question qu'est-ce que? qui est-ce que? comme : Ich schreibe einen Brief, j'écris une lettre. Er verfolget den Feind, il poursuit l'ennemi.

Remarque. Quelques verbes ont deux accusatifs, l'un de la personne, l'autre de la chose; ce sont fragen, demander, heissen ou nennen, appeler, nommer, et lehren, enseigner, comme : Er fragte mich einen Haufen Sachen, die ich nicht wußte, il me demanda quantité de choses que je ne savois pas ; er nennet meinen Bruder seinen Freund, il appelle mon frère son ami ; ich will ihn den Gebrauch der Luftpumpe lehren, je lui enseignerai l'usage de la machine pneumatique.

II. RÈGLE. Quand on peut demander wann? quand? ou wie lange? combien de temps? les noms qui marquent le temps se mettent à l'accusatif, comme : Wann ist er gekommen? quand est-ce qu'il est arrivé? R. den Montag, lundi. Wie lange seyd ihr hier? combien de temps y a-t-il que vous êtes ici? R. einen Tag, einen Monat, etc., un jour, un mois. Frankfurt, den ersten August, fait à Francfort, le 1 Août.

Voyez aussi les règles du Génitif, pag. 271. V. Rem.

III. RÈGLE. A la question wie theuer? à quel prix? wie groß? de quelle grandeur? wie weit? de quelle distance? wie alt? de quel âge? etc. on met les noms de prix, de nombre et de mesure à l'accusatif, comme : Das Pfund Wachslichter kostet einen Gulden, la livre de bougie coûte un florin. Ich habe die Elle Tuch einen Thaler gekaufet, bezahlet, j'ai acheté, j'ai payé l'aune de drap un écu.

On se sert aussi des prépositions um ou für, comme : Etwas um einen Thaler kaufen, etwas für einen Thaler bezahlen, acheter, payer quelque chose un écu. Mein Garten ist zwanzig Ruthen und einen Schuh lang und breit, mon jardin a vingt toises et un pied de longueur et de largeur. Sein Haus ist nur einen Schritt von meinem, sa maison n'est éloignée de la mienne que d'un seul pas. Er war vierzig Jahre, einen

Monat, und einen Tag alt, als er starb, il étoit âgé de quarante ans, un mois et un jour, quand il mourut.

Remarque. Si l'adjectif est au comparatif, les noms de mesure se mettent aussi avec la préposition um, comme: Er ist um einen Zoll kleiner als ich, il est d'un pouce plus petit que moi.

IV. RÈGLE. Les verbes sich schlagen, sich schießen, etc. demandent l'accusatif avec la préposition auf, comme : Sie schlagen sich auf den Degen, auf die Faust, ils se battent à coups d'épée, à coups de poing. Sie schießen sich auf Pistolen, ils se battent à coups de pistolet.

V. RÈGLE. Ces prépositions durch, für, gegen, etc. régissent l'accusatif. Voyez pag. 227.

DES PRÉPOSITIONS QUI GOUVERNENT TANTÔT LE DATIF, TANTÔT L'ACCUSATIF.

CE sont an, auf, hinter, etc. Voyez pag. 227.

J'ai déjà dit que ces prépositions ne régissent l'accusatif que lorsqu'elles désignent un mouvement ou une direction vers un objet. Mais comme cette direction est quelquefois peu sensible, et qu'il est des cas où il faut mettre l'accusatif sans qu'il soit question d'un mouvement vers l'objet, il est à propos de faire connoître la différence du régime de ces prépositions par un plus grand nombre d'exemples.

An, à, au, en, de, près, etc.

Avec le datif :

An einem schreiben, écrire à côté de quelqu'un, tout contre quelqu'un.

Der Hut hänget an der Wand, le chapeau est suspendu au mur.

Etwas an einem Orte suchen, chercher quelque chose dans un endroit, y être et chercher.

Sich an einem halten, s'appuyer sur quelqu'un pour se soutenir.

Die Reihe ist an mir, c'est mon tour, c'est à moi (à faire telle ou telle chose).

An einer Krankheit darnieder liegen, être retenu au lit par une maladie, être malade.

An einer Krankheit sterben, mourir d'une maladie.

An dem Tage seyn ou liegen, être évident.

Avec l'accusatif.

An einen schreiben, écrire à quelqu'un.

Einem an die Hand gehen, assister quelqu'un.

Hand an einen legen, mettre la main sur quelqu'un, attaquer quelqu'un.

Den Hut an die Wand hängen, suspendre le chapeau au mur.

Die Spizze dieses Berges reichet an die Wolken, le sommet de cette montagne touche aux nues.

An einen denken, penser à quelqu'un.

An einen einigen Gott glauben, croire en un seul Dieu.

Ursache an einen suchen, chercher noise à quelqu'un.

An einen wollen, en vouloir à quelqu'un.

Sich an einen halten, s'en prendre à quelqu'un.

Vom Morgen bis an den Abend, du matin au soir.

Bis an das Meer, jusqu'à la mer.

Das geht mir an das Herz, cela me va au cœur.

Die Reihe kömmt an mich, mon tour vient.

An den Tag bringen, manifester, découvrir.

On dit indifféremment au datif ou à l'accusatif: Ich lege mich an einen Flus ou an einem Flusse, je me couche auprès d'un ruisseau; cependant ces deux expressions ne rendent pas précisément la même idée. Sich an den Flus legen, c'est aller vers la rivière et s'y coucher; Sich an dem Flusse legen, c'est y être et se coucher.

Auf, sur, en, à, etc.

Avec le datif:

Auf dem Eise fallen, tomber sur la glace, c'est-à-dire, y être et tomber.

Einen auf dem Eise führen, conduire quelqu'un sur la glace, l'y soutenir.

Auf dem Eise laufen, courir sur la glace.

Einen auf dem Pferde heben, soulever quelqu'un qui est sur le cheval.

Sich auf den Füssen halten, se tenir sur ses pieds.

Auf dem Stuhle knien, être à genoux sur une chaise.

Die Raupen kriechen auf dem Baume, les chenilles rampent sur l'arbre.

Sich auf dem Berge lagern, se camper sur la montagne.

Bäume auf den Wällen pflanzen, planter des arbres sur les remparts.

Auf dem Baume steigen, être sur l'arbre et monter.

In dem Walde fliehen, fuir dans la fôret, c. à. d. y être et fuir.

Avec l'accusatif :

Auf das Eis fallen, tomber sur la glace, c'est-à-dire, donner sur la glace en tombant.

Einen auf das Eis führen, mener quelqu'un sur ou vers la glace.

Auf das Eis laufen, courir vers un endroit où il y a de la glace.

Einen auf das Pferd heben, mettre ou poser quelqu'un sur le cheval, l'aider à y monter.

Viel auf einen halten, faire cas de quelqu'un, l'estimer.

Auf den Stuhl knien, se mettre à genoux en s'appuyant sur une chaise.

Die Raupen kriechen auf den Baum, les chenilles montent l'arbre.

Sich auf den Berg lagern, aller se camper sur la montagne.

Stücke ou Kanonen auf die Wälle pflanzen, transporter du canon sur les remparts.

Auf den Baum steigen, monter l'arbre.

In den Wald fliehen, fuir vers ou dans la fôret.

Einen auf den Kopf schlagen, frapper quelqu'un sur la tête.

Einem auf den Fus treten, marcher à quelqu'un sur le pied, ou marcher sur le pied de quelqu'un.

Auf diese Art ou Weise, de cette manière.

Auf die Probe sezzen, mettre à l'épreuve.

Auf ein gerathe wohl, au hasard, à tout hasard.

Auf einen rechnen, compter sur quelqu'un.

Alles kömmt auf ihn an, tout dépend de lui.

Es kömmt auf einen Thaler an, il s'agit d'un écu.

Auf meine Kosten, à mes frais.

Auf den Grund der Sachen gehen, aller au fond des choses.

Dieses Wort reimet sich nicht auf jenes, ce mot ne rime pas avec celui-là.

Die Sache kam ou lief auf einen Spas hinaus, l'affaire se termina par une plaisanterie.

Auf mein Wort, sur ma parole.

Auf das neue, de nouveau.

Auf ein andermal, pour une autre fois.

Er hat Absichten auf mich, il a des vues sur moi.

Auf eine Sache Acht geben, faire attention à quelque chose.

Auf eine Frage antworten, répondre à une question.

Auf einen Betrug denken, imaginer une tromperie, y penser.

Sich auf einen berufen, s'en rapporter ou en appeler à quelqu'un.

Sich auf die Erfahrung gründen, se fonder sur l'expérience.

Auf eine Million schuldig seyn, devoir jusqu'à un million.

Ein Gedicht auf einen machen, faire un poëme sur quelqu'un.

Geld auf Pfänder leihen, prêter de l'argent sur gages.

Sich auf Gnade und Ungnade ergeben, se rendre à discrétion.

Auf seine Ehre versichern, assurer sur son honneur.

Thut es auf meine Verantwortung, faites-le sur mon risque.

Auf die Jagd gehen, aller à la chasse.

Auf Abschlag bezahlen, payer à compte.

Hinter, derrière, après, etc.

Avec le datif:

Ich hätte dieses nicht hinter ihm gesuchet, je ne l'aurois pas cru capable de cela.

Sich hinter den Ohren krazzen, se frotter les oreilles, être en peine de quelque chose.

Sich hinter einem Baume versteffen, se cacher derrière un arbre, c'est-à-dire, y être et se cacher.

Es ist nichts hinter ihm, il n'a point de mérite, c'est un pauvre sujet.

Hinter dem Berge halten, dissimuler, cacher ses desseins.

Hinter der Thüre Abschied nehmen, décamper sans trompette.

Hinter einem Werke seyn, travailler à un ouvrage.

Hinter einem her seyn, poursuivre quelqu'un.

Avec l'accusatif:

Einem die Hände hinter den Rüffen binden, attacher à quelqu'un les mains derrière le dos.

Die Hunde hinter einen Hasen schiffen, faire courir les chiens sur ou après un lièvre.

Etwas hinter die Ohren schreiben, se souvenir de quelque chose.

Einem hinter seine Streiche ou Schliche kommen, découvrir les tours, les finesses de quelqu'un.

Die Pferde hinter den Wagen spannen, mettre les bœufs derrière la charrue.

In, en, dans, etc.

Avec le datif:

In dem Walde schreien, crier dans la forêt, c'est-à-dire, y être et crier.

Im Schilde führen, avoir tel ou tel dessein.

Einen im Stiche laſſen, abandonner quelqu'un dans le péril.

Im Schwange gehen, être d'usage, à la mode.

Im Zaume halten, contenir.

Es geht in einem hin, il ne faut pas plus de peine pour cela, l'un passera avec l'autre.

Avec l'accusatif:

Sein Leid in ſich freſſen, dévorer son chagrin.

In etwas verliebt ſeyn, être amoureux de quelque chose.

Sich in den Finger ſchneiden, se couper, se blesser au doigt.

In den Krieg gehen, aller à la guerre.

Einen in die Arme ſchlieſſen, serrer quelqu'un dans les bras.

In das Ohr ſagen, dire à l'oreille.

Sich in einen Handel finden können, voir clair dans une affaire.

Etwas in Acht nehmen, observer quelque chose, y faire attention.

Etwas in Vorſchlag bringen, proposer quelque chose.

In Vergeſſenheit kommen, ou gerathen, tomber en oubli.

Etwas in viele Stücke zerſchneiden, couper quelque chose en plusieurs morceaux.

Wir haben uns in ſeine Güter getheilet, nous avons partagé ses biens entre nous.

Ein Buch in einen Band binden laſſen, faire relier un livre en un seul volume.

Etwas in die Länge und in die Breite meſſen, mesurer quelque chose en long et en large.

Bis in den Tod, tant que l'on vivra, jusqu'à la mort.

Einen Diamant in feines Gold faſſen laſſen, faire monter un diamant en or fin.

Etwas in ein Buch ſchreiben, écrire ou transcrire ou noter quelque chose dans un livre.

Etwas in die Hand nehmen, prendre quelque chose dans la main.

In den Wald ſchreien, crier vers la forêt.

In die Wette laufen, courir à qui fera le mieux.

Einem etwas in die Hände ſpielen, procurer adroitement quelque chose à quelqu'un.

Einen in die Augen faſſen, fixer quelqu'un des yeux.

In ſeinen Buſen greifen, rentrer en soi-même.

Etwas in den Wind ſchlagen, mépriser quelque chose, n'y pas faire attention.

Den Feind in die Pfanne hauen, tailler l'ennemi en pièces.

Einem in das Garn, oder in das Geheg gehen, aller sur les brisées de quelqu'un.

In das Gras beißen, mordre la poussière, mourir.

In den Tag hinein leben, vivre sans souci, en étourdi.

In den Tag hinein reden, parler sans réflexion, sans savoir ce que l'on dit.

Etwas ins Reine bringen, mettre quelque chose au net.

Sich in die Leute schiffen, se prêter au génie, au goût du monde.

Eines in das andere gerechnet, l'un portant l'autre.

Neben, à côté de, près, etc.

Avec le datif :

Er reitet neben mir, il marche (étant à cheval) à côté de moi.

Sein Garten lieget neben meinem, son jardin est à côté du mien.

Neben seinem Bruder hat er noch seine zwo Schwestern bei sich, outre son frère, il a encore ses deux sœurs avec lui.

Neben der Wahrheit vorbei spazieren, ne pas dire la vérité, mentir.

Avec l'accusatif :

Sezzet euch neben mich, venez vous asseoir à côté de moi.

Neben die Schule gehen, manquer à ses classes.

Neben das Ziel treffen oder schießen, ne pas frapper au but, le manquer, ne pas deviner la chose.

Ueber, sur, au-dessus de, etc.

Avec le datif :

Ueber dem Wasser gehen, marcher sur l'eau, au-dessus de l'eau.

Die Hände über dem Kopfe zusammen schlagen, joindre les mains au-dessus de la tête (en marque de surprise ou de désespoir).

Es schwebet ein Unglük über meinem Haupte, un malheur plane au-dessus de ma tête, c'est-à-dire, je suis menacé d'un malheur.

Ueber der Arbeit seyn, être à travailler.

Er ist über dem zweiten Theile seines Buches, il en est à la seconde partie ou au second volume de son livre.

Er ist über dem Essen krank geworden, il est tombé malade étant à manger.

Ueber Tische, à table; über der Mahlzeit oft trinken, boire souvent pendant le repas.

Er ist ou geht über mir, il a le pas sur moi.

Er wohnet über mir, il demeure au-dessus de moi.

Avec l'accusatif.

Ueber das Wasser gehen, passer l'eau.

Alles geht über mich, tout passe sur moi, c'est-à-dire, on me foule aux pieds, le malheur m'en veut, je suis malheureux.

Ueber einen Stein fallen, tomber sur une pierre, c'est-à-dire, pour avoir heurté contre une pierre.

Die Decke über den Kopf ziehen, passer la couverture par-dessus la tête.

Die Aufsicht über einen haben, avoir l'inspection sur quelqu'un.

Herr über ein Land seyn, régner sur un pays, en être le maître.

Sein Urtheil über eine Sache fällen, prononcer ou statuer sur une chose, en dire son sentiment.

Seinen Zorn über einen auslassen, faire sentir sa colère à quelqu'un.

Er ist über mich, il me surpasse, il en sait plus long que moi.

Zufriedenheit geht über Reichthum, contentement passe richesse.

Er ist über sie alle bescheiden, il les passe tous en modestie.

Es kömmt ein Unglük über das andere, il arrive malheur sur malheur.

Geld über Geld bieten, offrir argent sur argent.

Er überläuft mich einen Tag über den andern, il vient m'importuner jour par jour.

Ueber sein Vermögen thun, faire au-delà de ses forces.

Ueber die Zeit, au-delà du temps.

Ueber alle Maasse, outre mesure.

Es ist über drei Uhr, trois heures sont sonnées, il est plus de trois heures.

Dieser Degen hat nicht viel über hundert Franken gekostet, cette épée n'a guère coûté au-delà de cent francs.

Ueber das Ziel schreiten, passer les bornes.

Ueber Menschen Gedenken, au-delà du souvenir des hommes, depuis un temps immémorial.

Heut über sechs Monate, d'aujourd'hui en six mois.

Bis über die Ohren, jusque par-dessus les oreilles.

Sich über eine Arbeit machen, se mettre à un ouvrage.

Sich über einen machen, essayer ses forces contre quelqu'un, l'attaquer.

Sich über einen aufhalten, s'arrêter à cause de quelqu'un, médire de quelqu'un, s'en moquer.

Ueber eine Materie schreiben, écrire sur une matière, la traiter.

Sich über eine Sache bedenken, s'aviser sur une chose, y réfléchir.

Ueber die Gerechtigkeit halten, tenir pour la justice, la maintenir.

Sich über einen erzürnen, se courroucer contre quelqu'un.

Sich über einen lustig machen, rire aux dépens de quelqu'un, le faire le sujet de ses plaisanteries.

Ueber einen bös seyn, être fâché contre quelqu'un.

Sich über eine Sache wundern, être surpris de quelque chose.

Einem über seine Beförderung Glük wünschen, féliciter quelqu'un sur son avancement.

Man klaget über ihn, on se plaint de lui.

Ich bin über diese Händel krank geworden, ces affaires m'ont rendu malade.

Ihr seyd noch nicht über den Berg oder über den Graben, vous n'avez pas encore passé la montagne ou le fossé, c'est-à-dire, vous n'avez pas encore surmonté tous les obstacles, tout le danger.

Ueber Hals und über Kopf davon gehen, s'en aller précipitamment, en désordre.

Ich kann es nicht über das Herz bringen, je n'ai pas le cœur pour cela, je ne saurois m'y résoudre, cela m'est impossible.

Einem über das Maul fahren, parler à quelqu'un insolemment, sans respect.

Sie werden alle über einen Kamm geschoren, l'un n'est pas mieux traité que l'autre.

Sie sind alle über einen Leisten geschlagen, l'un ne vaut pas mieux que l'autre, ils sont tous de même acabit.

Ueber die Schnur hauen, passer mesure, aller trop loin.

Einen über die Achseln ansehen, regarder quelqu'un par-dessus les épaules.

Ueber alle Berge seyn, être loin.

Ueber Feld gehen, faire un voyage.

Ueber das Feld gehen, traverser les champs.

Ueber kurz oder lang, tôt ou tard.

Unter, sous, parmi, entre, etc.

Avec le datif :

Die Vögel unter dem Himmel, les oiseaux sous le ciel.

Unter der Sonne geschicht nichts neues, sous le soleil il n'arrive rien de nouveau.

Unter Brüdern muß kein Zank seyn, il ne faut pas qu'il y ait des querelles entre frères.

Das ist der Gebrauch unter ehrlichen Leuten, voilà comme on en use entre honnêtes gens.

Unter einem dienen, servir sous quelqu'un.

Er ist unter mir, il a le pas après moi.

Die schönste unter ihnen, la plus belle d'elles.

Unter zehn Gelehrten findet man kaum einen, der, ꝛc., sur dix savans on en trouve à peine un qui, etc.

Unter dir und mir ist dieser Unterschied, voici la différence qu'il y a de toi à moi.

Er hat es unter meinem Namen gethan, il l'a fait sous mon nom.

Unter der Bedingung daß, à condition que.

Unter Ludwig dem Sechszehnten, sous le règne de Louis XVI.

Ich habe unter dem Lesen daran gedacht, j'y ai pensé pendant la lecture, en lisant.

Etwas unter dem Preise verkaufen, vendre quelque chose au-dessous du prix.

Ein Mann unter sechzig Jahren, un homme âgé de moins de soixante ans.

Unter einer Decke liegen, s'entendre, agir de concert.

Unter der Hand, à l'aise, sans gêne, selon sa commodité.

Unter vier Augen, entre quatre yeux.

Die Sache ist so viel unter Brüdern werth, la chose vaut cela entre frères.

Avec l'accusatif:

Ich rechne ihn unter meine Freunde, je le compte parmi mes amis.

Unter die Leute kommen, voir du monde, se divulguer.

Etwas unter die Füße treten, fouler quelque chose aux pieds.

Komme mir nicht unter die Augen, ne te présente pas à mes yeux.

Sich unter die Hand Gottes demüthigen, s'humilier sous la main de Dieu.

Die Vernunft unter den Glauben gefangen nehmen, soumettre la raison à la foi.

Brod unter die Armen austheilen, distribuer du pain aux pauvres.

Sich unter die Zuschauer mengen, se mêler avec les spectateurs.

Eins unter das andere thun, mêler l'un dans l'autre.

Einen unter das Joch bringen, mettre quelqu'un sous le joug, subjuguer quelqu'un.

Vor, avant, devant, de, etc.

Avec le datif:

Es ist ein Graben vor dem Garten, il y a un fossé en avant du jardin.

Etwas vor den Augen haben, avoir quelque chose devant les yeux.

Vor einem weglaufen, fuir à l'aspect de quelqu'un.

Sich vor einem fürchten, craindre quelqu'un.

Vor dem Fleische einen Ekel haben, avoir la viande en horreur, en être dégoûté.

Vor Schmerzen schreien, crier de douleur.

Vor Freuden weinen, pleurer de joie.

Vor Durst verschmachten, mourir de soif.

Vor Mattigkeit nicht gehen können, ne pouvoir marcher de lassitude.

Vor Gotte ist nichts verborgen, rien n'est caché devant Dieu.

Sich vor einem Unglücke bewahren, se garder ou se préserver d'un malheur.

Vor allen beliebt seyn, être aimé préférablement à tous.

Menschliche Weisheit ist Thorheit vor Gotte, la sagesse humaine est folie devant Dieu.

Vor einem Jahre, il y a un an; avant un an, qu'un an ne soit passé.

Avec l'accusatif:

Man ziehet einen Graben vor den Garten, on fait un fossé en avant du jardin.

Vor den Spiegel treten, se mettre devant le miroir.

Vor die Stadt gehen, aller ou se promener hors de la ville, en sortir.

Vor einen lassen, admettre à l'audience de quelqu'un.

Vor einen kommen, se présenter devant quelqu'un.

Bis vor die Thore der Stadt, jusque devant les portes de la ville.

Vor die rechte Schmiede gehen, s'adresser au maître.

Einem ou einen vor den Kopf stoßen, offenser quelqu'un.

Etwas vor sich bringen, amasser du bien, mettre de l'argent de côté.

Nota. Ces expressions : Bor Alters, anciennement ; bor Morgens, avant que le jour paroisse ; bor Abends, avant que le soir soit venu, etc., sont adverbiales.

Zwischen, entre, parmi, etc.

Avec le datif :

Zank zwischen Brüdern anstiften oder verursachen, causer des querelles entre frères.

Der Herr sey Richter zwischen mir und dir, que le Seigneur soit juge entre toi et moi.

Keinen Unterschied zwischen Freunden und Feinden machen, ne faire point de distinction entre amis et ennemis.

Die Schweiz liegt zwischen Deutschland, Frankreich und Italien, la Suisse est située entre l'Allemagne, la France et l'Italie.

Zwischen Ostern und Pfingsten ist das Wetter gemeiniglich schön, entre Pâque et Pentecôte, le temps est ordinairement beau.

Er wird zwischen dem ersten und zwölften dieses Monates bezahlen, il paiera entre le premier et le douze de ce mois.

Zwischen heut und acht Tagen, d'ici à la huitaine.

Avec l'accusatif :

Sich zwischen die beiden Heere stellen, se mettre entre les deux armées.

Alle vier Jahre schiebet man zwischen den 24sten und 25sten Hornung einen Tag ein, tous les quatre ans on insère un jour entre le 24 et le 25 Février.

OBSERVATIONS SUR L'ARTICLE.

I. Les nombres et autres mots ajoutés aux noms propres comme surnoms, se mettent toujours avec l'article, comme : Franz der Erste, François premier. Ludwig der Fünfzehnte, Louis XV. Friedrich der Rothbart, Frédéric-Barberousse.

II. Les noms des mois et des jours demandent l'article, comme : In dem Jäner, en Janvier. Ich werde den Donnerstag wieder kommen, je reviendrai jeudi.

III. Ces noms : Herr, Monsieur ; Frau, Madame ; Jungfer ou Fräulein, Mademoiselle, joints à un verbe de la troisième personne, peuvent avoir l'article, comme : Der Herr Wolf ist gestorben, M. Wolf est mort. Die Frau Wolfin lebet noch, Mde. Wolf vit encore. Das Fräulein von Lersbach ist krank, Mademoiselle de Lersbach est malade. Die Jungfer Koselin befindet sich etwas besser, Mademoiselle Kosel se porte un peu mieux.

IV. Les noms propres précédés de l'adjectif heilig, saint, demandent l'article, comme : Der heilige Paulus sagt, saint Paul dit. Der heilige Johannes, saint Jean. Die heilige Elisabeth, sainte Elisabeth.

Remarque. Quand on se sert du mot Sanct, qui vient du latin *Sanctus*, on supprime l'article, comme : Sanct Jacobus schreibet in seinem Briefe, S. Jacques dit dans son Épître.

V. Les cas obliques de tous les noms propres qui viennent d'une langue étrangère et qui ne sont pas susceptibles de terminaisons allemandes, demandent l'article, comme : Ich ziehe den Cicero dem Hortensius vor, je préfère Cicéron à Hortense. Das Bildnis der Phillis, le portrait de Philis.

Remarque. Nos Poëtes cependant mettent souvent les noms propres sans l'article, même lorsqu'ils sont indéclinables.

VI. Ces mots : Absicht, dessein ; Gewohnheit, coutume ; Bündnis, alliance, et quelques autres, demandent l'article dans les exemples suivans et autres semblables : Er hat die Absicht mich zu betrügen, il a dessein de me tromper. Er hat die Gewohnheit von Jedermann übel zu reden, il a coutume de parler mal de tout le monde. Sie haben ein Bündnis gemacht, ils ont fait alliance.

VII. Au lieu de l'article, que les François mettent avec le verbe haben, avoir, pour marquer la qualité de telle ou telle partie d'un homme, d'une bête ou d'une plante, nous mettons 1. le pronom indéfini ein, comme :

Diese Jungfer hat eine breite Stirn, einen kleinen Mund, und blaue Augen, cette Demoiselle a le front large, la bouche petite, et les yeux bleus.

Dieser Hund hat einen langen Schwanz, ce chien a la queue longue.

Dieser Baum hat ein härteres Holz als die andern, cet arbre a le bois plus dur que les autres.

2. Après le verbe wünschen, souhaiter, joint à un substantif qui marque un temps, comme :

Ich wünsche Ihnen einen guten Morgen, je vous souhaite le

bon jour ; einen guten Abend, le bon soir ; ein glükliches
Neujahr, la bonne année.

3. Devant les noms de nations accompagnés du verbe
seyn, être, comme :

Ich bin ein Deutscher, je suis Allemand. Er ist ein Franzos,
il est François, etc.

> * Als ein Fürst leben, vivre en prince. Für einen ehrlichen
> Mann gehalten werden, passer pour honnête homme.
> Niemals war ein Mensch unglüklicher als Ich, jamais
> homme ne fut plus malheureux que moi.

VIII. Les noms propres de pays se mettent sans l'article,
comme : Frankreich ist ein schönes Land, la France est un
beau pays. Deutschland ist groß und volkreich, l'Allemagne est
grande et peuplée. Excepté die Schweiz, la Suisse; die
Tarterei, la Tartarie; die Barberei, la Barbarie; die Türkei,
la Turquie; die Pfalz, le Palatinat; die Wetterau, la Vettéravie; das Eichsfeld, l'Eichsfeld; die Lausig, la Lusace, et
quelques autres.

IX. On dit en allemand comme en françois : Ich lerne, ou ich
kann die deutsche (französische, lateinische, ꝛc.) Sprache, j'apprends ou je sais la langue allemande (françoise, latine, etc.)
mais en employant avec ces verbes les seuls adjectifs allemand, françois, latin, etc., il faut les mettre sans l'article,
et dire par exemple : Ich lerne, (ich kann) deutsch, fran=
zösisch, lateinisch, j'apprends (je sais) l'allemand, le françois, le latin ; de la même manière qu'on dit dans les deux
langues, sans l'article : Deutsch (französisch, lateinisch) reden,
parler allemand (françois, latin).

X. Les noms propres d'homme ou de femme qui sont
susceptibles d'inflexions allemandes, se mettent sans l'ar-
ticle, comme : Virgils Heldengedicht, le poëme épique de
Virgile. Miltons verlornes Paradies, le Paradis perdu de
Milton. Ich verehre Luisens Tugend, je respecte la vertu de
Louise.

Remarque. Lorsque les noms propres deviennent appellatifs, nous les mettons avec l'article comme en françois ;
p. ex. Das ist der Alexander unserer Zeit, c'est l'Alexandre
de notre temps.

XI. La plupart des noms de dignité se mettent ordinairement sans l'article, comme : Kaiser Franz und König Ludwig
hatten wider König Friedrichen, Kuhrfürsten zu Brandenburg,
ein Bündnis gemacht, l'Empereur François et le Roi Louis

avoient fait alliance contre le Roi Fréderic, Electeur de Brandebourg.

Remarque. Lorsque ces noms sont accompagnés d'un adjectif ou participe, il faut mettre l'article, comme : Der tapfere Prinz von Conde, le brave Prince de Condé; der verstorbene Cardinal von Fleury, feu le Cardinal de Fleury.

XII. Lorsqu'on place le nom régent après le nom régi, celui-là perd son article, comme : Des Königs Befehl (pour der Befehl des Königes), l'ordre du Roi. Des Bruders Sohn, le fils du frère ; Des Vaters Schwester, la sœur du père.

XIII. Les nombres cardinaux employés pour marquer telle heure ou telle carte à jouer, se mettent sans l'article, comme : Ich werde gegen sechs Uhr abreisen, je partirai vers les six heures. Herz sieben, le sept de cœur.

XIV. Dans ces phrases : Gern essen, aimer (à manger); gern trinken, aimer (à boire), etc. le nom de la chose qu'on aime à manger, à boire, etc. se met sans article, comme : Ich esse gern Rindfleisch, j'aime le bœuf, c. à d. j'aime à manger du bœuf. Er trinket gern Rheinwein, il aime le vin de Rhin, c. à. d. il aime à boire du vin de Rhin. Sie trägt gern englische Zeuge, elle aime les étoffes d'Angleterre, c. à. d. elle aime à porter des étoffes d'Angleterre.

Cette règle est fondée dans celle qui suit.

XV. Lorsque les François se servent de ce que quelques-uns de leurs Grammairiens appellent article partitif ou indéfini (du , de la, de l', des) c. à. d. quand il s'agit d'une partie qui a le même nom que le Tout, nous ne mettons point l'article, comme : Hier ist Geld, voici de l'argent. Habet ihr Brod? avez-vous du pain? Gebet mir Fleisch, donnez-moi de la viande. Das sieht Wasser ähnlicher als Weine, cela ressemble plus à de l'eau qu'à du vin. Voyez pag. 282.

XVI. Les noms de régions Norden, Osten, Süden, Westen, précédés d'une préposition, se mettent ordinairement sans l'article, comme : Gegen Norden, vers le Nord. Von Süden, du Sud.

XVII. On n'est pas obligé de répéter l'article devant plusieurs noms de même genre, nombre et cas ; il suffit de l'exprimer devant le premier, comme : Der Rok und Hut, l'habit et le chapeau ; Die Tugend und Schönheit, la vertu et la beauté.

(301)

On peut même supprimer l'article du premier de plusieurs noms assemblés dans le même cas, qu'ils soient au même genre et au même nombre ou non, comme: Mann, Frau, Kinder, Knechte und Mägde sind unter dem Schutte begraben worden, le mari, la femme, les enfans, les valets et les servantes, ont été ensevelis sous les ruines.

Mais si vous mettez l'article devant le premier de plusieurs noms de différens genres ou nombres, il faut le mettre aussi devant les autres, comme : Der Bruder und die Schwester, le frère et la sœur ; der General und die Soldaten, le général et les soldats ; die Thüre und die Fenster, la porte et les fenêtres.

OBSERVATIONS SUR LES NOMS DE NOMBRES.

I. Les Nombres rompus se mettent devant le nom des choses que l'on compte, comme : Zwei und ein halber Thaler, deux écus et demi ; drei und drei Viertel Pfund, trois livres et trois quarts.

Excepté quand on compte les heures du jour. Voyez l'observation ci-après.

II. En comptant les heures du jour, on peut mettre les nombres cardinaux tous seuls et au genre neutre, comme :

Es schlägt eins, une heure sonne; zwei, deux heures; drei, trois heures, etc.

On peut aussi dire ein Uhr, une heure; zwei Uhr, deux heures, etc. V. p. 80. Et nous disons toujours zwölf Uhr, ou zwölf, douze heures, pour dire midi ou minuit qui sonne ; parce que Mittag, midi, ou Mitternacht, minuit, désigne toujours une des quatre parties du jour, et non l'heure qui sonne. Ici les nombres rompus se mettent toujours avant les nombres entiers, de cette manière : Ein Viertel auf eins, un quart pour une heure, c'est-à-dire, midi et un quart. Halb eins, demi-une heure, c'est-à-dire, midi et demi. Drei Viertel auf eins, trois quarts pour une heure, c'est-à-dire, midi et trois quarts, ou une heure moins un quart. Ein Viertel auf zwei, une heure et un quart, etc.

Au reste nous mettons, dans cette occasion, le mot Uhr toujours au singulier (zwei Uhr, drei Uhr, etc. non pas Uhren), parce qu'il signifie *horloge*, et que ces expressions sont elliptiques. Zwei Uhr, drei Uhr, ꝛc. c'est comme si je disois zwei, drei, ꝛc. an der Uhr, deux, trois, etc. sur l'horloge, sur la montre ou sur le cadran. Il y a même des provinces où l'on s'énonce toujours complètement, en disant, p. ex. Es ist eins an der Uhr, il est un sur l'horloge, pour dire qu'il est une heure; ou bien interrogativement: Wie viel ist es an der Uhr? quelle heure est-il?

III. Nous disons, par exemple: Alle zween Tage, ou allemal den zweiten Tag, ou einen Tag um den andern, pour dire de deux jours l'un, tous les deux jours; alle drei Wochen, ou allemal die dritte Woche, ou um die dritte Woche, de trois semaines l'une.

IV. Nous disons bien, comme les François, en employant les nombres cardinaux: Im Jahre tausend sieben hundert achtzig, l'an 1780; Kapitel zwei, Vers drei, Seite vier, Chapitre II, verset 3, page 4; mais pour marquer la date, et après les noms propres, nous mettons toujours des nombres ordinaux, comme: Heinrich der vierte (non pas Heinrich vier), Henri IV. Den vierten December (non pas den vier December), le 4 Décembre.

OBSERVATIONS SUR LES PRONOMS DEMONSTRATIFS.

I. Dieser et der servent à désigner les choses qui sont en présence, ou celles dont on vient de parler, comme: Das ist Gold, und das ist Silber, ceci est de l'or, et ceci est de l'argent. Das ist mein Grosvater, ceci est (c'est) mon grand-père. Das ist erschröflich, c'est terrible. Dieser junge Mensch ist mein Sohn, ce jeune homme (le jeune homme que voici, ou que voilà) est mon fils. Diese Jungfer hier ist von Mainz, und diese da ist von Köln, cette demoiselle-ci est de Mayence, et celle-là est de Cologne. Dieser da ist mein Bruder, celui-là est mon frère. Es war ein Mensch von Gott gesandt, der hieß Johannes, il fut un homme envoyé de Dieu, nommé Jean (cet (homme) se nommoit Jean). Es kam ein Bauer, der sagte uns, il vint un paysan *qui* nous dit (*ce* (paysan) nous dit). Kennen Sie die Jungfer N**? Die wird mein Bruder heurathen, connoissez-vous Mademoiselle N**? *C'est elle que* mon frère épousera.

Daß er mein Freund nicht ist, das weis ich, qu'il n'est pas mon ami, c'est ce que je sais.

II. Dieser, celui-ci, jener, celui-là. Exemples : Dieser lachet, jener weinet, celui-ci rit, celui-là pleure, ou l'un rit, l'autre pleure. Dieser Wein ist gut, aber jener tauget nichts, ce vin-ci est bon, mais celui-là ne vaut rien.

Dieses und jenes :

Er sagte mir dieses und jenes, il me dit toutes sortes de choses, il me fit mille contes. Er fängt bald dieses bald jenes an, il entreprend tantôt ceci, tantôt cela.

III. Jener, ce, certain, quelqu'un. Jener berühmte atheniensische Feldherr Themistokles hatte ein so gutes Gedächtnis daß, Thémistocle, ce fameux Général des Athéniens, avoit la mémoire si bonne que. Jener Schweizer pflegte zu sagen, certain Suisse avoit coutume de dire. Als jener nicht wußte, wie er es machen sollte um Geld zu bekommen, quelqu'un ne sachant comment faire pour avoir de l'argent. Jener Tag signifie souvent le dernier jour, le jugement dernier.

IV. Solcher, selbiger, derselbe, derselbige. Was Sie mir sagen, solches (ou selbiges, dasselbe ou dasselbige) habe ich längst gewußt, ce que vous me dites, c'est ce que j'ai su depuis long-temps. Sie reden vom Herrn Anton? Ich kenne solchen (ou selbigen, &c.) sehr wohl, vous parlez de M. Antoine? Je le connois fort bien. Zu solcher (ou zu selbiger, &c.) Zeit, dans ce temps-là.

V. Le génitif de Derselbe se met souvent au lieu du possessif *son*, *sa*, ou pour *en*, comme : Ich habe dieses Buch lieb, weil ich einen Theil meiner Wissenschaft der Lesung Desselben zu danken habe, j'aime ce livre, parce que je dois une partie de mes connoissances à sa lecture. Ich schätze diese Person hoch, und gestehe, daß mir Derselben Umgang Vergnügen machet, j'estime cette personne, et j'avoue que sa conversation me fait plaisir. Das ist ein gutes Buch, ich kenne den Verfasser Desselben, voilà un bon livre, j'en connois l'auteur.

Derjenige, celui. Ce démonstratif s'emploie surtout, lorsqu'il est suivi du relatif, comme : Derjenige, der ou welcher es sagte, war ein Jud, celui qui le dit étoit un Juif. Ich möchte denjenigen sehen der, &c., je voudrois voir celui qui, etc. Diejenigen die uns am meisten schmeicheln, sind nicht allezeit unsere besten Freunde, ceux qui nous caressent (ou flattent) le plus, ne sont pas toujours nos meilleurs amis.

Au lieu de derjenige, on peut mettre der, comme : Der, der es sagte, celui qui le dit.

VI. Les pronoms démonstratifs se mettent très-bien avec les possessifs, comme : Dieſer mein Freund (celui mon ami), mon ami que voilà, ou que voici. Dieſe ſeine Tochter, cette fille à lui. Dieſe meine alte Krankheit, cette maladie que j'ai depuis long-temps.

Nous lions aussi deux démonstratifs, ou bien un démonstratif et un adjectif, avant le même substantif, comme : Dieſer und jener Bauer iſt aus dem Elſaß, ce paysan-ci et celui-là sont de l'Alsace. Dieſes und voriges Jahr iſt es heiß geweſen, il a fait chaud cette année et l'année passée. Dieſen und den folgenden Tag raſteten wir, nous séjournâmes ce jour et le jour suivant.

VII. Les démonstratifs ne peuvent s'employer devant un génitif que lorsqu'ils sont accompagnés de leur substantif, comme : Dieſe meines Bruders liebſte Tochter, cette fille la plus chérie de mon frère.

Mais lorsque les démonstratifs ne sont pas accompagnés de leur substantif, il faut mettre un possessif à leur place, en disant, par exemple : Mein Haus und meines Bruders ſeines, ma maison (et de mon frère la sienne), c'est-à-dire, et celle de mon frère ; ou bien il faut répéter le substantif précédent, et dire mein Haus, und das Haus meines Bruders, ma maison et la maison de mon frère. Si vous disiez ici und das meines Bruders, vous feriez un gallicisme assez ordinaire à nos gazetiers et à nos mauvais traducteurs.

Si le démonstratif est suivi d'un datif ou accusatif précédés d'une préposition, on peut le mettre en allemand aussi bien qu'en françois, comme : Die Reiſe in die Schweiz und die nach Holland, le voyage de la Suisse et celui de la Hollande. Unſer Freund von Paris und der von Brüſſel, notre ami de Paris et celui de Bruxelles. Ich habe den Thurm zu Strasburg, den zu Landshut und den zu Wien geſehen, j'ai vu le clocher de Strasbourg, celui de Landshut et celui de Vienne.

VIII. Remarquez la manière de s'énoncer dans les exemples suivans : Das wichtigſte dabei iſt dieſes, daß, ꝛc. ce qu'il y a de plus important en cela, c'est que, etc. Das beſte Mittel, reich zu werden, iſt dieſes, daß, ꝛc. le meilleur moyen de devenir riche, ou de s'enrichir, c'est, etc. Ihr wiſſet noch

nicht

nicht was der Krieg ist, vous ne savez pas encore ce que c'est que la guerre. Seyd Ihr etwa krank? Est-ce que vous êtes malade.

OBSERVATIONS SUR LES PRONOMS RELATIFS.

I. Il n'est pas nécessaire de répéter le même relatif avant plusieurs verbes qui se rapportent à un même sujet, comme : Ein Freund der mich liebet und hochschätzet, un ami qui m'aime et qui m'estime. Eine Jungfer die er sah, liebte, heurathete, und glüklich machte, une demoiselle qu'il vit, qu'il aima, qu'il épousa et qu'il rendit heureuse.

II. Wer, celui ou celle qui; was, ce qui.

Wer Geld hat, hat auch Freunde, celui qui a de l'argent a aussi des amis.

Si dans cette sorte de phrases les deux verbes régissent le même cas, il est indifférent de sous-entendre le démonstratif der, ou de l'exprimer au commencement de la seconde proposition; on peut dire, ou comme ci-dessus : Wer Geld hat, ist mein Freund; ou bien Wer Geld hat, der ist mein Freund. Mais si les deux verbes gouvernent des cas différens, le démonstratif s'exprime nécessairement, comme : Wer mein Freund ist, den liebe Ich, qui est mon ami, c'est lui que j'aime, c. à. d. j'aime celui qui est mon ami. Wem ich das Geld gab, der war ein Fremder, à qui je donnai l'argent, c'étoit un étranger, c. à. d. celui à qui je donnai l'argent étoit un étranger.

Au reste, cette sorte de phrases peut s'énoncer en quatre différentes manières; par ex. pour traduire cette phrase françoise : Celui qui est honnête homme ne trompe personne, vous pouvez dire : 1. Wer ein ehrlicher Mann ist, betrieget niemanden; 2. Wer ein ehrlicher Mann ist, der betrieget niemanden; 3. Der (démonst.) betrieget niemanden, der (relatif) ein ehrlicher Mann ist; ou bien 4. Der (démonst.), der (relat.) ein ehrlicher Mann ist, betrieget niemanden. Enfin 5. pour parler énergiquement, nous disons quelquefois, en répétant le démonstratif : Der oder derjenige, der ein ehrlicher Mann ist, der betrieget niemanden.

III. Dont, duquel, de laquelle, de qui et de quoi, se

rendent par les génitifs beſſen ou deren, toutes les fois que le verbe allemand ne demande pas un autre cas, comme : Das Pferd deſſen Ihr erwehnet, le cheval dont vous faites mention. Die Inſel deren wir uns bemächtiget haben, l'île dont nous nous sommes emparés. Diejenigen deren Ihr euch erinnert, ceux dont vous vous souvenez.

Si ces mêmes relatifs dépendent d'un substantif, ils se rendent aussi nécessairement par beſſen ou deren, comme : Der Mann deſſen Sohn krank iſt, l'homme dont le fils est malade ; Dieſe Jungfer deren Tugend ich kenne, cette Demoiselle dont je connois la vertu.

Si le relatif françois duquel, de laquelle, etc., est accompagné d'un autre nom mis au génitif, celui-ci prend en allemand le cas que demande le verbe ; par conséquent tantôt le génitif, comme : Die Frau deren Sohnes Ihr euch erinnert, la femme du fils de laquelle vous vous souvenez ; tantôt l'ablatif, comme : Die Frau von deren Sohne wir reden, la femme du fils de laquelle nous parlons, etc.

IV. Les François mettent souvent par élégance la particule que, au lieu des relatifs qui, lequel, etc. En ce cas, il faut mettre en allemand un pronom relatif, conformément au régime du verbe, comme : Er lobet Gott mit eben dem Munde, mit welchem er dem Nächſten fluchet, il loue Dieu par la même bouche qu'il (pour avec laquelle il) peste contre son prochain ; Ihr ſeyd es von dem man redet, c'est de vous que l'on parle (pour c'est vous duquel ou dont on parle). Ich habe mit aller Klugheit geredet, mit welcher man vor groſen Herren reden ſoll, j'ai parlé avec toute la prudence qu'on doit (pour avec laquelle on doit) parler devant de grands seigneurs. Er ſtarb den Sonntag an welchem wir abreiſeten, il mourut le dimanche que (pour auquel) nous partîmes.

Remarque. Si la particule *que* est mise pour *lorsque*, vous la rendrez par als, comme : Es war Sonntag, als wir abreiſeten, ce fut dimanche que (c'est-à-dire lorsque) nous partîmes.

Si *que* se rapporte à un lieu, et qu'ainsi il soit mis pour *où*, nous le rendons ordinairement par wo, comme : Italien iſt es, wo man Meiſterſtücke der Baukunſt findet, c'est en Italie qu'on trouve des chefs-d'œuvres d'architecture (pour c'est l'Italie où l'on trouve, etc.); Paris war es, wo wir uns zum erſten Male ſahen, ce fut à Paris que nous nous vîmes pour la première fois (pour ce fut Paris où, etc.).

V. La construction des verbes ſagen, dire; glauben, croire, etc., avec l'accusatif et l'infinitif, n'a pas lieu en allemand. Ainsi, par exemple, pour rendre cette phrase : Le fils que l'on dit être plus savant que le père, voici comme nous la tournons : 1. Der Sohn, der, wie man ſaget, gelehrter iſt, als der Vater, le fils qui, à ce que l'on dit, est plus savant que le père. 2. Der Sohn, von dem man ſaget, daß er gelehrter iſt als der Vater, le fils de qui l'on dit qu'il est plus savant, etc. Der Sohn, der für gelehrter gehalten wird, als der Vater, le fils qui est pris pour plus savant, etc. 4. Der Sohn, den man für gelehrter hält, als den Vater, le fils que l'on prend pour, etc. 5. Der Sohn, der gelehrter ſeyn ſoll, als der Vater, le fils qui doit être, c'est-à-dire, que l'on veut qui soit plus savant que le père.

Voici d'autres exemples qui ont du rapport à cette observation : Ein Brief, den Ihr geſchrieben haben ſollet, ou wovon ou von welchem man ſaget, daß Ihr ihn geſchrieben habet, une lettre qu'on dit que vous avez écrite. Der Sieg, den, wie Ihr glaubet, die Feinde davon getragen haben, la victoire que vous croyez que les ennemis ont remportée. Die Sonne von welcher die meiſten Menſchen glauben, daß ſie kleiner ſey, als die Erde, ou die nach der Meinung der meiſten Menſchen kleiner iſt, als die Erde, le soleil que la plupart des hommes croient être plus petit que la terre. Das iſt ein Krieg, von dem man wünſchen ſollte, daß er niemals geweſen wäre, c'est une guerre qu'on souhaiteroit qu'elle n'eût jamais été. Das iſt ein Buch, von dem man ſich nicht einbilden kann, daß es von einem Chriſten iſt geſchrieben worden, c'est un livre que l'on ne peut s'imaginer qui ait été écrit par un Chrétien. Wer iſt geſtorben? ou Wer, ſaget Ihr, iſt geſtorben? Qui dites-vous qui est mort? Wer ſoll leben? ou Wer, wünſchet Ihr, ſoll leben? Qui souhaitez-vous qui vive?

⁎ Il est essentiel de se rendre les phrases suivantes bien familières :

Gagner sa vie, ſich ernähren, ſeinen Unterhalt verdienen :
Gagner sa vie à écrire, etc., ſich mit Schreiben, ꝛc. ernähren.
Gagner quelqu'un, ſich hinter jemanden ſtecken.
Gagner sur quelqu'un, über einen einen Vortheil erhalten ꝛc. einen überreden, von ihm etwas erhalten.
Gagner les devants, voraus reiſen.
Gagner le dessus, die Oberhand behalten.
Je n'y gagne rien, ich habe nichts davon.

Gagner un mal, une maladie, ein Uebel, eine Krankheit davon tragen, darein gerathen.
Bon jour, ich wünsche Ihnen wohl geruhet zu haben. Cela se dit assez souvent au lieu de guten Morgen.
Savez-vous ce que c'est? wisset ihr was es ist?
Y trouver à redire, etwas darwider einzuwenden haben: Je n'y trouve rien à redire, ich finde nichts darwider einzuwenden.
Être transporté de joie, vor Freude auser sich seyn.
Parlez-vous sérieusement? ist es Ihr Ernst?
Le temps me presse, ich habe Eil.
En aucune façon, keinesweges.
En quelque façon, einigermassen.
Se pouvoir passer de quelqu'un, ou de quelque chose, einen ou etwas entbehren können.
Avoir de quoi vivre, zu leben haben.
Jeter des cris, crier comme un misérable, erbärmlich schreien.
Entrer dans une grande colère, in einen heftigen Zorn gerathen.
Mettre la main à la poche, in die Tasche greifen.
Mettre la main à la plume, die Feder ergreifen.
Mettre à feu et à sang, mit Feuer und Schwerdt verheeren.
Mettre à la voile, unter Segel gehen, absegeln.
Mettre à la lotterie, in die Lotterie legen.
Mettre un garçon au collége (à l'école), einen Knaben in die Schule thun.
Mettre au lait, die Milchkur verordnen.
Mettre au monde, zur Welt bringen.
Mettre au net, rein abschreiben.
Mettre en compte, in Rechnung bringen.
Mettre en doute, in Zweifel ziehen.
Mettre en fuite, in die Flucht jagen, schlagen.
Mettre en gage, versezzen, verpfänden.
Mettre en ordre, in Ordnung bringen.
Mettre en pièces, in Stüffen hauen.
Mettre le couvert, den Tisch decken.
Mettre le feu à quelque chose, etwas anzünden, anstessen.
Mettre la tête à la fenêtre, aus dem Fenster gucken.
Mettre son chapeau, seinen Hut aufsezzen.
Mettre pied à terre, absteigen, an's Land treten.
Mettre par écrit, schriftlich aufsezzen.
Se mettre au travail, à l'ouvrage, sich an die Arbeit machen.
Se mettre à rire, à crier, anfangen zu lachen, zu schreien, ꝛc.

Le temps se met au beau, das Wetter heitert sich auf.
Mettre fin, ein Ende machen.
En moins de rien, ehe man es sich versah.
Faire bonne chère, gut leben, gut essen und trinken.
Passer quelque chose à quelqu'un, einem etwas zu gut halten.
Avoir la vue courte, ein blödes Gesicht haben.
Se tourmenter l'esprit, sich den Kopf zerbrechen.
Il m'en souvient, es fällt mir bei: Il m'en souviendra bien, es wird mir schon beifallen.
Qu'est-ce que c'est? was soll das seyn?
Qu'est-ce qu'il y a? was giebt's?
Il y va de mon honneur, de la vie, etc., es betrifft meine Ehre, das Leben, ec.
Vous ne m'y attraperez plus, ihr sollt mich nicht mehr so fangen.
On n'y dure (tient) pas, man kann es nicht aushalten.
Cela se fera, das soll geschehen.
Comment vous y allez, wie verfahret ihr damit, oder wie gehet ihr damit um.
Nous y voilà, da haben wir's.
En venir à un accommodement, einen Vergleich treffen.
Où en serions-nous? wie würde es um uns stehen?
Je ne le ferois pas pour toutes choses au monde, ich möchte es um alles in der Welt nicht thun.
Etre au fait de quelque chose, etwas aus dem Grunde verstehen.
Ce n'est pas mon humeur, so bin ich nicht gesinnt.
A son départ, bei seiner Abreise.
A la vue des vagues, bei dem Anblick der Wellen.
S'amuser à quelque chose, sich bei etwas aufhalten.
Etre de la compagnie, bei der Gesellschaft seyn.
Se faire aimer de tout le monde, être fort insinuant, sich bei jedermann beliebt zu machen wissen.
S'informer à quelqu'un de quelque chose, sich bei einem nach etwas erkundigen.
Coucher avec quelqu'un, bei einem schlafen.
Dire en soi-même, bei sich selbst sagen.
Trouver quelqu'un en bonne santé, einen bei guter Gesundheit antreffen.
En toutes les occasions, bei allen Gelegenheiten.
Je vous en conjure au nom de Dieu, ich bitte euch um Gottes willen.
Appeler quelqu'un par son nom, einen bei seinem Namen rufen (nennen).

Prendre quelqu'un par son foible, einen bei seiner schwachen Seite angreifen.
Prendre par la main, bei der Hand fassen.
Travailler à la chandelle, bei Licht arbeiten.
Avoir sur soi, bei sich haben.
En plein jour, bei hellem Tage.
A la première occasion, bei erster Gelegenheit.
Du vivant du Roi, bei Lebzeiten des Königs.
Etre assis auprès du poêle, du fourneau, bei dem Ofen sitzen.
Jurer par son honneur, bei seiner Ehre schwören: Sur ma foi, bei meiner Treue.
Au régiment, bei dem Regimente.
Par centaines et par milliers, bei hunderten und bei tausenden.
Sous peine de la vie, bei Lebensstrafe.
Changer son cheval, etc., contre une montre d'or, sein Pferd, 2c., gegen eine goldene Uhr, 2c., vertauschen.
C'est un géant en comparaison de moi, er ist ein Ries gegen mir.
Avoir mal à un doigt, à la main, etc., einen bösen Finger, eine böse Hand, 2c., haben.
Il m'en porte envie, er gönnt mir es nicht.
Je ne lui envie pas son bonheur, ou je suis charmé de son bonheur, ich gönne ihm sein Glük.
Je suis charmé de ce qu'il a été attrapé, ich gönne es ihm daß er ist angeführet worden.
Venir à bout, zu Stande kommen.
Venir à bout de son dessein, seinen Endzwek erreichen.
D'un bout à l'autre, vom Anfang bis zum Ende.
Au bout du compte, wenn's um und um kömmt.
Au pied de la lettre, buchstäblich, im buchstäblichen Verstande.
De son propre mouvement, von freien Stükken, aus eigenem Antrieb.
Pécher contre quelqu'un (quelque chose) sich an einem (etwas) versündigen.
Entrer dans la douleur de quelqu'un, an eines Schmerzen Theil nehmen.
J'ai (je trouve, je perds) en vous (en lui, etc.), un ami fidèle, ich habe (finde, verliere) an euch (an ihm, 2c.), einen getreuen Freund.
En vouloir à quelqu'un, gerne an einen wollen.
J'ai une prière à vous faire, ich habe eine Bitte an euch.
Ce fut un dimanche, etc., es war an einem Sonntage, 2c.

Etre à la fenêtre (à la porte, etc.), an dem Fenster (an der Thüre, ꝛc.) stehen.
La chose par elle-même, die Sache an und vor sich selbst.
C'est à moi à jouer, es ist an mir zu spielen.
Cela ne dépend pas de moi, es liegt nicht an mir, ou es hängt nicht von mir ab.
C'est sa faute, die Schuld liegt an ihm, ꝛc.
Cette affaire m'importe beaucoup, es ist mir viel an dieser Sache gelegen.
Que vous fait cela? que vous en importe-t-il? was geht's euch an?
Autant qu'il est en moi, so viel an mir ist.
Tout ce qu'on voit dans les animaux, alles was man an den Thieren siehet.
Etre en vie, am (bei) Leben seyn.
Etre riche en meubles, reich an Hausrath seyn.
Surpasser en courage, an Muth übertreffen.
Sur le rivage, an dem Ufer.
Epargner sur sa bouche, an seinem Munde ersparen.
Rabattre sur les gages, am Lohne abziehen.
Etre en voyage, auf Reisen seyn.
Chemin faisant, en chemin, auf dem Wege.
Dans la rue, auf der Straße ou Gasse.
Se mettre en chemin, sich auf den Weg machen, ou begeben.
De cette manière, auf diese Art, on Weise.
D'une autre façon, d'une autre manière, auf eine andere Art.
De la manière la plus obligeante, auf die verbindlichste Art.
Prêter sur gages, auf Pfänder leihen.
Etre sur la table, etc., auf dem Tische, ꝛc., liegen.
Etre fâché contre quelqu'un, auf einen bös seyn.
Se connoître (s'entendre) en quelque chose, sich auf etwas verstehen.
Prêtez-moi un écu pour quinze jours, leihet mir einen Thaler auf vierzehn Tage.
Payer à compte, auf Abschlag bezahlen.
Etre en fuite, auf der Flucht seyn.
Par ordre, auf Befehl.
A Pâques, auf Ostern.
Comment s'appelle cela en allemand? wie heißt das auf Deutsch?
Se rendre à discrétion, sich auf Gnade und Ungnade ergeben.
De tous côtés, auf allen Seiten.
De part et d'autre, auf beiden Seiten.
A jamais, auf ewig.
Traduire de l'allemand en françois, aus dem Deutschen ins Französische übersetzen.

Crainte de punition, aus Furcht vor der Strafe.
Tout par amour, rien par force, alles aus Liebe, nichts aus Gewalt.
Le prêche (ou sermon, l'école, etc.) est fini, die Predigt (ou Kirche, die Schule, ꝛc.) ist aus.
La chandelle est éteinte, das Licht ist aus.
Avoir assez dormi, ausgeschlafen haben.
Jeter par la fenêtre, aus dem Fenster werfen.
Il ne sera jamais rien, es wird nie etwas aus ihm werden.
C'est fait de moi, etc., es ist aus mit mir, ꝛc.
Boire dans le verre, etc., aus dem Glase, ꝛc., trinken.
Loin des yeux, loin du cœur, aus den Augen, aus dem Sinne.
Tout est perdu, alles ist aus.
Il est perdu, il n'en échappera pas, il est mort, es ist aus mit ihm.
Être au désespoir, in Verzweiflung seyn.
Courir à sa perte, in's Verderben rennen.
Se blesser au doigt (à la main, etc.), sich in den Finger (in die Hand, ꝛc.,) schneiden.
Être au lit, im Bette liegen.
Au moment, in dem Augenblik.
Consentir au mariage, in die Heirath willigen.
Cette couleur saute aux yeux, diese Farbe fällt in die Augen.
Cela saute aux yeux, das fällt in die Augen.
Se mêler d'une affaire, sich in einen Handel mischen, sich um eine Sache bekümmern; mêlez-vous de vos affaires, bekümmert euch um euch.
Dire à l'oreille, in's Ohr sagen.
Devenir amoureux d'une fille, sich in eine Jungfer verlieben.
Dire en face, au nez, in's Gesicht sagen.
Deux fois l'an, zweimal im Jahr.
L'an 1810, im Jahr 1810.
A l'âge de dix-huit ans, im 18ten Jahr seines Alters.
Il y a long-temps que vous ne m'avez écrit, ihr habt mir in langer Zeit nicht geschrieben.
Où allez-vous par cette pluie-là? wo gehet ihr in diesem Regen hin?
Être sur le point, im Begriff seyn.
Cette couleur tire sur le brun, diese Farbe fällt ins Braune.
Au péril de la vie, mit Lebensgefahr.
A grande peine, mit genauer Noth.
Payer argent comptant, mit baarem Gelde bezahlen.
L'homme au grand nez, der Mann mit der grosen Nase.
La fille aux yeux bleus, das Mädchen mit den blauen Augen.

Une cravate à dentelle, ein Halstuch mit Spitzen.
A pied sec, mit trockenem Fuße, trockenes Fusses.
A toute force, mit aller Gewalt, Macht.
A haute voix, mit lauter Stimme.
A pleines mains, mit vollen Händen.
A pleines voiles, mit vollen Segeln.
S'avancer à grands pas, sich mit großen Schritten nahen.
Fouler aux pieds, mit Füßen treten.
Vendre à perte, mit Schaden verkaufen.
Apprendre à ses dépens, mit seinem eigenen Schaden lernen.
Ses forces répondent à son courage, seine Stärke kömmt mit seiner Tapferkeit überein, ou seine Stärke entspricht seiner Tapferkeit.
Il n'est pas comparable à son frère, er ist mit seinem Bruder nicht zu vergleichen.
Montrer quelqu'un au doigt, auf einen mit Fingern weisen.
Il faut s'occuper toujours à quelque chose, man muß alle Zeit mit etwas beschäftigt seyn, sich etwas zu thun machen.
Il est occupé à (de) beaucoup de choses, er ist mit vielen Sachen (Dingen) beschäftiget.
Attaquer l'épée à la main, mit dem Degen in der Hand angreifen.
Les larmes aux yeux, mit weinenden (thränenden) Augen.
Fréquenter (pratiquer) le beau monde, mit schönen (galanten) Leuten umgehen.
Se marier à quelqu'une, sich mit einer verheirathen, vermählen.
Quereller quelqu'un, mit einem zanken: elle m'a querellé, sie hat mit mir gezankt.
En un mot, mit einem Wort.
En lettres d'or, mit goldenen Buchstaben.
En ces termes, mit diesen Worten.
En conscience, mit gutem Gewissen.
Souffrir en patience, mit Geduld ertragen.
Trafiquer en (de) laine, mit Wolle handeln.
Par la poste, mit der Post.
Par des paroles, mit Worten.
Marquer par a, par b, etc., mit a, b, x., bezeichnen.
Faire dire par quelqu'un, mit jemanden sagen lassen.
Par (de) force, mit Gewalt.
S'excuser sur son âge, sur son ignorance, etc., sich mit seinem Alter, seiner Unwissenheit, x., entschuldigen.
Passer sous silence, mit Stillschweigen übergehen.
Il en est de celui-ci comme de celui-là, es ist mit diesem wie mit jenem beschaffen.

Passer le temps à jouer, die Zeit mit spielen vertreiben.
Sauf le respect (sauf l'honneur) de la compagnie, mit Ehren zu melden.
Il est plus heureux que sage, er hat mehr Glük als Verstand (Recht).
A quelque chose malheur est bon, kein Unglük ist so gros, es ist ein Glük dabei.
C'est à faire rire, das ist zum lachen.
Le porter haut, hoch hinaus wollen.
L'emporter, die Oberhand haben.
Vous y êtes, ihr habt's getroffen.
J'en tiens, ich bin erwischt.
Il m'en a conté, er hat mir etwas vorgeschwäzt, vorgelogen.
Demeurons-en là, es bleibt dabei, wir wollen da stehen bleiben.
En vouloir à quelqu'un, gerne an einen wollen.
Il en faut venir là, Muß, ist ein bitter Kraut.
Où en étions-nous? wo sind wir geblieben?
Il s'en faut beaucoup qu'il soit si riche qu'on le dit, er ist bei weitem nicht so reich als man saget.
Je n'ai trouvé âme qui vive, ich habe keine lebendige Seele angetroffen.
Il n'y a qui que ce soit, es ist niemand, wer es auch seyn mag.
Je ne vous demande quoi que ce soit, ich verlange nicht das mindeste von euch.
Que n'étoit-il là! wäre er doch da gewesen! ou daß er nicht da war! Que ne suis-je riche! wäre ich doch reich! ou daß ich nicht reich bin!
Ecrire à ses parens, nach Hause schreiben.
Aller au logis, nach Hause gehen.
Aspirer aux honneurs, nach Ehren trachten.
Le désir de l'honneur, das Verlangen nach Ehre.
L'an == de la création du monde, de la fondation de Rome, etc., im Jahr == nach Erschaffung der Welt, nach Erbauung der Stadt Rom, ꝛc.
S'informer de quelque chose, sich nach etwas erkundigen.
Le chemin de Paris, etc., der Weg nach Paris, ꝛc.
Le voyage de (en) France, des (aux) Indes, etc., die Reise nach Frankreich, Indien, ꝛc.
Aller en France, etc., nach Frankreich reisen.
Sentir l'ail, nach Knoblauch riechen.
Puer le vin, nach Wein stinken.
Quelle odeur (quel goût) a ce beurre? wornach riechet (schmeket) diese Butter?

Il a l'odeur (le goût) de saffran, etc., es riechet (schmecket) nach Saffran, ꝛc.
Courir après les jupes, den Weibsleuten nachlaufen.
Regarder après quelqu'un, sich nach einem umsehen.
Elle soupire après un mari, sie seufzet (strebet) nach einem Manne.
Courir la bague, nach dem Ringe rennen.
A son départ pour les Indes, etc., bei seiner Abreise nach Indien, ꝛc.
Voilà un paquet pour Strasbourg, etc., da ist ein Päckchen nach Strasburg, ꝛc.
Selon moi, à mon avis, nach meiner Meinung.
Selon la rencontre, nachdem es fällt.
S'habiller à la mode, sich nach der Mode kleiden.
Vivre de régime, à la mode, etc., nach der Diät, Mode, ꝛc., leben.
A son aise, nach seiner Bequemlichkeit.
A sa fantaisie, nach seinem Gutdünken.
Danser en cadence, nach dem Takt tanzen.
Juger les gens par la mine, von den Leuten nach dem Ansehen urtheilen.
A la rigueur, nach der Strenge.
Par ordre alphabétique, nach alphabetischer Ordnung.
Se régler sur quelqu'un, selon le sentiment de quelqu'un, sich nach einem richten.
Chanter sur la note, nach Noten singen.
Cela fait de notre monnoie cent écus, etc., das macht nach unserer Münze (nach unserm Gelde) hundert Thaler, ꝛc.
Cela fait monnoie de France, etc., das macht nach französischer Münze, ꝛc.
Peindre d'après nature, nach dem Leben malen.
Les fenêtres de ma chambre donnent sur le jardin, etc., die Fenster meines Zimmers gehen nach dem Garten, ꝛc.
A mon insu, ohne mein Wissen.
A l'insu de mon père, etc., ohne Vorbewußt meines Vaters, ꝛc.
Au-delà de ses gages, über seine Besoldung, über seinen Lohn.
Regarder quelqu'un par-dessus les épaules, einen über die Schultern ansehen.
Outre la somme de dix écus, über die Summe von zehn Thaler.
Outre cela, über dies.
Aller à Paris par Strasbourg, über Strasburg nach Paris reisen.
Pendant le jour, toute la nuit, den Tag über, die ganze Nacht über.

Passer la rivière, über den Flus fahren, gehen, ꝛc.
Consulter quelqu'un sur quelque chose, einen über etwas um
 Rath fragen.
Disputer sur une matière, über eine Sache streiten.
Le pouvoir que vous avez sur moi, etc., die Gewalt die ihr
 über mich habt, ꝛc.
Si vous pouvez gagner cela sur vous, wenn ihr das über euer
 Herz bringen könnet.
Augmenter de la moitié, um die Hälfte vermehren.
Il a bien mérité de lui, er hat sich wohl um ihn verdient gemacht.
A quelle heure? um wie viel Uhr?
A six heures, etc., um sechs Uhr, ꝛc.
A minuit, um Mitternacht, um zwölf Uhr.
Tour-à-tour, eins um's andere, einen um den andern.
A un prix raisonnable, um billigen Preis.
Se jeter au cou de quelqu'un, einem um den Hals fallen.
Se disputer le rang, etc., um den Vorzug, ꝛc., streiten.
Chercher (rechercher) un emploi, um einen Dienst anhalten.
Crier vengeance, um Rache schreien.
Gager (parier) quelque chose, um etwas wetten.
Comment va votre affaire? en quel état est votre affaire? wie
 steht's um euere Sache?
En quel état est mon livre? wie steht's um mein Buch?
Faire le tour de la ville, um die Stadt gehen.
Je vous prie par notre ancienne amitié, ich bitte euch um un-
 serer alten Freundschaft willen.
Pour avoir cela, um dies zu bekommen, zu haben.
Pour l'amour de vous, um euretwillen.
A l'ombre des arbres, unter dem Schatten der Bäume.
Coucher à la belle étoile (en rase campagne), unter freiem
 Himmel schlafen.
Au bruit du canon, unter Lösung der Stücke.
Au nombre des morts, etc., unter der Zahl der Todten, ꝛc.
Vous ne l'aurez pas à moins de trente florins, ihr werdet es
 (ihn, sie) nicht unter dreißig Gulden bekommen.
Quelle différence il y a d'homme à homme! was für ein Un-
 terschied ist doch unter den Menschen!
Un d'entre vous, einer unter euch.
Dieu est au milieu de nous, Gott ist mitten unter uns.
Chemin faisant, en chemin, unter Wegs.
Sous le fourneau, la table, etc., unter dem Ofen, Tische, ꝛc.
Parmi (entre) les bêtes, etc., unter den Thieren, ꝛc.
Au milieu des troubles de la guerre, unter den Kriegsun-
 ruhen.

Durant le sermon, unter der Predigt.
Venir de chez quelqu'un, von einem kommen: Je viens de chez mon cousin, etc., (de la maison de mon cousin), ich komme von meinem Vetter, ꝛc.
Oter quelque chose de dessus la table, etc., etwas von Tische, ꝛc., wegnehmen.
Dès ma jeunesse, von meiner Jugend an.
Dès ce soir, von diesem Abend an, schon diesen Abend.
Cela se fera par mon frère, etc., das wird von meinem Bruder, ꝛc., geschehen.
Par hasard, von ohngefehr.
Lettres sur le même sujet, Briefe von eben dem Inhalt.
Discourir sur l'utilité de quelque chose, von dem Nutzen einer Sache reden.
Cacher quelque chose à quelqu'un, etwas vor einem verbergen, verstecken.
Se cacher à quelqu'un, sich vor einem verbergen.
Etre à l'ancre, vor Anker liegen.
Trouver (juger) à propos, für gut befinden.
Pièce par pièce, morceau par morceau, Stük vor Stük.
J'ai acheté ce livre six écus, et je le revendrai cinq, ich habe dieses Buch für sechs Thaler gekauft, und will es für fünf wieder verkaufen.
Je vous prie de me croire votre serviteur, ich bitte euch, mich für eueren Diener zu halten.
Je vous estime (crois) mon ami, ich halte euch für meinen Freund.
S'estimer heureux, sich für glüklich schäzzen.
Déclarer quelqu'un innocent, einen für unschuldig erklären.
Je l'ai fait il y a deux heures, trois jours, etc., ich habe es vor zwei Stunden, drei Tagen, ꝛc., gethan.
Prendre en gré, vorlieb nehmen.
Comparoître en justice, vor Gericht erscheinen.
Poursuivre (appeler) en justice, vor Gericht belangen (fordern).
Hors de la ville, vor der Stadt, vor dem Thore.
Un écu par tête, einen Thaler vor die Person.
Avoir la préférence sur quelqu'un, den Vorzug vor einem haben.
Se garder de quelqu'un, de quelque chose, sich vor einem, etwas, hüten.
Pleurer de joie, etc., vor Freude, ꝛc., weinen.
Craindre quelqu'un, sich vor einem fürchten.
Demeurer hors de la ville, vor der Stadt wohnen.

Avoir quelque chose en horreur, vor etwas einen Abscheu haben.
La femme est faite pour l'homme, die Frau ist des Mannes wegen erschaffen.
On fait bien des choses pour l'amour des enfans, man thut viel der Kinder wegen.
L'amour de la gloire, die Liebe zum Ruhm.
Prendre la mesure d'un habit, das Maas zu einem Kleide nehmen.
Etre prié à un mariage, à une noce, zu einer Hochzeit gebeten werden.
Couronner quelqu'un Roi, einen zum König krönen.
Etre déclaré successeur, zum Nachfolger erkläret werden.
Faire prisonnier, esclave, zum Gefangenen, Leibeigenen, machen.
Joindre l'armée, sich zur Armee verfügen.
Leur cruauté les rend nos ennemis, ihre Grausamkeit macht sie zu unsern Feinden.
Avoir confiance en (à) quelqu'un, Vertrauen zu jemanden haben.
En même temps, zu gleicher Zeit.
En récompense, zur Vergeltung, Belohnung.
Par bonheur, zum Glük: par malheur, zum Unglük.
Par terre, zu Lande; par mer, par eau, zu Wasser.
Jeter par terre, zu Boden werfen.
Par exemple, zum Beispiel.
Demander quelqu'un pour compère, einen zu Gevatter bitten.
Mot à mot, mot pour mot, von Wort zu Wort.
Je l'ai complimenté (félicité) sur sa promotion, ich habe ihm zu seiner Beförderung Glük gewünschet.
Féliciter ses amis (à l'occasion) de leur fête, seinen Freunden zu ihrem Namenstag Glük wünschen.
Compliment (félicitation, congratulation) sur un mariage, Glükwunsch zu einer Heirath.
Faire profession de la Religion chrétienne, sich zur christlichen Religion bekennen.
Être d'une compagnie, zu einer Gesellschaft gehören.
Rendre quelqu'un son ami, son ennemi, sich einen zum Freunde, Feinde, machen.
En reconnoissance, zur Dankbarkeit.
Prendre quelque chose à cœur, etwas zu Herzen nehmen, sich etwas angelegen seyn lassen.
Il ne faut pas s'en étonner, es ist kein Wunder, ou man darf sich nicht darüber wundern.

Aimer à dormir la grasse matinée, des Morgens gerne lange schlafen.
Gager sa vie, sein Leben verwetten.
Ne savoir que faire, que penser, que dire, nicht wissen was man thun, denken, sagen soll.
Allez-vous-en, allez vous promener, packt euch.
Ainsi dit, ainsi fait, wie gesagt, so gethan.
Voilà une fâcheuse extrémité, da ist guter Rath theuer.
Qu'il s'en aille, lasset ihn weggehen.
Que mes frères viennent, lasset meine Brüder kommen.
Excusez, si je n'ai pas l'honneur de vous reconduire, nehmet das Geleit mit.
J'ai le pied (le bras, etc.) endormi, der Fus (der Arm, ꝛc.) ist mir eingeschlafen.
J'ai failli à dormir trop long-temps, ich hätte es bald verschlafen.
Avez-vous fait? seyd ihr fertig?
Je n'aurois jamais fait, ich würde niemals fertig werden.
Il y a une faute d'impression dans ce mot, dieses Wort ist verdruckt.
Les pages de cette feuille ont été transposées, die Seiten dieses Bogens sind verdruckt.
Cela ne se fera pas, cela ne réussira pas, da wird nichts daraus.
Bâtir (faire) des châteaux en Espagne, Schlösser in die Luft bauen.
Faire parade de quelque chose, sich mit etwas gros machen.
Faire l'amour à quelqu'une, um eine freien (eine karessiren).
A qui la faute? wer kann dafür?
Je ne saurois qu'y faire, ich kann nichts davor.
Ne m'en faites pas porter la peine, lasset mich es nicht entgelten.
Ne l'imputez pas à moi, gebt mir die Schuld nicht.
Ce n'est pas ma faute, je n'en suis pas la cause, ich bin nicht Schuld daran.
Je ne sais qu'y faire, ich kann es nicht ändern.
Comment cela se fait-il? wie geht das zu?
Faire un conte à dormir debout, etwas einfältiges erzählen.
C'est un fait à part, dies gehöret nicht hieher.
Faire tous ses efforts, sein Aeusserstes thun.
Faire une recherche exacte, eine genaue Untersuchung anstellen.
Il ne l'a pas fait à dessein, er hat es nicht gerne (mit Vorsaz, mit Fleis) gethan.
Se soumettre à tout, sich alles gefallen lassen.

A tout événement, es mag vorfallen was will.
Je suis résolu à tout événement, ich lasse es darauf ankommen.
Ne savoir comment s'y prendre, nicht wissen wie man sich bei etwas zu verhalten hat, wie man es anfangen soll.
Se prendre à quelqu'un de quelque chose, sich wegen etwas an einen halten: Je m'en prendrai à vous, ich werde mich desfalls an euch halten.
Je vous prends au mot, ich halte euch beim Wort.
Il se prend bien aux choses qu'il fait, er macht seine Sachen gescheid, er greift die Sache recht an.
Prendre le parti de quelqu'un, sich eines annehmen.
Je le prends sur moi, je m'en charge, ich nehme es auf mich.
Vous en êtes le maître (la maîtresse), es steht Ihnen frei.
Cela me passe, das ist mir zu hoch, unbegreiflich.
Cela ne vous passera pas impunément, vous ne l'aurez pas fait impunément, ihr sollt es empfinden (ich will es euch gedenken, es soll euch nicht ungerochen hingehen).
Il faut l'avoir éprouvé pour en pouvoir juger, es schmeckt nichts unversucht.
Ce portrait est fort ressemblant, dieses Porträt ist gut getroffen.
Faire comme les autres, alles mitmachen, *item* zu allem ja sagen.
De combien de personnes étoit la compagnie? wie stark war die Gesellschaft?
Jusqu'à quelle heure avez-vous joué? wie lange habt ihr gespielt?
Jusqu'à quand attendrai-je? wie lange soll ich noch warten?
Vous avez encore long-temps à attendre, ihr könnet noch lange warten.
Il n'a pas tout le tort, ich verdenke es ihm nicht.
Je vous trouve fort blâmable en cela, ich verdenke es euch sehr.
Vous ne trouverez pas mauvais (étrange) que je l'aie fait, ihr werdet mir es nicht verdenken daß ich es gethan habe.
Est-ce là la reconnoissance qu'on m'en donne? ist das mein Dank?
Il ne tiendra pas à cela (qu'à cela ne tienne), es soll darauf nicht ankommen.
C'est à savoir, es ist noch die Frage.
C'est toujours à recommencer, es ist immer eine Leyer.
Donner un poisson d'Avril à quelqu'un, einen in den April schiffen.
Le bien mal acquis ne profite pas, unrecht erworbenes Gut gedeihet nicht.

Il ne s'en tiendra pas là, er wird es nicht dabei bewenden laſſen.
Se fâcher pour un rien, gleich böſe werden.
S'apaiser, wieder gut werden.
Le gibet n'est que pour les malheureux, kleine Diebe hängt man, die groſen läßt man laufen.
Il réussit en tout (tout lui rit), es geht ihm alles nach Wunſch.
A la portée de l'arquebuse, einen Büchſenſchuß weit.
Voilà ce que c'est que de manger trop, ſo geht es wann man zu viel iſſet.
Voilà ce que c'est que le monde, da ſiehet man was die Welt iſt.
Voilà l'homme qu'il nous faut, da kömmt (da iſt) der rechte Mann.
Il le doit à moi (il m'en est redevable), das hat er mir zu verdanken.
A bon entendeur peu de paroles, Gelehrten iſt gut predigen.
Cela montre du savoir, das läßt gelehrt.
Cela est beau (à voir), das läßt ſchön.
En voici les paroles, die Worte lauten alſo.
La chose a changé de face, das Blat hat ſich gewendet.
Il y est fait (il est propre à cela), er ſchikt ſich dazu.
Il est propre à tout, er iſt zu allem zu gebrauchen, fähig.
Ces boutons n'accompagnent pas bien cet habit, dieſe Knöpfe ſchiffen ſich nicht zu dieſem Kleide.
Cela accompagne bien, das ſchikt ſich dazu.
Cela vous va à peindre (vous voilà à peindre), das ſteht euch ſehr ſchön.
Il n'est bon à rien, es iſt mit ihm nichts anzufangen, er taugt zu nichts.
C'est son affaire, da mag er zuſehen.
Le repos est agréable après le travail, nach gethaner Arbeit iſt gut feiern.
A tort et à travers, in den Tag hinein, unbedachtſamer Weiſe.
Un homme précieux, ein affektirter Menſch.
Un style empesé, eine affektirte Schreibart.
Il lui en coûte, es kommt ihn ſauer an.
Donner de belles espérances, ſich gut anlaſſen.
Elle a prévenu tous ses désirs, ſie that alles was ſie ihm an den Augen anſehen konnte.
A le voir on ne le croiroit pas, man ſiehet es ihm nicht an, ſo ſchlimm iſt er.
Il n'est pas si diable qu'il est noir, er iſt nicht ſo ſchlimm als er ausſieht.
Donner par-dessus le marché, drein geben.

X

Rendre (donner de retour), herausgeben.
N'avoir pas l'âme (la conscience) nette, kein gutes Gewissen haben.
Nous ne vivrons pas jusqu'à ce tems-là, wir werden es nicht erleben.
Les fruits n'ont pas bien donné cette année, die Früchte sind dieses Jahr nicht wohl gerathen.
Il n'y a amitié qui tienne, Freundschaft hin, Freundschaft her.
Il n'y entend pas finesse (il n'a pas de mauvais dessein), er meinet es nicht böse.
Honny soit qui mal y pense, ein Schelm der es böse meinet.
De qui parlez-vous? (à qui en voulez-vous?) wen meinet ihr?
Etre pris sur le fait, auf der That ertappt werden.
Se sentir coupable, sich getroffen finden.
Tenez-vous mieux sur vos gardes une autre fois, lasset das euch eine Warnung seyn.
L'affaire n'a pas réussi, die Sache ist nicht zu Stande gekommen.
Laissez cela, laßt das bleiben, liegen, stehen, seyn.
Prenez la chose à cœur, lasset es euch angelegen seyn.
Je vous le donne pour le prix qu'il me coûte, ich erzähle es so wie ich es gehöret habe.
A quelque prix que ce soit, es koste was es wolle.
Chaque fou sa marotte, jeder hat sein Steckenpferd.
Les commencemens sont difficiles, aller Anfang ist schwer.
J'ai eu beaucoup de peine à m'y résoudre, es ist mir schwer angekommen.
Tout ce qui reluit n'est pas or, es ist nicht alles Gold was glänzt.
Je vous prie de m'en dispenser pour cette fois, ich muß es mir für diesmal verbitten.
Cela lui est naturel, das ist ihm angebohren.
Je suis intéressé dans cette affaire, diese Sache geht mich an.
Décharger sa colère contre quelqu'un, an jemanden seinen Zorn auslassen.
A eux le débat, sie mögen es miteinander ausmachen.
Terminer l'affaire à l'amiable, die Sache in der Güte ausmachen.
Vider le différend à l'amiable, sich in der Güte miteinander vergleichen.
On ne me fera pas changer de sentiment, ich lasse mir das nicht ausreden.
Cela n'est pas de refus, das darf man nicht abschlagen, dieses ist eine große Ehre.

Une politesse en vaut une autre, eine Ehre ist der andern werth.
Prenez vos aises, machet es euch bequem.
Je ne me fais point de scrupule de le faire, ich trage kein Bedenken es zu thun.
S'en rapporter à quelqu'un, sich auf jemanden berufen.
Maintenant il ne tient qu'à lui s'il veut, es beruhet nur jezt auf ihm.
On ne sauroit assez exprimer, man kann es gar nicht beschreiben.
Se tirer très-mal d'affaire, schlecht bei etwas bestehen.
Les émolumens montent plus haut que les gages, die Accidenzien belaufen sich höher als die Besoldung.
Pouvoir suffire à tout, alles bestreiten können.
Je ne sais quel est son motif, ich weis nicht was ihn dazu bewegt.
Il ne m'a pas dit la vérité (il m'a trompé), er hat mich belogen.
Se tenir à la vérité, bei der Wahrheit bleiben.
Ne pouvoir endurer le chaud, vor Hitze nicht bleiben können.
Il est dans ses intérêts, er ist auf seiner Seite.
Il faut dompter la mauvaise inclination de ce garçon, man muß diesem bösen Knaben den Willen brechen.
Je ne saurois lui ôter cela de son esprit, ich kann ihm das nicht aus dem Kopf bringen.
On découvrira bien ce mystère, die Sache wird schon an den Tag kommen.
Elle lui avoit fait perdre tout son bien, Sie hatte ihn um alles gebracht.
On ne l'a pu charger de rien, man hat nichts auf ihn (sie) bringen können.
Je l'ai découvert par hasard, ich bin von ohngefähr dahinter gekommen.
Je n'y ai aucun intérêt, es liegt mir nichts daran.
Si cela vous accommode, wenn euch damit gedienet ist.
C'est un homme d'expérience (il a vu le loup), er kann aus Erfahrung sprechen.
La prophétie n'a pas été accomplie, die Prophezeihung ist nicht eingetroffen.
Se donner des airs, être rempli de son mérite, sich viel einbilden.
Posséder les bonnes grâces de quelqu'un, bei jemanden in Gnaden stehen.
Encourir la disgrâce (être disgracié), in Ungnade fallen.
C'est un esprit dissimulé, es ist ein falscher Mensch.

C'est un franc dissimulé, es ist ein heimtükischer Mensch.
Un franc sournois, ein rechter Tukmäuser.
Elle l'a accusé à faux, sie hat ihn fälschlich angegeben.
Je me suis proposé sérieusement de le faire, ich habe mir es fest vorgenommen.
Je ne veux pas me charger de malédiction, ich mag keinen Fluch auf mich laden.
Vivre fort pauvrement, sich sehr genau behelfen.
Etre fort ménager, sehr genau (karg) seyn.
S'acquitter exactement de sa commission, seinen Auftrag genau ausrichten.
Il ne faut pas regarder de si près, man muß es nicht so genau nehmen.
Rien ne lui échappe, er giebt auf alles sehr genau acht.
Je n'en sais pas le détail, ich weis es nicht so genau.
Etre fort exact dans ses affaires, sehr genau in seinen Geschäften (Sachen) seyn.
Le mariage n'a pas eu lieu, die Heirath ist nicht vor sich gegangen, es ist nichts daraus geworden.
Changeons de discours, wir wollen davon abbrechen, von etwas anders reden.
L'orgueil précède la chute, Hochmuth kömmt vor dem Fall.
Je ne le puis goûter, ich kann mich nicht mit ihm vertragen.
Contentement passe richesses, vergnügt seyn geht über Reichthum.
Un enfant bien né, ein wohlgerathenes Kind.
Ayez du ménagement, macht es gnädig.
Cela passe raillerie (vous en avez trop fait), ihr habt es ein wenig zu grob gemacht.
C'est un homme à son aise, es ist ein wohlhabender Mann.
Il est à son aise auprès de son maître, er hat es sehr gut bei seinem Herrn.
Elle est mieux à son aise que ses sœurs, sie hat es besser als ihre Schwestern.
Agir de concert, ensemble, es mit einander halten.
Juger à propos, für gut befinden.
Je vaux autant que lui, ich bin so gut wie er.
Il y a peu d'espérance que cela arrive, es läßt sich schlecht dazu an, es ist schlechte Hoffnung dazu.
Il ne faut pas en venir à cette extrémité, man muß es nicht so weit kommen lassen.
Que vous en semble-t-il? was haltet ihr davon?
Il y aura bien de la difficulté (cela se fera difficilement), es wird hart halten.

On n'est pas sorcier pour jouer d'adresse, Geschwindigkeit ist keine Hexerei.
Donner audience à quelqu'un, jemanden vor sich lassen.
Il est encore à revenir, er soll noch wiederkommen.
La suite en décidera, die Folge wird es lehren.
Cela est de mon goût, das schmeckt mir.
Cela ne m'est pas indifférent, es ist mir daran gelegen.
Ce n'est pas ainsi qu'on agit, das ist keine Manier.
Se fourrer dans les affaires d'autrui, sich in fremde Händel mischen.
Faire le réservé (ne faire semblant de rien), sich nichts merken lassen.
Je ne saurois être sans rien faire, ich kann nicht müssig gehen.
Que pensiez-vous? wie war euch zu Muthe?
Je sais ce qu'en vaut l'aune, ich weiß wie in dergleichen Fällen einem zu Muthe ist.
Faire la révision d'un compte, eine Rechnung durchsehen.
Les bons comptes font les bons amis, richtige Rechnung erhält gute Freunde.
Nous voilà quittes et bons amis, nun sind wir einander nichts mehr schuldig.
Se donner beaucoup de liberté, sich viele Freiheit herausnehmen.
La nuit porte conseil, wir wollen uns darüber beschlafen.
Se communiquer à tout le monde, gegen jedermann zu offenherzig seyn.
Vous avez fait cela pour me choquer, ihr habt mir dies zum Possen gethan.
Baissez un peu le ton! ach, prahlet doch nicht so sehr!
Depuis que le monde est monde, seit dem die Welt stehet.
J'ai rempli votre place, ich habe eure Stelle vertreten.

RECUEIL DES MOTS LES PLUS NÉCESSAIRES POUR PARLER.

(*m.* signifie masculin ; *f.* féminin, et *n.* neutre. Les chiffres 1. 2. 3. 4. indiquent la déclinaison ; et å, ŏ, ŭ, marquent qu'il faut radoucir la voyelle au pluriel.)

De la Religion.

Gott, 4. ŏ. Dieu.
Jesus Christus,* Jesus-Christ.
der heilige Geist, 4. le Saint-Esprit.
die Dreieinigkeit, 3. la Trinité.
die Jungfrau Maria, la Ste. Vierge.
ein Engel, m. 1. un Ange.
ein Geist, m. 4. un esprit.
die Heiligen, 3. les Saints.
das Paradies, 2. le paradis.
die Hölle, 3. l'enfer.
das Fegfeuer, 1. le purgatoire.
der Teufel, 1. le diable, le démon.
der böse Geist, 4. le malin esprit.
ein Gespenst, n. 4. un spectre, un fantôme, un revenant.
die Religion, 3. la Religion.
ein Christ, 3. un chrétien.
der Römischkatholische, 3. le Catholique Romain.
ein Protestant, 3. un Protestant.
ein Lutheraner, 1. un Luthérien.
der Reformirte, 3. le Réformé.
ein Kezzer, m. 1. un hérétique.
ein Heuchler, 1. un hypocrite.
der Scheinheilige, 3. le bigot.
ein Schwärmer, 1. un fanatique.
ein Türke, 3. un Turc.
ein Jude, 3. un Juif.
ein Heide, 3. un païen.
der Gözze, 3. Abgott, 4. ŏ. l'idole.
ein Gözzendiener, 1. un idolâtre.
die Abgötterei, 3. l'idolâtrie.
ein Freigeist, 4. un esprit-fort.
ein Atheist, 3. un athée.
die Kirche, 3. l'Eglise.
die Hauptkirche, la Cathédrale.
die Kanzel, it. der Katheder, 1. la chaire.
der Altar, 2. ä. l'autel.
eine Kapelle, 3. une chapelle.
die Orgel, 1. l'orgue, les orgues.
das Rauchfas, 4. ä. l'encensoir.
das Crucifix, 2. le crucifix.
der Kirchstuhl, 2. ü. la loge.
der Weihkessel, 1. le bénitier.
das Weihwasser, 1. l'eau bénite.

(*) Jesus Christus, se décline comme en latin ; Gén. Jesu Christi. Dat. Jesu Christo. Ac. Jesum Christum. Voc. Jesu Christe. Ab. bon Jesu Christo.

der Beichtstuhl, 2. ü. le confessionnal.
die Beichte, 3. la confession, confesse.
das heilige Sacrament, 2. le Saint Sacrement.
das heilige Abendmahl bei den Protestanten, la Ste Cène.
das heilige Abendmahl bei den Katholiken, la Sainte Communion.
eine Hostie, 3. une hostie.
der Kelch, 2. le calice.
die Taufe, 3. le baptême.
die lezte Oelung, 3. l'extrême-onction.
die Predigt, 3. le sermon, le prêche.
der Rosenkranz, 2. ä. le chapelet, le rosaire.
die Judenschule, 3. la synagogue.
die Bibel, 1. la Bible.
das alte Testament, le vieux Testament.
das neue Testament, le nouveau Testament.
die heilige Schrift, la Sainte Ecriture.
das Kapitel, 1. le chapitre.

der Vers, 2. le verset.
der Psalm, 3. le psaume.
die Buspsalmen, les psaumes pénitenciaux.
das Evangelium, l'Evangile.
der Text, 2. le texte.
die Epistel, 1. l'épître.
der Katechismus, 2. le catéchisme.
das Gesez, 2. la loi.
der Glaube, 3. la foi.
die Glaubensartikel, 1. les articles de la foi.
die zehen Gebote, n. les dix commandemens, le décalogue.
das Gebet, 4. la prière, l'oraison.
das Gebetbuch, 4. ü. le livre de prières.
das Vater unser, 1. l'oraison dominicale, le pater.
der Gesang, 2. ä. le cantique.
ein Gesangbuch, 4. ü. un livre de cantiques.
der Gottesdienst, 2. le service divin.
das jüngste Gericht, 2. le jugement dernier.
die Ewigkeit, 3. l'éternité.

Les Jours de la Semaine.

Sonntag, 2. dimanche.
Montag, lundi.
Dienstag, mardi.
Mittwoch, mercredi.
Donnerstag, jeudi.
Freitag, vendredi.

Sonnabend, 2. (Samstag) samedi.
ein Markttag, un jour de marché.
ein Werktag, un jour ouvrier.
der Jahrmarkt, 2. ä. die Messe, 3. la foire.

Les Jours de Fête.

Ein Festtag, 2. un jour de fête.
der Advent, 2. l'avent.
der heilige Abend, 2. la veille.

Weihnachten, 1. Noël.
der Neujahrstag, 2. le jour de l'an.

X 4

Neujahrsgeschenke, Pathengeschenke, n. des étrennes.
Lichtmeß, 3. la Chandeleur.
die Fastnachtzeit, 3. le carnaval.
die Fastnacht, 2. le mardi gras.
die Fasten, 1. le carême.
ein Fasttag, m. 2. un jour maigre.
Mariä Verkündigung, l'annonciation.
der Palmsonntag, 2. le dimanche des rameaux.
die Karwoche, 3. la Semaine sainte.
der grüne Donnerstag, 2. le Jeudi saint.
der Karfreitag, le Vendredi saint.
Ostern, Pâques.

Christi Himmelfahrt, l'Ascension.
Pfingsten, la Pentecôte.
das Frohnleichnamsfest, 2. la Fête-Dieu.
das Johannisfest, 2. la saint Jean.
Allerheiligenfest, la Toussaint.
aller Seelen, les trépassés.
das Lauberhüttenfest bei den Juden, la fête des tabernacles.
eines Namenstag, 2. la fête d'une personne.
Geburtstag, l'anniversaire de la naissance.
Buß-Bet-und Fasttag, jour de jeûne et de prière.
Kirmis, f. 2. la fête du village.

Les Mois.

Januar, 1. Wintermonat, 2. Janvier.
Februar, Hornung, Février.
März, Lenzmonat, Mars.
April, Ostermonat, Avril.
Mai, Wonnemonat, Mai.
Juni, Brachmonat, Juin.
Juli, Heumonat, Juillet.
August, Erndmonat, Août.

September, Herbstmonat, Septembre.
October, Weinmonat, Octobre.
November, Wintermonat, Novembre.
Dezember, Christmonat, Décembre.

De l'Univers et de ses Parties.

Das ganze Weltgebäude, l'univers.
die Welt, 3. le monde.
der Himmel, 1. le Ciel.
die Sonne, 3. le soleil.
die Sonnenstrahlen, m. les rayons du soleil.
eine Sonnenfinsterniß, 2. une éclipse de soleil.
der Mond, 3. la lune.

eine Mondsfinsterniß, 2. une éclipse de lune.
der Mondschein, 2. le clair de lune.
der Neumond, 3. la nouvelle lune.
das erste Viertel, 1. le premier quartier.
der Vollmond, 3. la pleine lune.

das letzte Viertel, le dernier quartier.
ein Gestirn, n. 2. un astre.
ein Stern, m. 2. une étoile.
ein Komet, m. 3. une comète.
die acht Planeten, m. les huit planètes.

die Milchstraße, 3. la voie lactée.
das Nordlicht, 4. der Nordschein, 2. la lumière boréale.
das Irrlicht, 4. le feu follet.

Élémens.

Die Elemente, n. 2. les élémens.
die Luft, 2. ü. l'air.
die Erde, 3. la terre.
das Wasser, 1. l'eau.
das große Weltmeer, 2. l'océan.
das Meer, la mer.
das Mittelländische Meer, la Méditerranée.
ein Meerbusen, m. 1. un golfe.
eine Meerenge, 3. un détroit.
die Küste, 3. das Ufer, 1. le rivage.
der Damm, 2. ä. la digue.
die Ebbe und Fluth, le flux et le reflux.
die Meereswellen, f. les flots, les vagues.

eine Insel, 1. une île.
ein Fels, m. 3. un rocher, un roc.
eine Klippe, 3. un écueil.
ein See, m. 3. un lac.
ein Teich, m. 2. un étang.
ein Strom, m. 2. ö. un fleuve.
ein Fluß, m. 2. ü. une rivière.
die Wellen, f. les ondes.
der Schaum, 2. l'écume.
das Feuer, 1. le feu.
der Rauch, 2. la fumée.
der Dampf, 2. ä. la vapeur.
die Flamme, 3. la flamme.
ein Funke, m. 3. une étincelle.
die Asche, 3. la cendre.

Des Métaux, Monnoies et Minéraux.

Das Gold, 2. l'or.
das Silber, 1. das Geld, 4. l'argent.
Silbergeld, de l'argent blanc.
Taschengeld, de l'argent pour les menus plaisirs.
die Münze, 3. la monnoie.
ein Goldstük, n. 2. une pièce d'or.
eine Karolin, 2. un Charles d'or.
ein alter Louisd'or, un Louis vieux.
ein neuer Louisd'or, un Louis neuf.

ein Dukat, m. 3. un ducat.
dieser Dukat ist nicht wichtig, ce ducat n'est pas de poids.
ein Thaler, m. 1. un écu.
ein Gulden, m. 1. un florin.
ein Bazzen, m. 1. un baze.
ein Groschen, m. 1. un gros.
ein Stüber, m. 1. un sou.
ein Kreuzer, m. 1. un cruche, Kreuzer.
ein Heller, m. 1. un denier.
falsches Geld, fausse monnoie.
ein Rechenpfennig, m. 2. un jeton.
das Erz, 2. le bronze, l'airain.

das Kupfer, 1. le cuivre.
das Messing, 2. le laiton.
das Tombak, 2. le tombac.
das Zinn, 2. l'étain.
das Quecksilber, 1. le vif-argent.
das Blech, 2. le fer blanc, le fer de tole.
das Blei, 2. le plomb.
der Stahl, 2. l'acier.

das Eisen, 1. le fer.
der Rost, 2. la rouille.
Drat, m. 2. á. du fil d'archal.
der Schwefel, 1. le soufre.
die Kreide, 3. la craie.
das Bleiweis, 2. la céruse.
der Röthel, 1. la rubrique, la sanguine.
der Grünspan, 2. le vert de gris.

Des Pierres.

Ein Stein, m. 2. une pierre.
ein Kieselstein, un caillou.
der Marmorstein, le marbre.
ein Probierstein, une pierre de touche.
ein Schieferstein, une ardoise.
ein Ziegelstein, une tuile.
ein Bakstein, une brique.

ein Schleifstein, Wezstein, une pierre à aiguiser.
ein Grenzstein, une borne.
ein Magnet, m. 2. un aimant.
der Kalk, 2. la chaux.
der Gips, 2. le plâtre.
Edelsteine, Juwelen, des pierreries.
Der Diamant, 3. le diamant.

Du Temps et des Saisons.

Die Zeit, 3. le temps.
ein Augenblik, m. 2. un moment.
eine Minute, 3. une minute.
eine Stunde, 3. une heure.
eine Viertelstunde, un quart d'heure.
eine halbe Stunde, une demi-heure.
der Tag, 2. le jour.
die Nacht, 2. á. la nuit.
der Morgen, 1. le matin.
die Morgenröthe, 3. l'aurore.
der Sonnenaufgang, 2. le lever du soleil.
der anbrechende Tag, le point du jour.
der Mittag (12 Uhr), le midi.
der Abend, 2. le soir.
der Sonnenuntergang, le coucher du soleil.

die Dämmerung, le crépuscule.
die Abendluft, 2. ú. le serein.
die Mitternacht (12 Uhr), le minuit.
das Licht, 4. la lumière.
der Schatten, 1. l'ombre.
die Dunkelheit, 3. l'obscurité.
die Finsternis, 2. les ténèbres.
die Woche, 3. la semaine.
15 Tage, quinze jours.
ein Monat, m. 2. un mois.
ein viertel Jahr, n. trois mois.
ein halb Jahr, six mois.
das Jahr, 2. l'an, l'année.
das Jahrhundert, 1. le siècle.
die vier Jahrszeiten, f. les quatre saisons.
der Frühling, 2. le printemps.
der Sommer, 1. l'été.
die Hundstage, la canicule.

die Erndte, 3. la moisson.
der Herbst, 2. l'automne.
die Weinlese, 3. les vendanges.
der Winter, 1. l'hiver.
ein Kalender, m. 1. un almanach.
eine Sanduhr, 3. un sablier.
eine Sonnenuhr, 3. un cadran solaire.
das Wetter, 1. le temps.
schön Wetter, beau temps.
schlimm Wetter, mauvais temps.
der Wind, 2. le vent.
der Nordwind, le vent du nord.
der Ostwind, le vent d'amont.
der Südwind, le vent du sud.
der Westwind, le vent d'occident.
die Hitze, 3. la chaleur.
die Wärme, 3. le chaud.
die Wolke, 3. la nue.
das Gewölk, 2. les nuages.
der Regen, 1. la pluie.
der Hagel, 1. la grêle.
der Blitz, 2. l'éclair.
der Sturm, 2. ii. la tempête.
das Ungewitter, 1. l'orage.
der Donner, 1. le tonnerre.
der Donnerstrahl, 2. la foudre.

ein Platzregen, m. 1. une averse.
ein Regenbogen, m. 1. un arc-en-ciel.
der Thau, 2. la rosée.
der Nebel, 1. le brouillard.
der Reif, 2. la gelée blanche.
die Kälte, 3. le froid.
das Eis, 2. la glace.
eine Eisscholle, 3. un glaçon.
ein Eiszapfen, m. 1. une chandelle de glace.
das Glatteis, le verglas.
eine Glitsche, Schleife, 3. une glissoire.
ein Eisbrecher, m. 1. un brise-glace.
die Schrittschuhe, m. les patins.
der Schnee, 2. la neige.
ein Schneeflocken, m. 1. un flocon de neige.
ein Schneeballen, 1. une pelote de neige.
ein Schlitten, m. 1. un traîneau.
eine Schlittenfahrt, 3. une promenade (course) en traîneau.
eine Schelle, 3. un grelot (une sonnette).

De l'Homme.

Ein Mensch, 3. ein Mann, 4. ä. un homme.
eine Frau, 3. une femme.
ein Kind, n. 4. un enfant.
ein Junge, Knabe, Junggeselle, 3. un garçon.
ein Mädchen, eine Tochter, 1. une fille.
eine Person, 3. une personne, un personnage.
die Jugend, la jeunesse.

ein junger Mensch, un jeune homme.
das Alter, 1. la vieillesse.
ein alter Mann, 4. ä. ein Greis, 2. un vieillard.
ein altes Weib, 4. une vieille.
das Leben, 1. la vie.
die Gesundheit, 3. la santé.
der Leib, 4. le corps.
die Haut, 2. ä. la peau.
die Knochen, 1. les os.

das Mark, 2. la moelle.
ein Glied, n. 4. un membre.
die Schönheit, 3. la beauté.
die Gesichtsfarbe, 3. le teint.
eine Blondine, 3. une blondine.
eine Brunette, 3. une brunette.
die Reize, 2. les charmes.
die Häßlichkeit, 3. la laideur.
die Gebärden, les gestes.
das Blut, 2. le sang.
die Adern, f. les veines.
der Kopf, 2. ö. la tête.
die Haare, 2. les cheveux, les poils.
das Gehirn, 2. le cerveau, la cervelle.
die Hirnschale, 3. le crâne.
das Gesicht, 4. le visage.
das Angesicht, la face.
die Stirn, 3. le front.
das Auge, 3. l'œil.
die Augen, les yeux.
die Augenbraunen, les sourcils.
das Augenlied, 4. la paupière.
der Augapfel, 1. ä. la prunelle.
die Nase, 3. le nez.
der Roz, 2. la morve.
die Naslöcher, n. les narines.
die Bakken, Wangen, f. les joues.
die Schläfe, m. les tempes.
das Ohr, 3. l'oreille.
der Mund, 2. la bouche.
die Lippen, lefzen, f. les lèvres.
der Zahn, 2. ä. la dent.
das Zahnfleisch, 2. la gencive.
der Speichel, 1. la salive, le crachat.

die Zunge, 3. la langue.
die Sprache, 3. la langue, le langage.
die Augensprache, le langage des yeux.
das Kinn, 2. le menton.
der Bart, 2. ä. la barbe.
der Hals, 2. ä. le cou.
die Gurgel, 1. der Busen, 1. la gorge.
die Kehle, 3. le gosier.
das Genikke, 2. der Nakken, 1. la nuque, le chignon.
die Schultern, Achseln, f. les épaules.
der Arm, 2. le bras.
der Ellbogen, 1. le coude.
die Hand, 2. ä. la main.
die Faust, 2. ä. le poing.
die Finger, m. 1. les doigts.
der Daumen, 1. le pouce.
der Nagel, 1. ä. l'ongle.
der Puls, 2. le pouls.
die Brust, 2. ü. la poitrine.
der Busen, 1. le sein.
die Brüste, f. les mamelles, les tettons.
das Eingeweide, 1. les entrailles.
das Herz, 3. le cœur.
die Ribbe, 3. la côte.
die Lunge, 3. les poumons.
der Athem, 1. l'haleine.
die Leber, 1. le foie.
die Galle, 3. le fiel.
die Nieren, les reins.
der Bauch, 2. ä. le ventre.
der Nabel, 1. ä. le nombril.
die Gebärme, les boyaux, les intestins.
der Magen, 1. ä. l'estomac.
die Verdauung, 3. la digestion.
der Rükken, 1. le dos.

die Hüfte, 3. la hanche.
die Hinterbacken, les fesses.
der Hintern, 1. le derrière.
die Schenkel, m. les cuisses.
das Knie, 2. le genou.
das Bein, 2. la jambe.
das Schienbein, 2. l'os de la jambe.
die Wade, 3. le gras de la jambe.
der Fus, 2. ü. le pied.
die Fussohle, 3. la plante du pied.
die Ferse, 3. le talon.
eine Zehe, 3. un doigt de pied, un orteil.
der Schritt, 2. le pas.
der Gang, 2. ä. la démarche.

die fünf Sinnen, les cinq sens.
das Fühlen, 1. le toucher.
der Geschmak, 2. le goût.
das Gehör, 2. l'ouïe.
der Geruch, 2. l'odorat.
das Gesicht, it. der Anblik, 2.
die Aussicht, 3. la vue.
die Stimme, 3. la voix.
der Ton, 2. ö. le ton.
das Wort, 2. la parole.
das Wort, 4. ö. le mot.
sinnreiche Einfälle, des bons-mots.
das Gespräch, 2. le discours, le dialogue.
ein Räthsel, n. 1. une énigme.
das Geschrei, 2. le cri.

De l'Ame et des Passions.

Die Seele, 3. l'âme.
der Verstand, 2. Geist, 4. l'esprit.
die Vernunft, 3. la raison.
der Wille, 3. la volonté.
das Verlangen, 1. le désir.
der Wunsch, 2. ü. le souhait.
die Wahl, 3. le choix.
die Meinung, 3. le sentiment, l'avis.
das Gedächtnis, 2. la mémoire.
das Erinnern, 1. le souvenir.
die Einbildung, 3. l'imagination.
ein Traum, m. 2. ä. un songe.
die Ueberlegung, 3. la réflexion.
der Gedanke, 3. la pensée.
die Furcht, 3. la crainte, la peur.
der Schrekken, 1. la frayeur.
das Erstaunen, 1. la surprise.
die Weisheit, 3. la sagesse.

die Klugheit, 3. la prudence.
das Gewissen, 1. la conscience.
die Hoffnung, 3. l'espérance.
die Verzweiflung, 3. le désespoir.
der Zorn, 2. la colère.
die Raserei, 3. Wuth, 3. la rage.
der Karakter, 1. die Gemüthsart, 3. le caractère.
die Fähigkeit, 3. la capacité.
die Aufführung, 3. das Betragen, 1. la conduite.
die Sorge, 3. le soin.
die Mühe, Pein, Strafe, 3. das Anliegen, 1. la peine.
ein Vorwurf, m. 2. ü. un reproche.
die Barmherzigkeit, Liebe, 3. la charité.
die Hochachtung, 3. l'estime.
die Freundschaft, 3. l'amitié.
die Neigung, 3. l'inclination.
die Leidenschaft, 3. la passion.

die Liebe, 3. l'amour.
die Zärtlichkeit, 3. la tendresse.
ein Nebenbuhler, 1. un rival.
der Vertraute, 3. le confident.
ein Kus, m. 2. ü. un baiser.
ein Liebesbriefchen, n. 1. un billet doux, un poulet.
der Argwohn, 2. le soupçon.
die Eifersucht, 3. la jalousie.
der Verdrus, 2. le dépit, le chagrin.
der Haß, 2. la haine.
die Verachtung, 3. le mépris.
die Traurigkeit, 3. la tristesse.
die Betrübnis, 2. l'affliction.
die Thränen, f. les pleurs, les larmes.
die Geduld, 3. la patience.
die Ungeduld, l'impatience.
die Schwermuth, 2. la mélancolie.
das Vergnügen, 1. le plaisir, le contentement, la satisfaction.
die Freude, 3. la joie.
das Gelächter, 1. le ris.

Des Vertus et des Vices.

Die Tugend, 3. la vertu.
das Laster, 1. le vice.
die Frömmigkeit, 3. la piété.
das Mitleiden, 1. la pitié.
die Gütigkeit, 3. la bonté.
die Mässigkeit, 3. la sobriété, la frugalité.
die Keuschheit, 3. la chasteté.
die Schamhaftigkeit, 3. la pudeur.
der Muth, 2. le courage.
die Tapferkeit, 3. la valeur.
die Kühnheit, 3. la hardiesse.
die Beständigkeit, 3. la constance.
der Unbestand, 2. l'inconstance.
die Menschlichkeit, Leutseligkeit, 3. l'humanité.
die Gerechtigkeit, 3. la justice.
die Ungerechtigkeit, 3. l'injustice.
die Gnade, 3. der Dank, 2. la grâce.
die Ungnade, la disgrâce.
die Freigebigkeit, 3. la libéralité.
die Grosmuth, 2. la générosité.
die Belohnung, 3. la récompense.
das Geschenk, 2. le présent.
die Erkenntlichkeit, 3. la reconnoissance.
die Gefälligkeit, 3. la complaisance.
die Ehrbarkeit, Höflichkeit, Rechtschaffenheit, 3. l'honnêteté.
der Neid, die Lust, 2. ü. l'envie.
der Ehrgeiz, 2. l'ambition.
der Hochmuth, 2. l'orgueil.
die Pracht, 3. le luxe.
der Aufwand, 2. la dépense.
die Kosten, Unkosten, les frais.
die Eitelkeit, 3. la vanité.
der Geiz, 2. l'avarice.
der Geizige, Geizhals, 2. ä. l'avare.
die Sparsamkeit, 3. l'économie.
die Verschwendung, 3. la prodigalité.
ein Verschwender, 1. un prodigue.
der Fleis, 2. la diligence.
die Faulheit, 3. la paresse.

ein Faulenzer, un paresseux.
der Müßiggang, 2. l'oisiveté.
die Unmäßigkeit, 3. la gourmandise.
ein Fraß, 2. ä. un gourmand.
die Völlerei, 3. l'ivresse.
die Trunkenheit, 3. l'ivrognerie.
ein Trunkenbold, 2. un ivrogne.
die Grobheit, 3. la brutalité.
ein Grobian, 2. un brutal.
die Undankbarkeit, 3. l'ingratitude.
der Undankbare, 3. l'ingrat.
die Treulosigkeit, 3. la perfidie.
der Treulose, 3. le perfide.
ein Meineidiger, 1. un parjure.
die Schmeichelei, 3. la flatterie.
ein Schmeichler, 1. un flatteur.
die Lüge, 3. le mensonge.
ein Lügner, 1. un menteur.
die Bosheit, Schalkheit, 3. la malice.
die Narrheit, 3. la folie.
ein Narr, 3. un fou.
eine Närrin, 3. une folle.
die Thorheit, 3. la sottise.
ein Thor, 3. ein einfältiger Mensch, 3. un sot.
ein Geck, 3. un radoteur.
ein Taugnichts, 2. un vaurien.
der Betrug, 2. la tromperie.
ein Betrüger, 1. un trompeur.
ein Ränkmacher, 1. un chicaneur.
Ränke machen, chicaner.
die Verrätherei, 3. la trahison.
ein Verräther, 1. un traître.
die Sünde, 3. le péché.
ein Sünder, 1. un pécheur.
die Buße, 3. la pénitence.
das Verbrechen, 1. le crime.
ein Uebelthäter, 1. un criminel.

der Diebstahl, 2. ä. le vol.
ein Dieb, 2. un larron.
eine Diebin, 3. une larronnesse.
ein Hehler, 1. un receleur.
ein Schelm, 3. un fripon.
ein Spitzbub, 3. Gaudieb, 2. un filou.
ein Räuber, 1. Dieb, 2. un voleur.
ein Straßenräuber, 1. un brigand, un voleur de grands chemins.
ein Schurke, Spitzbub, 3. Hundsfott, 4. ö. un coquin.
ein Flegel, Lümmel, 1. un rustre, lourdaud.
ein Schlingel, 1. un polisson.
ein Hexenmeister, 1. un sorcier.
eine Hexe, 3. une sorcière.
ein Freudenmädchen, n. 1. une fille de joie.
eine Hure, 3. une garce, une putain.
ein Hurenjäger, 1. un ribaud.
ein Jungferknecht, 2. un damoiseau.
ein Hahnrei, 2. un cocu.
ein Hagestolz, 2. un vieux garçon.
ein Kupler, 1. un maquereau.
der Ehebruch, 2. Ehebrecher, 1. l'adultère.
die Mordthat, 3. le meurtre.
ein Mörder, 1. un meurtrier.
ein Mordbrenner, 1. un incendiaire.
ein Bösewicht, 4. un scélérat.
der Meuchelmord, 2. l'assassinat.
ein Meuchelmörder, 1. un assassin.

Événemens et Accidens.

Das Schikſal, Glük, 2. Vermögen, 1. la fortune.
das Glük, 2. le bonheur.
das Unglük, 2. le malheur.
der Zufall, 2. ä. l'accident.
der Umſtand, 2. ä. la circonstance.
die Urſache, 3. la cause.
die Veränderung, 3. le changement.
das Schikſal, 2. le sort.
das Gut, 4. ü. le bien.
das Böſe, 2. le mal.
der Reichthum, 4. ü. les richesses.
der Ueberfluß, 2. l'abondance.
ein Schaz, m. 2. ä. un trésor.
die Armuth, 3. la pauvreté.
das Elend, 2. la misère.
die Hungersnoth, 3. la famine.
das Allmoſen, 1. l'aumône.
die Ehre, 3. l'honneur.
der Ruhm, 2. la gloire.
die Schande, 3. la honte.
die Begebenheit, 3. l'aventure.

die Geſchichte, 3. l'histoire.
die Neuigkeit, Nachricht, 3. la nouvelle.
die Zeitung, 3. la gazette.
der Zeitungsſchreiber, 1. le gazetier.
die gelehrte Zeitung, 3. la nouvelle littéraire.
ein Mährchen, n. 1. eine Erzählung, 3. un conte.
die Fabel, 1. la fable.
die Mode, 3. la mode.
der Zank, 2. ä. la querelle.
der Streit, 2. la dispute.
Schimpfreden, f. des injures.
eine Ohrfeige, 3. un soufflet.
Prügel, Schläge, m. des coups de bâton.
ein Tritt, m. 2. un coup de pied.
eine Feuersbrunſt, 2. ü. un incendie.
eine Feuerſprizze, 3. une pompe à feu.
ein Erdbeben, n. 1. un tremblement de terre.

Imperfections et Maladies.

Der Fehler, 1. le défaut.
ein Rieſe, 3. un géant.
ein Zwerg, 2. un nain.
eine Misgeburt, 3. ein Ungeheuer, n. 1. un monstre.
ein Krüppel, m. 1. un estropié.
eine Krüffe, 3. une béquille.
der Kropf, 2. ö. le goître.
ein Buklichter, un bossu.
ein Einäugigter, un borgne.
eine Einäugigte, 3. une borgnesse.
ein Schielender, un bigle, un louche.

der Staar, 2. la cataracte.
ein Blinder, un aveugle.
ein Hinkender, un boiteux.
ein Tauber, un sourd.
ein Stummer, un muet.
ein Stammlender, un bègue.
ein Nachtgänger, Mondſüchtiger, 1. un somnambule.
Sommerflekken, m. des lentilles.
ein Muttermaal, n. 4. ä. une envie.
ein blaues Maal, une meurtrissure.

ein Leichdorn, n. 4. ð. un cor au pied.
eine Warze, 3. une verrue.
ein Kranker, un malade.
die Krankheit, 3. la maladie.
die Schwachheit, Mattigkeit, 3. la foiblesse.
die Wunde, 3. la blessure, la plaie.
der Schmerz, 3. la douleur.
eine Schramme, 3. une balafre.
ein Geschwulst, m. 2. une enflure.
ein Geschwür, n. 2. un apostume, un ulcère.
der Eiter, 1. die Materie, 3. le pus.
der Schwindel, 1. le vertige.
die Ohnmacht, 3. l'évanouissement.
ohnmächtig werden, tomber évanoui, ou en défaillance.
die Unverdaulichkeit, 3. l'indigestion.
die Verstopfung, 3. l'obstruction, la constipation.
die Darmgicht, 3. le miséréré.
ein Bruch, 2. ü. une descente de boyaux, une hernie.
ein Bruchband, 4. ä. un bandage.
der Durchlauf, 2. le cours de ventre, le dévoiement, la diarrhée.
das Kozzen, 1. le vomissement.
die Kolik, 3. la colique.
der Schnupfen, 1. le rhume.
den Schnupfen haben, être enrhumé.
der Husten, 1. la toux.
ein Flus, 2. ü. une fluxion.
die Hipokondrie, Milzkrankheit, 1. l'hypocondrie.

ein Hipokondrist, 3. un hypocondre.
ein Menschenfeind, 2. un misantrope.
die Seekrankheit, 3. le mal de mer.
das Heimweh, 2. le heimvé, la maladie du pays.
die Güldenader, 1. les hémorroides.
das Zahnweh, 2. le mal de dent.
eine Zahnlücke, 3. une dent ébréchée.
die Röthlein, Masern, la rougeole.
die Blattern, Pocken, la petite vérole.
narbigt, marqué de la petite vérole, picoté.
die venerische Krankheit, 3. la grosse vérole, le mal de Naples.
das Fieber, 1. la fièvre.
das alltägige Fieber, la fièvre continue.
das dreitägige Fieber, la fièvre tierce.
das viertägige Fieber, la fièvre quarte.
das hizzige Fieber, die hizzige Krankheit, la fièvre ardente.
das Fletfieber, it. das Friesel, 1. le poupre.
das Gallenfieber, la fièvre bilieuse.
der Schauer, 1. le frisson.
der Rothlauf, 2. l'érisipèle.
die rothe Ruhr, 3. la dissenterie.
die Wassersucht, 3. l'hydropisie.
die Schwindsucht, Lungensucht, 3. l'éthisie, la phthisie.

Y

die Gelbſucht, la jaunisse.
das Seitenſtechen, 1. la pleurésie.
der Krebs, 2. le chancre, cancer.
der kalte Brand, 2. la gangrène.
die fallende Sucht, 3. le mal caduc.
die ſchwere Noth, 3. le haut mal.
das böſe Weſen, 1. l'épilepsie.
der Krampf, 2. ä. le spasme.
ein Blutſturz, m. 2. ü. une hémorragie.
der Schlagfluſs, 2. ü. l'apoplexie.
vom Schlag gerührt ſeyn, être atteint d'apoplexie.

der Grind, 2. die Krätze, s. la gale.
der Auſſaz, 2. ä. la lèpre.
das Podagra, 1. die Gicht, 3. la goutte.
die Peſt, 3. la peste.
die Diät, 3. le régime, la diète.
die Kur, 3. la cure.
die Geneſung, 3. la guérison.
der Tod, 2. la mort.
der todte Leichnam, 2. le mort.
die Bahre, 3. la bière.
der Sarg, 2. ä. le cercueil.
das Begräbnis, 2. l'enterrement.
die Trauer, 1. le deuil.
ein Vermächtnis, n. 2. un legs.

Du Parentage.

Die Familie, 3. la famille.
der Hausvater, 1. ä. le père de famille.
der Mann, Ehemann, 4. ä. le mari.
die Frau, Ehefrau, 3. das Weib, 4. la femme, la mariée.
der Vater, 1. ä. le père.
die Mutter, 1. ü. la mère.
die Aeltern, les père et mère, les parens.
das Kind, 4. l'enfant.
der Sohn, 2. ö. le fils.
die Tochter, 1. ö. la fille.
der Bruder, 1. ü. le frère.
der älteſte, 3. l'aîné.
der jüngſte, 3. le cadet.
die Schweſter, 1. la sœur.
Geſchwiſter, frères et sœurs.
leibliche Geſchwiſter, frères et sœurs germains.
Halbgeſchwiſter, frères et sœurs utérins.

Geſchwiſterkind, 4. cousin germain, cousine germaine.
Nachgeſchwiſterkind, cousin issu de germain.
er iſt Geſchwiſterkind mit meinem Vater ou Mutter, il a le germain sur moi.
der Stiefvater, 1. ä. le beau-père, le second mari de la mère, le parâtre.
die Stiefmutter, 1. ü. la belle-mère, la seconde femme du père, la marâtre.
der Schwiegervater, 1. ä. le beau-père, père du mari ou de la femme.
die Schwiegermutter, 1. ü. la belle-mère, mère du mari ou de la femme.
der Eidam, 2. Schwiegerſohn, 2. ö. Tochtermann, 4. ä. le gendre.
die Schnur, 3. Schwiegertoch-

ter, 1. ö. des Sohnsfrau,
3. la bru.
der Stiefsohn, 2. ö. le beau-
fils, fils d'un autre lit du
père ou de la mère.
die Stieftochter, 1. ö. la belle-
fille, fille d'un autre lit du
père ou de la mère.
Stieffinder, enfans de deux
lits.
Stiefgeschwister, frères ou
sœurs de deux différens
lits.
Stiefbruder, 1. ü. beau-frère,
demi-frère.
Stiefältern, beau-père et
belle-mère.
der Grosvater, 1. ä. le grand-
père, l'aïeul.
die Grosmutter, 1. ü. la grand'-
mère, l'aïeule.
der Urgrosvater ou Aelterbater,
1. ä. le bisaïeul.
die Urgrosmutter, Aeltermut-
ter, 1. ü. la bisaïeule.
der Ururgrosvater, Urälterva-
ter, 1. ä. le trisaïeul.
die Ururgrosmutter, Urälter-
mutter, 1. ü. la trisaïeule.
ein Enkel, 1. un petit-fils.
eine Enkelin, 3. une petite-
fille.
ein Urenkel, 1. un arrière
petit-fils.
eine Urenkelin, 3. une arrière
petite-fille.
der Oheim, 2. l'oncle.
die Muhme, 3. la tante.
der Neffe, 3. le neveu.
die Nichte, 3. la nièce.
der Schwager, 1. ä. le beau-
frère, le frère de la femme
ou du mari.
die Schwägerin, 3. la belle-

sœur, la sœur de la femme
ou du mari.
der Vetter, 1. le cousin.
die Baase, 3. la cousine.
die Verwandten, m. les parens.
weitläuftige Freunde, parens
de loin.
die Vorältern, Urältern, les
ancêtres.
die Vorfahren, les aïeux.
die Ahnen, les quartiers.
der Liebhaber, 1. l'amant, le
galant, l'amateur.
die Liebste, 3. l'amante, la
maîtresse.
das Verlöbnis, 2. les fian-
çailles.
ein Trauring, m. 2. un an-
neau nuptial.
der Verlobte, 3. le fiancé.
eine Verlobte, 3. une fiancée.
der Bräutigam, 2. le futur
époux.
die Braut, 2. ä. la future
épouse.
sie ist versprochen, ou eine
Braut, elle est promise.
der Gemahl, 2. Gatte, 3.
l'époux.
die Gemahlin, Gattin, 3.
l'épouse.
die Hochzeit, 3. les noces.
die Mitgabe, 3. das Heiraths-
gut, 4. ü. la dot.
ein Hochzeitsgeschenk, 2. un
présent de noces, un trous-
seau.
ein Hochzeitgedicht, 2. ein Car-
men, n. 1. un épithalame.
der Ehestand, 2. le mariage.
der ledige Stand, 2. le célibat.
ein Wittwer, 1. un veuf.
eine Wittwe, 3. une veuve.

Y 2

der Erbe, 3. l'héritier.
eine Wöchnerin, Kindbetterin, 3. une accouchée.
die Niederkunft, 2. l'accouchement.
ein Misfall, m. 2. ä. une fausse couche.
Zwillinge, des jumeaux.
ein Zwitter, 1. un hermaphrodite.
der Gevatter, 1. le compère.
die Gevatterin, 3. la commère.
der Taufpathe, 3. le parrain.
die Taufpathin, 3. die Gothe, la marraine.
der Pathe, 3. le filleul.
der Name, 3. le nom.
der Taufname, 3. le nom de baptême.
ein Unname, 3. un sobriquet.
ein natürlicher Sohn, 2. ö. un fils naturel.
ein Hurenkind, n. 4. un bâtard.
ein Vormund, 4. ü. un tuteur.
ein Mündel, 1. Pflegkind, n. 4. un pupille.
ein Waisenkind, 4. un orphelin.

Habillemens et Ajustemens.

Ein Kleid, n. ein Rok, 2. ö. un habit.
ein Ueberrok, 2. ö. une redingote, un surtout.
der Aermel, 1. la manche.
der Aufschlag, 2. ä. le parement.
der Kragen, 1. ä. le collet.
das Futter, 1. la doublure.
die Tasche, 3. la poche.
der Uhrsak, 2. ä. le gousset.
der Knopf, 2. ö. le bouton.
die Knopflöcher, n. les boutonnières.
die Weste, 3. la veste.
das Kamisol, 4. ö. la camisole.
ein Brustlaz, m. 2. ä. un pourpoint.
die Beinkleider, Hosen, la culotte, les chausses.
die Schlafhosen, Unterhosen, les caleçons.
der Schlafrok, 2. ö. la robe de chambre.
ein Pelzrok, m. 2. ö. une fourrure.
die Perüke, 3. la perruque.
ein Perükenstok, 2. ö. une tête à perruque.
die Loken, f. les boucles, les frisons.
ein Haarbeutel, 1. une bourse à cheveux.
ein steifer Zopf, m. 2. ö. une queue.
ein geflochtener Zopf, 2. ö. une tresse.
der Hut, 2. ü. le chapeau.
eine Kokarde, 3. une cocarde.
die Müze, Kappe, 3. le bonnet.
eine Pelzkappe, 3. un bonnet fourré.
eine Nachtmüze, 3. un bonnet de nuit.
die Halsbinde, 3. la cravate.
ein Degen, m. 1. une épée.
die Degenscheide, 3. le fourreau.
ein Degengehäng, n. 2. Degenkoppel, n. 1. un ceinturon.
ein Gürtel, m. 1. une ceinture.
der Nachttisch, 2. la toilette.

eine Haube, 3. une coiffe.
der Kopfpuz, 2. la coiffure.
ein Federbusch, m. 2. ü. un bouquet de plumes.
eine Haarnadel, 1. une épingle à cheveux.
der Kamm, 2. ä. le peigne.
das Puder, 1. la poudre.
der Puderbeutel, 1. la bourse à poudre.
eine Schachtel, 1. une boîte.
die Quaste, 3. la houppe.
die Pommade, 3. la pommade.
wohlriechendes Wasser, 1. de de l'eau de senteur.
die Schminke, 3. le fard.
ein Schminkpflästerchen, n. 1. une mouche.
der Zahnstocher, 1. le cure-dent.
das Zahnpulver, Zahnwasser, 1. le dentifrice.
Ohrringe, m. des boucles d'oreilles.
Ohrengehänge, n. des pendans d'oreilles.
ein Halsband, n. 4. ä. un collier.
eine Schnur Perlen, un collier de perles.
eine goldene Kette, 3. une chaîne d'or.
ein Halstuch, n. 4. ü. un mouchoir de cou, un fichu.
eine Andrienne, 3. ein langes Kleid, 4. une robe.
die Schnürbrust, 2. ü. le corps de jupe, de robe.
ein Schnürriemen, m. 1. un lacet.
das Planschet, 3. le busque.
eine Jacke, 3. une jaquette.
ein Leibchen, n. 1. un corset.
ein Rok, m. 2. ö. une jupe, un cotillon.

ein Unterrok, 2. ö. un jupon.
ein Reifrok, 2. ö. un panier.
eine Schürze, 3. un tablier.
ein Amazonenkleid, Reitkleid, n. 4. un habit de cheval.
das Band, 4. ä. le ruban.
Schleifen, des agrémens, des noeuds.
Schnüre, f. des cordonnets.
der Fächer, 1. l'éventail.
ein Mantel, m. 1. ä. un manteau.
Armbänder, n. des brasselets.
Handschuh, m. des gants.
ein Muff, m. 2. un manchon.
ein Ring, m. 2. une bague.
eine Uhr, 3. une montre.
eine Uhrkette, 3. une chaîne de montre.
ein Uhrgehäuse, 3. it. ein Futteral, n. 2. un étui.
das Uhrglas, 4. ä. le verre.
das Zifferblatt, 4. ä. le cadran.
der Zeiger, 1. l'aiguille.
die Feder, 1. le ressort.
der Strumpf, 2. ü. le bas.
Mannsstrümpfe, des bas d'homme.
seidene Strümpfe, des bas de soie.
wollene Strümpfe, des bas de laine.
die Zwikkel, m. 1. les coins.
die Strumpfbänder, n. 4. les jarretières.
die Schnalle, 3. la boucle.
die Zunge, 3. l'ardillon.
der Stiefel, 1. la botte.
Halbstiefel, 1. des bottines.
ein Zugband, 4. ä. eine Strippe, 3. un tirant.
ein Stiefelzieher, 1. Stiefelknecht, m. 2. un tire-botte.

Y 3

die Pantoffeln, m. les pantoufles.
die Schuhe, m. 2. les souliers.
das Oberleder, 1. l'empeigne.
die Riemen, m. les oreilles.
die Sohle, 3. la semelle.
der Absaz, 2. â. le talon.
das leinen Geräthe, le linge.
ein Hemd, n. 3. une chemise.
ein Oberhemd, 3. une chemise garnie.
der Busenstreif, 2. le jabot.
die Manschetten, Handkrausen, les manchettes.
ein Unterhemd, 3. une chemise de nuit.
Hemderknöpfe, m. des boutons de chemise.
ein Rohr, n. 2. ö. une canne.
ein Stok, m. 2. ö. un bâton.
der Knopf, 2. ö. la pomme.
das Beschläg, 2. la garniture.

eine Steknadel, 1. une épingle.
ein Schnupftuch, n. 4. ü. un mouchoir.
die Brille, 3. les lunettes.
ein Fernglas, 4. ä. kleines Perspektivchen, n. 1. une lorgnette.
ein Vergröserungsglas, n. 4. ä. un microscope.
ein Brennglas, n. 4. ä. un verre ardent.
der Beutel, 1. la bourse.
die Kleiderbürste, 3. les vergettes; ausbürsten, vergetter.
die Schuhbürste, 3. les décrottoires; die Schuh puzzen, décrotter les souliers.
der Regenschirm, 2. le parapluie.
der Sonnenschirm, 2. le parasol.

Des Vivres.

Die Lebensmittel, les vivres.
die Speisen, f. les viandes.
das Fleisch, 2. la viande.
Gesottenes, n. du bouilli.
Gebratenes, n. Braten, m. 1. du rôti, du rôt.
das Füllsel, 1. la farce.
geräuchert Fleisch, de la viande fumée.
Pökelfleisch, de la viande salée.
ein Gericht, n. 2. un mets.
die Suppe, 3. la soupe.
die Brühe, Tunke, 3. la sauce.
die Fleischbrühe, 3. le bouillon.
Rindfleisch, n. 2. du bœuf.
Kalbfleisch, n. du veau.
Kalbsbraten, m. 1. du veau rôti.

Gedämpftes Fleisch, n. de l'étuvée.
Schöpsen ou Hammelfleisch, n. du mouton.
Lammfleisch, n. de l'agneau.
Schweinefleisch, n. du cochon, du porc.
Spek, m. 2. du lard.
Fett, n. 2. du gras, de la graisse.
der Schinken, 1. le jambon.
die Schwarte, 3. la couenne.
ein Schnitt, m. 2. une tranche.
ein Bissen, m. 1. ein Stük, n. 2. un morceau.
ein Mundvoll, une bouchée.
Bratwürste, f. des saucisses.
Blutwurst, f. 2. ü. du boudin.
Leberwurst, f. 2. ü. du boudin de foie.

Cerbelatwurst, f. 2. ü. du cervelas.
eine Schöpskeule, Hammelskeule, 3. un gigot de mouton.
Kälbergekröse, n. de la fraise.
ein Beiessen, n. 1. un ragoût.
das Gemüs, it. die Hülsenfrüchte, les légumes.
Brod, n. 2. du pain.
weis Brod, du pain blanc.
schwarz Brod, du pain bis.
frisch Brod, du pain frais.
trocken Brod, du pain rassis.
ein Laib Brod, m. une miche de pain.
ein Milchbrödchen, n. 1. un pain mollet, un pain à la Reine.
ein Semmel, 2. Wek, m. 2. un petit pain blanc.
Kommisbrod, n. du pain de munition.
die Rinde, Kruste, 3. la croûte.
die Krume, 3. la mie.
eine Pastete, 3. un pâté.
eine Torte, 3. une tourte.
ein Kuchen, m. 1. un gâteau.
ein Lebkuchen, Pfefferkuchen, 1. un pain d'épice.
ungesäuertes Brod, Matzkuchen, du pain azyme.
ein Eierkuchen, Pfannkuchen, 1. une omelette.
Mostrich, Senft, m. 2. de la moutarde.
Gerstengraupen, f. de l'orge mondé.
Mehlklöse, m. des vitelots.
Fleischklöschen, n. 1. des boulettes.
Milchspeisen, f. 3. du laitage.
Brei, m. 2. de la bouillie.
Nudeln, f. des vermicelles.

Salat, m. 2. de la salade.
der Nachtisch, 2. le dessert, le fruit.
Konfekt, m. 2. des confitures.
Zukkerbrod, n. it. Zwibak, m. 2. du biscuit.
Gebakkenes, n. de la pâtisserie.
eine Waffel, 1. une gaufre.
eine Brezzel, 1. un craquelin.
Butter, f. 1. du beurre.
ein Butterbrod, n. 2. une beurrée.
Schmalz= ou Kochbutter, f. du beurre fondu.
ein Butterwek, 2. un coin de beurre.
Käs, m. 2. du fromage.
eine Mahlzeit, 3. un repas.
eine Gasterei, 3. ein Gastmahl, 4. ä. un régal, un festin.
das Frühstük, 2. le déjeûné.
das Mittagessen, 1. le dîner.
das Vesperbrod, 2. le goûté, la collation.
das Abendessen, 1. le soupé.
der Hunger, 1. la faim.
der Durst, 2. la soif.
die Zeche, 3. l'écot.
das Getränk, 2. la boisson.
das Wasser, 1. l'eau.
der Wein, 2. le vin.
Most, m. 2. du moût.
ein Schluk, m. 2. ü. une gorgée.
eine Flasche, 3. une bouteille.
ein Kork, 3. Störfel, m. 1. un bouchon.
ein Korkenzieher, m. 1. un tire-bouchon.
das Bier, 2. la bière.
der Brandtwein, 2. l'eau-de-vie.
der Aepfelwein, le cidre.

die Milch, 2. le lait.
die Molken, 3. le petit lait.
Buttermilch, f. de la babeurre.
der Rahm, 2. la crème.
der Kaffe, 1. le café.
der Thee, 1. le thé.
die Schokolade, 3. le chocolat.
Punsch, m. 2. du ponche.
die Limonade, 3. la limonade.

Des Souverains et de ceux qui les servent.

Der Kaiser, 1. l'Empereur.
die Kaiserin, 3. l'Impératrice.
der Scepter, 1. le sceptre.
die Krone, 3. la couronne.
das Reich, 2. l'Empire.
der Reichsapfel, 1. à. le globe de l'Empire.
der Thron, 3. le trône.
der König, 2. le Roi.
die Königin, 3. la Reine.
das Königreich, 2. le royaume.
der Kurfürst, 3. l'Electeur.
die Kurfürstin, 3. l'Electrice.
das Kurfürstenthum, 4. ú. l'électorat.
der Erzherzog, 2. l'Archi-Duc.
der Herzog, 2. le Duc.
die Herzogin, 3. la Duchesse.
das Herzogthum, 4. ú. le duché.
der Fürst, 3. le Prince.
die Fürstin, 3. la Princesse.
das Fürstenthum, 4. ú. la principauté.
der Graf, 3. le Comte.
die Gräfin, 3. la Comtesse.
die Grafschaft, 3. le comté.
der Adel, 1. la noblesse.
ein Edelmann, un Gentilhomme.
die Edelleute, les Gentilshommes.
ein Junker, 1. un fils de Gentilhomme.
ein Edelknabe, 3. un page.
eine Edelfrau, 3. une Dame noble.
der Präsident, 3. le Président.
ein Hofmann, un Courtisan.
die Hofleute, les Courtisans.
ein Kammerherr, 3. un Chambellan.
ein Ritter, 1. un Chevalier.
der Abgesandte, 3. l'Ambassadeur.
der Gesandte, 3. l'Envoyé.
der Oberhofmeister, 1. le grand-Maître de la maison.
der Oberjägermeister, 1. le Grand-Veneur.
ein Rath, 2. à. un Conseiller.
der Leibarzt, 2. à. le Médecin ordinaire.
ein Hofprediger, 1. un Prédicateur ou ministre de la cour.
ein Schazmeister, 1. un Trésorier.
der Rentmeister, 1. le Trésorier des finances.
ein Hofmeister, 1. un Gouverneur.
eine Hofmeisterin, 3. une Gouvernante.
ein Secretär, 2. Geheimschreiber, 1. un Secrétaire.
der Bibliothekarius, le Bibliothécaire.
die Bibliothek, 3. der Büchersaal, 2. à. la bibliothèque.
eine Hofdame, 3. une Dame de la cour.
ein Stallmeister, 1. un Ecuyer.

ein Konditor, 1. un confi-
turier.
ein Kellermeister, Kellner, 1.
un sommelier.
eine Kammerjungfer, 1. une
femme-de-chambre.
ein Kammerdiener, 1. un valet-de-chambre.
ein Lakai, 3. un valet-de-pied,
un laquais.
ein Lehnlakai, un domestique
de louage.
ein Laufer, 1. â. un coureur.

ein Koch, 2. ô. un cuisinier.
ein Küchenjunge, 3. un mar-
miton.
ein Kutscher, 1. un cocher.
eine Kutsche, 3. un carrosse.
der Schlag, 2. â. la portière.
die Kutschengläser, les glaces.
der Siz, 2. le gousset.
der Kutschersiz, Bok, 2. ô. le
siége du cocher.
ein Reitknecht, Stallknecht,
2. un palefrenier.

Dignités ecclésiastiques.

Der Pabst, 2. â. le Pape.
ein Kardinal, 2. â. un Cardinal.
ein Erzbischof, 2. ô. un Ar-
chevêque.
ein Bischof, 2. ô. un Evêque.
ein Abt, 2. â. un Abbé.
ein Dechant, 3. un Doyen.
ein Domherr, 3. un Chanoine.
ein Kaplan, 2. un Diacre.
ein Pfarrer, 1. un Curé, un
Ministre.
ein Priester, 1. un prêtre.
ein Mönch, 2. un religieux.
ein Pfaff, 3. un moine.
eine Kutte, 3. un froc.
eine Nonne, 3. une religieuse,
nonne.

ein Kloster, 1. ô. un couvent,
un cloître, un monastère.
ein Kapuziner, 1. un Ca-
pucin.
ein Karmeliter, 1. un Carme.
ein Dominikaner, 1. un Do-
minicain.
ein Karthäuser, 1. un Char-
treux.
ein Küster, Glökner, 1. un
marguillier.
ein Kantor, Vorsinger, 1.
un chantre.
ein Organist, 3. un organiste.
ein Einsiedler, 1. un hermite.
eine Einsiedelei, 3. un her-
mitage.

Des Charges civiles et de ce qui y appartient.

Der Magistrat, 2. die Obrig-
keit, 3. le Magistrat.
die Rathsstube, 3. la salle du
conseil.
der Rath, 2. le Sénat, le
conseil.
der Stadtschultheis, 2. le
Maire.
der Bürgermeister, 1. le Bour-
guemestre.

der Richter, 1. le Juge.
ein Syndikus, Anwald, 2.
un Syndic.
ein Schoff, 3. un Echevin.
ein Rathsherr, 3. un Séna-
teur, Conseiller.
ein Aktuarius, ein Stadt- ou
Gerichtschreiber, 1. un
Greffier.
die Kanzellei, 3. la chancellerie.

der Kanzler, 1. le Chancelier.
ein Kanzellist, 3. un écrivain de la chancellerie.
der Kanzelleibote, 3. l'huissier de la chancellerie.
das Kanzelleisiegel, 1. le grand sceau.
der Forstmeister, 1. le Maître des eaux et forêts.
der Baumeister, 1. l'Architecte, le Maître des œuvres.
das Konsistorium, das geistliche Gericht, 2. le Consistoire.
der Pedell, 2. le Bédeau.
eine Bittschrift, Supplik, 3. une requête.
ein Abbokat, 3. un Avocat.
ein Notarius, un Notaire.
ein Prokurator, 3. un Procureur.
ein Kopist, 3. un clerc.
ein Kläger, 1. un demandeur.
der Beklagte, 3. le défendeur.
ein Zeuge, 3. un témoin.
ein Prozeß, Rechtsstreit, m. 2. un procès.
der Bescheid, das Urtheil, 2. la sentence.
ein Eid, m. 2. un serment.
ein Zöllner, it. ein Thorschrei=
der, 1. un péager.
der Zoll, 2. ö. le péage.
ein Häscher, 1. un archer.
ein Bettelvogt, 2. ö. un chasse-coquin.
eine Geldstrafe, 3. une amende.
das Gefängniß, 2. la prison.
der Gefangene, 3. le prisonnier.
der Scharfrichter, 1. l'exécuteur.
der Henker, Schinder, 1. le bourreau.
der Rabenstein, 2. die Richt=
statt, 2. â. le lieu de supplice.
das Schwerdt, 4. l'épée, le glaive.
der Galgen, 1. la potence, le gibet.
das Rad, 4. â. la roue.
rädern, rouer.
der Scheiterhaufen, 1. le bûcher.
viertheilen, écarteler.
das Halseisen, 1. le carcan.
auspeitschen, fouetter, fustiger.
die Landesverweisung, 3. le bannissement.

Des Charges et des Instrumens Militaires.

Ein Soldat, 3. un soldat.
die Kriegsvölker, les troupes.
die Montur, 3. l'habit de soldat.
die Uniform, 3. l'uniforme.
die Waffen, it. das Gewehr, 2. les armes.
Schießgewehr, 2. des armes à feu.
eine Flinte, 3. un fusil.
das Bajonett, 3. la baïonnette.
der Lauf, 2. ä. le canon.
der Kolbe, 3. la crosse.
das Schloß, 4. ö. la platine.
eine Schraube, 3. une vis.
der Hahn, 2. le chien.
den Hahn aufziehen, bander le chien.
die Zündpfanne, 3. le bassinet.
das Zündloch, 4. ö. la lumière.
der Drücker, 1. la détente.
der Ladstok, 2. ö. la baguette.

die Spießgerte, Spießruthe. 3. la verge, la baguette.
Spießruthen laufen, passer par les baguettes.
die Patrontasche, 3. la giberne.
das Schießpulver, 1. la poudre à canon.
die Patrone, 3. la cartouche.
die Kugel, 1. la balle.
ein Schuß, 2. ü. un coup.
die Flinte hat versagt, le fusil a raté.
der Säbel, 1. le sabre.
die Kamaschen, f. les guêtres.
die Reuterei, 3. la cavalerie.
ein Reuter, 1. un cavalier.
ein Dragoner, 1. un dragon.
ein Husar, 3. un husard.
der Karabiner, 1. la carabine.
ein Held, 3. un héros, un guerrier.
das Fußvolk, 4. ö. l'infanterie.
die Freiwilligen, les volontaires.
der Stab, 2. l'État-Major.
ein General, 2. ä. Feldherr, 3. un Général.
ein Generalleutnant, 3. un Lieutenant-Général.
ein Feldmarschall, 2. ä. un Maréchal-de-camp.
der Obrist, 3. le Colonel.
ein Obristwachtmeister, 1. Major, 2. un Major.
der Adjutant, 3. l'Aide-Major.
ein Obristleutnant, 3. un Lieutenant-Colonel.
ein Quartiermeister, 1. un Maréchal-des-logis.
ein Hauptmann, un Capitaine.
die Hauptleute, les Capitaines.
ein Rittmeister, 1. un Capitaine de cavalerie.

ein Leutnant, 3. un Lieutenant.
ein Fähnrich, 2. un Enseigne.
die Fahne, 3. le drapeau, l'enseigne.
ein Fahnenjunker, 1. un Porte-Enseigne.
die Schärpe, Feldbinde, 3. l'écharpe.
ein Sponton, n. un esponton.
ein Kornet, 3. un Cornette.
eine Standarte, 3. un étendard.
der Feldprediger, 1. l'Aumônier du Régiment.
ein Unteroffizier, 2. un bas-officier.
ein Feldwebel, Wachtmeister, 1. un sergent-major.
der Regimentstambur, 3. le tambour-major.
ein Feldscheerer, 1. Wundarzt, 2. ä. un chirurgien.
ein Furier, 2. un fourrier.
ein Korporal, 2. ä. un caporal.
ein Sersant, 3. un sergent.
der Gefreite, 3. l'appointé.
ein gemeiner Soldat, 3. un simple soldat.
ein Werber, 1. un enrôleur.
Soldat werden, s'enrôler.
werben, lever des troupes.
Rekruten, des recrues.
das Handgeld, 4. l'engagement.
das Werbhaus, 4. ä. le dépôt des recrues.
abdanken, congédier.
der Trompeter, 1. le trompette.
die Trompete, 3. la trompette.
die Trompete blasen, sonner de la trompette.
ein Pauker, 1. un timbalier.

eine Pauke, 3. une timbale.
ein Ingenieur, 2. Kriegsbau=
meister, 1. un ingénieur.
ein Konstabler, 1. Kanonier,
2. un canonier.
das Geschüz, 2. l'artillerie.
das schwere Geschüz, la grosse
artillerie.
eine Kanone, 3. ein Gestük,
n. 2. un canon.
die Lavette, 3. l'affut.
die Lunte, 3. la mèche.
eine Kanonenkugel, 1. un
boulet.
eine glühende Kugel, un
boulet rouge.
ein Feuermörser, m. 1. un
mortier.
die Bombe, 3. la bombe.
eine Haubizze, 3. un mortier-
canon, une bombarde.
eine Kartätsche, 3. une carde,
une cardasse.
eine Feldschlange, 3. une cou-
leuvrine.
ein Schüzze, 3. un tireur.
eine Kugelbüchse, 3. une arquebuse.
ein Krázzer, m. 1. un tire-
bourre.
ein Pulverhorn, n. 4. ö. poire
à poudre.
eine Windbüchse, 3. une
arquebuse à vent.
ein Bogen, m. 1. un arc.
ein Pfeil, m. 2. une flèche.
eine Armbrust, 2. ü. une ar-
balète.
ein Blasrohr, it. Sprachrohr,
n. 2. ö. une sarbacane.
zielen, mirer.
die Stechscheibe, 3. le blanc.
nach der Scheibe schiessen,
tirer au blanc.

er hat die Scheibe verfehlet,
il n'a pas touché au but.
eine Pistole, 3. un pistolet.
ein Puffer, m. 1. un pistolet
de poche.
ein Jäger, 1. un chasseur.
die Weidtasche, 3. la gibecière.
ein Hirschfänger, m. 1. un
couteau de chasse.
Schrot, n. 2. de la dragée.
ein Grenadier, 2. un gre-
nadier.
ein Musketier, 2. un mous-
quetaire.
der Tambur, Trommelschläger,
1. le tambour.
die Trommel, 1. la caisse, le
tambour.
trommeln, battre la caisse.
der Marsch, 2. ä. la marche.
der Zapfenstreich, 2. la retraite.
ein Pfeifer, 1. un fiffre.
ein Marketender, 1. un vi-
vandier.
ein Spion, 2. un espion.
der Probos, 2. le prévôt.
der Steffenknecht, 2. l'huissier à verge.
der Krieg, 2. la guerre.
das Kriegsheer, 2. l'armée.
das Bataillon, 2. le bataillon.
das Regiment, 4. le régiment.
die Kompagnie, 3. la com-
pagnie.
ein Glied, n. 4. un rang.
die Brigade, 3. la brigade.
eine Schwadron, 3. un es-
cadron.
der rechte Flügel, 1. l'aile droite.
der linke Flügel, l'aile gauche.
der Flügelmann, 4. ä. le chef
de file.
die Flanke, 3. die Seite, le
flanc.

der Vortrab, 2. l'avant-garde.
der Nachzug, 2. ü. l'arrière-garde.
der Hinterhalt, 2. l'embuscade.
der Ausfall, 2. ä. la sortie.
die Laufgräben, m. les tranchées.
die Runde, 3. la ronde.
die Patroll, 3. la patrouille.
die Parole, 3. l'ordre, le mot du guet.
die Wache, 3. la garde.
die Leibwache, 3. la garde-du-corps.
die Wache ziehet auf, la garde monte.
die Schildwache, 3. la sentinelle, la vedette.
das Schilderhaus, 4. ä. la guérite.

die Schlacht, 3. la bataille.
das Gefecht, 2. le combat.
ein Seegefecht, n. 2. eine Seeschlacht, 3. un combat naval.
die Belagerung, 3. le siége.
der Sturm, 2. ü. l'assaut.
das Lager, 1. le camp.
das Zelt, 3. la tente.
der Sieg, 2. la victoire.
der Sieger, 1. le vainqueur.
die Kriegsgefangenen, les prisonniers de guerre.
der Waffenstillstand, 2. la trève.
ein Rasttag, m. 2. un jour de repos.
das Winterquartier, 2. le quertier d'hiver.
der Frieden, 1. la paix.

Des Sciences, Arts, Professions, Etats, et des choses qui en dépendent.

Die Wissenschaften, f. 3. les sciences.
die schönen Wissenschaften, les belles-lettres.
die Einsichten, 3. Kenntnisse, f. 2. les lumières.
der Gelehrte, 3. le savant, l'homme-de-lettres.
der Geistliche, 3. l'Ecclésiastique.
der Theolog, 3. Gottesgelehrte, 3. le Théologien.
die Theologie, Gottesgelahrtheit, 3. la théologie.
der Rechtsgelehrte, 3. Jurist, 3. le Jurisconsulte.
die Rechtsgelehrsamkeit, 3. la Jurisprudence.

ein Arzt, 2. ä. Doktor, 1. et 3. (*) un médecin.
die Arzneikunst, 2. *it.* die Arznei, 3. la médecine.
ein Rezept, n. 2. une recette.
ein Professor, 1. un Professeur.
ein Rektor, 1. et 3. un Recteur.
ein Magister, 1. un Maître-ès-arts.
ein Kollege, Amtsgehülfe, 3. un collègue.
ein Student, 3. un étudiant.
eine hohe Schule, 3. une académie.
die Universität, 3. l'université.

―――――――

(*) Voyez pag. 29.

die lateinische Schule, 3. le collége.

ein Lehrmeister, 1. un Précepteur.

ein Sprachmeister, 1. un Maître de langue.

ein Dollmetscher, 1. un interprète.

ein Schreibmeister, 1. Scribent, 3. un Ecrivain.

ein Tanzmeister, 1. un Maître à danser.

der Tanzboden, 1. ö. la salle de danse.

der Fechtmeister, 1. le maître d'armes.

der Fechtboden, 1. ö. la salle d'armes.

das Rappier, 2. le fleuret.

ein Schulmeister, 1. un maître d'école.

die Schule, 3. l'école.

ein Schüler, 1. un écolier, un disciple.

das Schulgeld, 4. l'écolage.

ein Kostgänger, 1. un pensionnaire.

ein Zögling, 2. un élève.

die Erziehung, 3. l'éducation.

das Kostgeld, 4. la pension.

ein Buch, n. 4. ü. un livre.

ein Abc=Buch, 4. ü. un abécé.

ein uneingebundenes (rohes) Buch, 4. ü. un livre en blanc.

ein eingebundenes Buch, 4. ü. un livre relié.

der Band, 2. ä. la reliure, la couverture.

Franzband, 2. ä. reliure en veau.

in Pergament, en parchemin.

der Rand, 2. la marge.

der Schnitt, 2. la tranche.

ein Blatt, n. 4. ä. un feuillet, une feuille.

eine Seite, 3. une page.

ein Druckfehler, m. 1. une faute d'impression.

ein Buchstabe, m. 3. une lettre.

ein Schreibbuch, n. 4. ü. un livre à écrire.

ein Heft, n. 2. un cahier.

die Rechenkunst, 2. l'arithmétique.

ein Rechenmeister, 1. un arithméticien.

die Zahl, 3. le chiffre, le nombre.

ein Rechenbuch, 4. ü. un livre d'arithmétique, ou à chiffrer.

das Einmal eins, le livret, la table de multiplication.

die vier Species, les quatre règles de l'arithmétique.

die Regulbetri, la règle de trois, la règle de proportion.

ein Bruch, m. 2. ü. une fraction, un nombre rompu.

das Fazit, la demande, la somme totale.

eine Vorschrift, 3. une exemple.

die Schrift, 3. l'écriture.

ein Zug, m. 2. ü. un parafe.

Papier, n. 2. du papier.

Postpapier, 2. du papier de poste.

grob Papier, Fliespapier, du papier brouillard.

ein Buch Papier, n. une main de papier.

ein Bogen Papier, m. une feuille de papier.

Pappendeckel, m. 1. du carton.

eine Feder, 1. une plume.

ein Federkiel, m. 2. un tuyau de plume.
der Schnitt, 2. la taille.
die Spalte, 3. la fente.
der Schnabel, 1. â. le bec.
die Seele, 3. le larron.
das Rauhe, la barbe.
ein Pennal, 2. Federrohr, n. 2. ô. un étui à plumes.
das Federmesser, 1. le canif.
ein Dintenfaß, n. 4. â. un encrier.
ein Schreibzeug, n. 2. une écritoire.
Dinte, f. 3. de l'encre.
Streusand, m. 2. de la poudre, du sable.
die Streubüchse, 3. le poudrier, le sablier.
ein Bleistift, n. 2. un crayon.
ein Linial, n. 2. une règle.
ein Linienblatt, n. 4. â. une fausse règle.
eine Zeile, 3. une ligne.
das Fliesblatt, Löschblatt, 4. â. le papier brouillard.
ein Dintenklek, m. 2. un pâté.
ein Falzbein, n. 2. un plioir.
ein Brief, m. 2. une lettre.
ein Umschlag, m. 2. â. une enveloppe.
ein Zettel, m. 1. un billet.
ein Pettschaft, n. 2. un cachet.
ein Siegel, n. 1. un sceau.
das Siegelak, 2. la cire d'Espagne, la cire à cacheter.
eine Stange, 3. un bâton.
eine Obiate, 3. un pain à cacheter.
ein Schreibtäfelchen, n. 1. des tablettes.
eine schieferne Tafel, 1. une ardoise.

ein Griffel, m. 1. une touche.
ein Schwamm, m. 2. â. une éponge.
eine Aufgabe, 3. un thême.
die Uebersezzung, 3. la traduction, la version.
die Fehler, m. 1. les fautes.
die freien Künste, f. les arts libéraux.
ein Künstler, 1. un artiste.
die Musik, 3. die Tonkunst, 2. la musique.
ein Musikant, 3. Tonkünstler, 1. un musicien.
die Noten, f. les notes.
Notenpapier, du papier de musique.
ein Notenbuch, 4. ü. un livre de musique.
der Takt, 2. â. la mesure, la cadence.
der Ton, 2. ö. le ton.
ein Triller, m. 1. un fredon, un tremblement.
ein Konzert, n. 2. un concert.
ein Menuet, m. 3. un menuet.
eine Arie, 3. un air.
ein musikalisches Instrument, n. 3. un instrument de musique.
ein Blasinstrument, 3. un instrument à vent.
ein Saiteninstrument, 3. un instrument à cordes.
ein Klavier, n. 2. ein Flügel, m. 1. un clavecin.
eine Geige, 3. un violon.
eine Bratsche, 3. une viole.
ein Baß, m. 2. â. une basse.
ein Fiedelbogen, m. 1. un archet.
ein Wirbel, m. Zapfen, m. 1. une cheville.
der Steg, 2. le chevalet.

die Saiten, f. les cordes.
Geigenharz, n. 2. de la colophane.
eine Flöte, 3. une flûte.
ein Waldhorn, n. 4. ö. un cor de chasse.
eine Harfe, 3. une harpe.
eine Hoboä, Schallmei, 3. un hautbois.
eine Maultrompel, 1. une trompe.
eine Sakpfeife, 3. une cornemuse.
eine Leier, 1. une vielle.
eine Laute, 3. un luth.
eine Klarinette, 3. un clairon.
ein Sänger, 1. un chanteur, musicien.
eine Sängerin, 3. une chanteuse, musicienne.
ein Musikmeister, 1. un maître de musique.
der Kapellmeister, 1. le maître de musique de la chapelle.
ein Geigenmacher, 1. un luthier.
die Dichtkunst, 2. la poésie.
ein Dichter, 1. un poëte.
die Meßkunst, 2. la géométrie.
ein Feldmesser, 1. un géomètre.
ein Zirkel, m. 1. un compas.
die Sternkunde, 3. l'astronomie.
ein Fernrohr, n. 2. ö. Perspektiv, n. 3. une lunette d'approche.
die Erdbeschreibung, 3. la géographie.
eine Erdkugel, 1. un globe terrestre.
eine Himmelskugel, 1. un globe céleste.
eine Landkarte, 3. une carte géographique.

ein Atlas, m. 2. un atlas géographique.
die Baukunst, 2. l'architecture.
die Schmelzkunst, 2. la chimie.
ein Wundarzt, 2. ä. un chirurgien.
ein Balbierer, 1. un barbier.
ein Bader, 1. un baigneur.
die Balbierstube, 3. la boutique de barbier.
ein Schermesser, n. 1. un rasoir.
rasiren, raser, faire la barbe.
ein Becken, n. 1. un bassin.
das Aderlassen, 1. la saignée.
die Lanzette, 3. la lancette.
der Schnepper, 1. la flamme.
das Loch, 4. ö. le trou.
die Aderlaßbinde, 3. la ligature, la bande.
ein Fontanel, n. 2. un cautère.
das Bad, 4. ä. le bain.
der Schröpfkopf, 2. ö. la ventouse.
Schröpfköpfe sezzen, ventouser.
ein Gypsarbeiter, 1. Stukator, un stucateur.
ein Bildhauer, 1. un sculpteur.
der Meisel, 1. le ciseau.
eine Bildsäule, 3. une statue.
ein Petschierstecher, 1. un graveur de cachets.
ein Kupferstecher, 1. un graveur en taille-douce.
ein Kupferstich, m. 2. une taille-douce, une estampe.
ein Maler, 1. un peintre.
der Pinsel, 1. le pinceau.
die Farbe, 3. la couleur, le teint, la teinture, le coloris.
weis, blanc, che.

schwarz,

schwarz, noir, e.
braun, brun, e.
hellbraun, brun clair.
dunkelbraun, brun foncé.
grün, vert, verte.
hellgrün, vert clair.
dunkelgrün, vert foncé.
grasgrün, vert d'herbe.
meergrün, vert de mer, céladon.
roth, rouge.
hochroth, ponceau.
karmesinroth, cramoisi.
gelb, jaune.
dunkelgelb, feuille morte.
blau, bleu, e.
bleichblau, bleu mourant.
himmelblau, bleu céleste.
grau, gris, e.
silbergrau, silberfarb, gris argenté.
Fleischfarbe, incarnat, couleur de chair.
Tusch, de l'encre de la Chine.
eine Staffelei, 3. un chevalet.
ein Bild, n. 4. une image.
ein Gemälde, n. 3. un tableau.
ein Porträt, Bildnis, n. 2. un portrait.
ein Schattenris, m. 2. une silhouette.
ein Uhrmacher, 1. un horloger.
ein Buchdrukker, 1. un imprimeur.
die Drukkerei, 3. l'imprimerie.
ein Sezzer, 1. un compositeur.
die Presse, 3. la presse.
ein Schriftgieser, 1. un fondeur de lettres.
ein Goldarbeiter, 1. Goldschmidt, it. Silberschmidt, 2. un orfèvre.
ein Goldspinner, 1. un tireur d'or.

ein Juwelirer, 1. un joaillier.
ein Münzer, Münzmeister, 1. un monnoyeur.
ein Komödiant, 3. un comédien.
eine Komödiantin, 3. une comédienne.
ein Schauspieler, 1. un acteur.
eine Schauspielerin, 3. une actrice.
das Theater, 1. die Schaubühne, 3. le théâtre.
ein Lustspiel, n. 2. une comédie.
ein Trauerspiel, n. 2. une tragédie.
ein Schauspiel, n. un drame.
ein Singspiel, 2. un opéra.
ein Komödienzettel, m. 1. une affiche.
das Puppenspiel, 2. les marionnettes.
ein Handwerk, Gewerb, n. 2. un métier.
ein Handwerksmann, un homme de métier.
die Handwerksleute, les gens de métier, les artisans, les ouvriers.
ein Bäkker, 1. un boulanger.
ein Pastetenbäkker, 1. un pâtissier.
ein Zukkerbäkker, 1. un confiseur.
ein Lebküchler, Lebkuchenbäkker, 1. un pain d'épicier.
das Mehl, 2. la farine.
die Kleien, 1. le son.
der Baktrog, 2. ö. la huche.
der Teig, 2. la pâte.
Sauerteig, m. du levain.
die Hefen, 1. la lie.
der Bakofen, 1. ö. le four.

Z

ein Müller, 1. un meûnier.
ein Mezger, Fleischer, 1. un boucher.
ein Bierbrauer, 1. un brasseur.
ein Schneider, 1. un tailleur.
ein Knopfmacher, 1. un boutonnier.
ein Schuhmacher, 1. un cordonnier.
ein Strumpfweber, 1. un faiseur de bas.
ein Weberstuhl, m. 2. ü. un métier.
ein Perükkenmacher, 1. un perruquier.
ein Hutmacher, 1. un chapelier.
ein Leinweber, 1. un tisserand.
ein Kürschner, 1. un pelletier.
der Pelz, 2. la pelisse, la fourrure.
ein Wagner, 1. un charron.
ein Hufschmidt, 2. un maréchal.
die Schmiede, 3. la forge.
ein Hammer, m. 1. ä. un marteau.
der Ambos, 2. l'enclume.
ein Schlosser, 1. un serrurier.
ein Waffenschmidt, 2. Büchsenschäfter, 1. un armurier.
eine Feile, 3. une lime.
die Zange, 3. les tenailles.
ein Schraubstok, m. 2. ö. un étau.
ein Sattler, 1. un sellier.
ein Gürtler, 1. un ceinturier.
ein Blechschmidt, 2. Spengler, 1. un ferblantier.
ein Seiler, 1. un cordier.
das Seil, der Strik, 2. la corde.
der Bindfaden, 1. ä. la ficelle.
ein Zimmermann, un charpentier.

die Zimmerleute, les charpentiers.
das Beil, 2. la cognée.
Splitter, 1. Holzspäne, des büchettes.
ein Maurer, 1. un maçon.
die Kelle, 3. la truelle.
der Mörtel, Speis, 2. le mortier.
ein Tüncher, Weisbender, 1. un maçon qui crépit, barbouilleur.
ein Gerüst, 2. ein Schafot, n. 3. un échafaud.
ein Steinmez, 2. Steinhauer, 1. un tailleur de pierres.
ein Glaser, 1. un vitrier.
ein Dachdekker, 1. un couvreur.
ein Brunnenmeister, 1. un fontainier.
ein Tapezierer, 1. un tapissier.
ein Tischler, Schreiner, 1. un menuisier.
die Axt, 3. la hache.
die Säge, 3. la scie.
sägen, scier
die Hobel, 1. le rabot.
hobeln, raboter.
die Hobelspäne, 2. les coupeaux.
ein Bohrer, m. 1. un perçoir.
Leim, m. 2. de la colle.
Kleister, m. 1. Pappe, f. colle de farine.
leimen, coller.
ein Schornsteinfeger, 1. un ramoneur de cheminée.
ein Häfner, Töpfer, 1. un potier.
ein Zinngieser, 1. un potier d'étain.
ein Rothgieser, Glokkengieser, 1. un fondeur.
die Glokke, 3. la cloche.

der Schwengel, 1. le battant.
ein Kupferschmidt, 2. un chaudronnier.
ein Nagelschmidt, 2. un cloutier.
ein Nagel, m. 1. ä. un clou.
ein Messerschmidt, 2. un coutelier.
ein Schwerdtfeger, 1. un fourbisseur.
ein Lichterzieher, 1. un chandelier.
ein Seifensieder, 1. un savonnier.
ein Bötticher, Bönner, 1. un tonnelier.
ein Säkler, 1. un boursier.
ein Tuchmacher, 1. un drapier.
ein Tuchbereiter, 1. un tondeur de drap.
ein Drechsler, Dreher, 1. un tourneur.
eine Drehbank, 2. ä. un tour à tourner.
ein Gärtner, 1. un jardinier.
ein Buchbinder, 1. un relieur.
einbinden, relier.
ein Bürstenbinder, 1. un vergettier.
ein Kartenmacher, 1. un cartier.
ein Papiermacher, 1. un papetier.
Lumpen, m. des chiffons, des haillons.
ein Fischer, 1. un pêcheur.
der Fischfang, 2. la pêche.
eine Angel, 1. un hameçon.
ein Netz, n. 2. un filet.
ein Kammmacher, 1. un peignier.
ein Bordenwürker, 1. un passementier.
ein Gerber, 1. un tanneur.

ein Weißgerber, 1. un mégissier.
ein Färber, 1. un teinturier.
ein Seidenfärber, 1. un teinturier en soie.
die Mange, 3. la calandre.
der Meister, 1. Herr, 3. Lehrer, 1. le maître.
ein Geschworner, 1. un juré expert.
die Meisterin, Frau, Gebieterin, it. Liebste, 3. la maîtresse.
ein Pfuscher, 1. un gâtemétier.
die Werkstatt, 3. la boutique.
die Herrschaft, 3. les maîtres.
das Gesinde, les domestiques.
ein Handwerksbursch, 2. un garçon de métier, un compagnon.
der Altgesell, 3. le maître garçon.
ein Schneidergesell, 3. un garçon tailleur.
ein Schuhknecht, 2. un garçon cordonnier.
ein Schmiedeknecht, 2. un forgeron.
ein Schurzfell, 2. un tablier de peau.
das Felleisen, 1. la valise.
ein Lehrjung, 3. un apprenti.
die Lehre, 3. das Lehrgeld, 4. l'apprentissage.
ein Lehrbrief, m. 2. une lettre d'apprentissage.
das Attestat, 3. die Kundschaft, 3. le certificat.
ein Wirth, 2. un hôte.
die Wirthin, 3. l'hôtesse.
ein Hausknecht, 2. un valet de cabaret.
ein Speisewirth, 2. un traiteur.

ein Makler, 1. un courtier.
ein Trödler, 1. un fripier.
der Trödelmarkt, 2. ä. la friperie.
ein Schuhflikker, 1. un savetier.
ein Zahnarzt, 2. ä. un dentiste.
ein Korbmacher, 1. un vannier.
ein Besenbinder, 1. un faiseur de balais.
ein Holzmesser, 1. un mouleur de bois.
ein Holzhauer, 1. un bûcheron.
ein Holzhakker, 1. un coupeur de bois.
Sägspäne, de la sciure.
der Sägbok, 2. ö. le tréteau.
ein Pflasterer, 1. un paveur.
pflastern, paver.
das Pflaster, 1. le pavé.
ein Hutstaffierer, 1. un garnisseur.
der Marktmeister, 1. le placier.
der Wagemeister, 1. le vaguemestre.
ein Leichenbitter, 1. un pleureur.
ein Schröter, 1. un encaveur.
eine Schrotleiter, 1. un poulin.
ein Scheerenschleifer, 1. un gagne-petit, un rémouleur.
ein Lampenfüller, 1. un lanternier.
die Nachtwächter, 1. les gardes de nuit.
ein Schubkärcher, 1. un brouettier.
der Schubkarren, 1. la brouette.
ein Lastträger, Restträger, 1. un crocheteur.
ein Reffe, 3. un crochet.
ein Bergknappe, 3. un mineur.
eine Schacht, 3. une mine.

ein Postknecht, 2. un postillon.
ein Postwagen, m. 1. ä. un chariot de poste.
eine Postchäse, 3. une chaise de poste.
eine Landkutsche, 3. un coche.
ein Miethkutscher, Lehnkutscher, Hauderer, 1. un fiacre, cocher de louage.
der Reisende, 3. le voyageur.
reisefertig, prêt à partir.
die Reise, 3. le voyage.
glükliche Reise, bon voyage.
zu Fus gehen, aller à pied.
in der Kutsche fahren, aller en carrosse.
reiten, aller à cheval, monter à cheval.
zu Wasser reisen, aller par eau.
zu Land reisen, aller par terre.
der Passagier, 2. Durchreisende, 3. le passager.
der Fremde, 3. l'étranger.
ein Paß, 2. ä. un passe-port.
ein Kurier, 2. un courier.
ein Bote, 3. un messager.
ein Briefträger, 1. un porteur de lettres.
ein Senftenträger, 1. un porte-chaise.
eine Sänfte, 3. une chaise à porteur.
ein Fuhrmann, un charretier, un voiturier.
die Fuhrleute, les charretiers, les voituriers.
ein Kittel, m. 1. un sarrau.
ein Karren, m. 1. une charrette.
ein Karn voll, ein Fuder, n. 1. une charretée.
ein Wagen, m. 1. ä. un chariot.
die Deichsel, 1. le timon.

die Achse, 3. l'essieu.
das Rad, 4. à. la roue.
Wagenschmier, n. 2. de l'oing.
das Wagengeleise, n. 1. l'ornière.
ein Schiffer, 1. un batelier, un marinier.
ein Schif, n. 2. un bateau, un vaisseau, un navire, un bâtiment.
ein Marktschif, n. 2. un coche d'eau.
ein Färcher, 1. un passeur.
ein Nachen, m. 1. une barque, une nacelle.
eine Jacht, 2. un yacht.
ein Floß, n. 2. un radeau.
ein Matrose, 3. ein Bootsknecht, 2. un matelot.
ein Ruder, n. 1. une rame.
das Verdek, 2. le tillac.
der Mastbaum, 2. à. le mât.
der Segel, 1. la voile.
die Flagge, 3. le pavillon.
die Wimpel, 1. la flamme.
der Anker, 1. l'ancre.
der Seekompas, 2. la boussole.
ein Bauer, 3. un paysan.
ein Mäher, 1. un faucheur.
eine Sense, 3. une faulx.
eine Heugabel, 1. une fourche.
eine Mistgabel, 1. une fourche fière.
der Rechen, 1. die Harke, 3. le râteau.
ein Grabscheit, n. 3. une bêche.
ein Ackermann, un laboureur.
die Ackerleute, les laboureurs.
der Pflug, 2. ü. la charrue.
ein Schnitter, 1. un moissonneur.

die Sichel, 1. la faucille.
die Garbe, 3. la gerbe.
ein Drescher, 1. un batteur en grange.
der Dreschflegel, 1. le fléau.
das Stroh, 2. la paille.
die Spreu, 3. la menue paille.
der Häkferling, 2. der Hechsel, 1. la paille hachée.
ein Bund Stroh, une botte de paille.
ein Strohhalm, m. 3. un brin.
ein Winzer, Weingärtner, 1. un vigneron.
ein Taglöhner, 1. un journalier.
ein Handlanger, 1. un manoeuvre.
ein Kohlenbrenner, 1. un charbonnier.
ein Tabaksspinner, 1. un fileur de tabac.
ein Marktschreier, 1. un charlatan.
ein Taschenspieler, 1. un joueur de gobelets.
ein Seiltänzer, 1. un danseur de corde.
ein Hanswurst, 2. ü. un arlequin, Jean potage.
die Pritsche, 3. la bate.
ein Schäfer, 1. un berger.
ein Kuhhirt, 3. un vacher.
ein Schweinhirt, 3. un porcher.
ein Knecht, 2. un valet.
der Arme, 3. le pauvre.
die Hausarmen, les pauvres honteux.
ein Bettler, 1. un mendiant.
ein Sklave, 3. un esclave.
ein Todtengräber, 1. un fossoyeur.

Des Métiers de Femmes.

Eine Nätherin, 3. une couturière, une lingère.
das Nähküssen, 1. die Nählade, 3. le carreau, la pelote de toilette.
die Naht, 2. â. la couture.
nähen, coudre.
der Saum, 2. â. l'ourlet.
säumen, ourler.
eine Nähnadel, 1. une aiguille à coudre.
die Spizze, 3. la pointe.
das Nadelöhr, 2. le trou d'aiguille.
eine Nadelbüchse, 3. un aiguillier.
ein Nadelküssen, n. 1. une pelote, un peloton.
Zwirn, m. Garn, n. 2. du fil.
einfädeln, enfiler.
ein Knaul Zwirn, ein Klingel, 1. une pelote de fil.
ein Strang, m. 2. â. un écheveau.
Wachs, n. 2. de la cire.
der Fingerhut, 2. ü. le dé.
die Scheere, 3. les ciseaux.
ein Scheerenfutteral, 2. un étui de ciseaux.
eine Haubensteckerin, 3. une coiffeuse, une monteuse.
aufstecken, monter.
eine aufgesteckte Haube, 3. une coiffure.
der Haubendrat, 2. â. la carcasse.
eine Spinnerin, 3. une fileuse.
spinnen, filer.
ein Spinnrad, 4. â. un rouet.
der Rocken, 1. la quenouille.
die Spule, 3. la bobine.
die Spindel, 1. le fuseau.
der Hanf, 2. le chanvre.
der Flachs, 2. le lin.
ein Haspel, m. 1. un dévidoir.
abhaspeln, dévider.
eine Wäscherin, 3. ein Waschweib, 4. une blanchisseuse, une lavandière.
waschen, laver.
die Lauge, 3. la lessive.
die Seife, 3. le savon.
eine Seifenkugel, Fleckkugel, 1. une savonnette.
ein Fleck, m. 3. une tache.
Stärke, f. 3. de l'empois, de l'amidon.
eine Waschkufe, 3. Waschbütte, 3. un cuvier.
der Bleichplaz, 2. â. Bleichgarten, 1. â. la blanchisserie.
bleichen, blanchir.
das leinen Zeug, 2. die Wäsche, 3. le linge.
die schwarze Wäsche, le linge sale.
eine Büglerin, 3. une repasseuse.
bügeln, repasser.
ein Bügeleisen, 1. un fer à repasser, un carreau.
eine Strickerin, 3. une tricoteuse.
stricken, tricoter.
ein Strickdrat, 2. â. eine Stricknadel, 1. une broche, une aiguille à tricoter.
Seide, f. 3. de la soie.
Wollengarn, n. 2. de la sayette.
eine Strumpfstrickerin, 3. une ravaudeuse.
eine Obsthändlerin, 3. une fruitière.
eine Hebamme, 3. une sage-femme.

eine Säugamme, 3. une nourrice.
eine Wärterin, 3. une garde.

eine Magd, 2. à. Dienerin, 3. une servante.

Du Négoce.

Die Handlung, 3. le négoce, le commerce.
ein Gewölbe, n. 1. et 4. Waarenlager, n. 1. un magasin.
ein Laden, m. 1. à. une boutique.
ein Komptoir, n. 2. Schreibstube, f. 3. un comptoir.
ein Kramstand, m. 2. à. un étau.
ein Wechsler, 1. un banquier.
ein Kaufmann, un marchand.
die Kaufleute, les marchands.
ein Kaufmann der ins Große handelt, un marchand en gros.
ein Kaufmann der ins Kleine handelt, un marchand en détail.
ein Weinhändler, 1. un marchand de vin.
ein Galanteriehändler, 1. un marchand de modes.
ein Lederhändler, 1. un marchand de cuir.
ein Seidenhändler, 1. un marchand de soie.
ein Papierhändler, 1. un marchand de papier.
ein Mehlhändler, 1. un farinier.
ein verdorbener Kaufmann, un marchand ruiné.
ein Handelsmann, un négociant.
die Handelsleute, les négocians.
ein Buchhändler, 1. un libraire.

die Buchhandlung, 3. la librairie.
ein Krämer, 1. un mercier.
ein Eisenkrämer, 1. un ferronnier.
ein Spezereikrämer, 1. un épicier.
ein Tabletkrämer, 1. un colporteur.
ein Buchhalter, 1. un teneur de livres.
die doppelte Buchhaltung führen, tenir les livres en parties doubles.
der Handlungsbediente, 3. le commis.
ein Kaufmannsdiener, 1. un garçon Marchand.
ein Ladendiener, 1. un garçon de boutique.
ein Wechselbrief, m. 2. une lettre de change.
ein Frachtbrief, m. 2. une lettre de voiture.
eine Quittung, 3. une quittance.
eine Anweisung, 3. une assignation.
ein Schein, 2. Zettel, m. 1. un billet.
eine Rechnung, 3. un compte.
ein Kunde, 3. un chaland.
die Kundschaft, 3. la pratique.
ein Schuldner, 1. un débiteur.
ein Gläubiger, 1. un créancier.
der Krebit, 2. le crédit.
der Bankerot, 2. la banqueroute.

Z 4.

ein Bankerotierer, 1. un banqueroutier.
die Bezahlung, 3. le paiement.
baar Geld, de l'argent comptant.
der Kasten, 1. die Kiste, 3. la caisse.
das Fas, 4. â. die Tonne, 3. le tonneau.
ein Ohm, n. 2. un muid, une pipe.
das Maas, 2. la mesure.
messen, mesurer.
die Kanne, 3. das Maas, le pot.
ein halb Maas, une pinte.
ein Schoppen, Nösel, m. 1. une chopine.
ein Ballen, m. 1. une balle.
ein Pak, m. 2. â. un ballot.
Paktuch, n. 4. ü. de la toile d'emballage, de la serpillière.
eine Paknadel, 1. une aiguille à emballer.
ein Pakstok, m. 2. ö. un garrot, loup.
ein Stük, n. 2. une pièce, un morceau.
eine Elle, 3. une aune.
ein Staab, m. 2. une aune de Paris.
eine Wage, 3. une balance.
eine Wagschale, 3. un bassin de balance.
eine Goldwage, 3. un trébuchet.
wiegen, peser.
das Gewicht, 2. le poids.
ein Zentner, m. 1. un quintal.
ein Pfund, n. 2. une livre.
ein halb Pfund, une demi-livre.
ein Viertel Pfund, un quarteron.

zwei Loth, une once.
ein Loth, n. 2. une demi-once.
ein halb Loth, un quart d'once.
ein Quentchen, 1. une dragme.
eine Deute, Tutte, 3. un cornet.
ein Sak, m. 2. â. un sac.
ein Malter, n. 1. un maldre.
ein Scheffel, m. 1. un minot.
die Waare, 3. la marchandise, la denrée.
Tuch, n. 4. ü. du drap.
die Saumleiste, Kante, 3. la lisière.
der Scharlach, 2. l'écarlate.
Zeug, m. 2. de l'étoffe.
Seitenzeug, 2. de l'étoffe de soie.
Wollenzeug, 2. de l'étoffe de laine.
das Muster, 1. l'échantillon.
die Probe, 3. l'épreuve, la preuve, la montre.
Sammet, m. 2. du velours.
Plüsch, m. 2. de la peluche.
Atlas, m. 2. du satin.
Taffet, m. 2. du taffetas.
Damast, m. 2. du damas.
Gase, 2. Beuteltuch, n. 4. de la gaze.
Flor, m. 2. du crêpe.
Leinwand, f. 2. de la toile.
gebleichte Leinwand, de la toile blanche.
Baumwolle, f. 3. du coton.
Kattun, m. 2. de la toile de coton.
Ziz, m. 2. de l'indienne.
Kammertuch, n. de la toile de Cambrai, de la baptiste.
Nesseltuch, n. de la mousseline.
Wachstuch, n. de la toile cirée.
Zwillich, m. 2. du coutis.

Glanzschechter, m. 1. du treillis.
Barchent, m. 2. de la futaine.
Flanell, m. 2. de la flanelle.
Boy, m. 2. de la revêche.
Borten, Tressen, f. des galons.
Band, n. 4. ä. du ruban.
glatt, gemodelt, gestreift, Atlasband, du ruban uni, figuré, rayé, satiné.
Floretband, n. du fleuret.
die rechte Seite, 3. l'endroit.
die unrechte Seite, l'envers.
Schnur, f. 2. ü. du cordon.
Spitzen, Kanten, f. des dentelles.
das Fischbein, 2. la baleine.
ein Krappen, ein Haken, m. 1. un crochet.
eine Schlinke, 3. un porte-crochet.
das Leder, 1. le cuir.
Kaffe, m. 1. du café.
eine Bohne, 3. une fève.
Zukker, m. 1. du sucre.
ein Zukkerhut, m. 2. ü. un pain de sucre.
Farinzukker, Kochzukker, 1. de la cassonade.
Kandelzukker, 1. du sucre candi.
Schokolade, f. 3. du chocolat.
Gewürz, n. 2. des épices.
eine Muskatennus, 2. ü. une muscade.
Muskatenblumen, f. des fleurs de muscade.
der Zimmet, 2. la cannelle.
Nägelein, des clous de girofle.
der Safran, 2. le safran.
Rosinen, f. des raisins secs.
kleine Rosinen, des raisins de Corinthe.

Kalmus, m. de la canne odoriférante.
Ingwer, m. 1. du gingembre.
Pfeffer, m. 1. du poivre.
Pfefferkörner, n. des grains de poivre.
gestossener Pfeffer, du poivre pilé.
Salz, n. 2. du sel.
Tabak, m. 2. du tabac.
Schnupftabak, du tabac en poudre.
eine Dose, 3. une tabatière.
Rauchtabak, du tabac à fumer.
ein Brief Tabak, un paquet de tabac.
eine Rauchtabaksdose, 3. une boîte à tabac.
eine Tabakspfeife, 3. une pipe.
ein Tabaksräumer, m. 1. un cure-pipe.
Oel, n. 2. de l'huile.
Baumöl, n. de l'huile d'olives.
Rübenöl, n. de l'huile de navette.
Fischthran, m. 2. de l'huile de baleine, de l'huile de poisson.
Essig, m. 2. du vinaigre.
ein Apotheker, 1. un apothicaire.
die Apotheke, 3. la pharmacie.
ein Materialist, 3. un droguiste.
die Büchse, 3. die Schachtel, 1. la boîte.
ein Apothekerglas, n. 4. ä. une fiole.
ein Uringlas, n. 4. ä. un urinal.
die Arzenei, 3. la médecine.
das Pulver, 1. la poudre.
die Lattwerge, 3. la conserve, l'électuaire.

die Salbe, 3. l'onguent.
ber Saft, 2. à. le suc, le jus.
der Balsam, 2. le baume.
Scheidewasser, 1. de l'eau-forte.
ein Tropfen, m. 1. une goutte.
ein Löffelvoll, m. une cuillerée.
eine Handvoll, une poignée.
Pillen, f. des pilules.
Rhabarber, f. 1. de la rhubarbe.
Senesblätter, f. du séné.
Quecksilber, n. 1. du vif-argent.
ein Klistier, n. 2. un lavement.

eine Klistiersprizze, 3. une seringue.
ein Bad, n. 4. à. un bain.
eine Purganz einnehmen, prendre médecine, se purger.
ein Pflaster, n. 1. un emplâtre.
Rauchwerk, n. 2. du parfum.
Weihrauch, m. 2. de l'encens.
ein Räucherkerzchen, n. 1. une pastille.
Pech, 2. Harz, n. 2. de la poix.
das Gift, 2. le poison, le venin.
Gegengift, n. 2. du contrepoison.

Des Pays, Nations et Capitales.

Das Land, 2. et 4. (*) le pays, la campagne, le champ.
das Vaterland, la patrie.
die Gränzen, f. les limites, les frontières.
eine Provinz, 3. une province.
eine Republik, 3. ein Freistaat, m. 3. une république.
die Hauptstadt, 2. à. la capitale.
eine Reichsstadt, 2. à. une ville impériale.
die Völker, n. les peuples, les nations.
die fünf Theile der Welt, les cinq parties du monde.
Europa, l'Europe.
ein Europäer, 1. un européen.
Asien, l'Asie.
ein Asiat, 3. un Asiatique.
Afrika, l'Afrique.
ein Afrikaner, 1. un Africain.
Amerika, l'Amérique.
ein Amerikaner, 1. un Américain.

der fünfte Welttheil, la Polynésie.
Indien, les Indes.
Ostindien, les Indes orientales.
Westindien, les Indes occidentales.
ein Indianer, 1. un Indien.
ein Mohr, 3. un more, maure.
ein Wilder, un sauvage.
ein Menschenfresser, 1. un antropophage.
Portugal, le Portugal.
ein Portugiese, 3. un Portugais.
Lisabon, Lisbonne.
Spanien, l'Espagne.
ein Spanier, 1. un Espagnol.
Madrid, Madrid.
Frankreich, la France.
ein Franzose, 3. un François.
Paris, Paris.
Lothringen, la Lorraine.
Mez, Metz.

(*) Voyez pag. 38.

Elſaß, l'Alsace.
Strasburg, Strasbourg.
England, l'Angleterre.
ein Engländer, 1. un Anglois.
London, Londres.
Dänemark, le Danemarck.
ein Däne, 3. un Danois.
Copenhagen, Copenhague.
Norwegen, la Norvége.
ein Norweger, 1. un Norvégien.
Christiania, Christiania.
Schweden, la Suède.
ein Schwede, 3. un Suédois.
Stokholm, Stockholm.
Rußland, la Russie.
ein Ruſſe, 3. un Russe, Russien.
Petersburg, Pétersbourg.
Polen, la Pologne.
ein Polak, 3. un Polonois.
Warſchau, Varsovie.
Ungarn, la Hongrie.
ein Unger, 1. un Hongrois.
Ofen, Bude.
die Türkei, la Turquie.
ein Türke, 3. un Turc.
Konstantinopel, Constantinople.
Italien, l'Italie.
ein Italiener, 1. un Italien.
Rom, Rome.
Neapel, Naples.
Venedig, Venise.
Genua, Gênes.
die Niederlande, les Pays-Bas.
Holland, la Hollande.
ein Holländer, 1. un Hollandois.
Amsterdam, Amsterdam.
Haag, la Haye.
Antwerpen, Anvers.
die Schweiz, la Suisse.
ein Schweizer, 1. un Suisse.
Baſel, Bâle.
Bern, Berne.
Schafhauſen, Schaffhouse.
Zürch, Zurich.
das Alpengebürge, les Alpes.
Deutſchland, l'Allemagne.
ein Deutſcher, un Allemand.
Wien, Vienne.
Berlin, Berlin.
Oeſterreich, l'Autriche.
ein Oeſterreicher, 1. un Autrichien.
Schwaben, la Suabe.
ein Schwabe, 3. un Suabe.
Sachſen, la Saxe.
ein Sachſe, 3. un Saxon.
Preuſſen, la Prusse.
ein Preuſſe, 3. un Prussien.
Heſſenland, la Hesse.
ein Heſſe, 3. un Hessois.
Hanover, l'Hanovre.
ein Hanoberaner, 1. un Hanovrien.
Böhmen, la Bohême.
ein Böhme, 3. un Bohême.
Pommern, la Poméranie.
ein Pommer, 1. un Poméranien.

Noms de Baptême (*).

Aaron, Aaron.
Abraham, Abraham.
Adam, Adam.
Adolph, Adolphe.
Albrecht, Albert.
Alexander, Alexandre.

(*) Les noms de Baptême, ainsi que tous les noms propres, se déclinent d'après l'article indéfini. Voyez page 44.

Ambrosius, Ambroise.
Amalia, Amélie.
Andreas, André.
Anna, Anne.
Antonius, Antonin.
Anton, Antoine.
Antonia, Antoinette.
Arnold, Arnold.
Augustinus, Augustin.
August, Auguste.
Balthasar, Balthazar.
Barbara, Barbe.
Bartholomäus, Barthélemi.
Benjamin, Benjamin.
Benedikt, Benoît.
Benedikta, Benoîte.
Bernhard, Bernard.
Bernhardina, Bernardine.
Charlotte, Lottchen, Charlotte.
Christian, Chrétien.
Christiana, Chrétienne.
Christina, Christine.
Christoph, Christophe.
Daniel, Daniel.
David, David.
Dieterich, Thierri.
Dominikus, Dominique.
Dorothea, Dorothée.
Eduard, Edouard.
Elias, Elie.
Elisabeth, Elisabeth.
Ernst, Erneste.
Eva, Eve.
Eberhard, Everard.
Ferdinand, Ferdinand.
Franz, François.
Franziska, Françoise.
Friederich, Fréderic.
Georg, George.
Gerhard, Gérard.
Gertraud, Gertrude.
Gotthard, Godard.
Gottfried, Godefroi, Geoffroi.
Gottlieb, Théophiles.
Gustab, Gustave.
Heinrich, Henri.
Henrika, Henriette.
Helena, Helène.
Hieronimus, Jérôme.
Hilarius, Hilaire.
Hubertus, Hubert.
Jakob, Jacques, Jacob.
Jakobine, Jaqueline.
Johann, Jean.
Johanna, Jeanne.
Jeremias, Jérémie.
Ignatius, Ignace.
Joachim, Joachim.
Joseph, Joseph, Josèphe.
Jost, Josse.
Isaak, Isaac.
Julius, Jules.
Julie, Julie.
Julianchen, Julion.
Julianus, Julien.
Juliana, Julienne.
Justus, Juste.
Justinus, Justin.
Justina, Justine.
Karl, Charles.
Karolina, Caroline.
Kaspar, Gaspar.
Katharina, Catherine.
Klemens, Clément.
Klara, Claire.
Konrad, Conrad.
Kornelius, Corneille.
Lambrecht, Lambert.
Laura, Laure.
Lorenz, Laurent.
Leonhard, Léonard.
Leonore, Léonore.
Leopold, Léopold.
Lieschen, Babet, Lisette.
Ludwig, Louis.
Luise, Ludovika, Louise.
Magdalena, Magdelaine.

Markus, Marc.
Margaretha, Marguerite.
Maria, Marie.
Martha, Marthe.
Martin, Martin.
Mattheus, Matthieu.
Moriz, Maurice.
Maximilian, Maximilien.
Michael, Michel.
Moses, Moïse.
Nikolaus, Nicolas.
Paul, Paulus, Paul.
Philipp, Philippe.
Peter, Pierre.
Rebekka, Rebecque.
Remigius, Remi.
Reinhard, Régnard.
Richard, Richard.
Ruprecht, Robert.
Rudolph, Rudolphe.
Rosina, Rosine.
Sabina, Sabine.
Sebastian, Sébastien.
Sibilla, Sibille.
Sigismund, Sigismond.
Simon, Simon.
Sophia, Sophie.
Stephan, Etienne.
Susanna, Susanne.
Suschen, Sannchen, Suson.
Theodor, Theodora, Théodore.
Theresia, Thérèse.
Theobald, Thibaud.
Thomas, Thomas.
Tobias, Tobie.
Ulrich, Ulric.
Ursula, Ursule.
Valentin, Valentin.
Veronika, Véronique.
Wilhelm, Guillaume.
Wilhelmina, Guillemette.
Zacharias, Zacharie.

De la Ville et de ses Parties.

Die Stadt, 2. ä. la ville.
ein Bürger, 1. un citoyen, un bourgeois.
ein Einwohner, 1. un habitant.
eine Vorstadt, 2. ä. un faubourg.
der Schlagbaum, 2. ä. la barrière.
das Zollhaus, 4. ä. la douane.
die Brücke, 3. le pont.
die Zugbrücke, 3. le pont-levis.
das Geländer, 1. le garde-fou.
der Graben, 1. le fossé.
der Krahne, 3. la grue, le crone.
der Wall, 2. ä. le rempart.
die Mauer, 1. la muraille.
der Thurm, 2. ü. la tour.
der Glockenthurm, 2. ü. le clocher.
die Festung, 3. la forteresse.
eine Schanze, 3. un fort.
das Thor, la porte d'une ville, la porte cochère.
die Gasse, Straße, 3. la rue.
die Gosse, 3. le ruisseau, l'égout.
der Markt, 2. ä. la place, le marché.
ein Gebäude, n. 1. un bâtiment.
ein Haus, n. 4. ä. une maison.
das Vorderhaus, 4. ä. l'avant-corps.
das Hinterhaus, 4. ä. la maison de derrière.
der Hauszins, 2. le loyer.
das Rathhaus, 4. ä. la maison-de-ville.

das Zeughaus, 4. â. l'arsenal.
das Posthaus, 4. â. die Post, la poste.
das Postamt, 4. â. le bureau des postes.
das Spital, 4. â. Lazareth, 4. l'hôpital.
das Waisenhaus, la maison des orphelins.
das Zuchthaus, la maison de correction.
das Tollhaus, Narrenhaus, les petites-maisons, l'hôpital des fous.
das Waghaus, die Wage, la balance.
das Reithaus, die Reitschule, le manége.
das Pfandhaus, le lombard.
ein Pfand, n. 4. â. un gage.
die Hauptwache, 3. le corps de garde, la grand'garde.
der Paradeplaz, la place d'armes.
ein Palast, m. 2. â. un palais.

ein Gasthaus, n. eine Herberge, 3. une hôtellerie.
das Schild, 2. l'enseigne.
ein Weinhaus, n. un cabaret à vin.
ein Bierhaus, n. un cabaret à bière.
das Kaffehaus, le café.
das Schlachthaus, la tuerie.
die Fleischbank, 2. â. la boucherie.
eine Garküche, 3. une gargote, charcuterie.
das Brauhaus, la brasserie.
das Bakhaus, la boulangerie; le four.
der Kirchhof, 2. ô. Gottesakker, 1. le cimetière.
das Beinhaus, le charnier.
das Grab, 4. â. le tombeau.
das heilige Grab, le saint Sépulcre.
ein Epitaphium, n. eine Grabschrift, 3. une épitaphe.

Des parties de la Maison.

Die Thür, 3. la porte d'une maison, d'une chambre.
das Schlos, * 4. ô. la serrure.
die Klinke, 3. le loquet.
der Drükker, 1. la poignée.
der Schlüssel, 1. la clef.
der Hauptschlüssel, 1. le passe-par-tout.
ein Klopfer, 1. un marteau de porte.
die Schelle, 3. Klingel, 1. la sonnette.
ein Riegel, m. 1. un verrou.

die Thüre verriegeln, fermer la porte au verrou.
die Treppe, 3. l'escalier, le perron.
eine Stuffe, 3. un degré.
das Geländer, 1. la balustrade.
ein Stokwerk, n. 2. un étage.
ein Saal, m. 2. â. une salle.
ein Gemach, n. 4. â. un appartement.
das Zimmer, 1. la chambre.

(*) Il y a plusieurs mots en françois pour exprimer Schlos; par exemple : Serrure, platine, cadenas, château.

ein Vorzimmer, n. 1. une antichambre.
ein Schlafzimmer, n. 1. une chambre à coucher.
ein mit Mobilien versehenes Zimmer, une chambre garnie.
ein Kabinet, n. 2. un cabinet.
Stube und Stubenkammer, la chambre et le cabinet.
die Stube, 3. le poêle, la chambre.
das Fenster, 1. la fenêtre.
die Scheiben, f. les vitres.
ein Fensterladen, m. 1. ä. un contrevent.
ein Schirmdach, n. 4. ä. un auvent.
der Fusboden, 1. ö. le plancher.
die Decke, 3. le plafond.
die Wand, 2. ä. la muraille.
das Getäfel, 1. le lambris.
der Ofen, 1. ö. le fourneau, le poêle.
das Kamin, 2. der Schornstein, 2. la cheminée.
der Ruß, 2. la suie.
die Küche, 3. la cuisine.
der Feuerheerd, 2. le foyer.
der Wasserstein, 2. l'évier.
ein Anrichttisch, m. 2. un potager.
die Speiskammer, 1. la dépense.
der Speicher, 1. le grenier.
die Bühne, 3. le galetas.
ein Balken, m. 1. une poutre.
ein Bret, n. 4. eine Diele, 3. une planche.
eine Latte, 3. une latte.
das Dach, 4. ä. le toit.
ein Dachfenster, n. 1. une lucarne.

ein Taubenschlag, m. 2. ä. un volet, un colombier.
ein Wetterhahn, m. 2. ä. une girouette.
die Dachrinne, 3. der Kändel, 1. la gouttière.
ein Schieferstein, m. 2. une ardoise.
ein Ziegel, m. 1. une tuile.
der Hof, 2. ö. la cour.
eine Leiter, 1. une échelle.
eine Sprosse, 3. un échelon.
der Pferdstall, 2. ä. l'écurie.
die Krippe, 3. la mangeoire, la crèche.
der Viehstall, 2. ä. l'étable.
ein Schaafstall, m. 2. ä. une bergerie.
ein Schweinstall, m. 2. ä. un toit à cochons.
der Holzstall, m. 2. ä. le bûcher.
das Hühnerhaus, 4. ä. le poulailler.
das Hundhaus, 4. ä. le chenil.
das heimliche Gemach, 4. ä. le privé, les commodités.
die Scheuer, 1. la grange.
die Kutsch= ou Wagenschuppe, 3. la remise.
ein Ziehbrunnen, m. 1. un puits.
eine Pumpe, 3. une pompe.
der Keller, 1. la cave.
das Kellerloch, 4. ö. le soupirail.
ein Fas, n. 4. ä. un tonneau.
der Zapfen, 1. le robinet.
die Lagerbäume, m. les chantiers.
ein Reif, m. 2. un cercle.
ein Trichter, m. 1. un entonnoir.

Des Meubles.

Der Hausrath, 2. les meubles.
die Tapeten, f. la tapisserie.
der Tisch, 2. die Tafel, 1. la table.
ein Schreibtisch, m. 2. un bureau.
der Teppich, 2. le tapis.
eine Schublade, 3. un tiroir, une layette.
ein Stuhl, m. 2. ü. une chaise.
die Rüklehne, 3. le dossier.
ein Armstuhl, 2. ü. Sessel, m. 1. un fauteuil.
eine Kommode, 3. une commode.
ein Schrank, m. 2. ä. une armoire.
ein Glasschrank, 2. ä. une armoire vitrée.
eine Bank, 2. ä. un banc.
ein Fusschemel, m. 1. une escabelle.
ein Bücherbrett, n. 4. une tablette.
ein Spiegel, m. 1. un miroir.
der Rahmen, 1. la bordure, le cadre.
ein Käfig, m. 2. une cage.
der Pult, 2. le pupitre.
das Bette, 3. le lit.
die Bettstelle, Bettlade, 3. le châlit, le bois de lit.
ein Vorhang, m. 2. ä. un rideau.
die Stange, 3. la tringle.
die Deke, 3. la couverture.
eine Matrazze, 3. un matelas.
ein Pfühl, m. 2. un traversin.
ein Hauptküssen, n. 1. un coussin.
das Bettuch, 4. ü. le drap.

eine Bett= ou Küssenzüge, 3. une taie.
der Strohsak, 2. ä. la paillasse.
eine Wiege, 3. un berceau.
der Nachtstuhl, 2. ü. la chaise percée.
das Nachtgeschirr, 2. le pot de chambre.
ein Kanape, n. 1. un canapé.
das Licht, 4. la chandelle, la lumière.
ein Nachtlicht, 4. une chandelle de veille.
das Wachslicht, 4. der Wachsstok, 2. ö. la bougie.
die Lampe, 3. la lampe.
der Docht, 2. la mèche.
ein Lichtknecht, m. 2. un binet, une épargne.
der Leuchter, 1. le chandelier.
der Wandleuchter, Krönleuchter, 1. le lustre.
die Lichtpuzze, 3. les mouchettes.
das Licht puzzen, moucher la chandelle.
ein Waschbekken, 1. Labor, n. 2. un lavoir.
die Fakkel, 1. le flambeau, la torche.
die Laterne, Leuchte, 3. la lanterne.
ein Speikästchen, n. 1. un crachoir.
der Krug, 2. ü. la cruche.
eine Uhr, 3. une horloge.
das Uhrgehäus, 2. la cage.
ein Koffer, m. 1. un coffre.
ein Anhängschlos, n. 4. ö. un cadenas.

Des

Des Ustensiles de Table et de Cuisine.

Das Küchengeschirr, 2. la vaisselle.
ein Gefäs, n. 2. un vase.
das Tischgeschirr, 2. le service.
das Tischtuch, 4. ü. la nappe.
ein Handtuch, n. 4. ü. un essuie-main.
Das Tellertuch, 4. ü. la serviette.
ein Gedek, n. 2. un couvert.
ein Messer, n. 1. un couteau.
der Stiel, 2. le manche.
die Klinge, 3. la lame.
die Schneide, 3. le tranchant.
die Spitze, 3. la pointe.
die Gabel, 1. la fourchette.
die Scheide, 3. la gaine.
der Löffel, 1. la cuiller.
die Schüssel, 1. le plat.
ein Napf, m. 2. ä. une écuelle.
ein Teller, m. 1. une assiette.
ein Presentierteller, m. 1. une soucoupe.
das Salzfas, 4. ä. la salière.
die Essigflasche, 3. le vinaigrier.
die Pfefferbüchse, 3. le pévrier.
ein Becher, m. 1. un gobelet.
ein Glas, n. 4. ä. un verre.
ein Weinglas, n. 4. ä. un verre à vin.
ein sauber geschwenktes Glas, un verre rincé.
ein Kessel, m. 1. un chaudron.
ein Topf, m. 2. ö. un pot.
ein Kochlöffel, m. 1. une cuiller à pot.
ein Deckel, m. 1. un couvercle.
die Kohlenschaufel, 1. die Schippe, 3. la pelle.
die Feuerzange, 3. les pincettes.
die Kohlpfanne, 3. le réchaud.
der Blasbalg, 2. ä. le soufflet.
der Rost, 2. le gril.
ein Reibeisen, n. 1. une râpe.
der Bratenwender, 1. le tourne-broche.
der Bratspies, 2. la broche.
die Bratpfanne, 3. la lèchefrite.
eine Pfanne, 3. une poêle.
der Dreifus, 2. ü. le trépied.
der Schaumlöffel, 1. l'écumoire.
die Spieknadel, 1. la lardoire.
spicken, larder.
ein Hakbret, n. 4. un tailloir, un hachoir.
das Hakmesser, 1. le couperet.
der Mörser, 1. le mortier.
die Keule, 3. der Stöser, 1. le pilon.
der Besen, 1. le balai.
der Staubbesen, 1. Käherwisch, 2. les époussettes.
ein Kehrwisch von Federn, un plumail.
ein Küchenlumpe, Waschlappen, m. 3. un torchon.
der Zuber, 1. die Bütte, 3. la seille, la tine.
ein Wassereimer, m. 1. un seau.
ein Kübel, m. 1. un cuveau.
ein Korb, m. 2. ö. un panier, une corbeille.
ein Maulkorb, m. 2. ö. un muzelière.
eine Seihe, 3. une passoire.
ein Sieb, n. 2. un crible.
eine Kaffemühle, 3. un moulin à café.

A a

die Kaffekanne, 3. la cafetière.
die Schokolatkanne, 3. la chocolatière.
eine Theekanne, 3. ein Theetopf, 2. ß. une théière.
ein Theekessel, m. 1. une bouilloire.
eine Zufferdose, 3. un sucrier.
Porzelan, n. 2. de la porcelaine.
die Tasse, die Oberschale, 3. la tasse.
die Untertasse, 3. la soucoupe.
ein Spühlkumpen, 1. ein Ahrde, m. 3. une jatte.
das Theebret, 4. le cabaret.
ein Feuerschirm, m. 2. un écran de cheminée.
ein Lichtschirm, m. 2. un écran, un ombrage.
das Holz, 4. ö. le bois.
ein Scheitholz, n. une bûche de bois.
eine Welle, 3. un fagot.

ein Brand, m. 2. ä. un tison.
Kohlen, f. des charbons.
Steinkohlen, f. des charbons de terre.
glühende Kohlen, f. des charbons ardens, de la braise.
die Asche, 3. la cendre.
ein Feuerzeug, n. 2. un briquet.
Feuer schlagen, battre le briquet.
ein Feuerstein, m. 2. une pierre à feu.
ein Feuerstahl, m. 2. ä. un fusil.
der Zunder, 1. Schwamm, 2. l'amadou
Schwefelhölzer, n. des allumettes.
Schwefelfaden, m. 1. du fil soufré.
eine Feuerkike, 3. ein Feuerstübchen, n. 1. une chaufferette.

De la Campagne.

Das Land, 4. ä. das Feld, 4. la campagne.
eine Landschaft, 3. un paysage.
die Gegend, 3. la contrée, les environs.
das Gebirge, 1. les montagnes.
ein Berg, m. 2. un mont, une montagne.
ein Feuerspeiender Berg, m. 2. un volcan.
eine Höhle, 3. une caverne.
eine Steingrube, 3. ein Steinbruch, 2. ü. une carrière.
ein Wasserfall, m. 2. ä. une cascade, des cataractes.
ein Thal, n. 4. ä. une vallée, un vallon.
ein Hügel, m. 1. une colline.

ein Dorf, n. 4. ö. un village.
ein Flekken, m. 1. un bourg.
ein Schlos, n. 4. ö. un château.
ein Landhaus, Sommerhaus, n. 4. ä. une maison de plaisance, ou de campagne.
ein Meierhof, m. 2. ö. une ferme, une métairie.
eine Mühle, 3. un moulin.
ein Mühlstein, m. 2. une meule.
das Mühlrad, 4. ä. la roue.
eine Windmühle, 3. un moulin à vent.
ein Wartthurm, m. 2. ü. un béfroi.
eine Hütte, 3. une cabane, une baraque.

der Wald, 4. â. la forêt.
ein Gehölze, n. 1. un bois.
ein Fußsteig, 2. Fußpfad, m. 2. â. un sentier.
die Landstraße, 3. le chemin royal, le grand chemin.
ein Umweg, m. 2. un détour.
ein Kreuzweg, m. 2. un carrefour.
eine Quelle, 3. une source.
ein Bach, m. 2. â. un ruisseau.
ein Graben, m. 1. â. un fossé.
das Feld, 4. *it.* der Acker, 1. â. le champ.
ein Morgen Landes, m. 1. un arpent.
das Brachfeld, 4. la jachère.
eine Furche, 3. un sillon.
eine Erdscholle, 3. une motte de terre.
der Sand, 2. le sable.
der Kies, 2. le gravier.
Leim, m. 3. Leimen, 1. de la terre grasse.
der Staub, 2. la poussière.
eine Pflanze, 3. une plante.
das Gras, 4. â. l'herbe.
Kräuter, n. des herbes.
Unkraut, n. 2. mauvaise herbe, de l'ivraie.
das Moos, 2. la mousse.
eine Wiese, 3. un pré.
eine Heide, 3. une bruyère.
ein Rasen, Wasen, m. 1. un gazon.
ein Garten, m. 1. â. un jardin.
ein Thiergarten, m. 1. â. *it.* ein Schaafpferch, m. 2. un parc.
ein Irrgarten, 1. â. un labyrinthe.
ein Gewächshaus, Treibhaus, n. 4. â. une serre.

ein Blumentopf, m. 2. ô. un pot à fleurs.
eine Allee, 3. ein Gang, m. 2. â. une allée.
ein Pfahl, m. 2. â. un pieu.
ein Spalier, 2. Geländer, n. 1. un espalier.
ein Mistbeet, n. 3. une couche.
Mist, m. 2. du fumier.
eine Mistgrube, Mistkaut, 3. une fosse à fumier.
ein Misthaufen, m. 1. un tas de fumier.
der Morast, 2. â. Sumpf, 2. ü. le marais.
der Schlamm, 2. le limon.
der Koth, 2. la boue.
Kehrsel, n. 1. des balayures.
der Schindanger, 1. la voirie.
ein Aas, n. 4. â. un corps mort, une charogne.
ein Baum, m. 2. â. un arbre.
ein Obstbaum, m. 2. â. un arbre fruitier.
der Stamm, 2. â. das Kloz, 2. ö. le tronc.
die Wurzel, 1. la racine.
ein Ast, m. 2. â. une branche.
ein Zweig, m. 2. un rameau.
ein Blatt, n. 4. â. une feuille.
die Baumrinde, 3. l'écorce.
die Blüthe, 3. la fleur.
die Frucht, 2. ü. das Obst, 2. le fruit.
die Schale, 3. la pelure.
schälen, peler, ôter la peau.
ein Kern, m. 2. un pepin, un noyau.
der Stiel, 2. la queue.
der Apfel, 1. â. la pomme.
Schnizzen, des pommes sèches.
der Apfelbaum, 2. â. le pommier.

A a 2

die Birne, 3. la poire.
Huzzeln, des poires sèches.
der Birnbaum, 2. ä. le poirier.
die Kirsche, 3. la cerise.
der Kirschbaum, 2. ä. le cerisier.
die Pfirsche, 3. la pêche.
der Pfirschbaum, 2. ä. le pêcher.
eine Abrikose, 3. un abricot.
ein Abrikosenbaum, 2. ä. un abricotier.
eine Pflaume, Zwetsche, 3. une prune.
eine gedörrte Pflaume, 3. un pruneau.
ein Pflaumenbaum, Zwetschenbaum, 2. ä. un prunier.
eine Brunelle, 3. une brignole.
eine Schlehe, 3. une prunelle.
ein Schlehenbusch, m. 2. ü. un prunellier.
eine welsche Nuß, 2. ü. une noix.
ein Nußbaum, 2. ä. un noyer.
die Schale, 3. l'écale, la coquille.
eine Haselnuß, 2. ü. une noisette.
eine Haselstaude, 3. un noisetier.
aufbeissen, casser avec les dents.
ein Nußpikker, Nußbrecher, m. 1. un casse-noix, casse-noisette.
Maulbeeren, f. des mûres.
ein Maulbeerbaum, 2. ä. un mûrier.
Mispeln, f. des nesfles.
ein Mispelbaum, 2. ä. un nesflier.
eine Mandel, 1. une amande.
ein Mandelbaum, 2. ä. un amandier.

eine Kastanie, 3. une châtaigne.
ein Kastanienbaum, 2. ä. un châtaignier.
eine Feige, 3. une figue.
ein Feigenbaum, 2. ä. un figuier.
eine Zitrone, 3. un citron.
ein Zitronenbaum, 2. ä. un citronier.
eine Pomeranze, 3. une orange.
ein Pomeranzenbaum, 2. ä. un oranger.
die Fichte, 3. le pin.
ein Tannzapfen, 1. une pomme de pin.
Kienholz, n. du bois gras, du pin.
die Tanne, 3. le sapin.
die Erle, 3. l'aune.
die Birke, 3. le bouleau.
Birkenholz, n. du bois de bouleau.
die Espe, 3. le tremble.
die Buche, 3. le fau, le charme.
die Linde, 3. le tilleul.
die Eiche, 3. le chêne.
die Eichel, 1. le gland.
ein Gallapfel, 1. ä. une noix de gale.
die Weide, 3. le saule.
der Hollunder, 1. it. der Hollunderbaum, 2. ä. le sureau.
Wachholderbeeren, f. des genèvres.
ein Wachholderbusch, 2. ü. on Baum, 2. ä. un genévrier.
der Lorbeerbaum, 2. ä. le laurier.
der Buchsbaum, le buis, bouis.
Johannisbeeren, f. des groseilles.
Stachelbeeren, f. des gidelles, des groseilles vertes.
Heidelbeeren, f. des mirtilles.

Himbeeren, f. des framboises.
Brombeeren, f. des mûres sauvages.
ein Dorn, m. 2. une épine.
Hanbutten, f. des gratte-culs.
Erdbeeren, f. des fraises.
der Ephen, 1. le lierre.
eine Nessel, Brennnessel, 1. une ortie.
das Schilf, 2. le roseau.
die Distel, 1. le chardon.
eine Klette, 3. une bardane.
ein Dornbusch, 2. ú. ein Gebüsch, n. 2. un buisson.
Hauswurz, f. de la joubarbe.
der Klee, 1. le trèfle.
der Zaun, 2. á. die Hecke, 3. la haie.
das Heu, 2. le foin.
das Grummet, 2. le regain.
Feldfrüchte, des fruits de la campagne.
der Saame, 3. la semence.
das Saamenkorn, 4. ö. le grain.
die Saatzeit, 3. les semailles.
das Korn, Getreide, 1. le blé.
ein Halm, m. 3. un tuyau.
die Aehre, 3. l'épi.
die Spizze, 3. la barbe.
die Stoppel, 1. le chaume.
der Weizen, 1. le froment.
der Rocken, 1. le seigle.
die Gerste, 3. l'orge.
der Haber, 1. l'avoine.
der Hirsen, 1. le millet.
das Griesmehl, 2. le gruau.
der Reis, 2. le riz.
Türkischkorn, Welschkorn, 2. du blé de Turquie.
Kartoffeln, f. 1. des pommes de terre.
der Hopfen, 1. le houblon.
die Hülsenfrüchte, das Gemüs, 1. les légumes.

Erbsen, f. des pois.
Schoten, f. des pois verts.
Zuckererbsen, f. des pois chiches.
Linsen, f. des lentilles.
Bohnen, f. des fèves, des haricots.
Wicken, f. des vesces.
Gartenfrüchte, f. des fruits de jardin.
der Weinstok, 2. ö. la vigne, le cep.
der Weinberg, 2. la vigne, le vignoble.
ein Weinpfahl, m. 2. á. un échalas.
eine Rebe, m. 3. un sarment.
ein Weinblatt, n. 4. á. une feuille de vigne.
eine Weinbeere, 3. un grain de raisin.
eine Weintraube, 3. une grappe de raisin.
die Kelter, 1. le pressoir.
keltern, pressurer.
der Zehente, 3. le vinage, la dîme.
nachlesen, grappiller.
Kohl, 2. Kraut, n. des choux.
Sauerkraut, n. du choucrout, des choux confits ou salés.
Weiskraut, n. des choux blancs.
Blumenkohl, 2. des choux-fleurs.
Kohlrabi, Kohlraben, f. des choux raves.
Lattich, m. 2. de la laitue.
Endibien, m. 1. de l'endive.
Sellerie, m. 1. du céleri.
Kresse, f. 3. du cresson.
eine Rübe, 3. une rave.
eine gelbe Rübe ou Möhre, 3. une carrotte.

A a 3

eine rothe Rübe, 3. une betterave.
ein Rettig, m. 2. un raifort.
Meerrettig, m. du raifort sauvage.
Morcheln, f. des morilles.
eine Zwiebel, 1. un oignon.
der Spinat, 2. l'épinard.
der Knoblauch, 2. l'ail.
Spargel, f. des asperges.
Artischoffen, f. des artichauts.
ein Kürbis, m. 2. une courge, une citrouille.
Gurken, Kukumern, f. des concombres.
Gurkensalat, m. des concombres en salade.
kleine eingemachte Gurken, f. des cornichons.
eine Melone, 3. un melon.
Petersilie, f. 3. du persil.
Sauerampfer, m. 1. de l'oseille.
Körbel, m. 1. du cerfeuil.
Kümmel, m. 1. du cumin.
Majoran, m. 2. de la marjolaine.
Thymian, m. 2. du thym.
Koriander, m. 1. de la coriandre.
Blumen, f. des fleurs.
ein Knospen, m. 1. un bouton.
der Stengel, 1. Stiel, 2. la tige.
eine Rose, 3. une rose.
ein Rosenstok, m. 2. ö. un rosier.

eine Federnelke, Grasblume, 3. un œillet.
eine Lilie, 3. un lis.
eine Narcisse, 3. un narcisse.
Jasmin, m. 2. du jasmin.
eine Tuberose, 3. une tubereuse.
eine Tulpe, Tulipane, 3. une tulipe.
die Lebkoie, 3. it. das Nägelchen, 1. la giroflée.
das Veilchen, 1. die Viole, 3. la violette.
eine Sonnenblume, 3. un tournesol.
Maiblumen, f. des muguets.
eine Schlüsselblume, 3. une primevère.
eine Feldrose, 3. une églantine.
eine Kornblume, 3. un bluet.
eine Klapperrose, 3. un coquelicot.
das Vergißmeinnicht, 1. la germandrée.
das Tausendschön, l'amaranthe, le passe-velours.
das Jelängerjelieber, 1. le chèvre-feuille.
das Gänsblümchen, Maßliebchen, 1. la marguerite.
eine Butterblume, 3. un minon.
die Dreifaltigkeitsblume, 3. la pensée.
Kamille, f. de la camomille.
eine Gießkanne, 3. un arrosoir.

Des Animaux.

Ein Thier, 2. une bête, un animal.
eine Heerde, 3. un troupeau.
das Futter, 1. le fourrage.

Vogelfutter, n. 1. de la mangeaille.
die Tränke, 3. l'abreuvoir.
die Streu, 3. la litière.

wilde Thiere, 2. des bêtes sauvages ou farouches.
das Fell, 2. la peau.
das Haar, 2. le poil.
die Pfote, 3. la pate.
die Klaue, 3. la griffe.
das Horn, 4. ö. la corne.
der Schwanz, 2. ä. la queue.
ein Kameel, n. 2. un chameau.
ein Pferd, n. 2. un cheval.
eine Stute, 3. une cavale, jument.
eine Stuterei, 3. un haras.
ein Füllen, n. 1. un poulin.
ein Pferdehaar, n. 2. un crin.
die Mähne, 3. la crinière.
ein Schimmel, m. 1. un cheval blanc.
ein Rappe, m. 3. un moreau.
ein Fuchs, m. 2. ü. un alezan.
ein Hengst, m. 2. un étalon, un cheval entier.
ein Wallach, m. 3. un hongre.
ein Reitpferd, n. 2. un cheval de selle.
ein Ziehpferd, n. 2. un cheval de trait.
ein Miethpferd, n. 2. un cheval de louage.
eine Schindmähre, 3. une haridelle.
das Hufeisen, 1. le fer.
das Geschirr, 2. le harnois.
der Zaum, 2. ä. la bride.
die Zügel, m. les rênes.
das Gebiß, 2. le mords.
der Sattel, 1. ä. la selle.
die Schabrack, 3. la housse.
die Pistolenhölfter, f. les fourreaux.
die Halfter, 1. le licou.
der Gurt, 2. la sangle.
die Steigbügel, m. les étriers.
die Sporen, f. les éperons.

spornen, piquer, donner de l'éperon.
die Peitsche, 3. le fouet.
die Gerte, 3. la gaule.
ein Esel, m. 1. un âne.
eine Eselin, 3. une ânesse.
ein Maulthier, n. 2. un mulet.
eine Mauleselin, 3. une mule.
ein Eselsfüllen, n. 1. un ânon.
ein Ochs, m. 3. un boeuf.
ein Stier, m. 2. un taureau.
eine Kuh, 2. ü. une vache.
ein Kalb, n. 4. ä. un veau.
ein Hammel, m. 1. ä. un mouton.
ein Schaaf, n. 2. une brebis.
ein Widder, m. 1. un bélier.
ein Lamm, n. 4. ä. un agneau.
ein Schwein, n. 2. un cochon, un porc, pourceau.
ein Spanferkel, n. 1. un cochon de lait.
die Sau, 2. ä. la truie.
der Bok, 2. ö. le bouc.
die Ziege, 3. la chèvre.
eine junge Ziege, it. ein junges Böckchen, un chevreau.
eine Gemse, 3. un chamois.
ein Hund, m. 2. un chien.
eine Hündin, 3. une chienne.
ein Windhund, m. 2. un lévrier.
ein Jagdhund, 2. un chien de chasse.
ein Schaafhund, Metzgerhund, 2. un mâtin.
ein Budelhund, 2. un barbet.
ein Schooshündchen, n. 1. une babiche.
die Schnauze, 3. le museau.
ein Kater, m. 1. un chat.
eine Kaze, 3. une chatte.
eine Ratte, 3. un rat.
eine Maus, 2. ä. une souris.

A a 4

eine Mausfalle, 3. une souricière.
ein Haase, m. 3. un lièvre.
ein Affe, m. 3. un singe.
ein Marder, m. 1. une martre.
ein Eichhörnchen, n. 1. un écureuil.
ein Murmelthier, n. 2. une marmotte.
ein Igel, m. 1. un hérisson.
ein Hamster, m. 1. un mulot.
ein Dachs, m. 2. un blaireau.
ein Zobel, m. 1. une zibeline.
eine Wiesel, 1. une belette.
ein Maulwurf, m. 2. ü. une taupe.
ein Maulwurfshaufen, m. 1. une taupinière.
ein Bieber, m. 1. un castor.
ein Stachelschwein, n. 2. un porc-épic.
Wildpret vom rothen Wild, n. de la venaison.
Vögelwildpret, it. Haasen, Kaninchen, du gibier.
ein wildes Schwein, n. 2. un sanglier.
ein Frischling, n. 2. un marcassin.
die Hauzähne, m. les défenses.
der Rüssel, 1. le groin.
der wilde Schweinkopf, 2. ö. la hure.
die Borsten, f. les soies.
ein Hirsch, m. 2. un cerf.
die Hindin, 3. Hirschkuh, 2. ü. la biche.
ein Reh, n. 2. un chevreuil.
ein Fuchs, m. 2. ü. un renard.
ein Wolf, m. 2. ö. un loup.
eine Wölfin, 3. une louve.
ein Bär, m. 3. un ours.
ein Löwe, m. 3. un lion.

ein Elephant, m. 3. un éléphant.
ein Leopard, m. 3. un léopard.
ein Tiger, m. 1. un tigre.

Vögel, m. *des oiseaux.*
Das Gezwitscher, 1. le gazouillement, le ramage.
eine Feder, 1. une plume.
das Gefieder, 1. le plumage.
Pfaumfedern, f. des duvets.
Eiderdunen, f. de l'édredon.
ein Flügel, m. 1. une aile.
der Schwanz, 2. ä. Schweif, 2. la queue.
die Krallen, f. les griffes, les serres.
der Schnabel, 1. ä. le bec.
der Kropf, 2. ö. le jabot.
das Nest, 4. le nid.
ein Ey, n. 4. un œuf.
gebackene Eyer, n. des œufs fricassés.
die Schale, 3. la coquille.
die Dotter, 1. le moyeu.
der Hahn, 2. ä. le coq.
die Henne, 3. das Huhn, 4. ü. la poule.
ein Hühnchen, n. 1. un poulet.
ein Küchlein, n. 1. un poussin.
ein Kapaun, m. 3. un chapon.
der Kamm, 2. ä. la crête.
ein Truthahn, welscher Hahn, m. 2. ä. un coq d'Inde.
ein Schwan, m. 2. ä. un cigne.
ein Storch, m. 2. ö. une cicogne.
ein Gänserich, m. 2. un jar.
eine Gans, 2. ä. une oie.
eine junge Gans, 2. ä. un oison.
der Enterich, 2. le canard.
die Ente, 3. la cane.
eine Taube, 3. un pigeon.

junge Tauben, des pigeonneaux.
ein Pfau, m. 3. un pan, paon.
eine Pfauhenne, 3. une paonne.
eine Turteltaube, 3. une tourterelle.
ein Kranich, m. 2. une grue.
Rebhüner, n. des perdrix.
eine Wachtel, 1. une caille.
eine Schnepfe, 3. une bécasse.
Krammetsvögel, m. des grives.
ein Fasan, m. 3. un faisan.
eine Amsel, 1. un merle.
eine Lerche, 3. une alouette.
eine Nachtigall, 3. un rossignol.
ein Zeischen, n. 1. un serin.
ein Kanarienvogel, m. 1. d. un serin de Canarie.
ein Staar, m. 3. un sansonnet, un étourneau.
ein Stieglitz, Distelfink, m. 2. un chardonneret.
ein Hänferling, m. 2. une linotte.
eine Meise, 3. une mésange.
ein Rothkehlchen, n. 1. un rouge-gorge.
ein Papagey, m. 3. un perroquet.
eine Schwalbe, 3. une hirondelle.
ein Sperling, 2. Spatz, m. 3. un moineau, un passereau.
ein Zaunkönig, m. 2. un roitelet.
ein Finke, m. 3. un pinson.
eine Bachstelze, 3. une hochequeue.
eine Elster, Atzel, 1. une pie.
ein Rabe, m. 3. un corbeau.
ein Kukuk, m. un coucou.
eine Nachteule, 3. une chouette.

eine Fledermaus, Speckmaus, 2. á. une chauve-souris.
ein Straus, m. 3. une autruche.
ein Adler, m. 1. un aigle.
ein Falke, m. 3. un faucon.
ein Geyer, m. 1. un vautour.
ein Raubvogel, 1. ö. un oiseau de proie.
ein Zugvogel, 1. ö. un oiseau de passage.
eine wilde Ente, 3. un oiseau de rivière.

Fische und Amphibien, *des poissons et amphibies.*
Eine Schuppe, 3. une écaille.
eine Gräte, 3. une arête.
Flossfedern, f. des nageoires.
die Kiefer, f. les ouies.
ein Hecht, m. 2. un brochet.
ein Lachs, 2. Salm, m. 3. un saumon.
ein Karpfen, m. 1. une carpe.
ein Aal, m. 2. une anguille.
ein Weissfisch, m. 2. une ablette.
eine Forelle, 3. une truite.
Lampretten, Neunaugen, Brisen, f. des lamproies.
Laberdan, m. 2. de la morue.
ein Häring, m. 2. un hareng.
ein Bückling, m. 2. un hareng saure.
Sardellen, f. des sardines, des anchois.
Austern, f. des huîtres.
eine Muschel, 1. une moule.
ein Krebs, m. 2. une écrevisse.
die Krebsscheeren, f. les serres.
ein Blutigel, m. 1. une sangsue.
ein Stöhr, m. 2. un esturgeon.
Stockfisch, m. 2. de la merluche.

eine Schildkröte, 3. une tortue.
der Wallfisch, 2. la baleine.
ein Delphin, m. 2. un dauphin.

Kriechende Thiere, *des reptiles.*
Eine Schlange, 3. un serpent.
eine Eidechse, 3. un lézard.
eine Kröte, 3. un crapaud.
ein Frosch, m. 2. ö. une grenouille.
ein Wurm, m. 2. et 4. ü. un ver.
ein Seidenwurm, m. 2. et 4. ü. un ver à soie.
ein Johanniswürmchen, n. 1. un ver luisant.
eine Raupe, 3. une chenille.
eine Schnecke, 3. un escargot, un limas.
eine Ameise, 3. une fourmi.

Insekten, n. *des insectes.*
Eine Spinne, 3. une araignée.
eine Spinnwebe, 3. une toile d'araignée.
ein Asselwurm, Kellerwurm, m. 2. et 4. ü. un cloporte.
eine Milbe, 3. une mite.
eine Motte, 3. une tigne.
das Ungeziefer, 1. les vermines.

eine Laus, 2. ä. un pou.
eine Nisse, 3. une lente.
ein Floh, m. 2. ö. une puce.
eine Filzlaus, 2. ä. un morpion.
eine Wanze, 3. une punaise.
eine Fliege, 3. une mouche.
eine Geschmeißfliege, 3. une grosse mouche.
eine Fliegenklatsche, 3. un tue-mouche.
eine Mücke, 3. un moucheron.
eine Biene, 3. une abeille, une mouche à miel.
ein Bienenkorb, m. 2. ö. une ruche.
der Honig, le miel.
eine Hummel, 1. un bourdon.
eine Wespe, 3. une guêpe.
ein Maikäfer, m. 1. un hanneton.
ein Hirschkäfer, Schröter, m. 1. un cerf-volant.
eine Grille, 3. ein Heimchen, n. 1. un grillon.
eine Heuschrecke, 3. une sauterelle.
ein Sommervogel, 1. ö. Schmetterling, 2. un papillon.

Des Jeux.

Das Spiel, 2. le jeu.
das Billard, 2. le billard.
die Kugel, 1. la bille.
das Loch, 4. ö. la blouse.
die Karten, f. les cartes.
der König, 2. le Roi.
die Dame, 3. la dame.
ein Bub, 3. Bauer, un valet.
ein As, n. un as.

Herz, cœur.
Eckstein, carreau.
Schippen, pique.
Kreuz, Klee, trèfle.
der Satz, 2. ä. l'enjeu.
die Karten geben, faire les cartes.
abheben, couper.
die Karten sind vergeben, les cartes sont mal faites.

Sie müssen anders geben, il faut refaire.
mischen, mêler.
die Würfel, m. les dés.
das Schachspiel, 2. les échecs.
ein Schachbret, n. 4. un échiquier.
das Bretspiel, 2. le trictrac.
das Damenspiel, 2. le jeu de dames.
ein Damenbret, n. 4. un damier.
ein Stein, 2. une dame.
das Gänsespiel, 2. le jeu de l'oie.
das Kegelspiel, 2. le jeu de quilles.
eine Kegelbahn, 3. it. ein Spiel Kegel, un quillier.
ein Kegel, m. 1. une quille.
der König im Kegelspiel, la dame.
die Kugel, 1. la boule.
das Pochspiel, 2. it. das Pochbret, 4. le poque.
das Blindekuhspiel, 2. le colin-maillard.
eine Schaukel, 1. une brandilloire, escarpolette.
ein Burzelbaum, Sturzbaum, m. 2. â. une culbute.
ein Steiner, m. 1. une pierrette.
steinern, jouer à la pierrette.
Spielzeug, Spielsachen, des jouets, des joujoux.
eine Sparbüchse, 3. une tirelire.
die Ruthe, 3. la verge.

Adjectifs.

Aberglaubisch, superstitieux, se.
aberwitzig, närrisch, kindisch vor Alter, radoteur, se.
abgelegen, écarté, e.
abgeschmakt, fade.
abscheulich, abominable, exécrable, détestable.
allein, einzeln, seul, e.
allgemein, universel, le, général, e.
allmächtig, tout-puissant, e.
alt, vieux, vieille, ancien, ne, antique.
angenehm, agréable.
anmuthig, reizend, charmant, e.
anständig, convenable.
ansteckend, contagieux, se.
arbeitsam, laborieux, se.
arm, dürftig, pauvre.
armselig, gering, elend, chétif, ve.
artig, hübsch, joli, e.
aufmerksam, attentif, ve.
aufrichtig, sincère.
auserlesen, exquis, e.
Barmherzig, miséricordieux, se.
baufällig, caduc, que.
beflekt, besudelt, taché, e.
begierig, avide.
beherzt, courageux, se.
bekannt, connu, e.
beredsam, éloquent, e.
bereit, fertig, prêt, e.
berühmt, célèbre, fameux, se, illustre.
beschämt, verwirrt, confus, e.
bescheiden, modeste.
beständig, constant, e.
bestürzt, erstaunt, surpris, e.
beschwerlich, importun, e.
betäubt, étourdi, e.
betrübt, affligé, e.

bequem, commode.
beweglich, mobile.
bezaubert, höchst erfreut, charmé, e.
biegsam, weich, souple.
billig, gerecht, juste.
bitter, amer, e.
blaß, bleich, pâle, blême.
blind, aveugle.
blöde, furchtsam, timide.
blos, nackend, nu, e.
blutig, schmerzlich, sanglant, e.
bös, gottlos, unartig, méchant, e.
breit, weit, large.
bunt, schäckigt, bigarré, e.
Dankbar, erkenntlich, reconnoissant, e.
demüthig, humble.
dergleichen, pareil, le, semblable.
dichte, fest, solide.
dik, gros, se, épais, se.
dornigt, épineux, se.
dringend, pressant, e.
dumm, stupide, imbécille, sot, te.
dünne, menu, e, mince, délié, e.
dunkel, finster, trübe, obscur, e.
durchscheinend, transparent, e.
dürre, trocken, sec, sèche.
durstig, begierig, altéré, e.
Eben, gleich, égal, e.
edel, noble.
ehrgeizig, ambitieux, se.
ehrlos, unehrlich, schändlich, infâme.
ehrwürdig, honorable.
eifersüchtig, jaloux, se.
eifrig, zélé, e.
eigensinnig, capricieux, se, entêté, e.

einfältig, schlecht, simple.
einsam, solitaire.
erkältet, morfondu, e.
ekelhaft, dégoûtant, e.
elend, misérable.
empfindlich, sensible.
enge, schmal, étroit, e.
englisch, angélique.
entehrt, déshonoré, e.
entfernt, éloigné, e.
entzückend, ravissant, e.
erdenklich, imaginable.
erfahren, expert, e.
ergeben, adonné, e.
ergötzlich, kurzweilig, plaisant, e.
ernsthaft, sérieux, se.
erschrecklich, effroyable, épouvantable, horrible.
erstarret, engourdi, e.
erzürnt, bös, fâché, e.
ewig, éternel, le.
Fabelhaft, fabuleux, se.
fähig, tüchtig, capable.
falsch, faux, fausse.
faul, paresseux, se, négligent, e.
feige, niederträchtig, lâche.
fein, fin, e, subtil, e.
feindlich, ennemi, e.
fest, ferme.
fett, gras, se.
feucht, naß, mouillé, e.
finnig, couperosé, e.
fleißig, diligent, e.
fließend, coulant, e.
frei, libre, franc, che.
freigebig, libéral, e.
freundlich, affable.
friedfertig, ruhig, paisible.
frisch, kühl, frais, fraiche.
froh, bien-aise.
frölich, munter, lustig, gai, e.
fruchtbar, fertile, fécond, e.

furchtſam, craintif, ve, timide.
fürtreflich, excellent, e.
Garſtig, ſchändlich, vilain, e.
gebürtig, natif, ve.
geehrt, honoré, e.
geduldig, patient, e.
gefangen, captif, ve.
gefährlich, dangereux, se.
gefräſſig, goulu, e, gourmand, e.
gegenwärtig, présent, e.
geheimnisvoll, mystérieux, se.
geiſtreich, verſtändig, spirituel, le.
geizig, avare.
gekrümmet, gebogen, courbé, e.
gelegen, situé, e.
gelehrig, docile.
gemein, commun, e.
geneigt, gewogen, affectionné, e.
geringer, inférieur, e.
gerade, égal, e, droit, e.
geſchikt, erfahren, habile.
geſchwollen, enflé, e.
geſpikt, lardé, e, piqué, e.
gewöhnlich, ordinaire.
glatt, ſchlüpfrig, glissant, e.
gleichgültig, indifférent, e.
glüklich, heureux, se.
glükſelig, bienheureux, se.
gottesfürchtig, pieux, se.
göttlich, divin, e.
grauſam, cruel, le.
greulich, ſcheuslich, hideux, se.
gravitätiſch, grave.
grob, gros, se, grossier, e. brutal, e.
gros, grand, e, vaste.
grosmüthig, généreux, se.
günſtig, favorable.
Häßlich, ungeſtalt, laid, e.
heftig, hizzig, violent, e.

heilig, saint, e.
heis, chaud, e.
herrlich, prächtig, magnifique, superbe, splendide.
herrſchend, dominant, e.
herzlich, offenherzig, cordial, e.
himmliſch, céleste.
höflich, civil, e, poli, e.
hohl, tief, creux, se.
hölliſch, infernal, e.
Jährlich, annuel, le.
innerlich, intérieur, e.
jung, jeune.
Kahl, chauve.
kalt, froid, e.
karg, genau, filzig, chiche.
kezzeriſch, hérétique.
kindiſch, puéril, e.
klar, helle, clair, e.
klein, gering, petit, e.
klug, verſtändig, sage.
kräftig, efficace.
krank, malade.
kränklich, infirme, maladif, ve.
kraus, crépu, e.
krumm, crochu, e.
kühn, frech, hardi, e.
kurz, court, e.
Lächerlich, ridicule.
lahm, estropié, e.
lang, long, ue.
langſam, lent, e.
langweilig, verdrieslich, ennuyeux, se.
laſterhaft, vicieux, se.
laulicht, tiède.
lebendig, lebhaft, vif, ve.
leer, vide.
leicht, facile, aisé, e, léger, e.
leichtfertig, frivole.
lekkerhaft, délicat, e, friand, e.
leichtſinnig, flüchtig, volage.
lieb, theuer, cher, e.
liebenswürdig, aimable.

liederlich, débauché, e.
listig, verschmizt, rusé, e.
löblich, louable.
lungensüchtig, pulmonique.
Mager, maigre.
mangelhaft, défectueux, se.
mannbar, nubile.
manierlich, poli, e.
mässig, nüchtern, sobre.
majorenn, majeur, e.
menschlich, humain, e.
misbergnügt, mécontent, e.
mittelmässig, médiocre.
müde, matt, las, se, fatigué, e.
mühsam, pénible.
muthig, stark, vigoureux, se.
müssig, oisif, ve.
Nachtheilig, préjudiciable.
nachlässig, négligent, e.
nahrhaft, nourrissant, e.
närrisch, fou, folle, sot, sotte.
naß, mouillé, e.
natürlich, naturel, le, naïf, ve.
niederträchtig, feig, lâche.
nöthig, nothwendig, nécessaire.
nüzlich, utile.
Oft, häufig, fréquent, e.
offen, ouvert, e.
offenherzig, franc, che, naïf, ve.
ordentlich, régulier, e, réglé, e.
optisch, optique.
Prächtig, magnifique, superbe, splendide.
persönlich, personnel, le.
plump, schwer, lourd, e.
Quit, quitte.
Rauh, rude.
recht, juste, droit, e.
redlich, sincère, intègre, droit, e.
reich, riche.
roh, cru, e.
rozzig, Roznase, morveux, se.
rund, rond, e.
runzlicht, ridé, e.
Satt, rassasié, e.
sauer, aigre.
schädlich, nuisible, fatal, e.
schalkhaft, boshaft, malicieux, se.
schamhaft, honteux, se.
scharf, tranchant, e, aigu, e, aigre.
scharfsinnig, industrieux, se.
scharfsichtig, clairvoyant, e.
schattigt, ombrageux, se.
schimmlicht, moisi, e.
schimpflich, injurieux, se.
schläfrig, assoupi, e.
schmuzzig, unsauber, sale.
schön, beau, bel, le.
schwach, foible, languissant, e.
schwanger, grosse, enceinte.
schwer, lourd, e, pesant, e, difficile, mal-aisé, e.
schwindsüchtig, étique.
schuldig, strafbar, coupable.
selig, feu, défunt, e, bienheureux, se.
seltsam, bizarre, étrange, rare.
sicher, sûr, e.
sichtbar, visible.
sonderlich, sonderbar, singulier, e.
sorgfältig, soigneux, se.
still, ruhig, tranquille.
stolz, orgueilleux, se, fier, e.
streng, sévère.
stumm, muet, te.
stürmisch, orageux, se.
Tapfer, vaillant, e.
täglich, quotidien, ne.
tief, profond, e, creux, se.

toll, unfinnig, enragé, e.
träge, faul, négligent, e, nonchalant, e, paresseux, se.
traurig, triste, funeste.
treulos, falſch, perfide.
triefäugigt, chassieux, se.
troſtlos, désolé, e.
trozzig, ſtolz, fier, e.
trunken, befoffen, ivre, enivré, e. soûl, e, gris, e.
tüchtig, fähig, capable.
tugendhaft, vertueux, se.
Uebermäſſig, énorme.
unangenehm, désagréable.
unartig, bös, gottlos, méchant, e.
unbegreiflich, inconcevable.
unbeſtändig, inconstant, e.
unbequem, incommode.
unbeweglich, immobile.
unbewohnbar, inhabitable.
undankbar, ingrat, e.
uneben, höffericht, mal-uni, e, raboteux, se.
unendlich, ewig, infini, e.
unerhört, inoui, e.
unermeſlich, immense.
unerträglich, insupportable, intolérable.
unfehlbar, infaillible.
unfruchtbar, infertile, stérile.
ungeduldig, impatient, e.
ungehorſam, désobéissant, e.
ungelehrſam, indocile.
ungeſchikt, mal-adroit, e.
ungeſund, mal-sain, e.
ungeſtalt, difforme, mal fait, e.
ungeſtüm, impétueux, se.
ungetreu, infidèle.
ungewiß, incertain, e.
ungleich, inégal, e.
unglüklich, malheureux, se.
unheilbar, incurable.

unhöflich, malhonnête.
unkenntlich, méconnoissable.
unmöglich, impossible.
unnöthig, überflüſſig, superflu, e.
unnüz, inutile.
unpäſlich, indisposé, e.
unrein, impur, e.
unrechtmäſſig, illégitime.
unſauber, ſchmuzzig, sale.
unſchäzbar, inestimable.
unſchuldig, innocent, e.
unſichtbar, invisible.
unſterblich, immortel, le.
untergeſchoben, supposé, e.
untröſtbar, inconsolable.
untüchtig, unvermögend, incapable.
unvergleichlich, incomparable.
unvermeidlich, inévitable.
unverſchämt, insolent, e, impertinent, e, effronté, e.
unvollkommen, imparfait, e.
unvorſichtig, imprudent, e.
unwiſſend, ignorant, e.
unwürdig, indigne.
unüberwindlich, invincible, imprenable.
unzertrennlich, inséparable.
Väterlich, paternel, le.
verbindlich, höflich, obligeant, e.
verborgen, caché, e, secret, e.
verderben, gâté, e.
verdrieslich, langweilig, ennuyeux, se.
vergänglich, périssable.
vergnügt, zufrieden, content, e, satisfait, e.
verliebt, amoureux, se.
vermeſſen, verwegen, frech, téméraire.
vernünftig, raisonnable.
verſtändig, sage, spirituel, le.

verstopft, bouché, e.
vertraulich, familier, e.
verwirrt, bestürzt, perplexe.
verwundert, étonné, e.
viereckigt, quarré, e.
Wachsam, vigilant, e.
wahrhaftig, ächt, véritable.
wahrscheinlich, vraisemblable.
warm, chaud, e.
wassersüchtig, hydropique.
weich, mou, molle, souple.
weit, breit, large.
weitläuftig, ample, vaste.
welk, fané, e.
wichtig, important, e.
wild, sauvage, farouche.
willkommen, bienvenu, e.
wohlgeneigt, bienveillant, e.
wohlgemuth, lustig, gaillard, e.
wohlgestalt, bien fait, e.

wohlschmeckend, nieblich, délicieux, se.
wunderbar, wunderwürdig, admirable.
wunderlich, einbildisch, fantastique.
würdig, digne.
wüste, désert, e.
wüthend, rasend, furieux, se.
zahm, apprivoisé, e, privé, e.
zänkisch, querelleur, se.
zart, tendre.
zeitlich, temporel, le.
zerbrechlich, fragile.
zierlich, élégant, e.
zornig, colérique.
zukünftig, futur, e.
zunehmend, blühend, florissant, e.
zuwider, contraire.
zweifelhaft, douteux, se.

Verbes.

Beten, prier Dieu.
den Rosenkranz beten, dire le chapelet.
anbeten, adorer.
anrufen, invoquer.
sich niederknien, se mettre à genoux.
aufstehen, se lever.
singen, chanter.
musiciren, chanter en musique.
beichten, se confesser.
communiciren, communier.
predigen, prêcher.
eine Leichenpredigt halten, prononcer une oraison funèbre.
Meß lesen, dire la Messe.
den Segen sprechen, dire la bénédiction.
aufbieten, proclamer, publier les annonces.

heirathen, épouser.
sich verheirathen, se marier.
copulirt werden, être marié.
Weihwasser nehmen, prendre de l'eau bénite.
wallfahrten, aller en pèlerinage.
krank werden, tomber malade.
Arzenei einnehmen, prendre médecine.
zur Ader lassen, se faire saigner.
schröpfen, se faire ventouser.
besuchen, visiter, aller (venir) voir, faire (rendre) visite.
sich bessern, commencer à se mieux porter.
genesen, gesund werden, guérir.
schlimmer werden, empirer.
vermachen, léguer.

in den lezten Zügen liegen, être aux abois.
sterben, mourir.
begraben, enterrer.
verwesen, se corrompre.
verfaulen, pourrir.
auferstehen, ressusciter.
erben, hériter.
enterben, déshériter.
trauern, porter le deuil.
die Trauer ablegen, quitter le deuil.
Befehlen, commander, ordonner.
verbieten, *it.* vertheidigen, défendre.
rathen, conseiller.
errathen, deviner.
abrathen, widerrathen, dissuader.
gehorchen, obéir.
sagen, dire.
sich wundern, s'étonner.
versprechen, promettre.
sich bessern, se corriger.
Wort halten, tenir parole.
loben, *it.* miethen, louer.
geben, schenken, donner.
verehren, faire présent.
abschlagen, refuser.
bös werden, se fâcher.
fortjagen, jagen, chasser.
zurückrufen, rappeler.
rufen, nennen, appeler.
heissen, s'appeler.
klingeln, schellen, schlagen, läuten, sonner.
aufmachen, ouvrir.
eingehen, hineingehen, hereinkommen, entrer.
zumachen, verschliessen, fermer.
verwahren, *it.* behalten, garder.
hinaufgehen, monter.

hinuntergehen, absteigen, descendre.
einem entgegen gehen, aller au-devant de quelqu'un.
Berühren, toucher.
betasten, manier.
binden, lier.
auflösen, délier.
anbinden, attacher.
losbinden, détacher.
anspannen, atteler.
ausspannen, dételer.
überreichen, présenter.
annehmen, accepter.
zerreissen, déchirer.
zerbrechen, rompre.
zerstossen, briser.
wegwerfen, werfen, jeter.
aufheben, ramasser.
verlieren, perdre.
finden, trouver.
verbergen, cacher.
zudecken, couvrir.
aufdecken, entdecken, découvrir.
beschmutzen, unrein machen, salir.
säubern, ausputzen, nettoyer.
kehren, balayer.
reiben, bohnen, frotter.
zeigen, montrer.
sich erinnern, se souvenir.
vergessen, oublier.
argwohnen, soupçonner.
in acht nehmen, observer.
acht geben, prendre garde.
sich einbilden, sich vorstellen, s'imaginer.
wünschen, souhaiter.
Glück wünschen, gratuliren, féliciter.
verlangen, désirer.
wollen, vouloir.
hoffen, espérer.

B b

verzweifeln, désespérer.
befürchten, fürchten, craindre, appréhender.
sich fürchten, avoir peur.
beruhigen, rassurer.
versichern, assurer.
richten, urtheilen, juger.
beschließen, conclure.
sich entschließen, se résoudre.
verurtheilen, verdammen, condamner.
verfluchen, maudire.
segnen, bénir.
beistehen, assister.
verlassen, abandonner.
Handeln, marchander.
Handlung treiben, trafiquer.
einen Kram anfangen, lever boutique.
überbieten, übersetzen, surfaire.
kosten, coûter.
bestellen, commettre, ordonner, commander, arrêter.
suchen, chercher.
holen, abholen, aller chercher.
übermachen, expédier.
schicken, senden, envoyer.
zurückschicken, renvoyer.
verkaufen, vendre.
theuer verkaufen, vendre cher.
wohlfeil verkaufen, vendre à bon marché.
Rechnung ablegen, rendre compte.
schadlos halten, dédommager.
kaufen, einkaufen, acheter.
auf Konto nehmen, acheter, prendre à crédit.
bezahlen, payer.
leihen, lehnen, prêter.
wiedergeben, it. machen, rendre.

borgen, faire crédit.
bewilligen, accorder.
ausgeben, débourser.
vorschießen, avancer.
das Ausgelegte wiedergeben, rembourser.
tauschen, troquer.
einpacken, empaqueter, emballer.
auspacken, dépaqueter, déballer.
einwickeln, envelopper.
einen Umschlag machen, faire une enveloppe.
verpfänden, engager.
auslösen, dégager.
von einem hintergangen ou angeführt werden, être la dupe de quelqu'un.
betrügen, tromper.
gleiches mit gleichem vergelten, rendre la pareille.
stehlen, dérober.
Gehen, aller, marcher.
auf etwas treten, marcher sur quelque chose.
laufen, courir.
einem nachlaufen, courir après quelqu'un.
folgen, suivre.
sich eilen, se dépêcher, se hâter.
die Flucht nehmen, prendre la fuite.
entlaufen, entwischen, échapper.
glitschen, glisser.
taumeln, schwanken, chanceler.
stolpern, broncher.
einholen, joindre.
fallen, tomber.
sich Schaden thun, se faire mal, se blesser.

sich den Fus verrenken, vertreten, se tordre le pied.
ausruhen, se reposer.
Essen, speisen, manger.
kauen, mâcher.
gut essen und trinken, faire bonne chère.
abschneiden, couper.
schneiden, tailler.
kosten, versuchen, goûter.
fasten, jeûner.
frühstükken, déjeûner.
zu Mittag essen, dîner.
zu Abend essen, souper.
hungerig seyn, avoir faim.
durstig seyn, avoir soif.
sich sättigen, se rassasier.
traktiren, traiter.
bewirthen, régaler.
den Tisch zurecht machen, préparer la table.
den Tisch decken, mettre la nappe.
die Stühle in Ordnung stellen, ranger les chaises.
die Speisen anrichten, dresser les viandes.
die Speisen auftragen, servir les viandes.
sich zu Tische sezzen, se mettre à table.
bedienen, vorlegen, servir.
anschneiden, entamer.
überreichen, présenter.
nehmen, sich nehmen, prendre.
wegnehmen, ôter.
die Gläser schwenken, rincer les verres.
einschenken, verser.
verschütten, répandre.
trinken, boire, prendre.
Brüderschaft trinken, boire fraternité.
ausleeren, austrinken, vider.

sich betrinken, s'enivrer.
sich übergeben, kozzen, vomir.
sich nach Haus begeben, se retirer.
sich schlafen legen, se coucher.
schlafen, dormir, coucher.
wachen, veiller.
aufwekken, éveiller.
schlummern, sommeiller.
einschlafen, s'endormir.
träumen, songer, rêver.
schnarchen, ronfler.
aufwachen, s'éveiller.
aufstehen, se lever, se relever.
sein Wasser abschlagen, lâcher son eau.
sich waschen, se laver.
kämmen, peigner.
frisiren, kräuseln, friser.
pudern, poudrer.
sich schminken, se farder.
sich den Kopf puzzen, se coiffer.
die Nägel abschneiden, faire les ongles.
die Haare abschneiden, faire les cheveux.
zuschnüren, lacer.
aufschnüren, délacer.
sich ankleiden, s'habiller.
sich auskleiden, ausziehen, se déshabiller.
zuknöpfen, boutonner.
aufknöpfen, déboutonner.
Schuhe und Strümpfe anziehen, se chausser.
Schuhe und Strümpfe ausziehen, se déchausser.
zuschnallen, boucler.
aufschnallen, déboucler.
Stiefel anziehen, se botter, mettre les bottes.
den Hut aufsezzen, mettre le chapeau.

sich bedecken, se couvrir.
ausgehen, sortir.
vorübergehen, durchgehen, durchreisen, ıc. passer.
etwas entbehren, it. sich mit etwas behelfen, se passer de quelque chose.
Denken, gedenken, penser.
bedenken, in Erwägung ziehen, considérer.
überlegen, réfléchir.
reden, sprechen, parler.
leise reden, parler bas.
durch die Nase reden, parler du nez.
schnarren, grasseyer.
übel von jemanden sprechen, über jemanden räsonniren, mal parler de quelqu'un.
aussprechen, prononcer.
plaudern, babiller, jaser.
schwazzen, causer.
schreien, crier.
ausrufen, s'écrier.
schweigen, se taire.
begegnen, rencontrer.
anreden, it. anlanden, aborder.
fragen, bitten, begehren, demander.
bitten, ersuchen, prier, supplier.
antworten, répondre.
für etwas stehen, répondre de quelque chose.
versezzen, repartir.
erwiedern, répliquer.
erzählen, raconter.
beschuldigen, accuser.
rechtfertigen, justifier.
lügen, mentir.
im Reden stekken bleiben, demeurer court.
anstehen, hésiter.
sagen, dire.

widersprechen, contredire.
verleumden, médire.
schimpfen, dire des injures.
anfahren, brusquer.
schelten, übel nachreden, beschimpfen, tadeln, blâmer.
bös werden, se fâcher.
schmälen, gronder.
disputiren, streiten, disputer.
zanken, quereller.
zornig werden, se mettre en colère, s'emporter.
fluchen, pester.
schwören, jurer.
trozzen, Troz bieten, braver.
herausfordern, provoquer, appeler en duel.
sich entschliesen, se résoudre, se déterminer.
angreifen, attaquer.
ausmachen, vider.
schlagen, battre, frapper.
sich duelliren, se battre en duel.
Kugeln wechseln, se battre à coups de pistolets.
einwilligen, consentir.
strafen, punir.
züchtigen, châtier.
sich wehren, se défendre.
vertheidigen, défendre.
beschüzzen, protéger.
beschämen, confondre.
verheelen, dissimuler.
eingestehen, convenir.
sich zufrieden geben, besänftigen, s'apaiser.
behaupten, soutenir.
sich irren, se tromper.
überzeugen, convaincre.
beweisen, prouver.
widerlegen, réfuter.
zweifeln, douter.
muthmassen, se douter.
bekräftigen, confirmer.

bejahen, affirmer.
verneinen, nier.
verhehlen, celer.
gestehen, avouer.
um Vergebung bitten, demander pardon.
verzeihen, pardonner.
sich wieder aussöhnen, se réconcilier.
entschuldigen, excuser.
bedauern, regretter.
Freundschaft machen, faire amitié.
Lachen, rire.
heimlich lachen, rire sous cape.
weinen, pleurer.
seufzen, soupirer.
schluchzen, sanglotter.
trösten, consoler.
niesen, éternuer.
(wohl bekomm's, à votre souhait.)
zittern, trembler.
schaudern, frémir.
gähnen, bâiller.
blasen, souffler.
pfeifen, siffler.
riechen, fühlen, empfinden, sentir.
stinken, puer.
hören, entendre, ouïr.
horchen, zuhören, hören, écouter.
sehen, voir.
ansehen, regarder.
beobachten, observer.
mit den Augen blinzeln, clignoter.
speien, cracher.
sich schneuzen, se moucher.
aus der Nase bluten, saigner par le nez.
schwitzen, suer.
abtrocknen, essuyer.

husten, tousser.
schluchsen, glucksen, hoqueter.
kratzen, gratter.
kützeln, chatouiller.
klemmen, kneipen, pezzen, pincer.
Lieben, aimer.
liebkosen, caresser.
schmeicheln, gute Worte geben, flatter.
umarmen, embrasser.
küssen, baiser.
sich bücken, se baisser.
sich entzweien, uneins werden, se brouiller.
trotzen, brotzen, bouder.
verlassen, abandonner.
hassen, haïr.
Studiren, étudier.
die Gottesgelahrtheit studiren, étudier en théologie.
die Arzneikunst, en médecine.
Jura, en droit.
lernen, apprendre.
auswendig lernen, apprendre par cœur.
verlernen, désapprendre.
wiederholen, répéter.
lesen, lire.
sachte lesen, lire bas.
laut lesen, lire haut.
buchstabieren, épeler.
rechnen, compter, chiffrer.
zusammenrechnen, summiren, sommer, calculer.
addiren, additionner.
subtrahiren, soustraire.
multipliciren, multiplier.
dividiren, diviser.
schreiben, écrire.
klein schreiben, écrire menu.
grob schreiben, écrire gros.
krizzeln, schmadern, griffonner.

abschreiben, copier.
aufschreiben, aufsezzen, mettre par écrit.
rein abschreiben, ins Reine bringen, mettre au net.
unterschreiben, signer.
diktiren, dicter.
zusammenlegen, plier.
die Aufschrift auf einen Brief schreiben, mettre l'adresse d'une lettre.
versiegeln, cacheter.
vormachen, donner exemple.
korrigiren, verbessern, corriger.
ausstreichen, rayer.
auslöschen, effacer.
übersezzen, traduire.
anfangen, commencer.
aufhören, cesser.
fortfahren, continuer.
vollenden, zu Ende bringen, achever.
endigen, finir.
unterweisen, lehren, it. überhören, enseigner.
aufsagen, réciter.
wissen, kennen, savoir.
können, pouvoir.
kennen, connoître.
nicht umhin können, ne pouvoir s'empêcher.
Arbeiten, travailler.
verdienen, gagner, mériter.
malen, peindre.
anstreichen, peinturer.
färben, teindre.
zeichnen, dessiner.
stikken, broder.
vergulden, dorer.
versilbern, argenter.
einfassen, enchâsser.
brauen, brasser.
bakken, it. kochen, cuire.

braten, rôtir.
sieden, bouillir.
schlachten, it. tödten, tuer.
schneiden, tailler.
abschneiden, abhauen, couper.
Holz fällen, hakken, couper du bois.
zimmern, charpenter.
bauen, bâtir.
schmieden, forger.
pflügen, labourer.
säen, semer.
pflanzen, planter.
begiesen, arroser.
abbrechen, cueillir.
belesen, éplucher.
impfen, pfropfen, enter.
erndten, moissonner.
dreschen, battre le blé.
mähen, faucher.
Herbst machen, vendanger.
die Kühe melken, traire les vaches.
Tanzen, danser.
springen, sauter.
fechten, faire des armes.
reisen, voyager.
abreisen, partir.
ankommen, it. sich ereignen, sich zutragen, arriver.
zurükkehren, umwenden, retourner.
sich erlustigen, se divertir.
scherzen, railler.
sich baden, se baigner.
schwimmen, nager.
spielen, jouer.
Pfänder spielen, jouer au gage touché.
was soll der thun, dem das Pfand ist? ordonnez sur le gage que j'ai.
wetten, gagner.
wagen, risquer, hasarder.

gewinnen, gagner.
verlieren, perdre.
Krieg führen, kriegen, faire la guerre.
Friede machen, faire la paix.
exerciren, faire l'exercice.
marschiren, marcher.
achtung! attention!
Pulver auf die Pfanne, amorcez.
das Gewehr präsentiren, présenter les armes.
rechts umkehrt euch! à droite!
links um! à gauche!
laden, charger.
scharf laden, charger à balle.
blind laden, charger sans balle.
anschlagen, it. auf etwas zielen, coucher en joue.
abfeuern, décharger.
schiessen, it. zapfen, ziehen, tirer.
verwunden, blesser.
Schildwache stehen, être en faction.
abgelöst werden, sortir de faction.
Schlacht liefern, livrer bataille.
belagern, assiéger.
stürmen, donner l'assaut.
mit Sturm einnehmen, erobern, prendre d'assaut.
überwinden, vaincre, surmonter.
den Sieg erhalten, siegen, gagner la victoire.
plündern, piller, dévaliser.
verwüsten, verheeren, saccager.
den Feind verfolgen, poursuivre l'ennemi.

DIALOGUES POUR S'EXERCER A PRONONCER.

1.

Guten Morgen (guten Tag), mein Herr.
Bon jour, Monsieur.

Wie befinden Sie sich?
Comment vous portez-vous?

Ich befinde mich wohl, Gott sey Dank.
Je me porte bien, Dieu merci.

Und wie geht's Ihnen, mein Herr?
Et vous, Monsieur, comment vous va-t-il?

Sehr wohl, zu Ihren Diensten.
Fort bien, à votre service.

Dies freuet mich sehr zu vernehmen.
C'est ce que j'apprends avec bien du plaisir.

Sie sind sehr höflich, mein Herr.
Vous êtes bien honnête, Monsieur.

Ich trachte Ihnen nachzukommen.
Je tâche de vous imiter.

Verzeihen Sie, das ist unmöglich;
Pardonnez-moi, cela est impossible;

denn Sie übertreffen mich an Höflichkeit.
car vous me surpassez en civilité.

2.

Guten Abend, mein lieber Freund.	Bon soir, mon cher ami.
Wo gehen Sie so geschwind hin?	Où allez-vous si vite?
Ich will nach Hause gehen.	Je m'en vais chez moi.
Und wo kommen Sie her, wenn ich fragen darf?	Et d'où venez-vous, si j'ose vous le demander?
Ich komme vom Kaffehaus.	Je viens du café.
Was sagt man guts neues allda?	Qu'est-ce qu'on y dit de nouveau?
Nichts sonderliches, es ist nicht der Mühe werth davon zu reden.	Pas grand'chose; il ne vaut pas la peine d'en parler.
Haben Sie die Zeitung nicht gelesen?	N'avez-vous pas lu la gazette?
Ja, mein Herr, ich habe sie gelesen.	Oui, Monsieur, je l'ai lue.
Nun, was meldet sie vom Kriege?	Eh bien, que dit-elle de la guerre?
So viele widersprechende Sachen, daß man nicht weis was man davon glauben soll.	Tant de choses contradictoires, qu'on ne sait qu'en croire.

3.

Ihr Diener, mein Herr.	Votre serviteur, Monsieur.
Mein Herr, ich bin der Ihrige.	Monsieur, je suis le vôtre.
Wie stehts um die Gesundheit?	Comment va la santé?
So hin, wie es pflegt zu gehen.	Là là, tout doucement.
Es ist heute schön Wetter.	Il fait beau tems aujourd'hui.
Ja, in der That, es ist sehr schön.	Oui, en effet, il fait très-beau.
Wohlan, lassen Sie uns einen Spaziergang machen.	Eh bien, allons faire un tour de promenade.
Ich bin es zufrieden; allein wo wollen wir hingehen?	Je le veux bien; mais où irons-nous?
Lassen Sie uns in meines Bruders Garten gehen; wir werden allda eine artige Gesellschaft finden.	Allons au jardin de mon frère; nous y trouverons une jolie compagnie.
Wenn Sie mir die Ehre erzeigen wollen mich hinzuführen, so werden Sie mich unendlich verpflichten.	Si vous voulez me faire l'honneur de m'y mener, vous m'obligerez infiniment.

4.

Wie biel Uhr ist es?	Quelle heure est-il?
Es ist halb drei.	Il est deux heures et demie.
Sie sagen halb drei?	Vous dites deux heures et demie?
Es wird gleich bier schlagen.	Il va sonner quatre heures.
Um Verzeihung, es hat noch nicht drei geschlagen.	Pardonnez-moi, il n'a pas encore sonné trois heures.
Ich versichere Sie, es sind zwanzig Minuten auf bier; denn meine Uhr geht sehr gut.	Je vous assure qu'il est trois heures et vingt minutes; car ma montre va très-bien.
Mein Gott! wie verstreicht die Zeit in Ihrer angenehmen Gesellschaft.	Mon Dieu! que le temps passe vite dans une aussi charmante compagnie que la vôtre.
Sie machen mir da ein Kompliment, worauf ich nichts zu antworten weis.	Vous me faites là un compliment, auquel je ne sais que répondre.

5.

Hat es schon zwölf geschlagen?	Midi est-il déjà sonné?
Ja, mein Herr: Es ist schon halb eins.	Oui, Monsieur: il est déjà midi et demi.
Ist es möglich, daß es so spät sey!	Est-il possible qu'il soit si tard!
Das ist nicht spät, das ist ja noch frühe.	Ce n'est pas tard, c'est encore de bonne heure.
Geht Ihre Uhr recht?	Votre montre va-t-elle bien?
Nein, mein Herr, sie gehet eine biertel Stunde zu frühe.	Non, Monsieur, elle avance d'un quart d'heure.
Und die meinige gehet eine halbe Stunde zu langsam.	Et la mienne retarde d'une demi-heure.
Vielleicht ist sie stehen geblieben?	Peut-être s'est-elle arrêtée?
In der That, Sie haben recht.	En effet, vous avez raison.
Ist sie aufgezogen?	Est-elle remontée,
Ja, mein Herr, sie ist aufgezogen, und geht dennoch nicht.	Oui, Monsieur, elle est remontée, et ne va pourtant pas.
Sie müssen sie also auspuzzen lassen.	Eh bien, il faut la faire nettoyer.
Dies werde ich thun; allein ich fürchte es ist etwas darin zerbrochen.	C'est ce que je ferai; mais je crains qu'il n'y ait quelque chose de cassé.

Der Uhrmacher wird es Ihnen gleich sagen.	L'horloger vous le dira d'abord.
Hören Sie, es schlägt eins.	Voilà qu'il sonne une heure.
So will ich denn meine Uhr stellen.	Je réglerai donc ma montre.
Und ich will mich nach Haus begeben.	Et moi je me retirerai.
O, bleiben Sie doch noch ein wenig da.	De grâce, restez encore un peu.
Ich kann nicht, denn wir speisen präcis ein Uhr.	Je ne puis pas, nous dînons à une heure précise.
Nun so leben Sie wohl.	Eh bien, à revoir.
Ich wünsche Ihnen gesegnete Mahlzeit.	Bon appétit.
Gleichfalls.	Pareillement.
Ich danke Ihnen.	Je vous remercie.

6.

Was ist es für Wetter?	Quel temps fait-il?
Es ist kein schön Wetter.	Il ne fait pas beau.
Es ist also schlimm Wetter?	Ainsi il fait mauvais temps?
Ja, mein Herr, es regnet und geht ein starker Wind.	Oui, Monsieur, il pleut et il fait un grand vent.
Hat es auch vergangene Nacht geregnet?	Est-ce qu'il a aussi plu la nuit passée?
Ich weis es nicht; allein ich glaube es.	Je ne le sais pas; mais je le crois.
Wo ist mein Regenschirm? Ich muß ausgehen.	Où est mon parapluie? Il me faut sortir.
Warten Sie bis daß der Regen vorüber ist.	Attendez jusqu'à ce que la pluie soit passée.
Ich glaube er wird nicht sobald vorüber gehen.	Je crois qu'elle ne passera pas sitôt.
Und ich glaube, es hat schon aufgehöret zu regnen.	Et moi je crois qu'il a déjà cessé de pleuvoir.
Desto besser.	Tant mieux.
In der That, es regnet nicht mehr.	En effet, il ne pleut plus.
Das ist mir ja sehr lieb.	J'en suis bien-aise.
Aber, mein Herr, ich rathe Ihnen Ihre Stiefel anzuziehen.	Mais, Monsieur, je vous conseille de mettre vos bottes.
Warum?	Pourquoi?
Es wird auf der Gasse sehr schmuzzig seyn.	Il sera bien sale dans les rues.

7.

Warum gehen Sie so langsam, mein Freund?	Pourquoi allez-vous si lentement, mon ami?
Weil ich krank bin.	C'est que je suis malade.
Mein Gott! Sie sind krank? was fehlet Ihnen denn?	Mon Dieu! vous êtes malade? qu'avez-vous donc?
Ich habe den Schnupfen, Husten, Kopfschmerzen und Zahnweh.	Je suis enrhumé, j'ai mal à la tête et aux dents.
Alles das haben Sie?	Et vous avez tout cela?
Ja, mein Freund, und überdies habe ich auch noch das Fieber.	Oui, mon ami, et outre cela j'ai aussi la fièvre.
Seit wann?	Depuis quand?
Seit drei Wochen.	Depuis trois semaines.
Sie sind zu beklagen.	Vous êtes à plaindre.
Nehmen Sie denn Arzenei ein?	Prenez-vous médecine?
Ich habe schon gar zu viel eingenommen;	J'en ai déjà beaucoup pris;
unter andern so viel China,	entr'autres tant de quinquina,
daß mir alles Essen wie China schmeckt.	que tout ce que je mange me semble être quinquina.
Aber warum bleiben Sie nicht zu Hause, da Sie krank sind?	Mais pourquoi ne restez-vous pas chez vous, puisque vous êtes malade?
Wenn ich immer zu Hause bleibe, so befinde ich mich noch übler.	Lorsque je reste toujours chez moi, je me porte encore plus mal.
Erlaubt Ihnen denn Ihr Arzt auszugehen?	Votre médecin vous permet-il donc de sortir?
Ja, mein Freund, er erlaubt es mir nicht nur, sondern er verordnet es mir.	Oui, mon ami, non-seulement il me le permet, mais il me l'ordonne.
Beobachten Sie genau was er Ihnen verordnet, und haben Sie Geduld.	Observez exactement ce qu'il vous ordonne, et ayez patience.
Ich muß wohl.	Il le faut bien.

8.

Mein Herr, leihen Sie mir gefälligst ein wenig Ihr Federmesser.	Monsieur, prêtez-moi un peu, s'il vous plaît, votre canif.

Ja, mein Herr, sogleich. — Da haben Sie es.	Oui, Monsieur, d'abord. — Le voilà.
Ich will es Ihnen mit Dank wieder zustellen, wann ich meine Feder werde geschnitten haben.	Je vous le rendrai avec remerciment, quand j'aurai taillé ma plume.
Mein Herr, Ihr Federmesser ist nicht scharf; es ist sehr stumpf.	Monsieur, votre canif ne coupe pas bien; il est fort émoussé.
Ich weis es wohl; allein ich habe kein anderes.	Je le sais bien; mais je n'en ai point d'autre.
Lassen Sie sich die Feder von Ihrem Lehrer schneiden.	Faites tailler votre plume par votre Maître.
Das will ich auch thun.	C'est ce que je ferai aussi.
Mein Herr, seyn Sie so gütig und schneiden Sie mir diese Feder.	Monsieur, ayez la bonté de me tailler cette plume.
Mit vielem Vergnügen.	Avec bien du plaisir.

9.

Ach! was habe ich für schlechtes Papier!	Ah! que j'ai de mauvais papier!
Sie beklagen sich immer über Ihr Papier.	Vous vous plaignez toujours de votre papier.
Ich bitte Sie, sehen Sie nur wie es fließt.	De grâce, Monsieur, regardez comme il boit.
Warum kaufen Sie kein besseres?	Pourquoi n'en achetez-vous pas de meilleur?
Wenn man es ansieht, so scheint es gut zu seyn.	A le voir, il semble être bon.
Ich bitte Sie, mein Herr, geben Sie mir ein wenig von Ihrer Dinte; denn die meinige ist zu dik und zu blaß.	Je vous prie, Monsieur, donnez-moi un peu de votre encre; car la mienne est trop épaisse et trop blanche.
Da haben Sie.	En voilà.
Ich danke Ihnen.	Je vous remercie.
Haben Sie Ihre Vorschrift geschrieben?	Avez-vous écrit votre exemple?
Ja, mein Herr, ich habe sie geschrieben; allein ich will noch das Datum darauf sezzen.	Oui, Monsieur, je l'ai écrite; mais j'y mettrai encore la date.
Den Wievielsten des Monats haben wir?	Quel quantième du mois avons-nous?

Wir haben heute den Dritten.	C'est aujourd'hui le trois.
Sie schreiben zu geschwind.	Vous écrivez trop vite.
Ich werde sonst nicht fertig.	Je n'aurois pas fait autrement.
Sie haben noch Zeit genug.	Vous avez encore assez de temps.
Verzeihen Sie, ich kann meine Lektion noch nicht recht.	Pardonnez-moi, je ne sais pas encore parfaitement ma leçon.
Ueberhören Sie mich einmal, wenn es Ihnen beliebt.	Enseignez-moi un peu, s'il vous plaît.
Herzlich gerne:	De tout mon cœur:
Geben Sie mir Ihre Grammatik.	Donnez-moi votre grammaire.
Da haben Sie sie.	La voilà.

10.

Geben Sie mir gefälligst einen Bogen Postpapier:	Donnez-moi, s'il vous plaît, une feuille de papier de poste:
Ich will mir holen lassen, und Ihnen einen andern dafür geben.	J'en ferai chercher, et je vous en donnerai une autre.
Da haben Sie einen, mein Herr:	En voilà une, Monsieur:
Es ist nicht nöthig, daß Sie mir einen andern dafür geben.	Il n'est pas nécessaire que vous m'en donniez une autre.
So danke ich Ihnen denn gehorsamst.	Je vous en remercie donc très-humblement.
Was wollen Sie denn schreiben?	Que voulez-vous donc écrire?
Ich will an einen meiner Freunde schreiben.	J'écrirai à un de mes amis.
Ich möchte wissen, wo mein Bruder das Schreibzeug hingestellt hat.	Je voudrois bien savoir où mon frère a mis l'écritoire.
Da steht es ja auf dem kleinen Tische.	La voilà sur la petite table.
Ach! ja, ich hatte es nicht gesehen.	Ah! oui, je ne l'avois pas vue.

11.

Wo ist die Magd?	Où est la servante?
Ich weis es nicht.	Je ne sais pas
Ich glaube sie ist in der Küche.	Je crois qu'elle est dans la cuisine.

Seyn Sie so gütig, und rufen Sie sie.	Ayez la bonté de l'appeler.
Ja, mein Herr. — Maria!	Oui, Monsieur. — Marie!
Mein Herr!	Monsieur!
Kommt einmal herein.	Venez un peu.
Was ist Ihnen gefällig?	Que vous plaît-il, Monsieur?
Euer Herr hat euch begehrt.	Monsieur votre Maître vous a demandée.
Ja. Bringt Licht,	Oui. Apportez de la lumière,
und holet mir Siegellak.	et allez chercher de la cire d'Espagne.
Es liegt ja noch eine Stange in der Schublade.	Il y en a encore un bâton dans le tiroir.
Nun, so bringt sie mir, nebst meinem Falzbein und meiner Scheere.	Eh bien, apportez-le-moi, avec mon plioir et mes ciseaux.
Da haben Sie alles was Sie begehren.	Voilà tout ce que vous demandez, Monsieur.
Jezt tragt diesen Brief auf die Post.	A cette heure vous porterez cette lettre à la poste.
Muß ich ihn frankiren?	Est-ce qu'il faut l'affranchir?
Ja, ihr frankiret ihn.	Oui, vous l'affranchirez.
Habt ihr Geld bei euch?	Avez-vous de l'argent sur vous?
Nein, mein Herr, ich habe keins bei mir.	Non, Monsieur, je n'en ai point sur moi.
Da habt ihr ein Sechsbazzenstük:	Tenez, voilà une pièce de six batz:
Das was ihr daran herausbekommt, ist für eure Mühe.	Ce qu'on vous rendra, est pour votre peine.
Ich danke Ihnen, mein Herr.	Bien obligée, Monsieur.

12.

Ist es schon lange, mein Herr, daß Sie die deutsche Sprache lernen?	Y a-t-il long-temps, Monsieur, que vous apprenez la langue allemande?
Nein, mein Herr, es ist nur ein halb Jahr.	Non, Monsieur, il n'y a que six mois.
Das ist nicht möglich, Sie reden zu gut für so kurze Zeit.	Cela n'est pas possible, vous parlez trop bien pour si peu de temps.
Sie scherzen; ich weis fast nichts.	Vous vous moquez; je ne sais presque rien.

In der That, Sie reden recht artig.	En effet, vous parlez joliment.
Ich wollte, daß es wahr wäre, so würde ich wissen was ich nicht weis.	Je voudrois qu'il fût vrai, je saurois ce que je ne sais pas.
Glauben Sie mir, und reden Sie oft.	Croyez-moi, parlez souvent.
Um zu reden muß man geschikter seyn als ich bin.	Pour parler, il faut avoir plus de capacité que je n'en ai.
Sie sind geschikt genug um im Reden fortzukommen.	Vous en avez assez pour vous tirer d'affaire.
Ich merke noch täglich, daß ich Fehler begehe.	Je m'aperçois encore tous les jours des fautes que je fais.
Das thut nichts.	Cela ne fait rien.
Man muß nicht furchtsam seyn.	Il ne faut pas être timide.
Ich fürchte ausgelacht zu werden.	J'ai peur qu'on ne se moque de moi.
Wer würde denn so unhöflich seyn.	Il faudroit être bien malhonnête.
Wissen Sie das Sprichwort nicht?	Ne savez-vous pas le proverbe?
Welches, mein Herr?	Lequel, Monsieur?
Wer wohl reden will, muß erst anfangen übel zu reden.	Pour bien parler, il faut commencer par parler mal.
Verstehen Sie wohl alles was ich Ihnen sage?	Entendez-vous tout ce que je vous dis?
Ich verstehe und begreife es sehr wohl; allein ich kann mit dem Reden nicht fortkommen.	Je l'entends et le comprends fort bien; mais je n'ai pas la facilité de parler.
Mit der Zeit wird sich das schon geben.	Cette facilité viendra avec le temps.
Ich wünsche es von ganzem Herzen.	Je le souhaite de tout mon cœur.

13.

Wer ist Ihr Sprachmeister?	Qui est votre Maître?
Es ist der Herr N.	C'est Monsieur N.
Ich kenne ihn, es ist ein sehr braver Mann.	Je le connois, c'est un fort honnête homme.
Sagt er Ihnen nicht, daß man sich im Reden allezeit üben muß?	Ne vous dit-il pas qu'il faut toujours s'exercer à parler?

Ja, mein Herr, er sagt es mir oft.	Oui, Monsieur, il me le dit souvent.
Warum folgen Sie denn seinem Rath nicht?	Pourquoi ne suivez-vous donc pas son conseil?
Mit wem soll ich reden?	Avec qui voulez-vous que je parle?
Mit denen die Sie anreden werden.	Avec ceux qui vous parleront.
Diejenigen so mir diese Ehre anthun, sind fast alle geschikter denn ich.	Ceux qui me font cet honneur, sont presque tous plus forts que moi.
Das ist ja gut für Sie; denn desto mehr Nuzzen haben Sie davon.	C'est bon pour vous; car vous en profiterez d'autant mieux.

14.

Entre un Marchand et un Etranger.

Mein Herr, es ist mir gesagt worden, Sie hätten allerhand Tücher.	Monsieur, on m'a dit que vous aviez de toutes sortes de draps.
Zu dienen, mein Herr.	Oui, Monsieur, à votre service.
Zeigen Sie mir gefälligst einige Stüffe Holländisch Tuch.	Montrez-moi, s'il vous plaît, quelques pièces de drap d'Hollande.
Da sind welche, mein Herr.	En voilà, Monsieur.
Die Farbe von diesem Stük stehet mir nicht an.	La couleur de cette pièce ne m'accommode pas.
Warum, mein Herr? es ist ja doch eine Modefarbe.	Pourquoi, Monsieur? c'est pourtant une couleur à la mode.
Sie fällt zu stark ins Gelbe.	Elle tire trop sur le jaune.
Was sagen Sie denn von diesem Stük?	Que dites-vous donc de cette pièce-ci?
Das Tuch ist besser; aber es ist zu stark gepresst.	Ce drap est meilleur; mais il a trop d'apprêt.
Da haben Sie, mein Herr, die Muster von allen meinen Tüchern.	Tenez, Monsieur, voilà les échantillons de tout mon assortiment.
Wählen Sie sich selbst aus, was Ihnen am besten ansieht.	Choisissez vous-même ce qui vous plaira le plus.

15.

Seyn Sie von der Güte und zeigen Sie mir dieses dunkelbraune Stük.	Ayez la bonté de me faire voir ce drap brun-foncé.

Es ist nur noch etwas weniges davon da.	Je n'en ai plus qu'un petit reste.
Es thut mir leid; denn die Farbe gefällt mir.	J'en suis fâché; car la couleur me plaît.
Nehmen Sie von diesem Scharlach.	Prenez de cette écarlate.
Ich trage nicht gerne roth, es fällt zu stark in die Augen.	Je n'aime pas le rouge, il saute trop aux yeux.
Da ist ein silbergraues, das recht artig ist.	Voilà un gris argenté, qui est charmant.
Wie theuer halten Sie die Elle von diesem Tuche?	Combien faites-vous l'aune de ce drap?
Drei Thaler, mein Herr.	Trois écus, Monsieur.
Sie scherzen.	Vous vous moquez.
Betrachten Sie selbst dessen Güte.	Considérez-en vous-même la bonté.
Ich will Ihnen dritthalb Thaler dafür geben.	Je vous en donnerai deux écus et demi.
Um solchen Preis habe ich es selbst nicht.	Je ne l'ai pas moi-même à ce prix.
Sie werden doch etwas nachlassen?	Vous en rabattrez pourtant quelque chose?
Da ich Sie gar nicht übersezt habe, so kann ich mir auch nichts abdingen lassen.	Ne vous ayant point surfait, je ne saurois rien rabattre.
Sie bekommen doch nicht dafür was Sie verlangen.	Vous n'en aurez pourtant pas ce que vous demandez.
Alles was ich thun kann ist, es Ihnen um zwei Thaler und sechszig Kreuzer zu lassen.	Tout ce que je puis faire, c'est de vous le laisser à deux écus et soixante cruches.
Das ist in Wahrheit zu theuer.	Cela est trop cher, en vérité.
Es ist vielmehr sehr wohlfeil.	Au contraire, c'est fort bon marché.
Wohlan, schneiden Sie zehen Ellen ab.	Eh bien, coupez-en dix aunes.

16.

Brauchen Sie kein Futter?	N'avez-vous pas besoin de doublure?
Ja, haben Sie dessen?	Si fait, en avez-vous?
Sehr gutes.	De très-bonne.
Wollen Sie seidenes oder wollenes?	En voulez-vous de soie ou de laine?
Ich möchte gerne Taffet haben.	Je voudrois bien du taffetas.

Rosenfarben oder hellblauen?	Couleur de rose ou bleu-mourant?
Rosenfarben.	Couleur de rose.
Da haben Sie sehr guten.	En voilà de très-bon.
Wie theuer die Elle?	Combien l'aune?
Einen Thaler.	Un écu.
Ist das nicht zu viel?	N'est-ce pas trop?
Nein, mein Herr. Wie viel Ellen brauchen Sie?	Non, Monsieur. Combien d'aunes vous en faut-il?
Sechs Ellen.	Six aunes.
Da sind sie.	Les voilà.
Jezt machen Sie mir gefälligst meine Rechnung.	A présent faites-moi mon compte, s'il vous plaît.
Es macht in allem 32 Thaler, 60 Kreuzer.	C'est en tout trente-deux écus et soixante cruches.
Hier ist Ihr Geld.	Voilà votre argent.
Ich danke, mein Herr, für gute Bezahlung.	Je vous remercie, Monsieur, du bon paiement.

17.

L'Étranger et le Tailleur.

Mein Herr, man hat mir gesagt, Sie verlangten mich zu sprechen.	On m'a dit, Monsieur, que vous souhaitiez me parler.
Ist Er der Schneider, wovon der Herr N. mit mir gesprochen?	Êtes-vous le maître tailleur dont Monsieur N**. m'a parlé?
Ja, mein Herr, zu dienen.	Oui, Monsieur, à votre service.
Will Er mir wohl das Maas zu einem Kleide nehmen?	Voulez-vous bien me prendre la mesure d'un habit?
Herzlich gerne.	Avec bien du plaisir.
Wann verlangen Sie es?	Pour quand le souhaitez-vous?
Auf den Sonntag.	Pour dimanche.
Die Zeit ist sehr kurz; doch will ich mein möglichstes thun.	Ce temps-là est bien court; cependant je ferai tout mon possible.
Verspreche Er mir es nicht, wo Er nicht Sein Wort halten will.	Ne me le promettez pas, si vous ne voulez tenir parole.
Sie sollen es gewiß bekommen.	Vous l'aurez, Monsieur, sans faute.

Wann will Er kommen und mir das Kleid anprobieren?	Quand viendrez-vous m'essayer l'habit?
Künftigen Freitag.	Vendredi qui vient.
Um welche Zeit?	A quelle heure?
Sie dürfen nur befehlen, es ist mir alles eins.	Vous n'avez qu'à commander, cela m'est indifférent.
Wenn das ist, so komme Er des Morgens.	Si cela est, venez le matin.
Um welche Zeit stehen Sie gewöhnlich auf?	A quelle heure vous levez-vous ordinairement?
Um sieben Uhr.	A sept heures.
So will ich denn zwischen neun und zehen kommen.	Je viendrai donc entre neuf et dix.

18.

Noch ein Wort, wenn es beliebt.	Encore un mot, s'il vous plaît.
Was ist Ihnen gefällig, mein Herr?	Que vous plaît-il, Monsieur?
Was soll ich Ihm Macherlohn geben?	Que me ferez-vous payer de la façon?
Wir wollen schon einig werden.	Nous nous accommoderons bien.
Nein, nein, sage Er mir frei heraus, was Er verlanget.	Non, non, dites-moi franchement ce que vous prétendez.
Vier Thaler.	Quatre écus.
Ist das nicht zu viel?	N'est-ce pas trop?
Das ist der gemeinste Preis.	C'est l'ordinaire.
Er wird sich wohl mit drei begnügen lassen.	Vous vous contenterez bien de trois.
Verzeihen Sie, es ist unmöglich.	Pardonnez-moi, il est impossible.
Er muß bedenken, daß Er künftighin einen guten Kunden an mir haben wird.	Considérez que vous aurez désormais une bonne pratique en moi.
Ich glaube es wohl; allein um solchen Preis kann ich es nicht machen.	Je le crois bien; mais je ne saurois le faire à ce prix.
So will ich Ihm dann geben was Er verlanget, mit dem Beding, daß alles wohl gemacht sey.	Je vous donnerai donc ce que vous demandez, à condition que tout soit bien fait.
Sie werden keine Ursache haben sich zu beklagen.	Vous n'aurez pas lieu de vous plaindre.

19.

D'un Maître avec son domestique.

Johann!	Jean!
Was beliebet Ihnen, mein Herr?	Que vous plaît-il, Monsieur?
Geschwind machet Feuer an.	Vite, faites du feu.
Die Magd hat schon angemacht.	La servante en a déjà fait.
Hat sie Wasser zum Thee beigesezt?	A-t-elle mis de l'eau sur le feu pour le thé?
Ja, Herr, schon lange.	Oui, Monsieur, il y a longtemps.
Machet geschwind, und bringet mir meine Hosen her.	Dépêchez-vous, et m'apportez ma culotte.
Da sind sie.	La voilà, Monsieur.
Wo sind meine Pantoffeln?	Où sont mes pantoufles?
Sie sind unten am Bette zur Rechten.	Elles sont au pied du lit, à droite.
Machet hurtig, und gebet mir meine Kleider her.	Faites promptement, et me donnez mes habits.
Wollen Sie kein anderes weis Zeug anlegen?	Ne voulez-vous pas changer de linge?
Ja, gebet mir ein weis Hemd her.	Oui, donnez-moi une chemise blanche.
Das so Sie anhaben ist sehr schmuzzig.	Celle que vous avez est bien sale.
Es ist kein Wunder.	Il ne faut pas s'en étonner.
Es sind schon über vier Tage, daß ich kein weis Hemd angezogen habe.	Il y a plus de quatre jours que je n'ai changé de chemise.
Die Wäscherin ist Schuld daran.	C'est la blanchisseuse qui en est la cause.
Oder vielmehr ihr; denn ihr seyd ein wenig zu nachlässig.	Ou plutôt vous; car vous êtes un peu trop négligent.
Sie verzeihen mir, ich kann nicht davor.	Pardonnez-moi, Monsieur, je ne saurois qu'y faire.
Nun fein geschwind das Hemb her.	Ça, vite la chemise.
Hier ist eins, so sehr weis ist.	En voici une bien blanche.
Es ist noch ganz feuchte.	Elle est encore tout humide.
Wenn es Ihnen gefällig ist, will ich es an dem Feuer (Ofen) wärmen.	S'il vous plaît, je la chaufferai au feu (au fourneau).
Da habt ihr es; allein nehmet	Tenez, la voilà; mais pre-

euch wohl in acht, daß ihr es nicht verbrennet.	nez bien garde de la brûler.
Ich will schon dafür sorgen.	J'en aurai soin.
Beliebt Ihnen auch ein Schnupftuch?	Voulez-vous aussi un mouchoir?
Freilich.	Sans doute.
Soll ich Ihnen ein seidenes oder baumwollenes geben?	Vous en donnerai-je un de soie ou de coton?
Es ist einerlei, wenn es nur rein ist.	Cela est indifférent, pourvu qu'il soit propre.

20.

Habt ihr meine Stiefel rein gemacht?	Avez-vous décrotté mes bottes?
Sie sind nicht da; ich habe sie dem Schuster gegeben, sie über den Leisten zu schlagen.	Elles ne sont pas ici; je les ai données au cordonnier, pour les remettre sur la forme.
Ihr habt wohl gethan.	Vous n'avez pas mal fait.
Gebet mir meine Schuhe her.	Donnez-moi mes souliers.
Da sind sie.	Les voilà.
Wollen Sie die neuen Schuhe anziehen, die der Schuster gestern brachte?	Voulez-vous mettre les souliers neufs, que le cordonnier apporta hier?
Ja, gebet sie mir her.	Oui, donnez-les-moi.
Ich will sie Ihnen anziehen, Meister Jakob hat mir seinen Anzieher gelassen.	Je vous les chausserai, Maître Jacques m'a laissé son chausse-pied.
Nein, ich fürchte sie möchten mich drücken.	Non, j'ai peur qu'ils ne me blessent.
Jedoch bringet mir erst meine Strümpfe und Fußsocken her.	Toutefois apportez auparavant mes bas et mes chaussons.
Seyd ihr fertig?	Avez-vous fait?
Augenblicklich, Herr.	Dans le moment, Monsieur.
Wie zaudert ihr doch so lange! Ein junger Mensch muß allezeit munter seyn.	Que vous êtes lent! Il faut qu'un jeune homme soit toujours alerte.
Was für ein Halstuch wollen Sie heute umthun?	Quelle cravate vous plait-il mettre aujourd'hui?
Eines mit Spitzen, und Manschetten von eben dem Muster.	Une à dentelle, avec les manchettes du même patron (assortissantes).
Hier ist alles, was Sie brauchen.	Voilà tout ce qu'il vous faut.

Cc 3

Diese sind gar zu sehr verkrümpelt (übel gebügelt).	Celles-là sont trop chiffonnées (mal repassées).
Weiset mir sie her.	Montrez-les-moi.

21.

Habet ihr meine Kleider ausgekehret?	Avez-vous vergeté mes habits?
Ja, Herr, es mangelt nichts daran.	Oui, Monsieur, il n'y manque rien.
Wollen Sie das scharlachene anziehen?	Vous plaît-il de mettre celui d'écarlate?
Nein, gebet mir das schwarze mit der drapd'ornen Weste.	Non, donnez-moi le noir avec la veste de drap d'or.
Das Futter daran ist ein wenig losgerissen.	La doublure en est un peu décousue.
Warum habt ihr es nicht dem Schneider hingegeben, es auszubessern?	Pourquoi ne l'avez-vous pas donnée au tailleur pour la recoudre?
Ich unterstund mich nicht solches ohne Ihren Befehl zu thun.	Je n'osois le faire sans vos ordres.
Nach dergleichen Sachen fraget man nicht.	De pareilles choses ne se demandent pas.
Ich werde ein andermal meine Schuldigkeit besser in acht nehmen.	J'observerai une autre fois mieux mon devoir.
Ihr werdet klüglich handeln.	Vous ferez sagement.

22.

Wo sind meine Handschuh?	Où sont mes gants.
In Ihrer Rocktasche.	Dans la poche de votre habit.
Gebet mir meinen Stok und Degen.	Donnez-moi mon épée et ma canne.
Hier sind sie beide.	Voici l'une et l'autre.
Warum gehen Sie diesen Morgen so früh aus?	Pourquoi sortez-vous ce matin sitôt?
Ich habe auserhalb zu thun.	J'ai affaire en ville.
Soll ich mit Ihnen gehen?	Voulez-vous que j'aille avec vous?
Es ist nicht nöthig.	Il n'est pas nécessaire.
Lasset alles wohl rein machen ehe ich wieder komme.	Faites bien nettoyer tout avant que je revienne.
Wenn der Herr Noll nach mir	Si Monsieur Noll vient me

fragen follte, fo faget ihm, daß er ein wenig warte.	demander, dites-lui d'attendre un moment.
Ich werde es nicht unterlaßen.	Je n'y manquerai pas.
Vergeßet ja nicht ihm zu sagen, daß ich sogleich wieder kommen werde.	N'oubliez pas de lui dire que je serai de retour à l'instant.
Und daß alles zum Thee fertig sey, ich will ihn mit diesem Herrn trinken.	Et tenez tout prêt pour le thé, je le prendrai avec ce Monsieur.
Ich werde Ihrem Befehl nachkommen.	Je ferai selon vos ordres.

REMARQUES

SUR QUELQUES POLITESSES QUE LES ALLEMANDS OBSERVENT DANS LA CONVERSATION, ET SURTOUT DANS LE COMMERCE DE LETTRES.

On appelle Jungfer une Demoiselle bourgeoise, et Fräulein une Demoiselle noble.

Les mots françois : Monsieur, Madame et Mademoiselle, sont aussi usités en Allemagne, avec cette différence cependant, que Monsieur passe pour moins poli que Mein Herr, et que Madame et Mademoiselle passent pour plus poli que Meine Frau et Meine Jungfer.

Il est plus poli d'ajouter le titre et la qualité de la personne à qui l'on parle, que de dire tout court, Mein Herr, Meine Frau, ꝛc. Ainsi il faut dire, par exemple : (Mein) Herr Baron, Monsieur le Baron. Herr Rath, Monsieur le Conseiller. (Meine) Frau Räthin, Madame la Conseillère, etc.

Si la personne n'est pas titrée, on met son nom, comme : Herr Wolf, Monsieur Wolf: Frau Wolf, Madame Wolf.

En parlant à un étranger qu'on ne connoît pas, on ne sauroit se dispenser de dire tout court Mein Herr; mais alors il ne faut pas oublier le possessif mein.

Les Allemands se servent fréquemment, dans le style épistolaire, de certaines épithètes qui marquent la dignité de la personne à qui on écrit, aussi bien que le respect et l'affection de celui qui écrit. Ce sont d'abord des adjectifs qui signifient, l'excellence, la puissance, la clémence, la naissance, le mérite, etc., tels que durchlauchtig, sérénissime;

mächtig, puissant; gnädig, gracieux; gebohren, né, etc., auxquels on joint, pour les modifier selon la différence des conditions, un de ces adverbes: Aller, hoch, höchst, wohl, edel, viel, insonders, ou besonders, freundlich, herzlich, ɪc. De sorte que par la combinaison de ces adjectifs et adverbes, en les mettant tantôt au positif, tantôt au superlatif, on forme les épithètes suivantes, rangées dans chaque classe selon les degrés de politesse qu'on observe:

Durchlauchtig, durchlauchtigst, allerdurchlauchtigst, sérénissime, très-sérénissime.

Grosmächtigst, allergrosmächtigst, très-puissant.
Unüberwindlichst, très-invincible.
Gnädig, gnädigst, allergnädigst, gracieux, très-gracieux.

Edelgebohren, wohledelgebohren, hochwohledelgebohren, hochedelgebohren, wohlgebohren, hochwohlgebohren, ɪc. Tous ces mots se rapportent à la naissance, étant composés de gebohren, né.

Gestreng, edelgestreng, wohledelgestreng, hochedelgestreng. Le mot gestreng ou streng signifie proprement sévère, mais comme titre il est inexplicable; c'est un milieu entre hochedelgebohrner et hochedler.

Edler, wohledler, hochwohledler, hochedler, noble, très-noble.

Würdig, ehrwürdig, wohlehrwürdig, hochwohlehrwürdig, hochehrwürdig, hochwürdig, hochwürdigst, allerhochwürdigst, révérend, très-révérend, révérendissime.

Hochgebietend, höchstgebietend ɪc., ces mots, qui viennent de gebieten, ordonner, marquent la subordination.

Gelehrt, wohlgelehrt, hochwohlgelehrt, hochgelehrt, savant, très-savant.

Geehrt, vielgeehrt, insondersgeehrt, geehrtest, hochgeehrt, hochgeehrtest, hochzuehrend, höchstzuehrend, honoré, très-honoré.

Achtbar, grosachtbar, honorable.

Geneigt, hochgeneigt, höchstgeneigt, favorable, qui nous veut du bien.

Geliebt, vielgeliebt, herzlichgeliebt, aimé, bien-aimé, très-aimé.

Werth, sehr werth, werthest, hochwerthest, cher, très-cher.

Geschäzt, werthgeschäzt, hoch- und werthgeschäzt, hochgeschäzt, estimé, très-estimé, etc.

L'inégalité de l'état et de la condition des personnes qui s'écrivent des lettres, produit encore nombre de différentes qualifications et de changemens dans tous ces titres : celui de gnädig, gracieux, par exemple, n'est donné à un Gentilhomme que par ceux qui ne sont pas de condition eux-mêmes, ni revêtus d'un emploi qui les met de niveau avec les gens de condition. Le supérieur qui écrit à son inférieur, mettra le positif, un edel, un wohl, où un autre mettroit le superlatif, un edelgebohren, un hoch. Tel Baron Allemand qui n'a d'autre mérite que celui de la naissance, et qui n'a que vingt sous à dépenser par jour, sera une heure entière à délibérer, si en écrivant à un homme de bien et riche, mais qui a le défaut de n'être pas Gentilhomme, il lui donnera le titre de Hochedelgebohren, ou celui de Hochwohledelgebohren, ou encore seulement celui de Wohledelgebohren, s'il ne se déshonorera pas en mettant hochgeehrt, et si ce n'est déjà beaucoup pour un roturier de se voir nommer vielgeehrt par un Seigneur comme lui. Tel enfin qui plaide la cause la plus juste, perd son procès pour n'avoir donné que le titre de Hochedelgebohren à M. le Bailli, qui prétend mériter celui de Wohlgebohren.

Les noms abstraits qu'on met comme titres d'honneur à la place des pronoms personnels, sont les suivans :

Eure Majestät, Votre Majesté.
Eure Kaiserliche Majestät, Votre Majesté Impériale.
Eure Königliche Majestät, Votre Majesté Royale.
Eure Hoheit, Votre Hautesse.
Eure Königliche Hoheit, Votre Altesse Royale.
Eure Durchlaucht, Votre Altesse.
Eure Kurfürstliche Durchlaucht, Votre Altesse Electorale.
Eure Hochfürstliche Durchlaucht, Votre Altesse Sérénissime.
Eure Exzellenz, Votre Excellence.
Eure Hochgräfliche Exzellenz (à un Comte de l'Empire), Votre Excellence Illustrissime.
Eure Freiherrliche Exzellenz (à un ancien Baron de l'Empire, et qui a des biens immédiats), Votre Excellence illustrissime.
Eure Gnaden (aux Gentilshommes), Votre Grace.
Eure Freiherrliche Gnaden (aux Barons), idem.
Eure Hochgräfliche Gnaden (aux Comtes), idem.
Eure Heiligkeit, Votre Sainteté.
Eure Eminenz, Votre Eminence.
Eure Hochwürden, Hochehrwürden, Hochwohlehrwürden, Wohlehrwürden, de hochwürdig, hochehrwürdig, &c.

Eure Hochgebohrne, Hochwohlgebohrne, Wohlgebohrne, Hochedelgebohrne, Hochwohledelgebohrne, de hochgebohren, hochwohlgebohren, wohlgebohren, ꝛc.

Eure Hochedle, Hochwohledle, Wohledle, ꝛc., de hochedel, hochwohledel, ꝛc.

Eure Hochgestrenge, Hochedelgestrenge, Wohlgestrenge, de Hochgestreng, ꝛc.

* Dans la conversation on dit presque toujours Ihre, au lieu de Eure, comme : Ihre Ezellenz, Votre Excellence.

On dit à une personne de la haute noblesse :
Gnädigster Herr (Seigneur très-gracieux), Monseigneur.
Gnädigste Frau (Dame très-gracieuse), Madame.

A une Dame de condition :
Gnädige Frau (Dame gracieuse), Madame.
Gnädiges Fräulein (Demoiselle gracieuse), Mademoiselle.

Lorsqu'on parle d'une troisième personne, on dit, par exemple :

Seine Majestät der Kaiser, seine Majestät der König, ou bien Seine Kaiserliche Majestät, Seine Königliche Majestät, Sa Majesté Impériale, Sa Majesté Royale.

Seine Durchlaucht der Herr Herzog, ou bien Seine Herzogliche Durchlaucht, Son Altesse Sérénissime Monseigneur le Duc.

Seine Ezellenz der Herr Gesandte, Son Excellence Monsieur l'Ambassadeur.

Si l'on parle d'une Dame, il faut dire Ihre, et non pas Seine, conformément à ce qui a été dit de l'usage de ces pronoms possessifs, page 101.

EXEMPLES :

Ihre Majestät die Kaiserin, Sa Majesté l'Impératrice.
Ihre Durchlaucht die Frau Herzogin, Son Altesse Madame la Duchesse, etc.

Les mots de soumission, et ceux par lesquels la personne qui parle ou qui écrit qualifie ses propres actions, sont les suivans :

Unterthänig, unterthänigst, allerunterthänigst, humble ou humblement, très-humble ou très-humblement, soumis, très-soumis.

Gehorsam, gehorsamst, ganz gehorsamst, treugehorsamst, allergehorsamst, obéissant, très-obéissant.

Ergeben, ergebenst, ganz ergebenst, treuergebenst, adonné, très-adonné.

Geneigt, affectionné.

Dienſtwillig ou dienſtbereitwillig, dienſtwilligſt ou dienſtbe=
reitwilligſt, prêt à servir.

Allerunterthänigſt et unterthänigſt se disent envers les Sou-
verains ; unterthänigſt, unterthänig et gehorſamſt, envers
ceux qui sont au-dessus de nous ; treugehorſamſt, envers nos
maîtres et envers nos pères et mères; gehorſamſt, gehorſam,
ergebenſt, ergeben, envers nos égaux ; Dienſtergebenſt, dienſt=
bereitwilligſt et dienſtwillig, envers ceux qui sont au-dessous
de nous.

Quant aux actions des personnes auxquelles on écrit, on les
qualifie par ces adjectifs ou adverbes : Allergnädigſt, gnädigſt,
gnädig, höchſt ou hochgeneigt ou geneigteſt, gütigſt ou gütig,
unbeſchwert, ꝛc. selon les différens degrés de politesse qu'il
y a à observer.

Ainsi on écrit, par exemple :

A l'Empereur.

Allerdurchlauchtigſter, Großmächtigſter und Unüberwin=
dlichſter Kaiſer,
   Allergnädigſter Kaiſer und Herr,
   Eure Kaiſerliche Majeſtät erlauben allergnädigſt, daß, ꝛc.
Der ich in tiefſter Unterwürfigkeit beharre
      Eurer Kaiſerlichen Majeſtät
          allerunterthänigſter gehorſamſter
              Knecht.

A un Duc ou Prince.

Durchlauchtigſter Herzog ou Fürſt,
   Gnädigſter Herr.
   Eure Hochfürſtliche Durchlaucht erlauben gnädigſt, daß, ꝛc.
Der ich mit tiefſter Ehrfurcht beharre
      Eurer Hochfürſtlichen Durchlaucht
          unterthänigſter und gehorſamſter
              Diener.

A un Comte du St.-Empire.

Hochgebohrner Reichsgraf,
   Gnädigſter Graf und Herr,
   Eure Hochreichsgräfliche Excellenz ou Gnaden erlauben
gnädigſt, daß, ꝛc. Der ich mit tiefer Ehrfurcht verbleibe
      Eurer Hochreichsgräflichen Excellenz
         ou Gnaden
          unterthänigſter und gehorſamſter
              Diener.

A un ancien Baron de l'Empire.

Reichsfreihochwohlgebohrner Herr (ou Hochwohlgebohrner Reichsfreiherr),
 Gnädiger Herr,
Eure Hochfreiherrliche Ezzellenz ou Gnaden erlauben gnädig, daß, ꝛc. Der ich mit geziemender Ehrfurcht zu seyn die Ehre habe
  Eurer Hochreichsgräflichen Ezzellenz
   ou Gnaden
    unterthänigster und gehorsamster
     Diener.

A un Conseiller.

Wohlgebohrner Herr,
 Hochgeneigt= und Hochzuehrender Herr Rath,
Eure Wohlgebohrne erlauben hochgeneigt (ou gütigst), daß, ꝛc. Der ich mit ersinnlichster Verehrung (ou mit vollkommenster Hochachtung) stets zu seyn die Ehre habe
  Eurer Wohlgebohrnen
   ganz gehorsamster und ergebenster
    Diener.

Les adresses allemandes se font de la manière suivante; par exemple :

A l'Empereur Romain.

Dem Allerdurchlauchtigsten, Grosmächtigsten und Unüberwindlichsten Fürsten und Herrn, Herrn Franz dem Zweiten, erwählten Römischen Kaiser, allezeit Mehrer des Reichs, in Germanien und zu Jerusalem Könige, Herzogen, ꝛc. (et l'on continue les autres titres de l'Empereur).
 Meinem Allergnädigsten Kaiser und Herrn.]
Ou : Seiner Majestät dem Römischen Kaiser, ꝛc.
Ou : An Seine Römisch Kaiserl. Majestät, ꝛc. ꝛc.
     Wien.

A un Roi.

Dem Allerdurchlauchtigsten, Grosmächtigsten Fürsten und Herrn, Herrn N. König in, ꝛc.
 Meinem allergnädigsten Könige und Herrn.
Ou : Seiner Majestät dem Könige
     in N.

A une Reine.

Der Durchlauchtigsten, Grosmächtigsten Fürstin und Frau, Frau N Königin in N.

  Meiner allergnädigsten Königin und Frau
Ou: Ihro Majestät der Königin
           in N.

A l'Electeur de Mayence.

Dem Hochwürdigsten Fürsten und Herrn, Herrn Friedrich Karl Joseph, des Heil. Stuhls zu Mainz Erzbischoffen, des Heil. Röm. Reichs durch Germanien Erzkanzler und Kurfürsten, Bischoffe zu Worms, :c.

  Meinem gnädigsten Kurfürsten und Herrn.
Ou: Seiner Kurfürstlichen Gnaden zu Mainz, :c.
  A un autre Electeur qui est né Prince, on met:
Seiner Kurfürstlichen Durchlaucht zu N.

A une Electrice.

Der Durchlauchtigsten Fürstin und Frau, Frau N. N. Kurfürstin ——— gebohrnen ———

  Meiner gnädigsten Fürstin und Frau.
Ou? Ihro Durchlaucht der Kurfürstin, :c.

A un Prince.

Dem Durchlauchtigsten Fürsten und Herrn, Herrn N. Fürsten (Prinzen) von N.

  Meinem gnädigsten, :c.
Ou: Seiner Hochfürstlichen Durchlaucht zu N.

A une Princesse.

Der Durchlauchtigsten Fürstin und Frau, Frau N. gebohrnen ———

  Meiner, :c.
Ou: Ihro Durchlaucht der Fürstin N. N.
A une Duchesse on met Herzogin, au lieu de Fürstin.

A un Comte.

Dem Hochgebohrnen Grafen und Herrn, Herrn N. Grafen zu N.

  Meinem gnädigen Grafen und Herrn.
Ou: Seiner Hochgräflichen Gnaden, :c.

A une Comtesse.

Der Hochgebohrnen Gräfin und Frau, Frau N. gebohrnen ———

  Ou: Ihro Hochgräflichen Gnaden, der Frau Gräfin N. N.

A un Baron.

Dem Hoch=Wohlgebohrnen Herrn, Herrn N.
Freiherrn von N.

Meinem, ꝛc.

Ou : Seiner Hochfreiherrlichen Gnaden, ꝛc.

A une Baronne on met Ihro, au lieu de Seiner.

A un Maréchal-de-Camp, etc.

An Ihro Exzellenz, dem Wohlgebohrnen Herrn, Herrn von N. Ihro Kaiserl. (Königl.) Majestät hochbestallten Generalfeldmarschall.

Meinem, ꝛc.

Ou : Seiner Hochwohlgebohrnen dem Herrn Feltmarschall von N.

A un Colonel.

Dem Wohlgebohrnen Herrn, Herrn N. von N. Ihro Kaiserl. (Königl.) Majestät hochbestallten Obristen, ꝛc.

Ou : Seiner Hochwohlgebohrnen dem Herrn Obristen von N. N.   zu (ou in)

    N.

Ou : An den Herrn Obristen von N. N.

    zu (ou in)

    N.

De même on peut faire l'adresse à d'autres personnes de charges militaires et civiles ; on n'a qu'à mettre la charge au lieu de Obristen.

A un Marchand.

Herrn
Herrn N. N.
vornehmen Handelsmann   zu (ou in)

    N.

A un homme de métier, par exemple à un boulanger :

Herrn
Herrn N. N.
Bürger und Bäckermeister   zu (ou in)

    N.

* Les gens de qualité ne donnent pas Herrn à un simple bourgeois ; p. ex. à un tailleur, ils ne mettent que :

An
den Schneider Meister N.   in

    N.

NAÏVETÉS, BONS-MOTS ET HISTORIETTES.

1.

Ein kleiner Knabe schrieb an seinen Vater einen Brief, auf welchen er diese Aufschrift sezte: An meinen Herrn Vater, Mann meiner Frau Mutter, wohnhaft in unserm Hause.

Ein Knabe, un garçon.	Monsieur mon père.
Schreiben, écrire.	Der Mann, Ehemann, le mari.
Ein Brief, une lettre.	
Auf welchen, sur laquelle.	Meine Frau Mutter, Madame ma mère.
Sezzen, mettre.	
Die Aufschrift, l'adresse.	Wohnhaft, demeurant.
An meinen Herrn Vater, à	In unserm Hause, chez nous.

2.

Dieser nemliche Knabe wollte einmal sehen ob ihm das Schlafen gut anstünde, und betrachtete sich in seinem Spiegel mit verschlossenen Augen.

Der nemliche, le même.	Sich betrachten, se regarder.
Wollen, vouloir.	In, dans.
Sehen, voir.	Der Spiegel, le miroir.
Ob ihm das Schlafen gut anstünde, s'il avoit bonne grâce à dormir.	Mit verschlossenen Augen, les yeux fermés.

3.

Als sein Hofmeister ihn eines Morgens um acht Uhr noch im Bette fand, sagte er zu ihm: Du schläfst noch Faullenzer? und die Sonne ist schon seit zwei Stunden auf. Bin ich Schuld, antwortete er, indem er sich die Augen rieb, daß die Sonne vor Tag aufgeht? —

Der Hofmeister, le gouverneur.	Seit zwei Stunden, depuis deux heures.
Finden, trouver.	
Eines Morgens, un matin.	Schuld seyn, être cause.
Um acht Uhr, à huit heures.	Antworten, répondre.
Im Bette, au lit.	Sich die Augen reiben, se frotter les yeux.
Schlafen, dormir.	
Faullenzer, paresseux.	Aufgehen, se lever.
Die Sonne ist auf, le soleil est levé.	Vor Tag, avant le jour.

4.

Da er hörte, daß seine Mutter ihren Prozeß verlohren hatte,

fiel er ihr um den Hals und sagte: Ach, liebe Mutter! was bin ich so froh, daß Sie den Prozeß verlohren haben der Ihnen so viel Unruhe machte.

Verlieren, perdre.	Ach! ah!
Der Prozeß (Rechtsstreit), le procès.	Was bin ich so froh, que je suis bien aise.
Um den Hals fallen, embrasser.	Machen, faire.
	Die Unruhe, la peine.

5.

Er besuchte einmal einen seiner Kameraden, welcher krank war. Er fragte ihn verschiedenes; allein dieser (celui-ci) antwortete ihm nicht. Ich hoffe, sagte er endlich ganz aufgebracht zu ihm, daß ich auch einmal werde krank seyn, und da will ich Dir auch nicht antworten.

Besuchen, aller voir.	Hoffen, espérer.
Einmal, un jour.	Ganz aufgebracht, tout irrité.
Ein Kamerad, un camarade.	Krank, malade.
Krank, malade.	Und da will ich Dir auch nicht
Fragen, demander.	antworten, et je ne vous
Verschiedenes, plusieurs choses.	répondrai pas non plus.

6.

Es wohnten in seiner Nachbarschaft zwei Zwillingsbrüder, wovon der eine starb. Da er einige Tage hernach dem noch Lebenden begegnete, fragte er ihn, ob er oder sein Bruder gestorben wäre? —

Wohnen, demeurer.	Einige Tage hernach, quelques jours après.
Die Nachbarschaft, le voisinage.	Dem noch Lebenden, celui qui avoit survécu à son frère.
Zwei Zwillingsbrüder, deux frères jumeaux.	Ob er oder sein Bruder gestorben wäre, lequel de lui ou de son frère étoit mort.
Wovon der eine starb, dont l'un vint à mourir.	
Begegnen, rencontrer.	

7.

Da er eines Tags spazieren gieng, bekam er einen Schlag von einem Pferde, und stürzte zu Boden. Es wandelte ihn eine Ohnmacht an. Ach Gott! schrie er, ich bin todt! ich bin todt!

Spazieren gehen, se promener.	Und stürzte zu Boden, et fut renversé.
Ein Schlag von einem Pferde, un coup de pied de cheval,	Es wandelte ihn eine Ohnmacht an,

an, il alloit tomber en dé- | Schreien, s'écrier.
faillance. | Todt, mort.
Ach Gott! ah, mon Dieu! |

8.

Ein Soldat den man nach dem Galgen führte, sah eine grosse Menge Volks herbei eilen, und viele voraus laufen. Eilet euch nicht so sehr, sagte er zu ihnen; denn ohne mich geschieht doch nichts.

Ein Soldat, un soldat. | Und viele voraus laufen, et
Führen, mener. | que plusieurs prenoient
Der Galgen, la potence, le | les devants.
gibet. | Sich eilen, se presser.
Eine Menge Volks, une foule | So sehr, tant.
de peuple. | Ohne mich geschieht doch nichts,
Herbei eilen, accourir. | on ne fera rien sans moi.

9.

Als er an dem Galgen angekommen war, begehrte er zu trinken. Man reichte ihm Bier, welches er aber nicht trinken wollte, indem er sagte, er hätte von einem Arzt gehöret, daß es mit der Zeit die Steinkrankheit erzeugte.

Als er angekommen war, étant | Er hätte von einem Arzt gehö-
arrivé. | ret, qu'il avoit ouï dire a
Zu trinken begehren, deman- | un médecin.
der à boire. | Die Zeit, le temps.
Reichen, présenter. | Erzeugen, engendrer.
Das Bier, la bière. | Die Steinkrankheit, la gra-
Welches er aber nicht trinken | velle, la pierre.
wollte, qu'il refusa. |

10.

Da er den Fürsten erblikte, der ihn wegen seines Verbrechens zum Tode verurtheilet hatte, begehrte er sehr dringend die Erlaubnis ihm etwas sehr wichtiges zu entdecken. Als ihm der Fürst diese Erlaubnis bewilligt hatte, bat ihn dieser Elende kniend ihm das Leben zu schenken. Für diese Gnade erbot er sich, einen seiner Maulesel reden zu lehren, wozu er nur vier Jahre Zeit begehrte. Der Fürst wunderte sich sehr über diesen Antrag, und nahm aus Barmherzigkeit die Anerbietung an. Der Verbrecher, voller Freude dadurch sein Leben zu retten, hofte, daß während dieser Zeit der Fürst, der Maulesel oder er sterben würde.

Da, lorsque. | Verurtheilen, condamner.
Erblikken, apercevoir. | Der Tod, la mort.
Der Fürst, le Prince. | Wegen seines Verbrechens,

pour le crime qu'il avoit commis.

Sehr dringend begehren, demander avec beaucoup d'instances.

Die Erlaubnis, la permission.

Etwas sehr wichtiges entdecken, découvrir une chose de la dernière importance.

Bewilligen, accorder.

Kniend bitten, demander à genoux.

Das Leben schenken, faire grâce de la vie.

Für, pour.

Die Gnade, la grâce.

Sich erbieten, s'offrir.

Lehren, apprendre.

Reden, parler.

Ein Maulesel, Maulthier, un mulet.

Wozu er nur vier Jahre Zeit begehrte, pour en venir à bout, il ne demandoit qu'un terme de quatre ans.

Sich sehr über etwas wundern, être fort surpris de quelque chose.

Der Antrag, la proposition.

Annehmen, accepter.

Aus Barmherzigkeit, par charité.

Die Anerbietung, les offres.

Der Verbrecher, le criminel.

Voller Freude, plein de joie.

Retten, sauver.

Das Leben, la vie.

Dadurch, par ce moyen.

Während, pendant.

Sterben würde, viendroit à mourir.

11.

Als ein sehr einfältiger Mensch einen Krug herrlichen Wein bekommen hatte, versiegelte er ihn. Sein Diener machte unten ein Loch hinein, und trank fast all den Wein. Da sein Herr den Krug entsiegelt hatte, war er sehr erstaunt als er seinen Wein vermindert sah, ohne daß er die Ursache errathen konnte. Einer seiner Freunde sagte ihm, man müßte ihn unten herausgezogen haben. Ei Du Dummkopf! versetzte er, unten fehlt's nicht, sondern oben.

Ein sehr einfältiger Mensch, un homme fort simple.

Bekommen, revevoir.

Ein Krug, une cruche.

Herrlich, excellent.

Der Wein, le vin.

Versiegeln, cacheter.

Der Diener, le valet.

Ein Loch, un trou.

Unten hinein, par-dessous.

Trinken, boire.

Fast, presque.

Entsiegeln, décacheter.

Erstaunt seyn, être surpris.

Als er seinen Wein vermindert sah, de voir son vin diminué.

Ohne daß er die Ursache errathen konnte, sans en pouvoir deviner la cause.

Man müßte ihn unten herausgezogen haben, qu'on devoit l'avoir tiré par-dessous.

Ei du Dummkopf! eh gros sot!

Versetzen, reprendre.

Unten fehlt's nicht, ce n'est pas par-dessous qu'il manque.

Sondern oben, c'est par-dessus.

12.

Da er eines Abends aus Versehen Stokprügel bekommen hatte, lachte er was er nur lachen konnte, und sagte: Die sind angeführet! sie haben mich für einen andern gehalten. —

Eines Abends, un soir.	Und sagte, en disant.
Aus Versehen, par une méprise.	Die sind angeführet! ils seront bien attrapés.
Stokprügel, des coups de bâton.	Jemanden für einen andern halten, prendre quelqu'un pour un autre.
Lachen was man nur lachen kann, rire de toute sa force.	

13.

Dieser einfältige Tropf hatte eine stumpfe Nase. Gott erhalte Ihnen Ihr Gesicht, sagte ein Armer zu ihm dem er ein Almosen gegeben hatte. Warum wünschest du mir das? fragte er ihn. Weil, wenn Ihr Gesicht sollte schwach werden, antwortete der Arme, sie keine Brille tragen könnten.

Ein einfältiger Tropf, un benêt.	Das Almosen, l'aumône.
Eine stumpfe Nase haben, être camard.	Weil, c'est que.
Erhalten, conserver.	Schwach werden, s'affoiblir.
Das Gesicht, la vue.	Können, pouvoir.
Ein Armer, un pauvre.	Eine Brille tragen, porter des lunettes.

14.

Er las einmal in einem physionomischen Buche, daß derjenige der ein breites Kinn hat, ein Dummkopf ist. Er grif sogleich nach seinem Kinn, und fühlte mit Verwunderung daß es ziemlich breit war: Um mehrere Gewisheit zu erlangen, nahm er das Licht — denn es war Nacht — trat vor den Spiegel, und hielt das Licht so nahe an das Kinn, daß er sich den Bart verbrannte. Hierauf schrieb er neben in sein Buch: Der Verfasser hat recht.

Lesen, lire.	Kinn, il se tâta aussi-tôt le menton.
Einmal, un jour.	Fühlen, sentir.
Ein physionomisches Buch, un livre de physionomie.	Die Verwunderung, la surprise, l'étonnement.
Ein breites Kinn haben, avoir le menton large.	Ziemlich breit, assez large.
Ein Dummkopf, un sot.	Um mehrere Gewisheit zu erlangen, pour s'en éclaircir davantage.
Er grif sogleich nach seinem	

Nehmen, prendre.
Das Licht, la chandelle.
Es ist Nacht, il fait nuit.
Vor den Spiegel treten, se présenter au miroir.
Und hielt das Licht so nahe an das Kinn, et s'approcha la chandelle si près du menton.
Sich verbrennen, se brûler.
Der Bart, la barbe.
Hierauf, après quoi.
Schrieb er neben in sein Buch, il nota dans son livre.
Der Verfasser, l'auteur.

15.

Ein junges Landmädchen, Namens Lorette, welches sich gerne verheirathen wollte, hatte von der Edelfrau des Orts zehn Thaler zur Ausstattung bekommen. Die Edelfrau wollte den Freier sehen. Lorette stellte ihr denselben (le) vor: es war ein kleiner und sehr häßlicher Saboyard. Ach, meine Tochter! sagte die Dame zu ihr da sie ihn sah, was für ein Liebchen hast du dir da gewählet! — Ach, Madam! antwortete Lorette, was kann man für zehn Thaler haben? —

Ein junges Landmädchen, une jeune villageoise.
Namens, nommée.
Sich gerne verheirathen wollen, avoir bonne envie de se marier.
Die Edelfrau, la Dame.
Der Ort, le lieu.
Ein Thaler, un écu.
Zur Ausstattung, pour se fait une dot.

Sehen, voir.
Der Freier, le prétendu, l'amant.
Vorstellen, présenter.
Ein kleiner und sehr häßlicher Saboyard, un Savoyard petit et fort laid.
Ach! ah!
Ein Liebchen, liebhaber, un amoureux.
Wählen, choisir.

16.

Zwei Bauern wurden von ihrem Dorfe nach einer grosen Stadt gesandt, einen geschikten Maler aufzusuchen, der (qui) das Gemälde für den Hauptaltar ihrer Kirche verfertigte. Es sollte die Marter des heiligen Sebastians vorstellen. Der Maler, an den sie sich wandten, fragte sie, ob er den Heiligen lebend oder todt abbilden sollte. Diese Frage sezte sie einige Zeit sehr in Verlegenheit. Endlich sagte einer von ihnen: Das Sicherste ist, Sie malen ihn lebend: wenn man ihn todt haben will, kann man ihn ja immer todt schlagen.

Ein Bauer, un paysan.
Wurden von ihrem Dorfe nach einer grosen Stadt gesandt, furent députés par leur village pour aller dans une grande ville.

Aufsuchen, chercher.
Ein geschikter Maler, un peintre habile.
Verfertigen, faire.
Das Gemälde für den Haupt-

altar, le tableau du maître autel.
Die Kirche, l'église.
Es sollte vorstellen, le sujet devoit être.
Die Marter, le martyre.
Der heilige Sebastian, saint Sébastien.
Sich wenden, s'adresser.
Fragen, demander.
Ob, si.
Abbilden, représenter.
Lebend, vivant.
Oder todt, ou mort.
Die Frage, la question.
Sehr in Verlegenheit sezzen, embarrasser fort.
Einige Zeit, quelque temps.
Endlich, enfin.
Das Sicherste, le plus sûr.
Sie malen ihn lebend, de le représenter en vie.
Haben wollen, vouloir.
Kann man ihn ja immer todt schlagen, on pourra toujours bien le tuer.

17.

Da man dem Abt von Marolles den Kopf Johannes des Täufers zu Amiens zeigte, sagte er indem er ihn küßte: Dies ist schon der fünfte oder sechste Kopf von diesem Heiligen den ich die Ehre habe zu küssen.

Zeigen, montrer.
Der Abt, l'Abbé.
Der Kopf, la tête.
Johannes der Täufer, Jean-Baptiste.
Küssen, baiser.
Der Heilige, le Saint.

18.

Als Herr Tortenson, schwedischer Hauptmann, bei der Einnahme einer deutschen Stadt, die zwölf Apostel von Silber in Lebensgröse gefunden hatte, schikte er sie nach Schweden und sagte, daß Jesus Christus ihnen befohlen hätte, in aller Welt zu predigen, und daß sie noch nicht in seinem Lande gewesen wären.

Schwedischer Hauptmann, Capitaine Suédois.
Als er gefunden hatte, ayant trouvé.
Bei der Einnahme, à la prise.
Eine deutsche Stadt, une ville d'Allemagne.
Die zwölf Apostel von Silber in Lebensgröse, les douze Apôtres qui étoient d'argent et de grandeur naturelle.
Nach Schweden, en Suède.
Jesus Christus, Jesus-Christ.
Befehlen, ordonner, commander.
Predigen, prêcher.
In aller Welt, par tout le monde.
Das Land, le pays.

19.

Heinrich der IVte, König von Frankreich, traf eines Tags in seinem Palaste einen Menschen an der ihm unbekannt war,

(422)

und dessen (dont) äuserliches Ansehen nichts besonders anzeigte. Er fragte ihn wem er zugehörte. Ich gehöre mir selbst zu, antwortete ihm dieser Mensch mit einem stolzen und wenig ehrerbietigen Ton. Mein Freund, erwiederte der König, ihr habt einen dummen Herrn.

Heinrich der IVte, Henri IV.	Zugehören, appartenir.
Antreffen, rencontrer.	Mir selbst, à moi-même.
Der Palast, le palais.	Mit einem stolzen und wenig ehrerbietigen Ton, d'un ton fier et peu respectueux.
Unbekannt, inconnu.	
Das äuserliche Ansehen, l'extérieur.	
Anzeigen, annoncer.	Ein dummer Herr, un sot maître.
Nichts besonders, rien de distingué.	

20.

Ein Edelmann führte einst einen seiner Freunde zu (chez) einer Dame von seiner Bekanntschaft, und sagte zu ihr indem er in ihr Zimmer trat: Madam, ich stelle Ihnen hier den Herrn Marquis von Gigot vor, der nicht so dumm ist als er aussieht. Worauf der Herr Marquis sogleich antwortete: Madam, dies ist der Unterschied zwischen diesem Herrn und mir.

Führen, mener.	aussieht, qui n'est pas aussi sot qu'il en a la mine.
Die Bekanntschaft, la connoissance.	
Indem er trat, en entrant.	Sogleich, d'abord.
Das Zimmer, la chambre.	Dies ist der Unterschied zwischen diesem Herrn und mir, c'est la différence qu'il y a de Monsieur à moi.
Vorstellen, présenter.	
Der nicht so dumm ist als er	

21.

Da der Herr la Bravour mit seinen Kamaraden, welche beordert waren mit ihm des Abends Sturm zu laufen, zu Mittag speiste, aß er mit wenig Appetit: Und da man ihn fragte, warum er so wenig äße, antwortete er: Ich finde kein Vergnügen am Essen, wann ich der Verdauung nicht versichert bin.

Da der Herr — zu Mittag speiste, M. — dinant.	soir avec lui à l'assaut.
Die Kamaraden, les camarades.	Der Appetit, l'appétit.
Welche beordert waren, commandés.	Fragen, demander.
	Warum, pourquoi.
Mit ihm des Abends Sturm zu laufen, pour monter le	Essen, manger.
	So wenig, si peu.
	Antworten, répondre.

Das Vergnügen, le plaisir.	Versichert seyn, être assuré.
Am Essen, à manger.	Die Verdauung, la digestion.
Wann, lorsque, quand.	

22.

Als ein französischer Offizier am Wiener Hof angekommen war, fragte ihn die Kaiserin Theresia (*), ob er glaubte, daß die Fürstin von S***, die er den Tag zuvor gesehen, wirklich die schönste Person von der Welt wäre, wie man (le) sagte. Madam, antwortete der Offizier, ich glaubte es gestern. —

Ein französischer Offizier, un Officier François.	Theresia, Thérèse.
Ankommen, arriver.	Der Tag zuvor, la veille.
Der Wiener Hof, la Cour de Vienne.	Die Person, la personne.
	Die Welt, le monde.
Die Kaiserin, l'Impératrice.	Gestern, hier.

23.

Ein gewisser Edelmann, der eines Verbrechens beschuldiget war welches das Feuer verdiente, nahm die Flucht. Man machte ihm demohngeachtet seinen Prozeß, und (et on) verbrannte sein Bildnis. Während dieser Zeit durchreiste er die höchsten Pyrenäischen Gebürge, die gewöhnlich mit Schnee und Eis bedekt sind. Er sagte hernach: Es hat mich nie so sehr gefroren, als da man mich verbrannte.

Ein Edelmann, un Gentilhomme.	Durchreisen, traverser.
Der eines Verbrechens beschuldiget war, accusé d'un crime.	Die höchsten Pyrenäischen Gebürge, les plus hautes montagnes des Pyrénées.
Verdienen, mériter.	Mit Schnee und Eis bedekt, couvertes de neige et de glace.
Das Feuer, le feu.	
Die Flucht nehmen, prendre la fuite.	
Der Prozeß, le procès.	Hernach, depuis.
Verbrennen, brûler.	Es hat mich nie so sehr gefroren, jamais je n'ai eu si froid.
Sein Bildnis, en effigie.	
Während dieser Zeit, pendant ce temps-là.	Als da man mich verbrannte, que lorsqu'on me brûla.

24.

Als Cicero seinen Tochtermann — der sehr klein war — mit

(*) Epouse de François I.

einem langen Degen an der Seite kommen sah, sagte er: Wer hat denn meinen Eidam an diesen Degen gebunden?

Cicero, Cicéron.	An der Seite, au côté.
Der Tochtermann, Eidam, le gendre.	Wer hat denn gebunden, qui est-ce qui a attaché.
Ein langer Degen, une longue épée.	

25.

Ein gewisser Graf, über einen Bauern sehr aufgebracht, nannte ihn Schurke. Gnädiger Herr, versezte derselbe (il), es giebt deren in allen Ständen.

Ueber einen Bauern sehr aufgebracht, fort irrité contre un paysan.	Gnädiger Herr, Monseigneur.
	Versezzen, répliquer.
	Es giebt deren, il y en a.
Schurke, coquin.	Der Stand, l'état.

26.

Da der Herr Camus, Bischof von Belly, zur Passionszeit predigte, sah er daß der Herzog von Orleans Gaston zwischen zwei Finanzpachtern saß. Er nahm daher Gelegenheit diese zweideutige Ausrufung zu thun: Ach! Herr, ich sehe Dich (vous) zwischen zwei Schächer, ꝛc. Die versammelte Gemeinde konnte das Lachen nicht unterdrükken. Der Herzog welcher schlief, erwachte, und fragte was es gäbe. Seyn Sie unbesorgt, Gnädiger Herr, sagte einer (l'un) der Finanzpachter, es geht nur meinen Amtsgenossen und mich an.

Ein Bischof, un Evêque.	Der Schächer, le larron.
Zur Passionszeit predigen, prêcher la Passion.	Die versammelte Gemeinde, l'assemblée.
Der Herzog, le Duc.	Konnte das Lachen nicht unterdrükken, ne put s'empêcher de rire.
Sizzen, être placé.	
Zwischen, entre.	Erwachen, s'éveiller.
Ein Finanzpachter, un partisan.	Was es gäbe, ce que c'étoit.
Daher, delà.	Seyn Sie unbesorgt, ne vous inquiétez pas.
Die Gelegenheit, l'occasion.	
Eine zweideutige Ausrufung, une exclamation équivoque.	Es geht meinen Amtsgenossen und mich an, c'est à mon confrère et à moi qu'on en veut.
Ach, Herr! ah, Monseigneur.	

27.

Einem Schweizer, der auf der Brustwehr einer belagerten

Stadt schlief, wurde der Kopf von einer Kanonenkugel weggeschossen. Ein anderer Schweizer welcher es sah, schrie: Ach! was wird sich mein Kamarad wundern, wann er erwacht und sich ohne Kopf siehet.

Einem Schweizer, un Suisse.
Schlafen, dormir.
Auf der Brustwehr, sur le parapet.
Eine belagerte Stadt, une ville assiégée.
Wurde der Kopf — weggeschossen, eut la tête emportée.
Eine Kanonenkugel, un boulet de canon.
Schreien, s'écrier.
Ach! was wird sich mein Kamarad wundern, ah! que mon camarade sera étonné.
Wann er erwacht und sich ohne Kopf siehet, quand il s'éveillera, de se voir sans tête.

28.

Ein Bauer welcher gesehen hatte daß sich die Alten wann sie lesen wollten der Brillen bedienten, beschloß in die Stadt zu gehen, um sich eine (en) zu kaufen. Als er da angekommen war, wandte er sich an einen Brillenmacher. Derselbe sezte ihm eine auf die Nase. Der Bauer nahm sogleich ein Buch, und da er es aufgemacht hatte, sagte er, (que) die Brille wäre nicht gut. Der Krämer sezte ihm einige andere auf, die besten die er in seinem Laden finden konnte; allein der Bauer konnte doch nicht lesen: dies veranlaßte den Brillenmacher zu dem Bauern zu sagen: Mein Freund, ihr könnt vielleicht gar nicht lesen? Zum Henker! sagte der Bauer, wenn ich lesen könnte, so brauchte ich euere Brillen nicht. —

Ein Bauer, un paysan.
Sehen, voir.
Die Alten, les vieillards.
Lesen, lire.
Sich der Brillen bedienen, se servir de lunettes.
Beschließen, résoudre.
Gehen, aller.
Die Stadt, la ville.
Kaufen, acheter.
Als er da angekommen war, y étant arrivé.
Sich wenden, s'adresser.
Ein Brillenmacher, un lunettier.
Derselbe, celui-ci.
Sezzen, mettre.
Eine, une paire.
Auf, sur.
Die Nase, le nez.
Nehmen, prendre.
Sogleich, d'abord.
Ein Buch, un livre.
Aufmachen, ouvrir.
Der Krämer, le mercier.
Sezte ihm einige andere auf, lui en mit sur le nez quelques paires de suite.
Finden, trouver.
Der Laden, la boutique.
Allein, mais.
Können, pouvoir.

Doch, pourtant.
Dies veranlaſſte, c'est ce qui obligea.
Sagen, dire.
Der Freund, l'ami.
Leſen können, savoir lire.
Vielleicht, peut-être.

Gar nicht, point du tout.
Zum Henker! que diantre!
Wenn, si.
So brauchte ich euere Brillen nicht, je n'aurois que faire de vos lunettes.

29.

Ein guter Alter, welcher ſehr krank war, ließ ſeine noch ſehr junge Frau kommen, und ſagte zu ihr, Meine Liebe, du ſieheſt daß ich dich verlaſſen muß, und daß meine Stunde gekommen iſt: Wenn du willſt, daß ich zufrieden ſterben ſoll, ſo muſt du mir eine Gefälligkeit erzeigen: Du biſt noch jung, und du wirſt dich ohne Zweifel wieder verheirathen. Da ich das weis, ſo wollte ich dich bitten den Herrn Ludwig nicht zu nehmen; denn ich erkläre dir, daß ich immer eiferſüchtig auf ihn war, und ich bin es noch; deswegen würde ich troſtlos ſterben, wenn du mir das nicht vorher verſpracheſt. Seine Frau antwortete ihm: Mein Herz, ich bitte dich, laß' dich das nicht verhindern ruhig zu ſterben; denn ich verſichere dich, daß wann ich mich auch ſchon mit ihm verheirathen wollte, ich nicht könnte, indem ich ſchon mit einem andern verſprochen bin.

Welcher ſehr krank war, étant fort malade.
Kommen laſſen, faire venir.
Seine noch ſehr junge Frau, sa femme qui étoit encore fort jeune.
Meine Liebe, ma chère.
Verlaſſen, quitter.
Die Stunde, l'heûre.
Kommen, venir.
Wollen, vouloir.
Zufrieden ſterben, mourir content.
So muſt du mir, il faut que vous.
Eine Gefälligkeit erzeigen, faire une grâce.
Sich wieder verheirathen, se remarier.
Ohne Zweifel, sans doute.
Da ich das weis, sachant cela.

Bitten, prier.
Denn, car.
Erklären, déclarer.
Immer, toujours.
Auf jemanden eiferſüchtig ſeyn, être jaloux de quelqu'un.
Noch, encore.
Deswegen, c'est pourquoi.
Troſtlos ſterben, mourir désespéré.
Verſprechen, promettre.
Vorher, auparavant.
Das Herz, le cœur.
Laß' dich das nicht verhindern, que cela ne vous empêche pas.
Ruhig, im Frieden, en paix.
Verſichern, assurer.
Wann ſchon, quand même.
Mit einem andern verſprochen ſeyn, être promise à un autre.

30.

Ein junger Prinz von sieben Jahren, den (que) jedermann wegen seines Verstandes bewunderte, befand sich einst in einer Gesellschaft worin ein alter Hauptmann war, welcher sagte indem er von diesem jungen Prinzen redete: Die Kinder, die so viel Verstand haben, haben dessen gemeiniglich sehr wenig wann sie zu Jahren kommen. Der junge Prinz, welcher es gehöret hatte, sagte zu ihm: Herr Hauptmann, Sie müssen unendlich viel Verstand in Ihrer Kindheit gehabt haben.

Ein junger Prinz, un jeune Prince.	Das Kind, l'enfant.
Das Jahr, l'an.	Gemeiniglich, ordinairement.
Jedermann, tout le monde.	Sehr wenig, fort peu.
Bewundern, admirer.	Wann sie zu Jahren kommen, quand ils sont avancés en âge.
Wegen, à cause.	Hören, entendre.
Der Verstand, l'esprit.	Herr Hauptmann, Monsieur le Capitaine.
Sich befinden, se trouver, être.	
Die Gesellschaft, la compagnie.	Sie müssen — gehabt haben, il faut que vous ayez eu.
Worin — war, où il y avoit.	
Ein alter Hauptmann, un vieux Capitaine.	Unendlich viel, infiniment.
	In, dans.
Indem er — redete, parlant.	Die Kindheit, l'enfance.

31.

Man fragte einst einen jungen Menschen, was er für Thaten in den Niederlanden gethan hätte. Er antwortete, (que) er hätte einem Patrioten die Beine abgehauen. Da man ihm sagte, daß diese That nichts besonders wäre; allein es würde etwas gewesen seyn, wenn er diesem Patrioten den Kopf abgehauen hätte. Ihr müsset wissen, sagte er, daß sein Kopf schon abgehauen war.

Einst, un jour.	wäre, que cette action n'avoit rien d'extraordinaire.
Einen jungen Menschen, à un jeune homme.	
Was für Thaten, quels exploits.	Allein es würde etwas gewesen seyn, mais que c'auroit été quelque chose.
Thun, faire.	
Die Niederlande, les Pays-Bas.	Den Kopf abhauen, abattre la tête.
Abhauen, couper.	
Das Bein, la jambe.	Ihr müsset wissen, il faut que vous sachiez.
Ein Patriot, un patriote.	
Daß diese That nichts besonders	Schon, déjà.

32.

Da einst ein kleiner Knabe am Tische Fleisch forderte, sagte sein Vater zu ihm, (que) es wäre unhöflich es (en) zu fordern, und (que) er sollte warten bis man ihm gäbe. Als dieser arme kleine Knabe sah, daß jedermann aß und (que) man ihm nichts gab, sagte er: Lieber Vater, geben Sie mir gefälligst ein wenig Salz. Was willst du damit machen? fragte ihn der Vater. Ich will es zu dem Fleisch essen das Sie mir geben werden, versezte das Kind. Alsdenn bemerkte sein Vater, daß es nichts hatte, und gab ihm Fleisch, ohne daß es dessen forderte.

Ein kleiner Knabe, un petit garçon.
Fordern, demander.
Am Tische, à table.
Fleisch, de la viande.
Unhöflich, malhonnête.
Sollen, devoir.
Warten, attendre.
Bis man ihm gäbe, qu'on lui en donnât.
Jedermann, tout le monde.
Essen, manger.
Lieber Vater, mon cher père.

Gefälligst, s'il vous plaît.
Ein wenig Salz, un peu de sel.
Was willst du damit machen? qu'en voulez-vous faire?
Fragen, demander.
Ich will es zu dem Fleisch essen, c'est pour le manger avec la viande.
Versezzen, répliquer.
Alsdenn, alors.
Bemerken, s'apercevoir.
Ohne daß, sans que.

33.

Als man eine Magd schikte Makulatur zu holen, gieng sie zu einem Buchhändler und begehrte dessen. Der Buchhändler sagte ihr, daß er keins hätte. Wann werden Sie dann dessen wieder drukken lassen? fragte ihn die Magd.

Die Magd, la servante.
Schikken, envoyer.
Holen, aller chercher.
Makulatur, de la maculature.
Ein Buchhändler, un libraire.

Dessen begehren, en demander.
Wann werden Sie dann dessen wieder drukken lassen? quand est-ce donc que vous en ferez imprimer?

34.

Da ein junger Edelmann bei einem Kirchhof vorbei ritte, und viele Todtenköpfe sah, wovon einige weis und die andern schwarz waren, sagte er zu seinem Diener: Sehet ihr den Unterschied unter diesen Köpfen? Die weissen sind die (celles) von Edelleuten, und die schwarzen sind (celles) von Bürgern und Bauern. Kurz hernach trug es sich zu daß sie an einem Galgen vorbei kamen, allwo auch eine Menge Todtenköpfe lagen, von welchen die meisten weis waren. Worauf der Diener zu seinem Herrn sagte. Mein Herr, da liegen viele Köpfe von Edelleuten! man sieht da weder Bürger noch Bauern.

Ein junger Edelmann, un jeune Gentilhomme.
Da — vorbei ritte, passant à cheval.
Vor, devant.
Ein Kirchhof, Gottesacker, un cimetière.
Und viele Todtenköpfe sah, et voyant plusieurs têtes de morts.
Wovon, dont.
Einige, les unes.
Weis, blanc, blanche.
Die andern, les autres.
Schwarz, noir, e.
Sehen, voir.
Der Unterschied, la différence.
Ein Bürger, un bourgeois.
Kurz hernach, peu après.
Sich zutragen, sich ereignen, arriver.
An einem Galgen vorbeikommen, passer devant un gibet.
Allwo auch — lagen, où il y avoit aussi.
Eine Menge, quantité.
Von welchen, dont.
Die meisten, la plupart.
Worauf, sur quoi.
Der Herr, le maître.
Mein Herr, Monsieur.
Da liegen, da sind, voilà.
Man sieht da weder — noch, on n'y voit — ni.

35.

Ein Jude bekam einst einen Schlag von einem Pferde, und stürzte nieder. Ich erwartete mir das, sagte er brummend; dieses verteufelte Thier hat immer an mich gewollt, seitdem ich seinem Herrn rieth, er sollte es verkaufen.

Der Jude, le Juif.
Ein Schlag von einem Pferde, un coup de pied de cheval.
Und stürzte nieder, et fut renversé.
Erwarten, attendre.
Das, à cela.
Brummen, grommeler.
Ein verteufeltes Thier, une diable de bête.
Hat immer an mich gewollt, m'en a toujours voulu.
Seitdem, depuis que.
Rathen, conseiller.
Er sollte es verkaufen, von sich schaffen, de s'en défaire.

36.

In ganz Schottland giebt es keine Esel. Ein Schottländer der zum erstenmal deren in Flandern sah, sagte: Mein Gott! was giebt es in diesem Lande für grose Hasen.

Ganz Schottland, toute l'Ecosse.
Giebt es keine Esel, il n'y a point d'ânes.
Ein Schottländer, un Ecossois.
Deren, en.
In Flandern, en Flandre.
Das Land, le pays.
Ein Hase, un lièvre.

37.

Da der Diener dieses Schottländers eines Abends das lezte Mondsviertel am Himmel erblickte, sagte er zu seinem Herrn:

Sehen Sie einmal, was für einen erbärmlichen Mond die Fran=
zosen haben!

Eines Abends, un soir.	Der Mond, la lune.
Erblicken, sehen, voir.	Sehen Sie einmal, regardez
Der Himmel, le Ciel.	un peu.
Das lezte Viertel, le dernier quartier.	Erbärmlich, elend, misérable.

38.

Da ein Edelmann sah daß sein Diener viel mit Kleidern und andern Sachen durchbrachte, wozu sein Lohn nicht hinreichen konnte, lies er ihn seinen Argwohn merken, und sagte, er wollte ihm lieber jährlich hundert Livres geben, statt der fünfzig die er ihm bisher gegeben hätte, und er sollte ihm künftighin treu dienen. Der Diener fragte ihn: Wie viel wäre das wöchentlich mehr? Das beträgt die Woche bei zwanzig Sols mehr, antwortete der Herr. Nur zwanzig Sols, sagte der Diener. Nein, mein Herr, diesen Akkord kann ich nicht eingehen; denn ich würde mehr als die Hälfte dabei (y) verlieren.

Durchbringen, verthun, dépenser.	Bisher, jusqu'ici.
Mit Kleidern und andern Sachen, en habits et en autres choses.	Und er sollte ihm künftighin treu dienen, et qu'il le servît fidèlement à l'avenir.
Der Lohn, les gages.	Wie viel wäre das wöchentlich mehr? combien seroit-ce de plus par semaine?
Hinreichen können, pouvoir suffire.	Das beträgt, cela fait.
Seinen Argwohn merken lassen, faire entrevoir le soupçon qu'on a.	Bei, presque.
	Nur, seulement.
Er wollte ihm lieber — geben, qu'il aimoit mieux lui donner.	Etwas eingehen, consentir à quelque chose.
	Verlieren, perdre.
Statt, au lieu.	Mehr als die Hälfte, plus de la moitié.

39.

Da einst ein gewisser Fürst durch eine kleine Stadt reiste, schikte der Rath einige Abgeordnete um ihn zu bewillkommen. Derjenige der das Wort führte, sagte unter andern zu ihm: Sie werden verzeihen, Gnädiger Herr, daß wir keine Kanonen lösen lassen; es ist uns unmöglich gewesen, und das aus achtzehen Ursachen. Die erste ist, weil keine hier sind, und auch deren nie hier waren.... Ich bin so zufrieden mit dieser Ursach, unterbrach ihn der Fürst, daß ich euch die andern siebenzehen schenke.

Durchreisen, passer par.	il nous a été impossible de le faire.
Der Rath, le Sénat.	
Schiffen, envoyer.	Aus achtzehen Ursachen, par dix-huit raisons.
Ein Abgeordneter, un député.	
Bewillkommen, complimenter.	Die erste ist, la première c'est.
	Weil keine hier sind, qu'il n'y en a point.
Das Wort führen, porter la parole.	Und auch deren nie hier waren, et qu'il n'y en a jamais eu en cette ville.
Unter andern, entr'autres.	
Gnädiger Herr, Monseigneur.	Zufrieden, content (de).
Kanonen lösen (abfeuern) lassen, faire tirer le canon.	Daß ich euch die andern 17 schenke, que je vous quitte des 17 autres.
Es ist uns unmöglich gewesen,	

40.

Als die Feinde vor einer kleinen belagerten Stadt eines Morgens die Kanonen abfeuerten, ihrem angekommenen General zu Ehren, glaubten die Einwohner des Städtchens der Angrif fing an, und brachten zitternd dem feindlichen Feldherrn die Thorschlüssel.

Eine kleine belagerte Stadt, une petite ville assiégée.	Des Städtchens, de cette petite ville.
Ihrem angekommenen General (Feldherrn) zu Ehren, pour faire honneur à leur Général qui venoit d'arriver.	Der Angrif, l'attaque.
	Bringen, apporter.
	Zitternd, en tremblant.
	Der Thorschlüssel, la clef de la porte.

41.

Ein junger Edelmann holte eines Tags etliche Frauenzimmer ab, um sie auf die Pariser Sternwarte zu führen, allwo eine Sonnenfinsternis beobachtet werden sollte. Da sich aber die Damen ein wenig zu lange an dem Putztische verweilt hatten, war die Finsternis vorbei als sich der Stutzer an der Thüre einfand. Man kündigte ihm an (que), er wäre zu spät gekommen, und es wäre schon alles vorbei. Lassen Sie uns immer hinauf gehen, meine Damen, sagte er zu ihnen, meine Freunde werden die Gefälligkeit haben, wieder von neuem anzufangen.

Abholen, aller chercher.	Führen, mener.
Einige Frauenzimmer, quelques Dames.	Die Pariser Sternwarte, l'observatoire de Paris.

Allwo eine Sonnenfinsterniß beobachtet werden sollte, où se devoit faire l'observation d'une éclipse de soleil.
Sich verweilen, s'arrêter.
Ein wenig zu lange, un peu trop long-temps.
Der Puztisch, Nachttisch, la toilette.
Vorbei, passé, e.
Als, lorsque.
Der Stuzzer, le petit-maître.
Sich einfinden, se présenter.

Die Thür, la porte.
Ankündigen, annoncer.
Zu spät kommen, venir trop tard.
Und es wäre alles vorbei (geendiget), et que tout étoit fini.
Hinauf gehen, monter.
Immer, toujours.
Die Gefälligkeit, la complaisance.
Wieder von neuem anfangen, recommencer.

42.

Ein armer Sicilianer führte einst eine mit Feigen beladene Barke nach Palermo. Da er nicht weit mehr vom Hafen war, überfiel ihn ein so heftiger Sturm, daß er sich genöthiget sah, sich mit Schwimmen zu retten, und sein Schifchen den Wellen, die es verschlungen, zu überlassen. Kurz darauf saß er am Ufer des Meers, welches so ruhig und angenehm war, daß es ihm vorkam, als wollte es ihn zu einer neuen Reise einladen: Du bist ein Schelm, sagte der Sicilianer zum Meer; ich weis wohl was du willst, du hätteft gerne wieder andere Feigen.

Ein Sicilianer, un Sicilien.
Führen, conduire.
Eine mit Feigen beladene Barke, une barque qu'il avoit chargée de figues.
Palermo, Palerme.
Nicht weit, peu éloigné.
Der Hafen, le port.
Ueberfallen werden, être surpris.
Ein heftiger Sturm, une violente tempête.
Sich genöthiget sehen, se voir obligé.
Sich mit Schwimmen retten, se sauver à la nage.

Ein Schifchen, une barque.
Ueberlassen, abandonner.
Die Wellen, les vagues.
Verschlingen, engloutir.
Sizzen, être assis.
Kurz darauf, peu après.
Am Ufer, sur le rivage.
Das Meer, la mer.
Ruhig (still) und angenehm, calme et riant.
Vorkommen, scheinen, paroitre.
Zu einer neuen Reise einladen, inviter à faire un nouveau voyage.
Ein Schelm, friponne.

43.

Als man einst dem Sokrat hinterbrachte, daß einer sehr übel von ihm gesprochen hätte: was thut das? sagte er, lasset ihn reden;

reden; er könnte mich auch sogar schlagen wann ich nicht babei bin.

Hinterbringen, rapporter, dire.	Was thut das? qu'est-ce que cela fait?
Sokrat, Socrate (philosophe Grec).	Laſſen, laisser.
Einer, quelqu'un.	Er könnte auch ſogar, il pourroit même.
Von jemanden übel ſprechen, mal parler de quelqu'un.	Schlagen, battre.
	Dabei ſeyn, y être présent.

44.

Die Marquiſin von Baubau war ſehr ſtolz auf ihre vermeinte Schönheit, und hatte immer, um ſich zu ſchminken, von Marktſchreiern neu erfundene Materialien. Der Ritter von Richemont ſagte einſt zu ihr um ſich über ſie luſtig zu machen: Madam, ich entdecke alle Tage neue Schönheiten an (en) Ihnen.

Die Marquiſin, la Marquise.	couverte par des charlatans.
War ſehr ſtolz auf ihre vermeinte Schönheit, se piquoit d'être belle.	Der Ritter, le Chevalier.
Sich ſchminken, se farder.	Sich über jemanden luſtig machen, eines ſpotten, se moquer de quelqu'un.
Von Marktſchreiern neu erfundene Materialien, quelque nouvelle drogue dé-	Entdecken, découvrir.
	Neue Schönheiten, de nouvelles beautés.

45.

Ein betrunkener Soldat der ſeinem General zu Pferd begegnete, hielt ihn an, und fragte ihn indem er das Pferd beim Zaum faſte, was es koſten ſollte. Da der General ſah in welchem Zuſtand er war, lies er ihn in ein Haus bringen, wo man ihn ſchlafen legte. Den andern Tag gieng er hin, und fragte ihn was er für das Pferd geben wollte. Gnädiger Herr, antwortete ihm der nüchtern gewordene Soldat, derjenige der es geſtern Abend kaufen wollte, hat ſich dieſen Morgen bei Zeit fortgemacht.

Ein betrunkener Soldat, un soldat qui étoit ivre.	Bringen laſſen, faire porter.
Der—begegnete, rencontrant.	Schlafen legen, metre coucher.
Zu Pferd, à cheval.	Der andere Tag, le lendemain.
Anhalten, arrêter.	Gieng er hin und fragte ihn, il fut lui demander.
Beim Zaum faſſen, prendre par la bride.	Was er, ce qu'il.
Was es koſten ſollte, quel en étoit le prix.	Gnädiger Herr, Monseigneur.
Der Zuſtand, l'état.	Der nüchtern gewordene Soldat, le soldat désenivré.

F e

Gestern Abend, hier au soir. | Sich fortmachen, s'en aller.
Kaufen, acheter. | Bei Zeit, à temps.

46.

Ein junger Mensch rühmte sich einst, daß er in kurzem vieles gelernet, und mehr als tausend Thaler seinen Lehrern bezahlt hätte. Einer von denen welcher ihn sich so (*) rühmen hörte, sagte zu ihm: Wenn man Ihnen zehen Thaler bietet für alles was Sie gelernet haben, so rathe ich Ihnen sie zu nehmen, ohne lange zu überlegen.

Sich rühmen, se vanter. | Von denen, de ceux.
Daß er in kurzem vieles gelernet, d'avoir appris en peu de temps beaucoup de choses. | Hören, entendre.
| (*) So, de la sorte.
| Bieten, offrir.
Und mehr als tausend Thaler seinen Lehrern bezahlt hätte, et d'avoir dépensé plus de mille écus pour payer ses maîtres. | Für alles was, de tout ce que.
| Rathen, conseiller.
| Nehmen, prendre.
| Ohne lange zu überlegen, sans hésiter.

47.

Als ein gewisser Abt ein Buch gesehen hatte, worin man bewies, daß die Armuth eine Wohlthat wäre, rief er aus: Befreie mich von einer solchen Wohlthat, o mein Gott!

Ein gewisser Abt, un certain Abbé. | Eine Wohlthat, un bien.
| Ausrufen, s'écrier.
Das Buch, le livre. | Befreien, délivrer.
Worin man, où l'on. | Solcher, tel.
Beweisen, prouver. | Gott, Dieu.
Die Armuth, la pauvreté. |

48.

Ein berühmter Wechsler, bekannt durch seinen grosen Reichthum, und noch mehr durch seine Dummheit, lies sich einst einfallen sich in Marmor aushauen zu lassen. Da die Bildsäule fertig war, zeigte er sie einem seiner Freunde, und fragte ihn ob sie ihm wohl gliche. Vollkommen, antwortete dieser; denn sie gleicht Ihnen an Leib und Seele.

Ein berühmter Wechsler, un fameux Banquier. | Die Dummheit, la stupidité.
| Sich einfallen lassen, s'aviser.
Bekannt, connu. | Sich in Marmor aushauen lassen, se faire tirer en marbre.
Durch seinen groser Reichthum, par ses grandes richesses. | Da die Bildsäule fertig war,

lorsque la statue fut faite. | Vollkommen, parfaitement.
Zeigen, montrer. | An Leib und Seele, en corps
Gleichen, ressembler. | et en âme.

49.

Da ein Edelmann einen Bauern fragte, was es neues in seinem Lande gäbe, und unter andern ob noch immer so viele Narren darin wären, antwortete ihm der Bauer: Wahrhaftig, Gnädiger Herr, es giebt nicht mehr so viel darin, als wie Sie noch da waren.

Was es neues in seinem Lande | Wahrhaftig, vraiment.
gäbe, des nouvelles de son | Gnädiger Herr, Monsei-
pays. | gneur.
Unter andern, entr'autres. | Es giebt nicht mehr so viel da-
Ob noch immer so viele Narren | rin, il n'y en a plus tant.
darin wären, s'il y avoit | Als wie Sie noch da waren,
toujours bien des fous. | que quand vous y étiez.

50.

Ein armer Edelmann, der sehr oft von seinen Gläubigern geplagt wurde und keinen Pfennig hatte, sagte eines Morgens da er aufstund: der Teufel hole alle diejenigen die mir heute Geld abfordern. Kaum hatte er diese Worte geendiget, so kamen einige seiner Gläubiger, welche sich beklagten, daß er sie vergessen hätte. Ich schwöre euch, sagte er zu ihnen, daß ich so eben an euch gedacht habe.

Arm, pauvre. | de l'argent.
Sehr oft geplagt werden, être | Kaum, à peine.
assez souvent tourmenté. | Das Wort, la parole.
Ein Gläubiger, un créancier. | Endigen, finir.
Und keinen Pfennig hatte, et | So kamen, que voilà.
qui n'avoit pas le sou. | Sich beklagen, se plaindre.
Eines Morgens, un matin. | Daß er sie vergessen hätte, de
Da er aufstund, en se levant. | ce qu'il les avoit oubliés.
Der Teufel hole alle diejenigen, | Schwören, jurer.
que le diable emporte tous | Ich habe so eben an euch ge-
ceux. | dacht, je viens de penser à
Geld abfordern, demander | vous.

51.

Ein Offizier der in einer Schlacht ein Bein verloren hatte, ließ sich ein anders von Holz machen, welches dem natürlichen vollkommen gliche. Es ereignete sich einige Zeit hernach, daß ihm eine Kanonenkugel das hölzerne Bein wegschlug. Diejenigen die um ihn waren schrien: Man lasse geschwind den Feldscheerer kommen! Nein, meine Freunde, sagte der Offizier ganz gelassen, lasset den Zimmermann kommen.

Ein Offizier, un Officier.
Verlieren, perdre.
Ein Bein, une jambe.
Die Schlacht, la bataille.
Machen lassen, faire faire.
Ein anders, une autre.
Das Holz, le bois.
Vollkommen gleichen, ressembler parfaitement.
Das natürliche, la naturelle.
Es ereignete sich, il arriva.
Einige Zeit hernach, quelque temps après.
Eine Kanonenkugel, un boulet de canon.
Wegschlagen, mitnehmen, emporter.
Das hölzerne Bein, la jambe de bois.
Diejenigen, ceux.
Um ihn, autour de lui.
Schreien, s'écrier.
Kommen lassen, faire venir.
Geschwind, vite.
Der Feldscheerer, le chirurgien.
Gelassen, tranquillement.
Der Zimmermann, le charpentier.

52.

Ein Fürst vexirte einen seiner Hofleute, welcher ihm in verschiedenen Gesandtschaften gedienet hatte, und sagte ihm, daß er einem Ochsen gliche. Ich weis nicht wem ich gleiche, antwortete der Hofmann; allein ich weis, daß ich die Ehre gehabt habe Sie in verschiedenen Gelegenheiten vorzustellen.

Vexiren, scherzen, railler.
Der Hofmann, le courtisan; plur. Die Hofleute.
Dienen, servir.
Die Gesandtschaft, l'ambassade.
Gleichen, ressembler.
Ein Ochs, un bœuf.
Wissen, savoir.
Die Ehre, l'honneur.
Vorstellen, représenter.
Die Gelegenheit, l'occasion.

53.

Ich sehe mich gezwungen Sie zu verlassen, sagte einst ein Kammerdiener zu seinem Herrn, weil Sie mir meinen Lohn nicht auszahlen: ich diene Ihnen schon etliche Jahre, und (je) habe noch nichts von Ihnen erhalten. Ihr habt unrecht euch zu beklagen, sagte sein Herr zu ihm: es ist wahr, (que) ich bin euch schuldig; allein ihr müßt bedenken, daß euer Lohn immer fort lauft. . . . Das ist eben der Teufel, unterbrach ihn der Diener; ich fürchte (que) er lauft so sehr, daß ich ihn nie werde einholen können.

Sich gezwungen sehen, se voir obligé.
Verlassen, quitter.
Ein Kammerdiener, un valet-de-chambre.
Auszahlen, zahlen, payer.

(447)

Der Lohn, les gages.
Ich diene Ihnen schon etliche Jahre, il y a déjà quelques années que je vous sers.
Erhalten, recevoir.
Unrecht haben, avoir tort.
Sich beklagen, se plaindre.
Wahr, vrai.
Schuldig seyn, devoir.
Ihr müßt bedenken, il faut considérer.

Fortlaufen, courir.
Immer, toujours.
Das ist eben der Teufel, c'est là le diable.
Unterbrechen, interrompre.
Fürchten, avoir peur, craindre.
So sehr, tant.
Daß ich ihn nie werde einholen können, que je ne pourrai jamais les attraper.

54.

Das prächtige Kloster Sanct Lorenzo bei dem Dorfe Eskurial in Spanien, wird für das achte Wunderwerk der Welt gehalten. Dieses herrliche Gebäude hat tausend Schritte im Umfange, und man zählet darin vierzig tausend Fenster, acht tausend Thüren, zwei und zwanzig Höfe, verschiedene Kirchen und zwei hundert Mönche. Die Hauptkirche enthält acht und vierzig Kapellen, so viel Altäre, und acht Orgeln, davon eine ganz von Silber ist. Einst zeigte der Vorsteher des Klosters dieses herrliche Gebäude einem Franzosen, und sagte ihm, daß es Philipp der Zweite hätte erbauen lassen, um das Gelübde zu erfüllen welches er am Tage der Schlacht von Saint Quentin that, im Fall er siegte. Herr Pater, sagte der Franzos zu ihm indem er den weiten Umfang dieses Gebäudes bewunderte, dieser König muß eine grose Furcht gehabt haben, da er ein so groses Gelübde that.

Prächtig, herrlich, magnifique, superbe.
Das Kloster, le couvent.
Bei, près.
Das Dorf Eskurial, le village d'Escurial.
In Spanien, en Espagne.
Gehalten werden für, être estimé, ou passer pour.
Das achte Wunderwerk der Welt, la huitième merveille du monde.
Das Gebäude, l'édifice, le bâtiment.
Der Schritt, le pas.
Im Umfange, de circuit.
Man zählet darin, on y compte.

Das Fenster, la croisée.
Die Thür, la porte.
Der Hof, la cour.
Verschiedene Kirchen, plusieurs églises.
Ein Mönch, un moine.
Die Hauptkirche, la cathédrale.
Enthalten, renfermer.
Eine Kapelle, une chapelle.
So viel Altäre, autant d'autels.
Die Orgel, l'orgue.
Davon eine ganz von Silber ist, dont l'un est pur argent.
Der Vorsteher, le Supérieur.
Zeigen, montrer.
Philipp der Zweite, Philippe II.

Erbauen lassen, faire bâtir.
Ein Gelübde erfüllen, accomplir un vœu.
Thun, faire.
Am Tage der Schlacht, le jour de la bataille.
Im Fall er siegte, en cas qu'il fût victorieux.
Herr Pater, mon père.

Indem er bewunderte, en admirant.
Ein weiter (unermeßlicher) Umfang, une étendue immense.
Dieser König muß eine grose Furcht gehabt haben, il faut que ce Roi ait eu grand' peur.
Da, lorsque.

55.

Eine sehr arme Stadt machte einen beträchtlichen Aufwand mit Freudenfesten und Erleuchtungen bei der Durchreise ihres Fürsten: Er schien selbst darüber verwundert zu seyn. Sie hat nur gethan was sie schuldig war, sagte ein Hofmann. Das ist wahr, versezte ein anderer; allein sie ist alles schuldig was sie gethan hat.

Die Stadt, la ville.
Einen beträchtlichen Aufwand machen, faire une dépense considérable.
Mit Freudenfesten und Erleuchtungen, en fêtes et en illuminations.
Bei der Durchreise, au passage.
Der Fürst, le Prince.

Scheinen, paroître.
Selbst, lui-même.
Verwundert zu seyn, étonné.
Nur thun was man schuldig ist, ne faire que ce qu'on doit.
Der Hofmann, le courtisan.
Das ist wahr, cela est vrai.
Versezen, reprendre.

56.

Ein Schöff von Saumur, der erwählet war den König anzureden, fing also seine Rede an: »Sire, die Einwohner Ihrer » Stadt Saumur, haben so viel Freude Ihro Majestät zu » sehen, daß... daß...« Er blieb stekken. Ja, Sire, sagte der Herzog von Brézé, die Einwohner von Saumur sind so erfreut Ihro Majestät zu sehen... daß sie es nicht ausdrükken können.

Ein Schöff, un Echevin.
Der erwählt war den König anzureden, choisi pour haranguer le Roi.
Anfangen, commencer.
Also, ainsi.
Die Rede, Anrede, la harangue.
Der Einwohner, l'habitant.
So viel, tant.

Die Freude, la joie.
Ihro Majestät, Votre Majesté.
Stekken bleiben, demeurer court.
Der Herzog, le Duc.
So erfreut seyn, avoir tant de joie.
Können, pouvoir.
Ausdrükken, exprimer.

57.

Ein Bauer der zum erstenmal nach Paris kam, erstaunte sehr über die grose Menge Menschen und Häuser die er da sah; und besonders bewunderte er die vielen Läden. Seine Neugierde gieng so weit, daß er wissen wollte was man in jedem Laden verkaufte. Da er an einem Wechselkomptoir vorbei kam, glaubte er auch (que) es wäre ein Laden, und fragte einen jungen Menschen den er am Fenster sah, was er zu verkaufen hätte. Eselsköpfe, antwortete er ihm um sich über ihn lustig zu machen. Pozstern! versezte der Bauer, ihr müsset einen starken Abgang haben, weil nur noch einer in euerem Laden übrig ist.

Zum erstenmal, pour la première fois.	Ein Wechselkomptoir, un bureau de change.
Ueber etwas erstaunen, être surpris de quelque chose.	Am Fenster, à la fenêtre.
Eine Menge, une quantité.	Ein Eselskopf, une tête d'âne.
Besonders, principalement.	Sich über einen lustig machen, se moquer de quelqu'un.
Bewundern, admirer.	Pozstern! Poztausend! parbleu.
Die vielen Läden, le grand nombre de boutiques.	Ihr müsset einen starken Abgang haben, ou ihr müsset viele absezzen, il faut que vous ayiez un grand débit.
Die Neugierde, la curiosité.	
Weit gehen, aller loin.	
Was man, ce qu'on.	
Verkaufen, vendre.	Weil nur noch einer übrig ist, puisqu'il n'en reste plus qu'une.
Jeder Laden, chaque boutique.	
Vorbeikommen an, ꝛc., passer devant, etc.	

58.

Ein eingebildeter Kranker sagte einst zu seinem Arzte, daß er immer guten Appetit hätte, und auch gut schliefe, und doch sähe er sich genöthiget seine Zuflucht zu ihm zu nehmen. Wohlan, antwortete der Arzt, lassen Sie mich nur gewähren, ich will Ihnen ein Mittel geben das Sie von all diesem befreien soll.

Ein eingebildeter Kranker, un malade imaginaire.	Seine Zuflucht zu ihm zu nehmen, d'avoir recours à lui.
Der Arzt, le Médecin.	Gewähren lassen, laisser faire.
Schlafen, dormir.	Ein Mittel, un remède.
Sich genöthiget sehen, se voir obligé.	Das Sie von all diesem befreien soll, qui vous ôtera tout cela.

59.

Ein junger Offizier sagte einst zu einem Studenten (que), man könnte ein dikkes Buch machen von dem was er nicht wüste.

(450)

Das ist wahr, antwortete ihm der Student; allein wenn man (en) eins machte von dem was Sie wissen, so würde es sehr klein und dünne werden.

Ein Offizier, un Officier.	Von dem, de ce.
Ein Student, un étudiant.	Wissen, savoir.
Ein dikkes Buch, un gros livre.	Wahr, vrai.
	Allein, mais.

60.

Da ein Bischof durch ein Dorf gieng, traf er einen Pfarrer an, welcher öffentlich sein leinen Geräthe bei einem kleinen Bache wusch; dies machte den Prälat so bös, daß er zu ihm sagte: Welcher Esel hat euch zum Priester gemacht? Sie, Gnädiger Herr, antwortete sogleich der gute Pfarrer.

Da ein Bischof durch ein Dorf gieng, un Evêque passant par un village.	Bei einem Bache, auprès d'un ruisseau.
Antreffen, rencontrer.	Dies machte so bös, ce qui fâcha si fort.
Ein Pfarrer, un Curé.	Der Prälat, le Prélat.
Waschen, laver.	Zum Priester machen, faire Prêtre.
Oeffentlich, publiquement.	
Das leinen Geräthe, le linge.	Sie, Gnädiger Herr, c'est vous, Monseigneur.

61.

Ein Einäugigter wettete mit einem Manne der ein gutes Gesicht hatte, daß er mehr als er sähe. Der Vorschlag wird angenommen. Ich habe gewonnen, sagte der Einäugigte; denn ich sehe an euch zwei Augen, und ihr sehet an mir nur eins.

Ein Einäugigter, un borgne.	Annehmen, accepter.
Mit einem wetten, gager contre quelqu'un.	Gewinnen, gagner.
Ein gutes Gesicht haben, avoir bonne vue.	Ich sehe an euch zwei Augen, je vous vois deux yeux.
Der Vorschlag, la proposition.	Nur eins sehen, n'en voir qu'un.

62.

Da Bonifaz Römischer Pabst war, wurde ein Pilger vor ihn geführt, der ihm vollkommen gliche. Als ihn der Pabst einige Augenblikke betrachtet hatte, fragte er ihn, ob seine Mutter niemals zu Rom gewesen wäre? Nein, heiliger Vater, antwortete er; allein mein Vater ist vielmal da (y) gewesen.

Bonifaz, Boniface.
Römischer Pabst, Pape de Rome.
Ein Pilger, Pilgerim, un pèlerin.
Geführet werden, être conduit.
Vor ihn, devant lui.

Vollkommen gleichen, ressembler parfaitement.
Betrachten, regarder.
Der Augenblik, le moment.
Ob, si.
Heilig, saint.
Vielmal, plusieurs fois.

63.

Die ersten schönen Frühlingstage hatten einen Edelmann veranlaßt seinen Garten zu besuchen, in welchen (où) er seinen Gärtner geschikt hatte zu arbeiten. Da er hinein gekommen war, sah er sich überall nach seinem Gärtner um, und als er ihn nirgends erblikte, gieng er unter die Obstbäume, allwo (où) er ihn eingeschlafen fand. Er wekte ihn und sagte: Arbeitest du so? Schurke! du verdienst nicht das Brod das du ißt, du bist nicht werth daß dich die Sonne bescheint. Ich weis es wohl, sagte der Gärtner; deswegen habe ich mich in Schatten gelegt.

Ein Frühlingstag, un jour du printemps.
Besuchen, aller voir.
Der Garten, le jardin.
Schiffen, envoyer.
Arbeiten, travailler.
Da er hinein gekommen war, y étant entré.
Sah er sich überall nach seinem Gärtner um, il jeta les yeux çà et là pour voir où étoit son jardinier.
Erblikken, voir, apercevoir.
Unter, sous.
Ein Obstbaum, un arbre fruitier.

Finden, trouver.
Eingeschlafen, endormi.
Wekken, éveiller.
Arbeitest du so? est-ce ainsi que tu travailles?
Schurke, coquin.
Verdienen, gagner.
Das Brod, le pain.
Essen, manger.
Werth, würdig, digne.
Die Sonne, le soleil.
Bescheinen, éclairer.
Deswegen, c'est pourquoi.
Sich in Schatten legen, se mettre à l'ombre.

64.

Ein Bauer ließ sich in einem Dorfe nieder, allwo er sich in kurzem die Freundschaft aller seiner Nachbarn erwarb. Nachdem er ohngefehr ein Jahr da (y) gewohnt hatte, krepirte eine von seinen schönsten Kühen. Er war sehr betrübt darüber (en); allein er wurde es noch viel mehr als er einige Zeit hernach seine Frau verlohr. Er war über diesen Verlust untröstbar, und beweinte sie aufrichtig. Seine Nachbarn hielten sich für verpflichtet ihn zu trösten. Mein Freund, sagte einer unter ihnen, es ist wahr, ihr habt eine gute Frau verloren die eure Zuneigung verdiente; allein dafür ist wohl Rath: ihr seyd jung, wohlgestalt; es wird euch also an keiner Frau fehlen: Ich habe drei Töchter, ich will euch eine davon zur Ehe geben, welche ihr haben wollt. Ein anderer schlug ihm seine Schwester vor, und ein dritter seine Nichte. Ich sehe wohl, sagte der junge betrübte Wittwer, daß es in diesem Dorfe hier viel besser ist seine Frau als seine Kuh zu verlieren. Meine Frau ist kaum todt, da sind schon fünf andere um ihre Stelle zu ersezzen; da ich meine Kuh verlor, redete kein Mensch mit mir der mir eine andere geben wollte.

Sich niederlassen, s'établir.	Dafür ist wohl Rath, il y a bon remède.
Sich erwerben, gagner.	Wohlgestalt, bien fait.
In kurzem, en peu de temps.	Es wird euch also an keiner Frau fehlen, vous ne manquerez pas de femme.
Die Freundschaft, l'amitié.	
Der Nachbar, le voisin.	
Nachdem, après que.	
Wohnen, demeurer.	Die Tochter, la fille.
Krepiren, crever.	Zur Ehe geben, donner en mariage.
Die Kuh, la vache.	
Betrübt, affligé.	Welche ihr haben wollt, celle que vous voudrez.
Als, lorsque.	
Einige Zeit hernach, quelque temps après.	Vorschlagen, proposer.
	Die Schwester, la sœur.
Verlieren, perdre.	Die Nichte, la nièce.
Ueber etwas untröstbar seyn, être inconsolable de quelque chose.	Der junge betrübte Wittwer, le jeune veuf affligé.
Der Verlust, la perte.	Es ist besser, il vaut mieux.
Beweinen, pleurer.	Kaum, à peine.
Aufrichtig, sincèrement.	Todt, mort, e.
Sich für verpflichtet halten, se croire obligé.	Da sind schon, que voilà déjà.
	Um ihre Stelle zu ersezzen, pour la remplacer.
Trösten, consoler.	
Wahr, vrai.	Redete kein Mensch mit mir, personne ne me parla.
Verdienen, mériter.	
Die Zuneigung, Gewogenheit, l'affection.	Der mir eine andere geben wollte, de m'en donner une autre.

65.

Ein Edelmann war einst mit einigen seiner Freunde in einem Laden gegangen um seidene Strümpfe zu kaufen. Er ließ sich verschiedene Sorten zeigen; und während er einige aussuchte, steckte einer von denen die bei ihm waren heimlich ein Paar ein, indem er glaubte er könnte sie nicht wohlfeiler bekommen. Der

Ladenbiener, welcher es sah, wollte ihn nicht vor den andern beschämen, und wartete bis sie fortgiengen. Da sie es thaten, trat er hinter diesen der die Strümpfe eingesteckt hatte, und sagte: Mein Herr, die Strümpfe können nicht um diesen Preis gegeben werden. Wenn ich sie nicht dafür haben kann, antwortete er unerschrocken indem er sie ihm überreichte, so will ich sie nicht.

Der Laden, la boutique.	bekommen, qu'il ne les pouvoit pas avoir à meilleur marché.
Kaufen, acheter.	
Seidene Strümpfe, des bas de soie.	
Sich zeigen lassen, se faire montrer.	Der Ladenbiener, le garçon de boutique.
Während, pendant que.	Beschämen, faire rougir.
Aussuchen, choisir.	Vor den andern, en présence des autres.
Bei ihm, auprès de lui.	
Einstecken, empocher.	Warten, attendre.
Heimlich, à la dérobée secrètement, furtivement.	Fortgehen, s'en aller, partir.
	Treten, se mettre.
	Hinter, derrière.
Ein Paar, une paire.	Um diesen Preis, à ce prix.
Indem er glaubte, croyant.	Unerschrocken, hardiment.
Er könnte sie nicht wohlfeiler	Ueberreichen, présenter.

66.

Ein junger Mensch der wenig Verstand besaß, wollte einen Brief an seine Geliebte schreiben, und da er nicht wuste wie er es machen sollte, kaufte er sich ein Briefbuch. Nachdem er lange in diesem Buche gelesen hatte, fand er endlich einen Brief so wie er ihn wünschte, den er abschrieb und ihr schikte. Da sie aber das nemliche Buch hatte, und diesen Brief mit der Antwort darin fand, schrieb sie ihrem Liebhaber nur diese Worte: Mein Herr, ich habe ihren Brief erhalten: wenden Sie das Blat um, so werden Sie die Antwort finden.

Ein junger Mensch, un jeune homme.	Ein Briefbuch, un livre de lettres.
Verstand besizzen, avoir de l'esprit.	Nachdem er—hatte, après avoir.
	Lange, long-temps.
Wollen, vouloir.	Lesen, lire.
Schreiben, écrire.	Finden, trouver.
Ein Brief, une lettre.	Endlich, enfin.
Die Geliebte, la maitresse.	So wie er ihn wünschte, telle qu'il la souhaitoit.
Da er nicht wuste, ne sachant.	
Wie er es machen sollte, comment faire.	Abschreiben, copier.
	Schiffen, envoyer.
Sich kaufen, s'acheter.	Aber, mais.

Das nemliche, le même.	Der Liebhaber, l'amant.
Und darin fand, et qu'elle y trouva.	Das Wort, la parole.
	Erhalten, recevoir.
Nur, ne - que.	Umwenden, tourner.

67.

Da sich einige Diener bei ihrem Herrn beklagten, daß ihnen der Haushofmeister nichts als Rüben und Käs zu Nacht zu essen gäbe, ließ der Herr seinen Haushofmeister rufen, und sagte ganz zornig zu ihm: Ist es wahr, daß ihr alle Abend meinen Leuten Rüben und Käs zu essen gebet? Der Haushofmeister antwortete zitternd: Es ist wahr, Gnädiger Herr. Wohlan, versezte der Herr, ich befehle euch ihnen von nun an zu geben, einen Abend Rüben, und den andern Abend Käs.

Der Diener, it. Knecht, le valet.	Der Herr, le Seigneur.
	Rufen lassen, faire appeler.
Sich bei jemanden über etwas beklagen, se plaindre à quelqu'un de quelque chose.	Ganz zornig, tout en colère.
	Ist es wahr? est-il vrai?
	Alle Abend, tous les soirs.
Der Haushofmeister, le maître-d'hôtel.	Die Leute, les gens.
	Zitternd, en tremblant.
Nichts zu Nacht zu essen geben als, ꝛc. ne donner à souper que, etc.	Gnädiger Herr, Monseigneur.
	Wohlan, hé bien.
	Befehlen, commander.
Rüben und Käs, des raves et du fromage.	Von nun an, désormais.

68.

Als Rabelais einst bei einem Kardinal, dessen Arzt er war, zu Mittag speiste, schlug er mit seinem Messer auf den Rand einer Schüssel worauf eine Lamprette lag indem er sagte: Das ist sehr schwer zu verdauen. Der Kardinal welcher seine Gesundheit sehr liebte, ließ sogleich die Schüssel mit der Lamprette wegnehmen. Rabelais ließ sie sich wieder bringen, und fieng an davon zu essen was er konnte. Da es der Kardinal sah, sagte er zu ihm: Wie, mein Herr! Sie haben mir gesagt, daß diese Lamprette übel zu verdauen wäre, und doch essen Sie mit so gutem Appetit davon? Sie werden mir verzeihen, antwortete ihm Rabelais, ich habe von der Schüssel geredet, und nicht von der Lamprette.

Als — einst zu Mittag speiste, étant un jour à dîner.	Schlagen, frapper.
	Das Messer, le couteau.
Bei, chez.	Auf, sur.
Ein Kardinal, un Cardinal.	Der Rand, le bord.
Dessen Arzt er war, dont il étoit le médecin.	Die Schüssel, le plat.
	Worauf — lag, où il y avoit.

Eine Lamprette, une lamproie.
Das, cela.
Sehr schwer, bien difficile.
Verdauen, digérer.
Sehr lieben, aimer fort.
Die Gesundheit, la santé.
Wegnehmen lassen, faire ôter.
Sogleich, aussi-tôt.
Sie wieder bringen lassen, se faire rapporter.
Anfangen, se mettre.
Was er konnte, de toutes ses forces.
Wie, comment!
Uebel zu verdauen seyn, être de mauvaise digestion.
Doch, cependant.
Mit so gutem Appetit, de si bon appétit.
Verzeihen, pardonner.
Reden, parler.
Und nicht, et non pas.

69.

Man gab einst einem kranken Bauern ein Papier, worauf das Recept des Arztes geschrieben war, und sagte ihm: Nehmet morgen früh das ein. Der Bauer glaubte, daß dieses Papier das Mittel wäre, aß es, und wurde gesund.

Krank, malade.
Ein Papier, un papier.
Worauf, sur lequel.
Schreiben, écrire.
Das Recept, la recette.
Einnehmen, prendre.
Morgen früh, demain au matin.
Glauben, croire.
Das Mittel, le remède.
Essen, manger.
Gesund werden, genesen, guérir.

70.

Ein Gaudieb gieng einst in ein Haus worin man Kostgänger hielt. Er fand in einem offenstehenden Zimmer drei Mäntel, die er sogleich ergrif. Im Hinuntergehen begegnete ihm ein Student, der in diesem Hause in der Kost war und einen schönen bordirten Mantel anhatte. Als derselbe diesen Menschen mit so vielen Mänteln sah, fragte er ihn wo er sie her hätte? Der Gaudieb antwortete unerschrocken (que) es wären die Mäntel von drei Herren im Hause, welche sie ihm gegeben hätten die Fettflecken heraus zu machen. Mache Er sie auch aus dem meinigen, sagte der Student; allein Er muß mir ihn um drei Uhr wiederbringen. Das soll geschehen, sagte der Gaudieb, und gieng mit den vier Mänteln fort, die er aber noch nicht wieder gebracht hat.

Ein Gaudieb, un filou.
Hinein gehen, entrer.
Das Haus, la maison.
Worin, où.
Halten, tenir.
Ein Kostgänger, un pensionnaire.
Finden, trouver.
Das Zimmer, la chambre.
Die er ergrif, dont il se saisit.
Im Hinuntergehen, en descendant.
Begegnen, rencontrer.
Ein Student, un étudiant.

In der Kost seyn, être en pension.
Einen schönen bordirten Mantel anhaben, avoir un beau manteau galonné.
Der Mensch, l'homme.
So viel, tant.
Fragen, demander.
Wo Er sie her hätte, où il les avoit pris.
Unerschrocken, kaltsinnig, froidement.

Im Hause, du logis.
Die Fettflecken herausmachen, dégraisser.
Mache Er sie auch aus dem meinigen, dégraissez aussi le mien.
Wiederbringen, rapporter.
Um drei Uhr, à trois heures.
Das soll geschehen, je n'y manquerai pas.
Fortgehen, s'en aller.

71.

Voltaire wurde einst von einem Schriftsteller gebeten das Buch zu beurtheilen, welches er ihm überreichte. Als es nun Voltaire ein wenig durchgangen hatte, so strich er den lezten Buchstaben von Fin aus, und schikte es dem Verfasser wieder.

Gebeten werden, être prié.
Einst, un jour.
Ein Schriftsteller, Verfasser, un auteur.
Beurtheilen, critiquer, censurer.

Ueberreichen, présenter.
Durchgehen, repasser.
Ausstreichen, effacer.
Der lezte Buchstabe, la dernière lettre.
Wieder schikken, renvoyer.

72.

Ein Student in Jena lies sich von seinem Stubenburschen täglich prügeln, und sich jeden Tag etliche Hiebe mehr geben, bis er es auf hundert brachte, ohne zu zukken. Die Ursache dieses sonderbaren Gebrauchs war, weil er Soldat werden wollte, und im Fall er einmal Prügel bekäme, solche ihm nicht mehr wehe thun würden, indem er schon daran gewöhnt wäre.

Jena, Jène (université).
Sich prügeln lassen, se faire battre.
Täglich, tous les jours.
Ein Stubenbursche, un compagnon de logis.
Ein Hieb, un coup.
Mehr, de plus.
Zukken, remuer.

Die Ursache, la raison.
Ein sonderbarer Gebrauch, une coutume bizarre.
Soldat werden, se faire soldat, s'enrôler.
Im Fall, en cas que.
Prügel, des coups de bâton.
Wehe thun, causer de la douleur, faire mal.

73.

Eine Bäuerin war über ihren Mann sehr aufgebracht, weil er täglich in die Schenke gieng, worin er gewöhnlich bis nach

Mitternacht blieb. Einer ihrer Nachbarn rieth ihr, die Hausthüre zu verschliesen, und ihn Nachts nicht einzulassen. Dies that sie die folgende Nacht, und der gute Mann sah sich genöthiget unter freiem Himmel zu schlafen. Da er den andern Tag wieder in die Schenke gieng, hob er die Hausthür aus, und nahm sie mit.

Eine Bäuerin, une paysanne.	fermer la porte de la maison à la clef.
Ueber einen sehr aufgebracht seyn, être fort irrité contre quelqu'un.	Einlassen, laisser entrer.
Der Mann, le mari.	Dies that sie, ce qu'elle fit.
Weil, de ce que.	Die folgende Nacht, la nuit d'après.
Die Schenke, le cabaret.	Sich genöthiget sehen, se voir obligé.
Worin, où.	
Bleiben, rester.	Unter freiem Himmel schlafen, coucher à la belle étoile.
Gewöhnlich, pour l'ordinaire.	
Bis nach Mitternacht, jusqu'après minuit.	Der andere Tag, le lendemain.
Der Nachbar, le voisin.	Ausheben, mettre hors des gonds.
Rathen, conseiller.	
Die Hausthür verschliesen,	Mitnehmen, emporter.

74.

Ein junger Mensch, der im Begriff war zu heirathen, sah sich genöthiget zur Beicht zu gehen, um seinen Beichtschein zu bekommen. Als ihn der Priester angehöret hatte, übergab er ihm denselben (le), und der junge Herr gieng sehr vergnügt fort; kam aber sogleich wieder zurük, und sagte zum Beichtvater: Mein Herr, Sie haben vergessen mir eine Busse aufzulegen. Haben Sie mir denn nicht gesagt, versezte der Beichtvater, daß Sie sich verheirathen wollen? —

Ein junger Mensch, un jeune homme.	Uebergeben, délivrer.
	Fort gehen, s'en aller.
Heirathen, se marier.	Kam aber sogleich wieder zurük, mais il revint sur ses pas.
Sich genöthiget sehen, se voir obligé.	
	Der Beichtvater, le Confesseur.
Zur Beicht gehen, aller à confesse.	Vergessen, oublier.
Bekommen, avoir.	Eine Busse auflegen, donner une pénitence
Ein Beichtschein, un billet de confession.	Versezzen, repartir.
Der Priester, le Prêtre.	Daß Sie sich verheirathen wollen, que vous allez vous marier.
Anhören, entendre.	

ANECDOTE ANGLOISE.

Der Herzog von S...., einer der reichsten Pairs von Grosbrittanien, war in London gewesen, und reisete nach seinen nahen Landgütern zurük. Er hatte niemanden bei sich als den Kutscher und einen Bedienten. Er war noch nicht sechs Meilen von der Hauptstadt, und fuhr eben durch ein kleines Gehölze, als auf einmal sein Wagen von sechs Räubern zu Pferde umringt wurde. Zwei machten den Kutscher fest, zwei den Bedienten, und zwei besezten die Schläge des Wagens, und hielten jeder dem Lord eine Pistole auf die Brust. « Ihre „ Brieftasche, Mylord! sagte der eine von den Räubern, der ein abscheuliches Gesicht hatte. Der Herzog griff in die Tasche, zog eine schwere Börse heraus, und reichte sie ihm. — « Haben „ Sie die Gnade, Mylord! Ihre Brieftasche »! sagte der Räuber, der mit der linken Hand die Börse wog, und mit der rechten Hand den Hahn der Pistole spannte. — Mylord blieb kalt, zog seine Brieftasche heraus und gab sie hin.

Der Räuber durchsuchte die Brieftasche, und Mylord besah indessen gelassen des Räubers Angesicht. Solche kleine starre Augen, eine so verschobene Nase, solche verzerrte Wangen, einen so blökenden Mund, und ein solches Vorgebirge von Kinn, hatte der Herzog in seinem Leben nicht gesehen.

Der Räuber nahm einige Papiere aus der Brieftasche, und gab sie denn dem Lord zurük. « Glükliche Reise, Mylord »! schrie er, und sprengte mit seinen Helfershelfern nach London zu.

Der Herzog, le Duc.
Grosbrittanien, la Grande-Bretagne.
Das Landgut, la terre.
Der Kutscher, le cocher.
Der Bediente, le domestique.
Die Hauptstadt, la capitale.
Das Gehölze, le bois.
Der Wagen, la voiture.
Ein Räuber zu Pferd, un voleur à cheval.
Festmachen, arrêter.
Besezen, occuper.
Der Schlag, la portière.
Eine Pistole, un pistolet.
Die Brieftasche, le porte-feuille.
In die Tasche greifen, porter la main à la poche.
Reichen, darreichen, présenter.
Der Hahn, le chien.
Spannen, bander, armer.
Besehen, regarder.
Gelassen, tranquillement.
Starr, fixe, immobile.
Verschoben, de travers.
Verzerrt, tordu.
Blökend, fait pour mugir.
Glükliche Reise, bon voyage.
Sprengen, aller au galop.
Der Helfershelfer, le compagnon.

Der Herzog kam nach Hause, untersuchte seine Brieftasche, in welcher er zwei tausend fünf hundert Pfund an Banknoten gehabt hatte, und fand, wider sein Vermuthen, noch fünf hundert Pfund. Er freute sich über den Fund, erzählte die Geschichte seinen Freunden, und sagte zu allen: „Ich gäbe „den Augenblik noch hundert Pfund, wenn ihr den Kerl „gesehen hättet; denn so kenntlich als der, hat die Natur „keinen Menschen zum Strasenräuber ausgezeichnet „.

Er hatte die ganze Geschichte schon vergessen, und war zwei Jahre darauf in London, als er eines Morgens mit der Penny- post folgenden Brief erhielt:

Mylord!

„Ich bin ein armer deutscher Jude. Der Fürst, dessen Unter- „than ich war, sog uns das Blut aus, damit er Hirsche parforsch- „jagen, und ihr Blut seinen Hunden zu lekken geben konnte „.

„Ich gieng mit fünf andern Juden nach Grosbrittanien, „um mein Leben zu fristen. Unterwegs wurde ich krank, und „das Fahrzeug das uns vom Schiffe ans Land bringen sollte, „wurde vom Sturm umgeworfen „.

„Ein Mann, den ich in meinem Leben nicht gesehen hatte, „stand am Ufer, sprang in die See, und rettete mich mit „Lebensgefahr. Er brachte mich in sein Haus, lies mich „warten und pflegen, und hielt mir einen Arzt. Es war ein „Wollefabrikant, der zwölf Kinder hatte „.

Das Vermuthen, l'attente.
Sich freuen, se réjouir.
Der Fund, la trouvaille.
Den Augenblik, à l'instant.
Der Kerl, le drôle, l'homme.
Die Natur, la nature.
Auszeichnen, distinguer.
Ein Strasenräuber, un bri- gand, un voleur de grands chemins.
Vergessen, oublier.
Ein Jude, un Juif.
Der Fürst, le Prince.
Der Unterthan, le sujet.
Aussaugen, sucer.
Das Blut, le sang.
Der Hirsch, le cerf.
Parforschjagen, forcer, (ter- me de chasse).
Lekken, lécher.
Das Leben, la vie.
Fristen, conserver.
Krank werden, tomber ma- lade.
Unterwegs, en route, en che- min, chemin faisant.
Das Schif, le vaisseau, le navire, le bâtiment.
Umwerfen, renverser.
Der Sturm, la tempête.
Das Ufer, le rivage.
In die See springen, se jeter dans la mer.
Mit Lebensgefahr, au péril de sa vie.
Der Arzt, le Médecin.

„ Ich wurde gesund, und er verlangte nichts von mir, als
„ daß ich ihn bisweilen besuchen sollte ".

„ Einge Zeit hernach kam ich wieder zu ihm, und fand ihn sehr
„ traurig. Die Amerikanischen Unruhen waren ausgebrochen;
„ er hatte für acht tausend Pfund Waaren nach Boston geschikt,
„ und die Kaufleute von Boston waren gewissenlos genug, sich
„ den ausgebrochenen Krieg zu Nuzze zu machen, und wollten
„ nicht bezahlen. Er gestand mir, daß in vier Wochen ein
„ Wechsel auf ihn fällig wäre, den er nicht zahlen könnte,
„ und daß er ruiniret wäre, wenn er ihn nicht zahlte ".

„ Gerne hätte ich ihm geholfen; aber ich war es nicht im
„ Stande. Ich überlegte, daß ich ihm mein Leben zu danken
„ hätte, und beschlos es ihm aufzuopfern ".

„ Ich nahm die fünf Juden zu mir, die mir aus Deutschland
„ gefolgt waren, und die mich alle liebten, wie ich sie. Wir
„ legten uns zusammen an die Strase die Sie passiren muß=
„ ten, Mylord, und Sie wissen vielleicht noch, was Ihnen
„ begegnet ist. — Ich nahm aus Ihrer Brieftasche zwei tausend
„ Pfund, und in Ihrer Börse waren ein hundert und zehen.
„ Hierauf schrieb ich einen Brief unter unbekanntem Namen,
„ schikte dem Manne die zwei tausend und fünfzig Pfund die
„ er brauchte, und schrieb, ich würde es wieder verlangen,
„ sobald ich wüste, daß er es hätte ".

„ Dadurch rettete ich damals den Mann; aber die Ameri=
„ kaner zahlten auch nachher nicht, und der Mann starb vor
„ acht Tagen insolvent (*) ".

Finden, trouver.
Traurig, triste.
Die Unruhen, les troubles.
Die Waare, la marchandise.
Die Kaufleute, les marchands.
Sich zu Nuzze machen, profiter.
Der Krieg, la guerre.
Bezahlen, payer.
Fällig seyn, écheoir.
Der Wechsel, la lettre de change.
Ueberlegen, réfléchir.

Zu danken haben, devoir.
Aufopfern, sacrifier.
Begegnen, arriver.
Der Brief, la lettre.
Brauchen, avoir besoin.
Wieder verlangen, redemander.
Dedurch rettete ich, c'est par-là que je sauvai.
Damals, alors.
Vor acht Tagen, il y a huit jours.
Insolvent, insolvable.

(*) Unvermögend seine Schulden zu bezahlen.

(461)

„ Zum Glük gewann ich an dem nemlichen Tage vier tausend
„ Pfund in der Staatslotterie; und hier schiffe ich Ihnen,
„ Mylord, mit Zinsen zurük, was ich Ihnen geraubt habe.
„ Sie werden tausend Pfund darüber finden; diese belieben Sie
„ der F... schen Familie in S.... zu schiffen. Haben Sie die
„ Gnade sich bei dieser Gelegenheit nach einem armen Juden zu
„ erkundigen, der ehemals von ihr verpfleget worden ist. — Mit
„ dem Ueberrest gehe ich, nebst meinen Gefährten nach Deutsch=
„ land zurük. Ich will noch einmal versuchen, ob man uns da
„ leben läßt „.

„ Ich schwöre Ihnen noch bei dem Gott meiner Väter, daß
„ keine von unsern Pistolen geladen war, als wir sie anfielen,
„ Mylord, und daß keiner von unsern Hirschfängern aus der
„ Scheide gieng „.

„ Ersparen Sie sich vergebliche Nachforschung. Wenn Sie
„ diesen Brief erhalten, sind wir schon einige Tage übers
„ Meer. Der Gott meiner Väter erhalte Sie „.

Der Herzog lies sich nach der Familie des Wollfabrikanten
und nach dem armen Juden erkundigen. Kein Wort im Briefe
war erdichtet. Der Herzog schifte der Familie alles was in dem
Briefe des Juden lag, und versorgte sie noch obendrein.

„ Hundert Pfund gebe ich, sagte der Herzog oft, dem der
„ mir das Gesicht des häßlichen Juden schaft, und tausend,
„ wer mir den häßlichen Juden selbst bringt „.

Gewinnen, gagner.
Zum Glük, heureusement, par bonheur.
An dem nemlichen Tage, le même jour.
Mit Zinsen, avec les intérêts.
Zurükschiffen, renvoyer.
Rauben, voler.
Belieben, geruhen, daigner.
Die Gnade haben, faire la grâce.
Sich nach einem erkundigen, s'informer de quelqu'un.
Pflegen, warten, avoir soin.
Nebst, avec.
Ein Gefährte, un compagnon.
Zurükgehen, retourner.

Versuchen, essayer.
Schwören, jurer.
Geladen, chargé.
Anfallen, angreifen, attaquer.
Der Hirschfänger, le couteau de chasse.
Die Scheide, le fourreau.
Die Nachforschung, la recherche.
Vergeblich, inutile.
Erdichten, feindre, inventer.
Einen versorgen, prendre soin de quelqu'un.
Schaffen, verschaffen, procurer.
Bringen, amener.

TABLE
DES MATIÈRES.

Avertissement de l'Auteur, page	iij
Avis des Editeurs sur cette nouvelle Edition,	iv
Des Lettres et de leur prononciation,	5
Modèle d'écriture allemande, planche vis-à-vis de la pag.	5
Règles générales de la prononciation allemande,	6
De l'orthographe et des marques de distinction,	11
Les neuf parties du discours,	12
De la déclinaison des substantifs,	15
Première déclinaison,	16
De l'Usage des Cas,	18
Thêmes sur la première déclinaison,	20
Seconde déclinaison,	23
Thêmes sur la seconde déclinaison,	27
Troisième déclinaison,	28
Thêmes sur cette déclinaison,	31
Quatrième déclinaison,	33
Thêmes sur cette déclinaison,	35
Remarques sur les terminaisons du nominatif pluriel en général,	38
Thêmes sur les quatre déclinaisons,	39
Déclinaison des noms propres,	43
Thêmes sur cette déclinaison,	44
Déclinaison de l'article d'unité,	45
Thêmes sur cet article,	46
En allemand il n'y a point d'article partitif,	48
Thêmes sur quelques substantifs allemands sans article,	ib.
Du genre des substantifs,	49
I. Table des Substantifs allemands du genre masculin, qui en françois sont du genre féminin,	55
II. Table des Substantifs allemands du genre féminin qui sont masculins en françois,	58
III. Table des Substantifs neutres qui n'ont d'autre règle que l'usage,	59
Remarques : plusieurs Substantifs ont une signification différente, selon la différence du genre,	60
De la forme des noms substantifs,	63

Des noms adjectifs,	65
Déclinaison des adjectifs avec les articles,	66
Déclinaison des adjectifs sans articles,	68
Thêmes sur quelques adjectifs,	71
Des degrés de comparaison,	74
Thêmes sur ces degrés,	78
Des noms de nombres,	80
Thêmes sur quelques nombres,	90
Des pronoms,	95
Déclinaison des pronoms personnels,	ibid.
Thêmes sur ces pronoms,	98
Les pronoms possessifs conjonctifs,	100
Thêmes sur ces pronoms,	103
Les pronoms possessifs absolus,	105
Thêmes sur ces pronoms,	106
Les pronoms démonstratifs,	107
Thêmes sur les pronoms démonstratifs conjonctifs,	ibid.
Pronoms démonstratifs absolus,	109
Thêmes sur ces pronoms,	ibid.
Les pronoms interrogatifs,	111
Thêmes sur ces pronoms,	113
Les pronoms relatifs,	114
Thêmes sur les pronoms relatifs,	116
Les pronoms indéfinis ou impropres,	117
Thêmes sur les pronoms impropres,	123
Des Verbes,	125
Conjugaison du verbe auxiliaire seyn, être.	127
Conjugaison du verbe auxiliaire haben, avoir,	129
Les verbes sont employés de quatre manières,	131
Les particules relatives,	132
Thêmes sur les verbes auxiliaires,	136
De la formation des temps des verbes réguliers,	148
Conjugaison du verbe actif loben, louer,	150
Remarques sur l'infinitif,	152
* De l'Usage du second participe ou supin,	156
* De l'Usage de l'indicatif et du subjonctif,	ibid.
* De l'Usage des temps,	159
Remarques sur l'impératif,	162
Thêmes sur quelques verbes réguliers,	163
Conjugaison du verbe passif gelobet werden, être loué,	169
* Remarques sur les verbes passifs,	171
Thêmes sur quelques verbes passifs,	173
Des verbes neutres,	174
Thêmes sur quelques verbes neutres,	ibid.

Conjugaison du verbe réciproque ou réfléchi sich freuen, se réjouir,	175
Thêmes sur quelques verbes réfléchis,	179
Verbes impersonnels,	181
Thêmes sur quelques verbes impersonnels,	184
Des Verbes irréguliers,	186
Table des verbes irréguliers en sept classes,	188
Conjugaison du verbe actif irrégulier sehen, voir,	196
Table des verbes neutres qui ont pour auxiliaire seyn,	199
Des Verbes composés,	201
Conjugaison d'un verbe composé d'une préposition séparable,	203
Thêmes sur quelques verbes irréguliers,	204
Des Participes,	210
Thêmes sur quelques participes,	211
Du régime des verbes,	215
Thêmes sur quelques-uns de ces verbes,	217
Des Adverbes,	219
Remarques,	224
Thêmes sur quelques adverbes,	225
Les Prépositions,	226
Remarques sur les prépositions en général,	228
Remarques sur quelques prépositions en particulier,	230
Thême sur quelques prépositions,	232
Conjonctions,	233
Remarques,	234
Usage du mot so,	236
Thême sur quelques conjonctions,	237
Interjections,	238
Thême sur quelques interjections,	ibid.
* De la Syntaxe ou de la Construction,	239
Règle générale,	241
Règles de construction qui sont particulières à la langue allemande,	242
Remarques sur la construction,	ibid.
Remarque générale,	252
Thêmes sur quelques gallicismes et germanismes,	ibid.
* Observations sur la Concordance des mots,	259
* Celle du pronom relatif avec le substantif, ou avec le pronom personnel,	262
* Observations sur les pronoms démonstratifs et relatifs,	263
* Concordance du substantif, avec un autre substantif, ou avec un pronom personnel,	ibid.

* Celle du substantif avec le nom de nombres,	264
* Celle du responsif avec l'interrogatif,	265
* Celle du verbe avec le sujet,	ibid.
* Du Régime, du Nominatif,	268
* Du Génitif,	269
* Table alphabétique des Verbes qui régissent le génitif,	277
* Observations particulières,	282
* Du Datif,	284
* De l'Accusatif,	286
* Des Prépositions qui gouvernent tantôt le datif, tantôt l'accusatif,	287
* Observations sur l'Article,	297
* Observations sur les noms de nombres,	301
* Observations sur les pronoms démonstratifs,	302
* Observations sur les pronoms relatifs,	305
Phrases familières essentielles à savoir,	307

RECUEIL DES MOTS LES PLUS NÉCESSAIRES POUR PARLER.

De la Religion,	326
Les Jours de la Semaine,	327
Les Jours de Fête,	ibid.
Les Mois,	328
De l'Univers et de ses parties,	ibid.
Des Élémens,	329
Des Métaux, Monnoies et Minéraux,	ibid.
Des Pierres,	330
Du Temps et des Saisons,	ibid.
De l'Homme,	331
De l'Ame et des Passions,	333
Des Vertus et des Vices,	334
Événemens et accidens,	336
Imperfections et Maladies,	ibid.
Du Parentage,	338
Habillemens et ajustemens,	340
Des Vivres,	342
Des Souverains et de ceux qui les servent,	344
Dignités Ecclésiastiques,	345
Des Charges civiles et de ce qui y appartient,	ibid.
Des Charges et des Instrumens militaires,	346
Des Sciences, Arts, Professions, Etats, et des choses qui en dépendent,	349
Des Métiers de Femmes,	358

Du Négoce,	359
Des Pays, Nations et Capitales,	362
Noms de Baptême,	363
De la Ville et de ses Parties,	365
Des Parties de la Maison,	366
Des Meubles,	368
Des Ustensiles de table et de cuisine,	369
De la Campagne,	370
Des animaux,	374
Des Jeux,	378
Adjectifs,	379
Verbes,	384
Dialogues pour s'exercer à prononcer,	391
Remarques sur quelques politesses que les Allemands observent dans la conversation, et surtout dans le commerce de lettres	407
Naïvetés, bons-mots et historiettes	415
Anecdote Angloise.	433

FIN

www.ingramcontent.com/pod-product-compliance
Lightning Source LLC
Chambersburg PA
CBHW070528230426
43665CB00014B/1608